アジア研究機構叢書人文学篇　第二巻

東アジアの歴史・民族・考古

新川登亀男・高橋龍三郎　編

東アジアの歴史・民族・考古　目次

《考古学篇》

はじめに

高橋　龍三郎

早稲田大学にアジア研究機構が発足して丸三年が経過した。様々な学部や大学院に散らばるアジア関係の研究者を糾合して、そこに新たな研究者が邂逅する舞台を設け、政治、経済、外交、安全保障、歴史、民族、考古などのさまざまな分野から、アジアの総合的な理解を目指す研究組織が立ち上ったわけである。

この度上梓するアジア研究機構叢書人文学篇第二巻『東アジアの歴史・民族・考古』は、文学学術院や人間科学学術院、本庄高等学校などに分散する教員が、アジア地域の調査研究に参画し、人文学分野の研究を推進した成果報告である。

本巻は、第一巻と対を成す構成になっている。第一巻が中国大陸本土を中核とする研究領域であるとすれば、第二巻は、大陸を離れて各地に散らばる周辺部地域に焦点を合わせる。アジア研究機構では、それぞれを「東アジアにおける中国文明と地域文化」と「東・東南アジア島嶼地域の文化・社会変容に関する歴史・考古・人類学的研究」として、領域を分けて研究して来た。しかし、それはもとより、二つの領域が無関係にあるのではなく、むしろ両地域が歴史過程を通じて密接な関係を構築してきたことを思慮するゆえに、両者の関係性をより明確な対照として浮かび上がらせるための手法である。

これを歴史の中核部と周辺部という二項的な図式で捉えることも可能である。中華文明による漢化の過程を、中核地域と縁辺地域、主体者と追随者、あるいは支配者と被支配者という視点から描くことも叢書の趣旨の一つである。近現代の歴史過程で、西欧の新たな世界システムがアジアを覆いヘゲモニーを確立することによって、二〇〇〇年来の中華文明に楔をいれた一九世紀までは、両者の関係は確実にアジアの基本的なあり方であった。

二〇〇二年に早稲田大学が文部科学省COE事業に採択され、「アジア地域文化エンハンシングセンター」の研究・教育活動を開始したときに、研究領域として、秦漢帝国以来の中華文明の版図に属した東アジア世界を取り上げ、中華文明の本拠地である中国と、その外郭部にあって、その影響を受けながら、時に反抗し、時に迎合しながら在地の文化を育んだ周辺地域を取り上げたのも、その趣旨からである。

しかし、そのような紋切り型の対置図式だけで、東アジアの歴史過程を十分に把握することが困難であることも、また事実である。とくに近代以後の東アジア周辺地域は、中国帝国の覇権から離隔し、西欧列強の植民地支配下に置かれ、さらに日本の支配下におかれるなど、めまぐるしく歴史の渦中に巻きこまれた。寸年の間に変わるヘゲモニーと対立の構図は、様々な地域に様々に異なる歴史性や民族文化をもたらすことになった。それぞれをくまなく拾い集めることが、これからの枢要な任務であろう。おそらくそれは人文各分野の総力を結集して初めて可能な研究である。

本巻は、そのような理想を懐裡に秘めながらも、まずは調査研究の先鞭をつけることを目的にしている。本巻の構成は、アジア周辺部における歴史、民族、考古を柱としている。それぞれの異なる方法論と対象によって、アジア地域の文化や歴史、社会を解明するのが狙いである。民族や考古、美術史などを対象とするだけに、各地域のフィールド調査が重要な意味をもっている。ここで扱う地域は、具体的に沖縄諸島など日本列島、台湾、ベトナム、カンボジアなどでである。いずれもユーラシア大陸の東端部に位置し、海域との関連を抜きにして考えることができない地域である。いわば世界有数の海域における歴史、文化、社会についてフィールド調査を通じて基本資料を集成することに眼目があるといえよう。その趣旨から九名の執筆者が参画してくれた。内訳は歴史学二名、人類学関係三名、美術史一名、考古学三名である。それぞれの専門分野から東アジアの領域に切り込んで、成果を上げられている。これらは今後有機的に結ばれ、地域の歴史、文化、社会を相対化して比較するための有効な材料となるであろう。

本巻を編集するにあたり、雄山閣の宮田哲男氏には、大変お世話になった。またアジア研究機構の元事務長である溝渕日出世氏、現事務長の食堂信昭氏には万般にわたり多くの便宜をおはかりいただいた。深甚なる謝意を表したい。

歴史学篇

墓誌の社会史 ～日本列島を中心にして～

新川　登亀男

はじめに

日本列島に残存し、日本列島で発見された墳墓内の墓誌については、多くの、また長い研究史がある。その総括的なものとしては、たとえば、高橋健自・森本六爾共著『墳墓』（『考古学講座』二一、雄山閣、一九二九年）、藤澤一夫「墳墓と墓誌」（『日本考古学講座』六、河出書房、一九五六年）、小島俊次「墓誌」（『新版考古学講座』七、雄山閣出版、一九七〇年）、石村喜英「墓碑・墓誌」（『新版仏教考古学講座』七、雄山閣出版、一九七五年）などがあげられよう。

これらの特徴は、それぞれの講座名からも明らかなように、墳墓もしくは火葬とのかかわりにおいて考古学や仏教考古学の視点から墓誌（骨蔵器銘を含む）のデータを網羅的に確認することを優先している。このうち、最初の高橋・森本共著（実際には森本著とみられている）では、確実な墓誌が一四例であるとし、それが奈良時代に集中すること、また、銅製のものが多く、石製を主とする中国の墓誌との違いがあるが、やはり中国（唐ないし仏教）の影響下にあることを指摘する。以下、これを出発点として上記のような論説が続いた。

その後、奈良国立文化財研究所飛鳥資料館における一九七七年度特別展示「日本古代の墓誌」を機に同館編『日本古代の墓誌』（同朋舎、一九七九年）が出版され、実物としての墓誌一六点を中心にして歴史的知見を加えた詳細かつ総合的な情報が確認され、公表されることとなった。鮮明な写真が豊富であることも、その貢献度を飛躍的に高めたと言える。本論も、この編著に多大な恩恵を被るものである。

近年では、大阪府立近つ飛鳥博物館の特別展図録として『古墳から奈良時代墳墓へ』（二〇〇四年）が刊行され、墓誌をめぐる全容が平易に総括されて有益なものとなっている。ただ、墓誌そのものの実例数に限って言えば、とくに増えたわけではない。

そこで本論は、このような墓誌がなぜ作られ、何を語ろうとしていたのか、そして、そこからどのような社会史が描けるのかを考えてみたい。

一、墓誌の確認

まず、さきの『日本古代の墓誌』を参照しながら、あらためて実例（骨蔵器銘を含む）の概要を記すと次のようになる。

（1）船王後首墓誌（戊辰・六六八年一二月殯葬、三井記念美術館）
現大阪府柏原市国分市場出土。銅板、縦二九・七五cm（中央）、横六・八八cm（中央）。銘文は表面四行（各二一～二二字）、裏面四行（各二〇～二三字、末行一二字）。

（2）小野毛人朝臣墓誌（丁丑・六七七年一二月営造、京都崇道神社）
現京都市左京区上高野出土。銅板、縦五八・九五cm、横五・八～九cm。銘文は表面一行二六字、裏面一行本文八字（末尾右寄り小さく一四字）。

（3）文祢麻呂忌寸墓誌（慶雲四・七〇七年九月卒、東京国立博物館）
現奈良県宇陀市榛原区出土。銅板、縦二六・二cm（中央）、横四・三五cm（中央）。銘文は表面二行各一七字。
（4）威奈卿（大村）骨蔵器（慶雲四・七〇七年一一月帰葬、大阪四天王寺・京都国立博物館保管）
現奈良県香芝市穴虫出土。銅製（鍍金）、全高二四・二四cm、最大径二四・六cm。銘文は蓋表に放射線状で三九行各一〇字が基本。
（5）下道圀勝・圀依朝臣母夫人骨蔵器（和銅元・七〇八年一一月成、岡山圀勝寺）
現岡山県小田郡矢掛町出土。銅製、全高二三・一cm、身最大径二〇・九cm。銘文は蓋表の中圏と外圏（年月日のみ）に円形状で計四七字（中圏二九字、外圏一八字）。
（6）伊福吉部徳足比売臣骨蔵器（和銅三・七一〇年一一月録鋳、東京国立博物館）
現鳥取市国府町出土。銅製、全高一七・一cm、身最大径二三・九cm。銘文は蓋表に放射線状で一六行（各一～一二字、計一〇八字）。
（7）僧道薬師墓誌（和銅七・七一四年二月命過、奈良国立博物館）
現奈良県天理市岩屋町出土。銀板、縦一三・七cm、横二・二～三cm。銘文は表面本文七字（末尾双行注一〇字）、裏面一五字。
（8）太朝臣安万侶墓誌（養老七・七二三年一二月、橿原考古学研究所）
現奈良市此瀬町出土。銅板、二九・一cm、横六・一cm。銘文は表面二行各二二字・一九字。
（9）山代忌寸真作墓誌（神亀五・七二八年一一月逝去、奈良国立博物館）
現奈良県五條市東阿田町出土。銅板（鍍金）、二七・九五cm（中央）、横五・七cm（中央）。銘文は表面三行各二六字が基本。

(10)小治田朝臣安万侶墓誌（神亀六・七二九年二月、東京国立博物館）
現奈良市都祁甲岡町出土。銅製の主板（鍍金）、縦二九・七cm、横六・二五cm。銘文は表面三行各一六字が基本。銅製の副板A、縦一五・三cm、横二・八cm。銘文は表面一行一〇字。銅製の副板B、縦一五・七cm、横二・九cm。銘文は表面一行一〇字。

(11)美努岡万連墓誌（天平二・七三〇年一〇月、東京国立博物館）
現奈良県生駒市青山台出土。銅板、縦二九・七cm（中央）、横二〇・七cm（中央）。銘文は表面一一行各一七字が基本。

(12)行基骨蔵器復元（天平二一・七四九年三月、残欠は奈良国立博物館）
現奈良県生駒市有里町出土。銅製（鍍金）、銘文は筒形側面に一七行各二〇字が基本。

(13)石川年足朝臣墓誌（天平宝字六・七六二年一二月葬、個人・大阪歴史博物館寄託）
現大阪府高槻市真上町出土。銅板（鍍金）、縦二九・七cm（中央）、横一〇・四cm（中央）。銘文は六行各二二字が基本。

(14)宇治宿祢墓誌（～雲二・七六八ヵ七〇五年一二月、東京国立博物館）
現京都市西京区大枝塚原町出土。銅板、現状縦九・三cm、横五・六cm。銘文は表面現存四行各七字か。

(15)高屋連枚人墓誌（宝亀七・七七六年一一月葬、大阪叡福寺）
現大阪府南河内郡太子町出土。石製（身と蓋）、全高二一・七cm、身縦二六・二cm（中央）、横一八・六cm（中央）、高一一・六～一一・九cm、蓋縦二七・七cm（中央）、横一八・七cm（中央）、高八・七～九・八cm。銘文は身の上面に五行各八字が基本。

(16)紀吉継墓誌（延暦三・七八四年正月、大阪妙見寺）

現大阪府南河内郡太子町出土。塼製（身と蓋）、全高一二・八㎝、身縦二五・二五㎝（中央）、横一四・九㎝（中央）、蓋縦二五・一㎝（中央）、横一五・九㎝（中央）。銘文は身の上面に四行各一三字が基本。

以上の実物のほかに、残存はしていないが墓誌の記録ではないかとみられるものや、実物ではあるが疑わしいとされているものがある。

その第一は、日置部公墓誌（補1）である。これは、一七九四年（寛政六）に肥後国玉名郡請村（現熊本県玉名郡和水町）で発見され、骨壺とともに出土したという。長さ「八九寸」、広さ「二寸」ばかりの銅板二枚のうち、一枚の一面に三行に分けて文字（墨書か）が記されていたと伝えられるが、現存はしない。それは、左記のように筆写されていた。

開白七道西海道大宰广
玉名郡人権擬少領外少初位下日置部公
又治地高野山

これと合わせて、万年通宝が出土していることから、年代は、その銭貨鋳造がはじまる七六〇年（天平宝字四）を上限とし、七七〇年代までの間ではないかとの指摘もある(1)。銘文の書写記録には不安なところもあるが、墓誌そのものの存在を否定する根拠もない。

第二は、楊貴氏墓誌（補2）である。これは、一七二八年（享保一三）に大和国宇智郡大沢村（現奈良県五條市）で発見され、その後の変転を経て失われたものである。壺（火葬）と瓦塼が複数枚（一二枚ヵ）出土し、その塼のなかの一枚に朱を入れた文字が記されていたという。その法量は縦二五・二㎝（約九寸）、横一九・四㎝（約六寸八～七分）と復元され、拓本によると、以下のように記されていた(2)。

従五位上守右衛
士督兼行中宮亮

下道朝臣真備葬
亡妣楊貴氏之墓
天平十一年八月十
二日記
歳次己卯

要するに、下道朝臣真備によって営まれた母（楊貴氏）の墓であるというが、真備の官歴などにとくに矛盾はない。しかし、末尾行の記載の仕方や「葬」にかかわる構文などには疑問があり、総じて、この墓誌は疑われているのが現状である。ただ、ここで気になるのは、あたかも中国の墓誌の知識を駆使するかのように、行数と行字数とを等しくすることが意識されていたもようである（この場合は七行各七字）。しかし、その原則も四行目までよく遵守されて完結した文章になっているが、その後には乱れがみられる。この点に留意すると、失われた原墓誌や関連の記録があったことも考慮されてくるが、現在知られる銘文全体としては、やはり、そのまま受け取れないであろう。

第三は、「左衛士府」銘の塼断片（補3）である。これは、さきの（5）の骨蔵器と合わせて岡山県小田郡矢掛町圀勝寺蔵とされ、長方形の塼に二行にわたって刻まれた文章の頭部箇所が残存したものである。一行目は「左衛士府」、二行目は「夫人下」とあり、「下」の次は残画からして「道」であろう[3]。ただし、これも疑われるものであり、「左衛士府」は楊貴氏墓誌にみえる「右衛士督」のなかの特異な字形（古代では珍しくない）である「督」を「府」と解して模倣し、さらに、（5）の骨蔵器にみえる「母夫人」の「夫人」を模倣した可能性もなきとしない。

しかし、ここで注目したいのは、この塼が、（5）の骨蔵器が発見されたところに近い旧岡山県小田郡三谷村東三成（現矢掛町）の火葬墓出土の塼（一二枚ヵ）に酷似しているとの指摘がみられることである[4]。すると、「左衛士府」銘は、すでに指摘されているように、この火葬墓の塼に、もしくは、この火葬墓に近在する同時代の類似の墓にあった塼に何者かが追刻した可能性もあり得よう。そして、火葬、複数枚（一一ヵ）の塼、埋葬方法などが類似することにおいて、備中国小田郡の「左衛士府」銘の墓誌およびその墳墓と、大和国宇智郡の楊貴氏墓誌およびその墳墓との間には、やはり何らかの関係があったものと考えたい。

このことは、さらに、一六九九年（元禄一二）に発見され、一七二八年（享保一三）前後にあらためて顕彰された（5）の骨蔵器と、ちょうど一七二八年に発見され、以後、再埋葬・安置を繰り返して失われた楊貴氏墓誌と、明治初年に発見された備中国小田郡の「左衛士府」銘の墓誌との交叉関係を問うことにもなる。[5] つまり、この間における追刻や模倣なども考慮されてよいが、それが下道（吉備）氏の関係に集中して展開されたことについては、近世江戸時代以降の問題なのか、下道（吉備）氏にかかわる古代ないしそれ以来の墓誌・文字文化の記憶に由来するものであるのかという課題も残る。

第四は、「宝亀七年」銘の塼（補4）である。これも岡山県に伝来したものであるが、発見の経緯その他については不明である。形状は、長さ二八・五〜二七・五cm、幅一三・五cm（上）〜一二cm（下）の長方形であり、古代の遺物とみられている。一方、刻字については、一行目が「矢田部首人足」、二行目が「宝亀七年定」と読まれているが、これは焼成前に記されたものという。[6] また、「首」姓は「史」姓とともに、七五七年（天平勝宝九）から七七〇年（宝亀元）まで避けられ、「毗登」などが用いられていたが、[7] その後にあたる銘の「首」表記は、これに矛盾しない。したがって、その信憑性はけっして低くないであろう。

問題は、その用途が何であったのかということになる。そこで、あらためて注目されるのは「定」と読まれている文字である。たしかに、「定」と読めそうであるが、それだと意味が通じない。むしろ、この文字は、「定」と酷似する「窆」（ほうむる）という文字に当たると考えたい。この「窆」という文字は、中国の墓誌にしばしば登場し、たとえば、六七九年（唐調露元）の泉男生墓誌や、七〇〇年（唐聖暦三）の高慈墓誌、[8] あるいは、近年、中国で出現した七三四年

（唐開元二二）の井真成墓誌にも使用されている。[9] その構文は「某年月日＋窆＋於ないし于＋某所」となるが、死者を最終的に某所へ埋葬することを「窆」と言い、それは「葬」と同義である。

すると、この「宝亀七年」銘の塼は、同年に「矢田部首人足」を某所へ埋葬したことを記したことになり、その出土地は墓所であったはずである。そして、当該の塼は、もちろん墓誌ということになる。しかし、月日を欠いて「宝亀七年」とのみ記すことや、銘文がすこぶる簡素であることは、墓誌自体としての末期状況を示すものなのか、被葬者集団の墓誌知識の乏しさを示すものなのかということになるが、日本でも例の乏しい「窆」の字の使用からすると、墓誌の要点となる用字には稀有な形で通暁していたことになろう。後述する同じ矢田部氏にかかわる買地券の存在を考慮するなら、被葬者集団の単なる知識の乏しさに由来するとみるよりも、墓誌そのものの衰退ないし解体期にあって、墓誌にかかわる新たな知識に接する環境が生じていたのではないかと思われる。

第五は、辻子谷出土の板状土製品（塼）（補5）である。これは、現東大阪市中石切町で明治初年に発見されたものであり、凝灰岩の石材（骨蔵器か）とともに二枚の埴質板状品が出土したという。このうち、一枚は失われたが、墨書があったとされ、現存する一枚にも墨書の痕跡が認められると伝承されていたが、今や判然としない。復元すると、縦二八・五cm、横九・八cmであり、丁寧に整形された奈良時代のものと認められる。[10] おそらく、火葬墓にともなう墓誌か、後述するような買地券であろう。

二、墓誌の周辺

さて、以上の外に、厳密な意味では墓誌と言えないが、やはり墓誌とのかかわりが認められるものがある。

その第一は、既述の買地券であり、まず、矢田部益足買地券（参1）があげられる。これは、一八二〇年（文政三）に現岡山県倉敷市吉備町尾崎で発見されたとされる塼二枚に刻字されたものであり、この二枚は、縦四一・八cm、横一九・五～二一・八cm（上）、同二〇・三～二一・三cm（下）と報告されている。二枚の各一面には、それぞれ同文に近いものがみられるが、一枚は四行、もう一枚は五行となっており、その文章は、左記のとおりである（「癸卯年」の「年」の有無がある）[11]。

備中国下道郡八田郷戸主矢田部石安口白髪部毗登富比売之墓地、以天平宝字七年々次癸卯十月十六日、八田郷長
矢田部益足之買地券文

この買地券は、さきのような矢田部氏の墓誌および下道氏関係の墓誌や備中国周辺の墓誌・文字文化圏とのかかわりにおいて考えられるべきであろう。

ついで、大宰府宮ノ本遺跡出土の買地券（参2）がある。これは、一九七九年、現太宰府市向佐野の宮ノ本一号墳墓から出土した墨書鉛券である。現状は、長さ三五・二cm、最大幅九・五cmで縦の罫線五本があり、六行からなる。その文章は判読しにくいが、一応、次のように読まれている。

（一行目）　〈判読困難〉
（二行目）　□□戊□死去為其□坐男好雄□縁之地自宅□□方有
（三行目）　其地之寂静四方□□□可故買給方丈地其直銭弐拾

（四行目）　伍文鍬一口絹伍尺調布伍□白綿一目此吉地給故霊平
（五行目）　安静坐子々孫々□□□全官冠□禄不絶令有□七珎
（六行目）　〈判読困難〉　　　　　　　　　　　　白

以上の文章中、年紀はみられないが、九世紀中葉以降のものかとの説がある。[12]

第二は、墳墓内の櫃や棺などに直接、文字を刻んだものがある。たとえば、現静岡県伊豆の国市北江間の大北横穴群二四号墳で発見された箱形石櫃には「若舎人」銘（参3）が刻まれていた。この石櫃は火葬骨を納めたものであり、「若舎人」とは被葬者をさすのであろう。時期は、およそ八世紀前半ではないかとみられている。[13]

ついで、現岡山県真庭市中津井の定北古墳に安置された四つの陶棺のうちの三号陶棺に「記」銘（参4）がみられる。被葬者は二〇歳前後の女性であると推定され、時期は七世紀中葉という。文字は、蓋と身にそれぞれ一文字ずつあり、蓋には、さらに一本線の刻みが入っているから、別に文字を記そうとしたのか、「記」の字を書き損ねたかであろう。文字は洗練された筆跡のものであり、焼成前に刻まれたことが確実であるから、後世の追刻などではあり得ない。[14]

この「記」銘については、焼成後の陶棺を組み合わせ、その方向性を指示するための記号的な文字ではなかったかと推測されるむきもある。[15]しかし、ならば、なぜ「記」という明確な文字を選んだのか、なお考えるべきことはあろう。すでに、この「記」については、埼玉県行田市の稲荷山古墳出土の鉄剣銘にみえる用例以下、七世紀の造像銘や群馬県高崎市の山上碑の用例その他が指摘されており、中国南北朝時代の墓誌や造像銘にも散見し、新羅の壬申誓記石にもみられることが確認されている。[16]しかし、その後、奈良県明日香村の飛鳥池遺跡や石神遺跡出土の木簡、滋賀県野洲市の西河原遺跡群や静岡県浜松市の伊場遺跡群出土の木簡その他でも多く知られるようになった。[17]また、朝鮮諸国でも、高句麗の場合は四〇八年の徳興里古墳墨書銘（鎮の墓誌）、四一四年の広開土王陵碑文の用例その他を追加することができ、新羅の場合は五〇三年の迎日冷水里碑文、蔚州川前里書石の乙卯年（五三五）銘、五五一年の明活山城作城碑文、五六八年の真興王各種巡狩碑文の用例以下に少なからず見出せる。[18]

以上の「記」用例のうちで、「記」の一文字のみを記したものはないが、単に年月日に「記」を付したものばかりでもない。文字通り銘記の意味で用いられていることも多く、墓誌銘の用例も存在している。したがって、当該の「記」銘も、これらの用法に影響されて、何らかの文意や含意を「記」の一文字に収斂させ、表現したものとみたい。

さらに、骨蔵器の外容器蓋（甕）の口縁部に刻まれた「家長」銘（参５）も知られている。これは、千葉県香取郡多古町の林小原子台遺跡二〇号跡出土のものであり、時期は八世紀第３四半期とみられている。人骨は熟年男性と推定され、「家長」その人なのであろう。[19]

第三は、墳墓から出土する鉄板がある。かつて一九九七年段階の集計によると、日本列島の広範囲に四〇例以上が確認されているが、現在、それを上回る事例数が存在するはずである。[20]しかし、これと墓誌の関係については明確でない。ただし、文字を記したものが今のところ確認されていないこと、（10）の小治田朝臣安万侶墓誌とともに出土した例があること、（参５）の「家長」銘甕とともに出土した例があることなどからして、文字を記さない鉄板は、文字を記した墓誌ないし墓誌に準じるものとは区別されるべきであろう。むしろ、ここでは、冥界に持参する「鉄札」（『日本霊異記』下の二二・二三）や、亡くなった職事官人への賻物のなかに鉄板の束が含まれていること（喪葬令職事官条）などを参照する必要があろう。

ところが、このような鉄板の形状・法量は地域による傾向と差異があり、一律に論じにくいところもある。たとえば、縦横の比率が四を越える細長い短冊形のものは関東地域に集中し、畿内地域では縦横の比率が一〜二以内のものが多いという差異が目立つ。[21]後述するように墓誌の基本形は前者にあるから、関東地域の墳墓にみられる短冊形の鉄板については、墓誌の転化を想定する余地が残されていよう。

最後に第四は、墳墓外に建てられた墓碑の類がある。実は、墓碑の特定については容易でないところがあるが、一応、墓碑と認められるものを挙げると、以下のとおりである。[22]

（墓碑1）藤原鎌足墓碑（百済人の沙吒昭明撰。現存しない）『日本書紀』天智八年一〇月辛酉条所引「日本世記」、『鎌足伝』。

（墓碑2）采女氏塋域碑（己丑・六八九年一二月。現存しない）現大阪府南河内郡太子町出土。拓本によると、高さ五三cm、幅二五cm。正面六行（各九・一〇・一〇・九・三・九字）。

（墓碑3）元明天皇陵碑（養老五・七二一年一二月葬。未公開）陵域内（奈良市）。復元図等によると、高さ約九三cm、幅約六五cm、厚さ約四五cm。正面七行（基本的には八字詰）

（墓碑4）阿波国造碑（養老七・七二三年立。徳島県名西郡石井町中王子神社内）瓦質塼製。身高さ二九cm、同幅一二・七～一三・五cm、同厚さ八・五～一〇・二cm。正面三行（各四・九・六字）、側面二行（各八・二字）。

以上は石製および塼製のものであるが、これ以外に、木製とみられるもの、あるいは伝承上のものもある。それは、『日本霊異記』上の一で知られる伝承上の少子部栖軽墓碑と、七三一年（天平三）の法華経玄賛巻三跋文で知られる片県連僧麻呂墓柱である。後者は、仏頂経一巻などを書写し、「渥丹柱発起立墓院」というから、墓域内に色彩を施した柱状のものを建て、あるいは写経文言などを記したのであろうか。[23]もし、そうであれば、これを墓碑と認めてよいかには疑問が残る。

墓碑に関しては以上であるが、辛巳・六八一年三月の山上碑（現群馬県高崎市）や、康（庚）子・七〇〇年正月死去による那須国造碑（現栃木県大田原市新宿）などを墓碑とみるかどうかについては保留したい。

三、墓誌作成の時代

日本列島にみられる先のような墓誌は限られたものであるが、それでも、そこから読み取れる事柄は多い。しかし、今は、なぜ墓誌が作られたのかを明らかにするために、若干の問題を取り上げることからはじめたい。

まずは、墓誌が作られた時代、つまり墓誌の有効性が発揮された時代はいつなのかということである。これについては、すでに既掲の森本著などが奈良時代へ集中する傾向を早くから指摘していたが、この傾向は、現在においても変わるところがないかのような印象を与える。しかし、この理解は適切さに欠けていよう。

現在、実物で確認できる墓誌の上限は（1）の船王後首墓誌であり、下限は（16）の紀吉継墓誌である。船王後首墓誌は戊辰年（六六八）一二月の殯葬を記し、紀吉継墓誌は延暦三年（七八四）正月の記事とするから、これに従えば、いわゆる奈良時代（平城京時代）以前から長岡京遷都直前までの時代となる。たしかに、この間、奈良時代のものが少なくないが、墓誌の出現が奈良時代（平城京時代）以前に遡るものであること、ついで、長岡京ひいては平安京遷都以後、墓誌の実物が急速にみられなくなることについては、注意が必要である。

もとより、初期の墓誌である（1）（2）については、その作成期をめぐる議論がある。また、（14）は年紀が判然としない。そこで、これらの点に配慮するとしても、少なくとも平城京遷都前後（慶雲年間〜和銅年間）までが（1）〜（7）の七点、平城京時代前半（養老年間〜天平年間）が（8）〜（12）の五点、平城京時代後半（天平宝字年間〜延暦年間）が（13）（15）（16）の三点となる。すると、ここには著しい傾向が読み取れよう。すなわち、墓誌は平城京時代前半つまり八世紀中葉の天平年間までにほぼ集中すること、しかし、そのなかでも天平年間以前のものが圧倒的に多いことである。

以上の傾向は、墓誌発見や残存の偶然性を何ら考慮したものではないが、現在のところ、一応の目安にはなり得よう。するど、もはや、墓誌が奈良時代に集中するという言い方は適切でなく、強いて言うなら、奈良時代以前から奈良時代前半までに、あるいは七世紀後末から八世紀前半（中葉）までにほぼ集中していたと言い換えるべきであろう。

このような特徴は、墓誌の形状からも言える。すなわち、（1）の船王後首墓誌の形状は短冊形であり、縦が約三〇cm、横が約七cmとされ、いわゆる天平尺の一尺（縦）と二寸（横）に近いことが指摘されている。[24]そして、このような法量は、骨蔵器銘を除いて、基本形として以後継承されていき、（3）（8）（9）（10）と続く。このうち、（3）の文祢麻呂忌寸墓誌は骨蔵器と銅箱を伴っていたが、銅箱の法量は縦二九・一cm、横五・七～五・九五cmであり、まさに基本形を踏襲している。とすると、このような短冊形をなす墓誌の基本形は、天平年間以前まで、もしくは七世紀後末から八世紀前半まで一貫した特徴をなしており、火葬にそのまま左右されるものでもなかったことが分かる。

しかも、他の墓誌も上記の基本形の変形として理解できる。なぜなら、（2）の小野毛人朝臣墓誌は基本形の縦を二倍にし、（7）の僧道薬師墓誌は基本形の縦横を半分に縮小し、（11）の美努岡万連墓誌と（13）の石川年足朝臣墓誌は基本形の縦を遵守し、（14）の宇治宿祢墓誌は基本形の横を少なくとも遵守していた可能性があり、（15）の高屋連枚人墓誌は基本形の縦を遵守したものであろう。たしかに、（11）以降、つまり天平年間以降、墓誌は短冊形から横を伸ばした長方形への推移を見て取ることができるが、それとて、基本形との連続性が認められるのである。

これを言い換えれば、墓誌が作成され、有効であった時期とは、さきのような基本形とその変形が存続した時期に等しい。しかし、天平年間以降、基本形の変形とは言え、長方形の墓誌が現れてきたことは、あたかも墓誌の終末の始まりであったとも言えよう。その画期をなすのが（11）の美努岡万連墓誌であり、やがて、墓誌の素材も銅板から石製や塼製の出現をみて、実物は確認できなくなるのである。その最後の（16）の紀吉継墓誌がこれまでの基本形にこだわらない法量となっているのは、墓誌の崩壊ないし無効化を象徴しているかのようである。

では、実物の墓誌以外の場合は、どうであろうか。まず、（補1）の日置部公墓誌は上記の基本形をとっていたもようである。作成時期については、さきにみた墓誌の終末期が想定されている。ただし、記述については、知られる墓誌銘といささか乖離があり、「開白」というのは仏教の供養などで用いられる慣用語である。[25] したがって、時期をさらに降らせるべきなのか、墓誌の変形としての買地券ないし祈願文のような性格を含むものとみるべきなのか、肥後の地域性を考慮すべきなのか、検討の余地が残されている。

（補2）の楊貴氏墓誌の場合は、そのまま受け取れないところがあるが、横が伸びた長方形の瓦塼である点のみを取り上げれば、墓誌の終末の始まりに位置付けることが可能であろう。また、実物の墓誌の終末の始まりとみた美努岡万連墓誌は、当該中国の文物に多大な影響をうけて作成されたものであるが[26]、両墓誌の横の法量はほぼ一致しており、ともに遣唐使（下道朝臣真備、美努岡万連）にかかわる墓誌である。もちろん、楊貴氏墓誌については保留するとしても、八世紀の遣唐使がもたらした新しい中国墓誌の情報と知識が、むしろ、それまでの日本列島で出現し、機能していた墓誌を解体させていく役割を果たした可能性がある。この点でも、かつて森本著などによって、奈良時代の墓誌盛行が遣唐使によって啓発されたとみられがちであったことの不適切さを指摘しておきたい。

（補3）の「左衛士府」銘塼については、年紀記載もなく、不明瞭なところが多いので、今はとくに言及を差し控えておきたい。（補4）の「宝亀七年」銘塼は墓誌の基本形の変形として横が伸びており、墓誌の終末期に位置付けることでとくに支障はあるまい。なお、塼製であることも、その条件に加えることができるが、いわゆる吉備地域の特性とみることも可能であろう。しかし、いずれにせよ、中国墓誌に頻出する「窆」の用字がみられること、そして、これにかかわる地域集団が（参1）の中国的な買地券を生み出していることからして、やはり、日本列島の墓誌の消滅が八世紀における中国文明（墓誌や買地券など）の情報や知識の導入によって促されたことを読み取らざるを得ない。

（補5）の辻子谷出土塼は、概して墓誌の基本形を保っていたようであるが、縦横の法量は（13）の石川年足朝臣墓誌に近似しており、やや横に伸びていたものとみられる。両者は出土地も遠く離れているわけではなく、(13)の年紀に準じれば、天平宝字年間前後のものである可能性もあろうか。

一方、墓誌にかかわる墓誌以外のものを参考としてあげておいたが、そのうち、(参4)の「記」銘陶棺は七世紀中葉のものとされており、実物の墓誌の出現期を遡ることになる。出土地は古代の備中国英賀郡に属しているが、美作地域との交流も認められるところであり、墓誌出現の前史をさぐる意味において興味深いものがある。

ついで、(参3)の「若舎人」銘石櫃は八世紀前半の伊豆国田方郡のもの、(参5)の「家長」銘甕(骨蔵器の外容器)は八世紀後末の下総国香取郡のものであり、ともに日本列島の東方でみられる例となる。また、両者の銘が被葬者を指していることはよいとしても、さきに見てきた墓誌銘とは異なり、具体的に姓名等を記したわけではなく、当該地域でこそ説得力をもつ、ある種の地位や職を特記したものであることは注目すべきである。

参考の最後として、墓碑をあげておいたが、その出現は墓誌の出現とほぼ重なるか、やや先行することが指摘できる。これは、一応の目安に過ぎないが、以後、墓誌の基本形が維持された墓誌の盛行期、つまり八世紀前半までしか墓碑の実物が確認できないことからすると、墓碑と墓誌の連携的な関係を示唆していよう。

ただし、残存する墓碑の素材は石製か塼製であり、墓誌が本来銅製であることと区別される。また、その形状も区別され、墓誌よりも大きいわけであるが、(墓碑4)の阿波国造碑は、墓誌の基本形としての縦の法量を遵守しているようである。逆に、(墓碑3)の元明天皇陵碑は、長方形からさらに正方形に近づいており、行字数の配置についても、北魏以来隋唐で顕著となる中国の墓誌(行数と行字数が等しいか近似する)に倣ったきらいが認められる。

このような墓碑の現象については、以下のような理解が可能であろう。墓碑は墓誌の盛行期を過ぎるとみられなくなるが、基本形の墓誌が変形し、やがて墓誌そのものが解体ないし消滅していく過程に先んじる変化をみせる。すなわち、基本形の墓誌が盛行している間に、いち早く中国の墓誌の情報と知識を導入した天皇陵碑が現れたが、その後、天皇陵碑は続かず、墓碑ひいては墓誌の限界と終末の到来を予見させる。また、阿波国のような地域では、墓誌の基本形の変形が現れ、墓誌の終末のひとつの要件ともなる塼製が採用されて、これまた墓誌の終末を先取りするものとなったのである。

四、墓誌の地域分布

つぎに、以上の時系列と対照させながら、墓誌の地域分布をあらためて整理しておきたい。

まず、実物として残存する墓誌一六点のうち、大和国から出土したものは八点、河内国から出土したものは三点、山城国から出土したものは二点、そして、摂津国、備中国、因幡国から出土したものがそれぞれ一点である。これによると、大和国からの出土が圧倒的に多いのであるが、初期（出現期）の墓誌である（1）（2）はいずれも大和国以外のところから出土しており（河内・山城）、逆に、晩期（終末期）の墓誌である（13）以降も大和国以外からの出土となる（摂津・山城・河内）。すると、大和国から出土した墓誌は（3）以降（12）までの間におさまり、これは藤原京時代から平城京時代前半までということになる。

このことは、個別的な遷都いかんにかかわらず、とにかく大和国に一貫して都城が形成され、いわゆる都市化が当該地域で加速度的に促進された時期に墓誌が大和国で多く作成されたことを示していよう。言い換えれば、墓誌の被葬者がなんらかの形で大和国に集中したということでもある。そして、この間、（5）（6）のように備中や因幡の諸国地域でも墓誌（骨蔵器）がみられるようになるが、後述するように、これも大和国にみられる行財政上の都市化とのかかわりにおいて理解されるべきであり、墓誌がどこで作成されたのかということも問われてこよう。

一方、実物の墓誌以外の関連資料をこれに加味したら、どのようなことが言えるのであろうか。まず、真偽のことは別にして、一応、墓誌の可能性があるものを補遺としてあげておいたが、その五点はすべて墓誌の後晩期（終末期）に属するものであり、（補2）が大和国出土とされる以外は肥後国、備中国、河内国でそれぞれ出土したとされている。これに準拠する限り、墓誌は次第に大和国以外へとひろがりつつ、終末を迎えたことになる。

なお、参考として、さらに墓誌にかかわるものをあげておいたが、（参1）（参2）の買地券は墓誌が終末期を迎える段階か、さらにはその後の出現とみられる。すると、墓誌の解体化の一環として、あるいは、土地の売買が盛んになる段階での、墓誌の転換や新展開が予想できるが、このような買地券は、現在のところ、継続性が確認されていない。[27] したがって、やはり、墓誌の終末の一環とみるのが妥当であろう。しかし、その出土地が備中・筑前（大宰府周辺）の諸国地域であり、大和国もしくは畿内でないのは興味深い。大和国もしくは畿内が、このような中国文明の色彩が濃い買地券の出現を制約し、疎外する環境にあったのであろうか。

また、（参3）～（参5）は、個体の墓誌として固有に作成されたものではなく、墳墓内の被葬者（土葬・火葬を問わない）を納める外容物（陶棺・石櫃・甕）にわずかな文字（一～三字）を記したに過ぎず、いずれも大和国もしくは畿内以外のところで、七世紀中葉から八世紀後末に及ぶ。このうち、（参4）の七世紀中葉の「記」銘は墓誌の前史に、（参3）の八世紀前半の「若舎人」銘は墓誌の盛行期に、（参5）の八世紀後末の「家長」銘は墓誌の終末期にそれぞれ属しており、これが墓誌の展開過程とどのように対比できるのかということになる。

まず、（参3）の「若舎人」銘は、大和国に集中する墓誌の盛行期に対応して、都市としての平城京（宮も含む）と伊豆国田方郡の故地とを往還した被葬者の存在価値とその有効性を墓誌に倣って主張しようとしたものであり、（参5）の「家長」銘は、墓誌の終末期において、もはや都市としての平城京（宮を含む）とは直接かかわらない下総国香取郡内の被葬者の存在価値を墓誌の残滓として明示したものとみられる。そして、このように、墓誌のあり方とかかわりつつ、墓誌の終焉に地域（この場合は東方地域）も加わったことを意味しており、平城京時代前半の都市周辺に集中する墓誌が衰退していくことにともない、都市以外の地域で墓誌があらたに継承され、勃興していくというわけでは必ずしもないのである。

一方、七世紀中葉の（参4）の「記」銘は、さきにみた（参3）（参5）の記述とは異なり、被葬者の存在のあり方を明示したというよりも、埋葬にかかわる文字・文章化の前史、つまり墓誌そのものの出現にかかわる前史としてとらえるのが適切であろう。しかし、その前史が大和国以外の備中国英賀郡の地域で認められることは、基本形を示す残存墓誌の初現が大和国以外のところでみられることと合わせて注目されてよい。

なお、墓碑については、（墓碑1）の藤原鎌足墓碑の所在が不明であることを別として、藤原京時代以前の（墓碑2）は河内国に、平城京時代前半の（墓碑3・4）は、それぞれ大和国と阿波国に所在する。そして、残存（記録）の限りで言えば、墓碑が大和国に著しく集中する傾向はみられない。このことは、碑そのものが藤原京以前から東国に集中する傾向がみられることと合わせて注目されるところである。

五、被葬者の地位とその表現方法

では、墓誌に記録された被葬者の地位（主として冠位・位階）は、どのようなものであったのだろうか。それは、以下のとおりである。

（1）船王後首（六六八年）　大仁
（2）小野毛人朝臣（六七七年）　太政官兼刑部大卿・大錦上
（3）文祢麻呂忌寸（七〇七年）　壬申年将軍・左衛士府督・正四位上

（4）威奈卿（大村）（七〇七年）　小納言・正五位下（越後城司）
（5）下道圀勝・圀依朝臣母夫人（七〇八年）
（6）伊福吉部徳足比売臣（七一〇年）　従七位下
（7）僧道薬師（七一四年）
（8）太朝臣安万侶（七二三年）　従四位下・勲五等
（9）山代忌寸真作（七二八年）　従六位上
（10）小治田朝臣安万侶（七二九年）　従四位下
（11）美努岡万連（七三〇年）　従五位下・主殿寮頭
（12）行基（七四九年）　大僧正
（13）石川年足朝臣（七六二年）　御史大夫・正三位兼行神祇伯
（14）宇治宿祢（不詳）
（15）高屋連枚人（七七六年）　正六位上・常陸国大目
（16）紀吉継（七八四年）
以上であるが、他に補遺・参考・墓碑としたもののうち、その地位等が記されている例をさらにあげておこう。
（補1）日置部公　（肥後国）玉名郡・権擬少領・外少初位下
（参3）某者　若舎人
（参5）某者　家長
（墓碑1）藤原鎌足（六六九年）　大織冠・大臣
（墓碑2）采女竹良（六八九年）　大弁官・直大弐

（墓碑3）元明天皇（七二一年）　太上天皇
（墓碑4）粟凡直弟臣（七二三年）　阿波国造・名方郡大領・正七位下

これらについて、最初に若干の補説をしておきたい。まず、（1）の大仁は、ふつう、のちの正五位相当に位置付けられるが、墓誌には「品為第三」とあるから、冠位の第三品として主張されたと読み取るべきであろう。（2）の小野毛人朝臣は、『続日本紀』和銅七年（七一四）四月辛未条の毛野薨伝によると小錦中（五位相当）であったとするから、大錦上（四位相当）とは贈位であったことになる。（3）の文祢麻呂忌寸は、同じく慶雲四年（七〇七）一〇月戊子条の卒伝によると、従四位下で亡くなった直後、詔使が派遣されて、正四位上が贈られ、「壬申年功」がたたえられたとある。したがって、贈位が墓誌に記されたことになるが、合わせて「壬申将軍」とも記されていることからすれば、件の詔使の言辞が墓誌に反映されたものとみられる。すると、さきの小野毛人朝臣の場合も、そのような詔使による贈位が墓誌に投影されたものであろう。

ついで、（5）の母夫人に位階などはみえないが、圀勝については、『続日本紀』宝亀六年（七七五）一〇月壬戌条の真備薨伝に右衛士少尉とあり、官位相当で言えば正七位上となる。しかし、これは墓誌作成当時のこととは限らない。（8）の太朝臣安万呂は、『続日本紀』養老七年（七二三）七月庚午条に民部卿従四位下で卒したとあり、和銅五年（七一二）正月二八日付けの『古事記』序文には正五位上勲五等とある。この間における官位の推移については問題とすべき点はないが、墓誌には民部卿であったことを省略して、勲位を含む位階のみが記されている点が注目されよう。（9）の山代忌寸真作は、養老五年（七二一）の戸籍に「山代郷戸主従六位上」とあるから、[28] 墓誌の位階と矛盾はないが、むしろ逆に、墓誌の「河内国石川郡山代郷従六位上山代忌寸真作」こそが、このような戸籍上の本貫記載に倣ったものであろう。

さらに、（10）の小治田朝臣安万呂は、『続日本紀』によると、養老三年（七一九）正月壬寅条に正五位下から正五位上になったとするが、それ以後の記事はみられない。墓誌の従四位下とは、その後の昇叙か贈位を記載したものであろう。

(13)の石川年足朝臣は、『続日本紀』天平宝字六年(七六二)九月乙巳条の薨伝に「御史大夫正三位兼文部卿神祇伯勲十二等」とあり、墓誌は文部卿(式部卿)と勲位を省略したことになる。

なお、(墓碑1)の藤原鎌足は、いわば贈位・官である。(墓碑2)の采女竹良は、『日本書紀』朱鳥元年(六八六)九月辛酉条の天武殯記事において直大肆として内命婦の事を誄したとあるが、その後はみえない。墓誌の直大弐が生前の授与なのか死後の贈位なのかは不明であるが、一般的には、直大弐がのちの従四位相当、直大肆がのちの従五位相当とされている。

およそ以上のことから、まず言えることは、早い段階の墓誌の被葬者には、位階(冠位)よりも官を優先する傾向が見て取れる。しかし、位階(冠位)が一貫して重要な要件になっていることに変わりはない。しかも、墓誌の被葬者の位階(冠位)は、早くは四位相当か、それ以上とされていたもようである。それは(1)の第三品意識にはじまり、(2)は贈位をもってその有資格(大錦上)を得たものと思われる。(3)も、これに矛盾しない。この傾向は墓碑でも同じであり、(墓碑1)はもちろんのこと、(墓碑2)がもし贈位であったとすれば、これをもって有資格(直大弐)を得たことになろう。

このような基準は、以後も痕跡を残すところがある。(8)はわざわざ位階(従四位下)を特記し、(10)がもし贈位であるとすれば、これをもって有資格(従四位下)が保証されたことになる。ところが、一方で、(4)(11)のように五位の被葬者が現れ、さらには五位以下の者にも墓誌が作られるようになった。

もとより、以上の傾向には重なり合うところがあるが、概して、七二〇年代(養老・神亀年間)の(10)までが四位相当の基準を意識し、それ以後(天平年間以降)はその基準が解体している。そして、四位相当をともかく基準としていた前者の後半、つまり七〇〇年代のはじめから、平行して五位ないし六位の被葬者を目安にした墓誌が現れるようになり、その重層的な過渡的段階は上記のように七二〇年代をもって終焉するようである。すると、このような傾向は、基本形による墓誌の盛衰とも符合するところがみられる。

ただここで、これまで想定した墓誌作成の位階（冠位）基準をかなり逸脱するものについて付言しておきたい。それは、女性単独（合葬を除く）の被葬者である（5）（6）（16）の場合であるが、（5）（16）にはそもそも位階がなく、（6）の位階は想定基準をかなり下回っている。しかし、このうち、（16）の被葬者の父は参議従四位下陸奥国按察使兼守鎮守副将軍勲四等の紀広純であると明記されているから、この父が従四位下であったことが件の女子の墓誌を作成できるひとつの条件となった可能性があろう。この点は、（補2）の墓誌をかりに認めるとした場合、その作成主体者の真備が従五位上であったこととも連動する条件である。

ところが、（5）の墓誌（骨蔵器銘）の作成主体者の圀勝は、既述のように正七位上をさほど上回っていたとは考えにくい。また、（6）の被葬者は従七位下という低さであるのに加えて、五位以上と皇親に認められる「卒」の字が用いられており、従七位下に該当する「死」の用法が守られていない（喪葬令）。したがって、これらは墓誌作成で想定される位階基準の例外ということになるが、この例外性については、（5）の「母夫人」、（6）の「比売臣」の用法などから、後宮出仕やそれとの緊密な関係が原因になっている可能性があろう[29]。

ちなみに、（墓碑4）の「粟凡直弟臣」は、名である「弟」（たとえば御野国本簀郡栗栖太里戸籍の例）に「臣」が加えられており、この「臣」はカバネに近似した臣下の意味も含まれていよう。一方、さきの（6）にも同様の「臣」が付加されており、両者には共通した性格が認められそうである。しかし、これらの検討については、後考に期したい。

そこで、つぎに、墓誌の被葬者の位階（冠位）規準とその変化が何らかの法的根拠、たとえば大宝令などとどのように関わるのかということが問われてくる。周知のように、墓誌の作成についての直接的な規定は令にみられないので、強いて、墓碑の規定を参照すると、喪葬令立碑条の「凡墓皆立碑、記具官姓名之墓」が注目される。この条文は大宝令でもほぼ同文であるが、碑が立てられてよい墓は、同令三位以上条に基づいて三位以上の墓であるとする穴記の議論

（「位」記載のことに触れないのは「三位以上」が自明のことであるからとも言う）が知られている。もし、この議論に準じるならば、三位以上（別祖氏上も加わる）に造墓が認められ、その墓に造墓碑が認められることになるが、このことをさらに造墓誌に転用するとしたら、さきのような四位相当から五位・六位相当への基準変容とこの令条規定とは直接結び付かない。せいぜい、（13）の石川年足朝臣墓誌の正三位が該当するのみである。

しかし、これをもって、この造碑規定と造墓誌とを無関係とするわけにもいかないようである。まず、「三位以上」規定は保留するとして、問題になるのは「具官姓名之墓」と記すことについてである。これは、「古記」以来、官にある者は「其官卿位姓名之墓」と記し、散位は「其位姓名之墓」と記すのであると説明されているが、実は、およそこれに似た表現の墓誌が存在する。それは、（2）の小野毛人朝臣墓誌が記す「太政官兼刑部大卿位大錦上小野毛人朝臣之墓」と（15）の高屋連枚人墓誌が記す「正六位上常陸国大目高屋連枚人之墓」である。さらに、これとはやや異なるが、①の船王後首墓誌にみえる「其大兄刀羅古首之墓」、（5）の圀勝ら母夫人骨蔵器にみえる「母夫人之骨蔵器」、（16）の紀吉継墓誌にみえる「広純之女吉継墓志」や、（4）の威奈卿（大村）骨蔵器にみえる「卿」の用法なども参照に値しよう。

また、墓碑の場合では、（墓碑3）の元明天皇陵碑が記す「～太上天皇之陵」があり、さらには、（墓碑4）の阿波国造碑にみえる「阿波国造名方郡大領正七位下粟凡直弟臣墓」や（墓碑2）の采女氏塋域碑にみえる「卿」の用法なども留意される。このうち、元明（太上）天皇陵碑は特別ではあるが、とにかく喪葬令の造碑規定を忠実に履行したものとみることができる。また、阿波国造碑については、「三位以上」の造墓規定が守られず、「濫作」傾向にあるとした「古記」の指摘と符合する一面もあろう。

だが、ここで問題なのは、「具官姓名之墓」記載に比較的よく叶う（2）と（15）の墓誌である。この両者は、皮肉にも、基本形に表象される墓誌の早期と終末期とに分かれて位置付けられるものであるが、後者については、中国的な墓誌の形態の影響を色濃く受けつつ、日本令の造墓碑規定である「具官姓名之墓」記載をもある意味では忠実に反映・浮上させながら、そのこと自体が墓誌の終末を示唆するものであったと言える。これを逆に言えば、中国的な墓誌形態と日本令の造墓碑規定とは、造墓誌の持続と展開においてけっして肯定的な意味と役割をもつものではなかったことになる。

しかし、たとえ肯定的ではないにしても、（2）の墓誌と喪葬令立碑条の「具官姓名之墓」記載規定とのかかわりを無視することはできない。そして、この関係を問うことは、（2）の墓誌の作成期を問うことにもつながってこよう。

六、小野毛人朝臣墓誌

この小野毛人朝臣墓誌に記された年紀は「丁丑」年であり、これが六七七年（天武六）を指すことは確かである。しかし、「朝臣」と記されているからには、臣から朝臣に改姓された六八四年（天武一三）以後にこの墓誌が刻まれたことを意味している。また、贈位を記していることも明らかであるが、この贈位がいつなされたのかは明らかでない。ただ、「具官姓名之墓」ないし「其官卿位姓名之墓」に準じて記載されており、さらには、喪葬令三位以上条の「営墓」用語に倣って「～之墓」を「営造」したと言っているから、喪葬令の造墓・造碑規定に拘束された側面は否定できまい。したがって、この墓誌は大宝喪葬令発布以後のものか、ひいては遡って同様の規定がすでに存在していたかもしれない浄御原令制下での作成ということになる。いずれにせよ、浄御原令が配布された六八九年（持統三）以降のものであろう。

ただし、この墓誌は「姓名」（氏＋カバネ＋名）という記載方法（小野朝臣毛人）に従っていない。この点で言えば、「本位姓名」を基本とした、とりわけ「姓」（氏とカバネ）＋名の順で記す位記の施行に従っていないこととも連動するが、このような位記は、やはり浄御原令発布とともにはじまったとされている。(30) その意味では、すべてを令規定に負っているわけではないのである。そして、（1）の墓誌は別枠として、以後、多くの墓誌は、（3）（5）（11）（13）と位記型をとらず、氏＋名＋カバネの順（たとえば文祢麻呂忌寸）で記載している。なお、（6）の場合も、一応、これに加えられようか。

もっとも、これについては補足が必要であろう。なぜなら、公式令授位任官条や『続日本紀』養老五年（七二一）一〇月癸未条太政官処分などによると、授位任官の日の「喚辞」（口頭言語）では、様々な場面において、かつ位階の差異によって、文書としての位記記載とは異なる基準が重層的に認められていたからである。これを、当面の課題の範囲で言えば、とりわけ天皇を面前にした場合、三位以上を呼ぶ「先名後姓」（たとえば大伴万呂宿禰のような氏＋名＋カバネ）の言い方が、四・五位を呼ぶ「先姓後名」（たとえば大伴宿禰万呂のような氏＋カバネ＋名）の言い方よりも敬意の度が高いとみられていた。それは、位記をもってする文書行政で均等化された「先姓後名」型とは別に、人々が集う様々な生の場面において、令制施行以前の伝統と慣習を尊重した表れと言えよう。もっとも、天皇のいない別な場面では、あるいはまた次第に、その敬意を表す「先名後姓」型が四位ないし五位へと対象を下降させていく傾向にあり、七二一年の太政官処分はそのひとつの帰結を示すことになる。

ところが、その太政官処分後、墓誌には「先姓後名」型が一部現れてくる。それは（8）（9）（10）（15）であるが、喪葬令の造墓碑規定に忠実なところのある（15）を除いて、七二三年（養老七）から七二九年（神亀六）の間に集中し、かつ（8）「左京四條四坊」、（9）「河内国石川郡山代郷」、（10）「右京三條二坊」などと京貫地・本貫地を記す点でも共通している。これについては、（9）が戸籍記載と合致していることを既に指摘しておいた。なぜ、この時期に集中するのかは問題であるが、当該の墓誌の被葬者が四位から六位に及ぶことからして、さきの「先名後姓」型の五位までへの下降傾向をそのまま適用させるわけにはいかず、これはやはり位記型のあらたな採用であったと言える。

以上のことからすると、墓誌に多い（2）のような「先名後姓」型は、令制施行後の位記文書形態に反するものであり、それに拘束されない旧態の慣用と伝統に従ったことになる。しかし、逆に、天皇の面前で三位以上が「先名後姓」型で呼ばれ続けたとすれば、造墓とこれに連動した造墓碑が認められた三位以上の階層と、この言い方とは一致してくる。

とすれば、（２）の墓誌は、まず、造墓碑規定の原則とも言える三位相当以上の制約に反しながら、その規定にみえる「具官姓名之墓」記載の一部には従った。しかし、その記載方法において、あらたな位記型の「姓名」記載を遵守せず、三位相当以上が天皇を面前とした授位任官の場で呼ばれる「先名後姓」型を採用した。この型は、浄御原令制以前の伝統や慣習を遵守した敬意度の高いものであった。このことを言い換えるなら、とくに（２）の墓誌は、喪葬令の造墓・碑規定に反するところ、あるいは拘束されないところと、その規定を逆手にとって任意に転用したところとがあり、その意味でも、墓碑と墓誌の関係は早い段階から緊密な関係にあったと言えよう。

ところが、（２）以降、「先名後姓」型の継承はよいとしても、「具官姓名之墓」記載の枠組みは、そのまま継承されなかった。一部、その残滓は認められるが、それはもはや、令規定の遵守と言うには、ほど遠いものである。すると、この観点から言えば、（２）の墓誌は、墓誌としてはむしろ例外であったことになる。それは、おそらく、令制下におけるあらたな墓誌の出現にかかわる特異さを表していよう。

七、船王後首墓誌

そこで、いまひとつ考慮すべきことは、この新令による造墓・碑規定が起因になって、つまり、造墓碑条件が設定されたために、「三位以上」でない四位相当以下の被葬者の間で地上の墓碑のかわりとして地下の墓誌が作成されるようになった可能性はないかということである。たしかに、その可能性は否定できないが、それを確認するためには、新令以前に造墓碑が過度に盛んとなり、それを制約する必要がどれ程あったのか、そして、逆に、新令以降、三位以上の造墓碑が順調におこなわれ、隆盛をみたのかということが問われてこよう。また、（１）の船王後首墓誌が、浄御原令配布施行以前のものかどうかということにもかかわることになる。

まず、それ以前の墓碑として知られるのは、（墓碑1）の藤原鎌足墓碑と、厳密に言えば浄御原令配布の直前に立てられた（墓碑2）の采女氏塋域碑である。（墓碑1）の詳細は分からないが、年齢が記されていたようであるから、中国の墓碑・墓誌に倣ったものであろう。（墓碑2）については、正確に墓碑と称してよいのかは問題を残すところであるが、少なくとも、さきに想定したような令の制約に拘束されてはいない。このほか、碑としては東国で立てられた山上碑などもあるが、これらをもって、墓碑が盛んに立てられていたと言えるのかどうかは確言しにくい。ついで、逆に、令施行後、三位以上の墓碑が公認され、盛んに立てられるようになったかというと、（13）の石川年足朝臣墓誌が墓碑でなく墓誌であることからも分かるように、その顕著な痕跡は見出しがたい。

とすれば、喪葬令の造墓碑規定は積極的に忠実に実行されたというわけではなく、また逆に、それ以前の墓碑乱立や意匠の華美化を規制する必要性に迫られたわけでもなかったものと思われる。したがって、その限り、四位相当の墓誌を地下に置く切実さにも乏しいものがあったとみるのが自然であろう。しかし、だからと言って、三位ないし三位相当以上に限るとされた造墓碑条件の令規定がまったくの空文であったというのではなく、実際の墓碑の建立状況の如何にかかわらず、その令規定に啓発されながら、しかし、大きな緊張をはらむこともなく、墓碑を想起しつつ、墓碑の代替物として、あるいは擬似墓碑として、墓誌を作成することのほうがより現実的かつ実際的であり、保全からみても効果的であるとみなされたのではなかろうか。（6）の骨蔵器が「録錍」と記すのも、そのような墓碑とのかかわり方を示唆していよう。しかし、逆に、そこには正真正銘の墓碑そのものへの違和感が根底に潜んでいた可能性もある。

一方、「戊辰」年（六六八・天智七）の年紀をもつ（1）の船王後首墓誌がいつ作られたのかということも、この問題を左右することになる。これについては、闕字の採用や、とりわけ「官位（大仁）」の用語からして、およそ天武朝末年以降、八世紀初頭を降らない頃の作成とみられるふしがある。[31]

しかし、闕字の頻用に関しては、日本令を待つまでもなく、中国墓誌にも早くから多出しており、たとえば、五一八年（北魏神亀元）の文成帝嬪耿壽姫墓誌のように過剰な闕字使用もみられる[32]。また、「官位」用語は、たしかに浄御原令施行後の官位相当制段階のものが一般的であるが、それは結果論であり、たとえば、『日本書紀』天智八年一〇月庚申条の「授大織冠與大臣位」にみえる「位」は、「冠」と「大臣」職の双方にかかわって使用されたものか、「大臣」の「位」を指したものであり、後者なら、いわゆる「官（職）」を「位」とも称したことになる。また、同天智四年（六六五）二月是月条の「勘校百済国官位階級」にみられる「官位」は、当該条の「本位」からして、「位」に比重をおいた意味となる。

この点、『隋書』倭国伝が冠位十二階を称して「内官有十二等」と記しているのは示唆的であろう。つまり、冠位を「官」と理解しているのであるが、同書高麗・百済・新羅各伝も、すべて「官」表記をもって「十二等」「十六品」「十七等」などと記している。しかも、百済の場合は、『通典』辺防の百済伝その他でも「品」が採用されているが、『韓苑』高麗伝所引の「高麗記」も「官」の「九等」を「（九）品」制と対比させている。要するに、中国の東夷理解や朝鮮半島諸国（とくに高句麗・百済）では、冠位や位階に当たる序列を「官」の「等」や「品」で表現し、「官」と「位」の区別を明確にしない理解を示しているから、件の渡来系の船王後首墓誌にみえる「勅賜官位、品為第三」という言い方も、これに準じたものとみればよく、とくに浄御原令施行後の表現とみる必要はない。なお、「那沛故」という人名も記されているが、この特異な「沛」の字は、かつて高句麗の「官」に「沛者」（『後漢書』、『三国志』魏書、『梁書』の各高句麗伝など）があった（いた）ことに馴染んでいた表記とみられ、この点からも、船王後首墓誌の表現が倭（日本）とは異なる朝鮮半島諸国や中国の東夷理解の影響を色濃く反映したものと言える。

さらにまた、「阿須迦」という表記の使用がみられる。この表記は、（2）の小野毛人朝臣墓誌で使用されている「飛鳥」の表記よりも古い形態であり、『日本書紀』朱鳥元年（六八六）七月戊午条が記す「飛鳥浄御原宮」の命名が、「飛鳥」表記の定着化を促す画期であったろう[33]。そして、この「飛鳥」という漢字表記は、飛鳥池出土木簡からも知られるように、およそ天武朝で興味をもたれはじめたものである。[34]とすれば、やはり、この墓誌は、浄御原令施行以前、あるいは天武朝末年（六八六）以前の作成である可能性が出てくる。

これについては、この墓誌が「首」姓であることも留意される。[35]そもそも、船氏は史姓とされ、六八三年（天武一二）に連姓となったというが（『日本書紀』）、被葬者の故「大兄」も「首」姓であったと記されている。この「大兄」の没年は不明であるが、忌部首首兄弟が「首」姓から「連」姓になったことを悦んだ六八〇年（『日本書紀』天武九年条）前後まで、件の船氏も「首」姓であった可能性があろう。もちろん、「史」姓や「連」姓以後になっても、その賜姓以前の故人に元の「首」姓を記しても構わないが、（2）のように新姓後の作成であれば、その新姓が採用されてもよいであろう。もし、このような推測が成り立つならば、この墓誌は六八〇年前後以前に作成されたことになる。

しかし、ここで残された課題がふたつある。ひとつは、すでに触れたように「大兄刀羅古首之墓」とあり、この書き方が喪葬令の造墓碑条件規定に拘束されたものであるとすれば、以上の考察は成り立たないことになる。だが、この表現は、問題の被葬者である王後（婦人も含む）その人についてのものではなく、「具官姓名之墓」をそのまま遵守したようなものでもない。これは、やはり、当該の令規定に拘束されたものとみる必要はなく、むしろ逆に、このような慣用的な言い方が件の令規定に後から採用されて、法の結実をみたと考えたほうが自然であろう。この点に関して言えば、さきに触れた『日本霊異記』の「取雷栖軽之墓」という表現も慣用的なものであり、それが令文言に吸い上げられたと考えることができる。

もうひとつは、「天皇」表記が現れることである。この表記については、現在、浄御原令に基づくものとする理解が有力かと思われるが、法制上の初現は、たとえそうであるとしても、それ以前に実際、使用されはじめていたことを妨げるものではなく、法が結果である場合もある。もし、以上の検討に妥当性が認められるとすれば、問題の「天皇」表記は、浄御原令施行以前に遡ることになろう。

いずれにせよ、この船王後首墓誌が、令規定の「三位以上」を意識して「三品」を主張したものとみない限り、目下のところ、その作成は浄御原令施行以前の可能性が出てくる。とすれば、この墓誌は、(2)と違い、令制下のものではなく、あらたな造墓碑規定の逆説的な関係において、あるいは、それと緊密な関係のもとで出現したものではないことになる。そして、この可能性は、さらに、令の造墓碑規定に先行する、あるいは、その規定に左右されない墓誌の出現状況を示唆しており、しかも、形状的には、この墓誌が以後の墓誌の基本形にもなるのであるから、残存の限り、やはり墓誌の原点として、なぜ日本列島で墓誌が作られたのかを問う重要な鍵となろう。さらに、遡って、備中国英賀郡の地の定北古墳の陶棺にある「記」銘との間に、たとえばミヤケ経営を介して、何らかの系譜が想定できるのか否かということも留意される(36)。

八、死亡年と喪葬月

ここでは、なぜ墓誌が作られるのかとの問いにさらに近付くために、喪葬過程の観点から考えてみたい。そこで、再び、墓誌の記載に従って、そのことを一覧してみよう。

(1) 船王後首墓誌
六四一年(辛丑)一二月三日庚寅「殞亡」⇩六六八年(戊辰)一二月「殯葬」(婦と合葬。大兄の墓とならぶ)(松岳山上)

(2) 小野毛人朝臣墓誌
六七七年(丁丑)一二月上旬「葬」

(3) 文祢麻呂忌寸墓誌
七〇七年（慶雲四・丁未）九月二一日「卒」

(4) 威奈卿（大村）骨蔵器
七〇七年（慶雲四・丁未）四月二四日「終」（越城・四六歳）⇩同年一一月乙未朔二一日乙卯「帰葬」（大倭国葛木下郡山君里狛井山崗）

(5) 下道圀勝・圀依朝臣母夫人骨蔵器
七〇八年（和銅元・戊申）一一月二七日己（乙ヵ）酉「成」

(6) 伊福吉部徳足比売臣骨蔵器
七〇八年（和銅元・戊申）七月一日「卒」⇩七一〇年（和銅三・康〈庚〉戌）一〇月「火葬即殯此処」⇩同年一一月一三日己未

(7) 僧道薬師墓誌
七一四年（和銅七・甲寅）二月二六日「命過」

(8) 太朝臣安万侶墓誌
七二三年（癸亥）七月六日「卒」⇩同年（養老七）一二月一五日乙巳

(9) 山代忌寸真作墓誌
七二二年（壬戌）六月一四日「(妻)逝ヵ」⇩七二八年（戊辰）一一月二五日「逝去ヵ」

(10) 小治田朝臣安万侶墓誌
七二九年（神亀六・巳〈己〉巳）二月九日（大倭国山辺郡都家郷郡里崗安墓）

(11) 美努岡万連墓誌

七二八年（神亀五・戊辰）一〇月二〇日「卒」（六七歳）⇩七三〇年（天平二・庚午）一〇月□日

(12) 行基骨蔵器

七四九年（天平二一・己丑）二月二日丁酉「終」（右京菅原寺）（八二歳）⇩同年二月八日「火葬」（大倭国平群郡生馬山之東陵）⇩同年三月二三日

(13) 石川年足朝臣墓誌

七六二年（天平宝字六・壬寅）九月丙子朔乙巳「薨」（京宅・七五歳）⇩同年一二月乙巳朔壬申「葬」（摂津国嶋上郡白髪郷酒垂山墓）

(14) 宇治宿祢墓誌

年号不詳（□雲）二年一二月□

(15) 高屋連枚人墓誌

七七六年（宝亀七・丙辰）一一月乙卯朔二八日壬午「葬」

(16) 紀吉継墓誌

七八四年（延暦三・甲子）朔癸酉丁酉

以上であるが、以下の関連資料も追加しておきたい。

(補2) 楊貴氏墓誌

七三九年（天平一一）八月一二日「記」

(補4) 「宝亀七年」銘塼

七七六年（宝亀七）「定（窆ヵ）」

(参1) 矢田部益足買地券

七六三年（天平宝字七・癸卯）一〇月一六日「買地券文」
（墓碑1）藤原鎌足墓碑
（六六九年一〇月）「薨」（五六歳）（私第ヵ）⇩（山南に殯）
（墓碑2）采女氏塋域碑
六八九年（己丑）一二月二五日
（墓碑3）元明天皇陵碑
七二一年（養老五・辛酉）一二月癸酉朔一三日乙酉「葬」
（墓碑4）阿波国造碑
七二三年（養老七・癸亥）「立」

今、この一覧をもとにして、まず、死亡年月に注意してみたい。実物の墓誌で判明する死亡月は、二月（二例）、四月（一例）、六月（一例）、七月（二例）、九月（二例）、一〇月（一例）、一一月（一例）、一二月（一例）となり、とくに偏りはみられない。せいぜい、二月の死亡者が僧侶（道薬・行基）に集中する程度であるが、これが偶然なのか、理由があるのかは分からない（釈迦涅槃は二月）。いずれにせよ、この死亡月は、個別の事情によるものであろうから、特別な傾向がないのがむしろ当然であろう。季節にも左右された形跡はない。

死亡年についても、基本的には個別の事情によるであろう。ただし、七〇七年（慶雲四）から七〇八年（和銅元）にかけてが四例（一例は推測）、七二八年（神亀五）が二例あり、関連資料も含めると、七二三年（養老七）が二例（一例は推測）、七七六年（宝亀七）が二例（一例は推測）ある。このうち、最初の四例が集中傾向にあるが、『続日本紀』によると、七〇六年（慶雲三）には諸国で疫病が流行し、死亡者が多数出たという。しかも、このような状況は七〇四年（慶雲元）から続いていたようであり、七〇六年一一月頃から不豫となって翌年（慶雲四）六月に早逝した文武天皇も、このような事態と無関係ではなかった可能性がある。ついで、七〇八年の四・五・六・閏八の各月にそれぞれ四位以上（品位も含む）の者の死亡記録が残されており、六月には「天下太平・百姓安寧」のために都下の諸寺で転経さえおこなっている。

（3）の文祢麻呂忌寸、（4）の威奈卿（大村）、（6）の伊福吉部徳足比売臣の三名は、ちょうどこの時期に死亡しており、（5）の圀勝らの母夫人も、その可能性がある。これが、もし、疫病などの蔓延に起因するものであるとすれば、文武天皇の場合も含めて、すべてが火葬であることとも関係しようか。もちろん、火葬の条件が、このような事態にのみ起因するものでないことは後述するが、ひとつの条件にはなり得よう。

さらに、七二三年の場合は、前年に天候不順がみられるが、これが翌年にどのような影響を及ぼしたのかは明らかでない。ついで、七二八年の場合、五月頃に平城京で水害が発生しているが、これも影響の程度が定かではない。最後の七七六年の場合は、前年から飢饉・旱魃・風水害、その他の変異がおこっており、五・六・七の各月に四位以上の者の死亡記録がみられる。

このようにみてくると、墓誌や墓碑に記された七〇七年から翌年にかけての死亡と、七七六年の死亡には、上記のような環境問題に起因したところがあろう。とすると、前者の集中が既に想定しておいた墓誌の盛行期と重なることになり、この盛行は偶然なのではないかと思われそうである。たしかに、特別な環境問題の発生が盛行の一因になったことは言えそうであるが、以後、七七六年の場合も含めて、環境問題が改善されたわけではないのに、墓誌の盛行が続かなかったことに注意すれば、やはり、さきにみたような墓誌作成の盛衰を修正する必要はあるまい。

そこで、つぎに、死亡後の「葬」および墓誌作成時の月に注目したい。まず、実物の墓誌から判明する「葬」の月は、二月（一例）、一〇月（一例）、一一月（二例）、一二月（三例）となり、墓誌作成の時点を指すとみられる月は、正月（一例）、二月（一例）、三月（一例）、一〇月（一例）、一一月（二例）、一二月（一例）となる。なお、文字に欠落がある

(14)の墓誌には一二月という文字が読めるので、上記の二種の月のどちらかに一二月をさらに追加することができる。また、その他の関連資料から二種の月をみると、八月(一例)、一〇月(一例)、一二月(二例)となる。そして、これらを総合して整理し直すと、正月(一例)、二月(二例)、三月(一例)、八月(一例)、一〇月(三例)、一一月(四例)、一二月(七例)となり、一二月が圧倒的に多く、これに向かうかのように一〇月から次第に増加していく傾向がある。年を越すと、にわかに減少するが、三月まではわずかにみられ、飛んで八月がある。逆に言えば、四月から九月までが空白期間であり、この間に例外的に八月が一例存在するのみとなる。

もちろん、人の死亡にはそれぞれ個別事情があるとは言え、以上のような傾向は無視できないと考える。なぜなら、賦役令雇役丁条に表現される「要月」(農繁期。雇役を制限)は三月から九月まで、「閑月」(農閑期。雇役が比較的集中)は一〇月から二月までとされ、雑令(上記雇役丁条古記、雑令訴訟条など)では「要月」が四月から九月まで、「閑月」が一〇月から三月(訴訟集中)までとされていたからである。ここで若干のずれがみられて議論はあるが(上記雇役丁条集解、戸令居狭条集解など)、とにかく農閑期が一〇月からはじまることでは一致しており、その終了月を二月とみるか三月とするかの違いがあるだけであり、逆に、これに連動して、農繁期のはじまりを三月とみるか四月とみるかのずれが生じてくる。しかし、このような農耕サイクルの大要をみると、さきの四月から九月にかけての空白期間が、まさに農繁期(とくに雑令規定)に合致していることが分かる。

さらに、仮寧令給休暇条では、五月と八月に田仮(農繁期のための在京諸官人らの特別休暇)を給することとされていた。ただし、実際には地域によって種(種植え)・収(刈り入れ)の時期がずれるので、古記によると、たとえば、大和国の添下、平群の各郡は四月種、七月収とあり(早稲)、葛上・下、内の各郡は五～六月種、八～九月収とある(中稲・晩稲)。このようなずれは、稲の品種(早稲・中稲・晩稲)と連動するものと思われ、陸奥方面では、さらに時期が遅れるようである。[37] しかし、基本的には、この田仮期や種・収期も四月から九月までの農繁期にあることは言うまでもない。

このようにみてくると、墓誌とその関連資料にみられる「葬」や墓誌（買地券・墓碑も含む）作成の月が一二月を頂点として一〇月以降に集中し、逆に、四月から九月までは確認できないということには理由があると考えるのが自然であろう。すなわち、農閑期に入って、「葬」や営墓をおこなう人員とその労働力（『令集解』喪葬令皇親及五位以上条古記によると、送葬夫の百姓は雑徭を充てる場合があるとする）が人為的に求められたからにほかなるまい。ただ、その間にあって一二月が群を抜いて多いのは、農閑期のなかでも最も「閑月」であったという理由もあろうが、とくに一二月に罪の懺悔をおこなったり（『日本霊異記』上の一〇）、大晦日に向かって親族・家族の霊魂を呼び戻して祭る風習のあったこと（同上の一二、下の二七など）にかかわるのではないかと思われる。

すると、ここで、（補2）の楊貴氏墓誌の作成を記したとみられる八月が、件の農閑期ではなく、唯一の農繁期であるという例外が問題になってくる。この墓誌は宇智（内）郡で発見されたというが、この郡では八月がとりわけ忙しい収穫期であった。とすれば、「葬」や営墓にかかわれる余裕のない時期であり、その点、この墓誌はさらに疑われることになる。

九、喪葬過程期間

ついで、死亡から埋葬や墓誌作成に至るまでの期間は、どうであろうか。この関係が分かるのは、（1）（4）（6）（8）（11）（12）（13）であり、その期間がもっとも長いのは（1）である。つまり、王後が死亡して二七年後に亡き婦人と合葬されるに至ったという。しかし、この場合は、（9）と同様に夫婦合葬に至る個別の経緯があるので、当面の課題に直接応えるには適切な事例とならないかのようである。ただし、王後の当初の埋葬はどこかでおこなわれていたはずであり、それが、かなり後になって亡き婦人と合葬され、さらには亡き「大兄」長子の墓とも並んで墳墓造営がおこなわれたのには理由があろう。つまり、この長い期間を経て、ようやく「殯葬」を完結させた、あるいは、させざるを得なかった理由があるはずである。

それは、「大兄」の死によって、夫婦ないし父母と「大兄」との三者関係を、このような形の「殯葬」によって明かす必要があるとともに、後継者たる「大兄」のいない当家の不安や解体を、そして、本来の居住地をもたない渡来人のあり方を危惧し、あえて、わざわざ墓誌作成へと向かわせたものであろう。そして、その不安と危惧の解消は、その墓誌の銘文の末尾に刻まれた「即為安保万代之霊基、牢固永劫之宝地也」の一文によく表れている。この一文は、単に墓地（域）の確保を謳ったものではなく、断絶の可能性のある、あるいは一度は断絶したかもしれない、この三者関係の家がかつて存在したこと、今も存在していること、そしてこれからも存在することを、文字をともなう墳墓（彼・此岸を越えたある種の本貫地。後述の『孝経』が言う「宅兆」）の営造によって訴えたものとみるべきであろう。これを言い換えれば、そのような意味を帯びた墓地（域）の存続をもっとも望んだことになり、逆に、それが暴かれることをもっとも恐れたのでもある。

事実、このような不安は、（5）の母夫人の骨蔵器に刻まれた「故知後人明、不可移破」、（6）の比売臣の骨蔵器に刻まれた「故末代君等、不応崩壊」、（11）の美努岡万連墓誌に刻まれた「仍斯文納置中墓」、（14）の宇治宿祢墓誌に刻まれた「大平子孫安坐」などの文言に引き続き表れてくるのであり、その意味からも、（1）の船王後首墓誌は墓誌の原点たり得るのである。

また、同じように合葬を記した（9）の山代忌寸真作墓誌は、本来「京人」であった亡き妻との合葬にあたり、妻が「同国郡郷（夫と同じ河内国石川郡山代郷）」に「移」ったことを明示し、主張している。この場合は、本貫ないし旧居住地を異にする夫婦が夫婦として認知される必要性から、その家を受け継ぐ親族が、あえて文字を記した墓誌を作成したものとみられる。その意味では、この夫婦関係は彼・此岸を越えた不安と危惧を強く抱いており、また、親族周辺からも抱かれていた可能性が高い。ただ、この墓誌がさきの「同国郡郷」の地から出土していないことについては、墓誌の発見経緯も含めて検討の余地があろう。しかし、（1）の墓誌にある墳墓地（出土地）が、彼らの居住地そのものであったわけでもないから、この点は、とくに問題視する必要はなく、むしろ居住地と埋葬地とのかかわり方に注意すべきであろう。[38]

とすれば、（参1）の買地券が、当該地の八田郷戸主の矢田部姓とは異なる白髪部毗登姓の女性にかかわるものであり、そこで、あえて矢田部姓の同郷長によって当郷内の墓地を占有するために作成されなければならなかった理由も肯けよう。つまり、異姓・異郷の者とその周囲が抱く不安と危惧の産物が、この買地券であったと言える。これをさらに敷衍すれば、さきの（5）の母夫人や（6）の比売臣らにも類似の不安や危惧があった可能性が高い。後者の骨蔵器を紐で十文字に縛っているのも、その端的な表れであろう。

そこで、あらためて、（1）を除く（4）（6）（8）（11）（12）（13）の墓誌から、死亡以降、埋葬や墓誌作成に至る期間を整理してみよう。まず、（11）の墓誌は、墓誌作成の日付けを意味するとみられる末尾の日が読み取りにくく、せいぜい横角が認められる程度であるが、とにかく、死亡からほぼ二年後に作成されたことになる。ついで、（6）の骨蔵器からも、死後二年三ヵ月余で火葬して、さらに当地に埋葬し、その一ヵ月余の後に銘文を刻んだらしいことが分かる。

このうち、『孝経』の影響を色濃く反映させた（11）の墓誌[39]が、上記のように死後ほぼ二年の期間を要して作成されているのは、『孝経』喪親章が「喪不過三年、示民有終也」と説く「孝子之喪親」の礼（喪期間）を文字通り厳守したものとみられる。ここで「喪不過三年」と言われているが、孔氏伝の『古文孝経』や『孝経述義』などによると、「三年」を「二十五月」のこととしており、実際には満二年と一月（一日でもよい）のことである。[40]そして、たまたま「閑月」の一〇月に亡くなったことは、この喪期間の礼遵守に支障をきたさなくてもすんだはずである。

また、（6）の墓誌（骨蔵器）作成に至る死後二年余の期間も、この『孝経』の喪期間に倣ったものとみたい。なぜなら、両墓誌は「大行」用語をともに使用し、また、(11)の被葬者の有力な支持者であったとみられる元明天皇の治世下で(6)の被葬者は死亡かつ埋葬されるが、その被葬者を最初重用したのは、元明の子の文武天皇であったと記されているからである。要するに、両墓誌の作成には共通の知識や情報があった可能性があり、合わせて後宮との結びつきが強いと推測できる。ただ、(6)の被葬者はちょうど「要月」に亡くなっており、さらに、一応出身地ではあろうが、因幡国法美郡の当該地に埋葬されることへの不安と危惧をかかえていた可能性があるので、本来の「三年」つまり「二十五月」(満二年と一日以上)がやや伸びたことは考えられる。

つぎに、(4)の骨蔵器によると、越後で死亡した後、ほぼ七ヵ月未満(ほぼ二〇五日)かかって「帰葬」されている。おそらく、越後の任地で火葬され、「骨送使」(たとえば天平一〇年度『周防国正税帳』)によって骨蔵器が送られてきたのであろう。ただし、なぜ、この期間が必要であったのか、あるいは遠路による偶然性がどのように作用しているのかは不詳であるが、少なくとも、「要月」の「帰葬」を避けたことは間違いあるまい。これを逆に言えば、もっと短い期間が本来想定される喪期間であったろうか。ちなみに、『礼記』王制篇などによると、天子は死後七日にして「殯」、七ヵ月にして「葬」、諸侯は死後五日にして「殯」、五ヵ月にして「葬」、大夫・士・庶人は三日にして「殯」、三ヵ月にして「葬」と言われている。(4)の銘文が中国の墓誌を参照したものであることを考慮すると、[41]あるいは、諸侯の「葬」が五ヵ月後という礼を意識した可能性もあろうか。

さらに、ここで留意されるのは、骨蔵器の使用についてである。なぜなら、(5)(6)の骨蔵器も、遠路「帰葬」の便宜に資する可能性が考えられるからである。ただ、(6)の場合の火葬は、死亡後二年以上経過しておこなわれたものであり、それ以前は、某所に埋葬(土葬)されていたはずである。その意味では改葬と言えるが、問題の火葬がどこでおこなわれたのか。それは、「火葬即殯此処」の解釈にかかわってこよう。

そもそも、既述のように、「葬」から「殯」ではなく、「殯」から「葬」の過程を踏むものであるから、「殯葬」という表現はある（『礼記』王制・喪大記篇など）。事実、（1）の墓誌にも「殯葬」とある。もっとも、（1）の場合は、死の直後の「殯」ではないので、単なる慣用語として使われたのかもしれないが、あらためて「殯」儀礼がおこなわれて「葬」に及んだ可能性はあろう。具体的な日付けのない、単なる一二月の「殯葬」と記しているのも、幅をもった「殯葬」儀礼がおこなわれたことを表現したものとも取れる。

これに準じれば、（6）の場合、「火葬」から「殯」に向かうかのような記述には矛盾がある。もっとも、「殯」の字は「火葬」の「葬」の字の重複を避けるために方便（文飾）として用いられたに過ぎないとの解釈もあり得よう。しかし、骨蔵器とその安置の仕方に尋常でないところが認められること、そして、（1）と同じように具体的な日付けをもたない月のみの記載であることからして、「火葬」を踏まえた、あるいは、その骨蔵器ないし骨灰を死者のあらたな対象に見立てて「殯」儀礼をおこない、ついに本当の埋葬に及んだ可能性もあろう。

そこで、「火葬即殯此処」の期間が最大限一ヵ月はあるので、たとえば死亡地に近いところ（大和国内など）で火葬されて「此処」（因幡国法美郡の埋葬地）へと運ばれたことも想像される。しかし、少し後の元明太上天皇遺詔の「皆殖常葉之樹、即立剋字之碑」（『続日本紀』養老五年一〇月庚寅条）を参照するなら、「即」の用法には連続性の強調がうかがえる。とすれば、「此処」で「火葬」と「殯」をおこなったことも想定されるが、火葬地点で埋葬されたとみられる（10）の墓誌が[42]、逆に骨蔵器ではないことを考えると、やはり「火葬」を別なところでおこない、骨蔵器で運んできて「此処」であらためて「殯」をおこなったとみたほうがよかろうか。その場合、「即」の用法は、一連の儀礼をつなぐ意味となる。したがって、今のところ、骨蔵器（の一部）には、「火葬」と埋葬（「殯」を含む）との地理的・時間的な隔絶さをつなぐ役割があったとみておきたい。（5）の場合も、これに準じて考えておきたい。

では、残りの（8）（12）（13）の場合はどうであろうか。まず、（8）の太朝臣安万侶墓誌の日付けについては議論がある。[43]しかし、死亡から墓誌作成ないし葬日までは概して五ヵ月（ほぼ一五八日）である。とすれば、さきのような諸侯に準じた喪期間なのか、喪葬令服紀条にみえる祖父母・養父母のための服紀五ヵ月なのかという可能性が出てこよう。ついで、(13)の場合は、七六二年(天平宝字六)九月の乙巳こと三〇日に「薨」、同年一二月の壬申こと二八日に「葬」とあるから、喪期間はほぼ三ヵ月(ほぼ八八日)である。すると、さきの『礼記』が説くような大夫・士らに準じた喪期間なのか、さきの喪葬令による曾祖父以下嫡子らのための服紀三ヵ月に倣ったものなのかなどの可能性が浮上してこよう。

最後に、(12)は行基の例であるが、「終」から「火葬」まではちょうど七日間となる。つまり、七斎日にあてた「火葬」とみられる。ついで、骨蔵器の作成時かと思われるまでが四五日であるが、「終」からは通算五一日目になる。これは、七七斎を終えて二日目にあたるから、[44]骨蔵器の作成時としては適切であろう。僧に似つかわしい喪葬過程であった。

おわりに　～墓誌の課題

日本列島に残る最古の船王後首墓誌は、七世紀後半、とくに六六八年(天智七)以降、六八九年(持統三)の浄御原令配布以前、あるいはその間の天武朝に作られたものと思われる。そして、この墓誌は、いわゆる天平尺の一尺(約三〇cm)をもって縦とし、二寸(約六cm)をもって横とする短冊形の銅板を基本形とする日本列島型墓誌の起点をなすものである。このような墓誌は、その後、喪葬令の造墓碑規定に触発されながらも、また、火葬や骨蔵器の出現を経ながらも、ある種の一貫性をもって独自の展開をみせていく。その間、七一〇年(和銅三)前後から七二〇年代(天平年間以前)までが盛行期であり、それ以後は衰退の道を歩み、平城京時代の閉幕とともに終末期を迎えた。これを言い換えれば、七〇一年(文武五)任命の遣唐使再開後の順次帰国を契機として、中国的な墓誌の影響がみられるようになるが、それは同時に、基本形を維持する日本列島型墓誌の衰退を促し、合わせて、中国的な墓誌自体も盛行をみることはなかった。つまり、総じて墓誌の終末を迎えることになるが、それは、短冊形から長方形へと変化していくこととも並行していた。

では、なぜ、このような墓誌は一定の時代に限って作られたのか。その解答は容易でないが、ひとつは、すでに言及しておいた現存最古の船王後墓誌の性格に多くのヒントが隠されていよう。いまひとつは、中国の墓誌の発生のなかからヒントが得られる可能性がある。そして、何よりも、以下のことを忘れるべきではあるまい。すなわち、地下の墳墓に隠された銅製板ないし骨蔵器にわざわざ文字が記されたのであり、その見えるはずのない文字（文章）が意味するところは何か。ついで、このような墓誌は、それ自体が例外的なものであり、かつ特異なものであることの意味を知ることであろう。少なくとも、墓誌は、文字や文章を書けない人々によって作られることはなく、また、文字や文章をとくに記す必要性がない場合にも作られることはなかったのである。(45)

そこで本論の最後に、中国での墓誌の出現をめぐる理解について確認し、参考としたい。そもそも、中国における墓誌の発生とその性格については、立碑の禁令にその由来を求める通説をめぐって議論がなされてきた。すなわち、後漢末の二〇五年（建安一〇）、そして西晋武帝の二七八年（咸寧四）と続く墳墓外での墓碑禁止令を受けて、地上の墓碑を小さくしたものが墳墓内に立てられるようになるとともに、身と蓋をともなう石に文字が刻まれて墳墓内に平置されるようになったのが墓誌のはじまりであるとする通説が存在している。

しかし、墓誌の出現にあたって、この墓碑禁止令がなんらかの要因になったとしても、それをどの程度認めるか、また、そこに連続性を認めてよいのか、などの問いかけが続いている。たとえば、墳墓内の画像石の一部に付刻された説明文が独立して、別個の石に刻まれるようになり、そこに墓誌の発生をみようとする見解もある。(46)これは、墓碑と墓誌の安易な連続性を認めない立場の好例である。

一方、墓碑と対比させながら、墓誌とは何かを、より内面的に明らかにしようとする試みもみられる。たとえば、被葬者の故郷に立てられ、必ずしも原籍を記す必要のなかった漢代の墓碑とは異なり、動乱期に故郷を離れ、激しい移動を繰り返した被葬者が、その原籍や旧墓の位置などを明示して、将来、故郷への改葬・帰葬を期待する意思を込めたものが墓誌としての性格に認められるとする。(47) これをさらに発展させて、被葬者が家族ないし宗族の間の血縁的紐帯に乏しく、また、その地縁的結合性にも乏しい二重の疎外状況を表明するものとして墓誌は生まれたとみる。その場合、墓碑禁止令の影響を認めつつも、死者が畏怖の対象から追慕・鎮魂の対象となる死生観や宗教儀礼の変化が、あるいは、洛陽にあって、皇帝との結びつきが強い特定の西晋貴族のあり方が墓誌の出現を左右したとも言う。(48)

さらに、墳墓外の墓碑と墳墓内の墓誌との違いは、自ずと、その銘文の読み手の違いを予想させる。そこに前者の公、後者の私という公私区分も想定されてくるが、さらに、墓誌の読み手は被葬者（死者）の霊であるとするもの、(49) 冥界・黄泉の国の神霊や邪気であるとするものなどがあり、(50) いずれも、地上の現実世界の人々を読み手とする墓碑との違いを浮き彫りにさせようとしている。

このように、中国の墓誌の発生をめぐっては重要な議論が展開されてきた。これは、日本列島の墓誌の出現を考える場合にも貴重な示唆となり、本論でも一部参照した。しかし、これまでの墓誌と言えば、概して、この発生期以後の定制化した墓誌が念頭に置かれがちであり、本論でも、その傾向がある。

その定制化された中国墓誌は、南北朝時代を通じて次第に出来上がり、隋唐へと連続性をもって完成の域に達したと言われている。それは、既述したように、身と蓋をともなう正方形型の石に行数と各行字数とが等しいか近似する文字を刻むという形態がその典型例となる。そして、「墓誌」という名称の最古例は南朝宋の四六四年（大明八）の劉懐民墓誌であり、北朝では北魏の四九九年（太和二三）の韓顕宗墓誌であるとされ、「墓誌」の名称は南朝でおこったが、それが盛行し発展するのは北朝においてであるとみられている。(51) また、蓋石をともなう墓誌の平置の早い例は北魏の五〇六年（正始三）の寇臻墓誌であるとされている。(52)

これは、今現在のデータに基づくものではないから、さらなる調整が必要になろうかと思われるが、一応の目安として、「墓誌」と記された墓誌は五世紀の後半から末にかけて中国南朝そして北朝で登場し、身と蓋による平置された墓誌は六世紀のはじめに登場したと言えよう。そして、この定制化されていく墓誌は、ふつう誌と銘からなり、さらにこれに序が付される場合がある。このうち、銘は四言の韻文となる。(53)

そこで、以上の長い中国墓誌の歴史を考慮しながら、日本列島の墓誌をあらためて検討しなければならない。その際、とくに、「墓誌」と称して定制化された中国墓誌の影響と、「墓誌」以前の中国墓誌の発生期とを二重に考慮し、かつ、その連続性にも留意する必要があろう。

実は、日本列島の墓誌で「墓誌」と記されたものは(4)の威奈卿(大村)の墓誌のみであり、しかもそれは骨蔵器である。これに準じたものとしては、他に(16)の紀吉継墓誌の「墓志」があるが、これは最終末期のものである。たしかに、これらは、中国の定制化した墓誌に影響を受けたものであった。さらに、この間、(5)の下道圀勝・圀依朝臣母夫人骨蔵器の冒頭にみえる「銘」、(13)の石川年足朝臣墓誌にみえる「礼也」「嗚呼哀哉」なども、中国の墓誌の影響を受けている。また、(12)の行基骨蔵器は別として、(4)(11)(13)には被葬者の年齢が記されており、これも中国的な墓誌の反映である。しかし、(5)は骨蔵器であり、「銘」の用法以外に中国墓誌の反映が直接みられないことからも分かるように、たとえ定制化された中国墓誌の影響が認められるとしても、そこには、それと直接かかわらない件の基本形を維持・展開させる日本列島型墓誌の根強さがあり、骨蔵器もその変態としての一貫性を担っていた。

すると、ここに、二重の墓誌社会があることになる。ひとつは、令制以前からのいわば基本形型墓誌、もうひとつは、中国南北朝以来、定制化されてきた中国墓誌の影響化にある墓誌である。そして、このうち、後者が後次的なものではあるが、前者と交替したわけではなく、前者に上乗せされた形となって、ともに衰退の道を歩むことになる。これを言い換えるなら、「墓誌」と称する墓誌は、日本列島では例外であり、「墓誌」に歩み寄りをみせるかのような墓誌も、あらたな展開をみせるわけではない。あくまで、「墓誌」以前の基本形を起点にした日本列島型墓誌が基軸になっていた。するると、この「墓誌」以前の墓誌（骨蔵器も含む）を、アジア世界のなかで墓誌と命名してよいものかという疑問も出そうである。これを強いて言えば、「墓籍」とでも呼べようか。

しかし、このような仮称「墓籍」にも系譜があるはずである。そこで、中国で「墓誌」と命名された墓誌が出現する以前の墓誌形態のものや、「墓誌」発生期の墓誌、ひいては中国周辺のものなどをあらためて想起する必要があろう。もちろん、朝鮮半島にみられる墓誌形態のものも検討されなければならないが、今のところ、その資料は豊富ではなさそうである。

たしかに、中国にみられる「墓誌」以前の墓誌形態のもののなかには、短冊形（縦六〇cm×横一六・五cm）をなす三二三年（東晋太寧元）の謝鯤墓誌のようなものもあり[54]、この段階のものは、のちの「墓誌」出現後とは違い、概して文章記載が簡素である。さらに遡って、「（某人）之墓、元初二年記」とだけ記した一一五年（後漢）の墓記や、三国魏時代の「（某人）之神坐」とだけ記したもの、「元康三年八月十七日、陽平楽生年七十、物故」とのみ記した西晋二九三年の柩銘、あるいは、中国「墓誌」出現後の南北朝期に相当する高昌の簡潔な墓表など、その多様な墓誌形態をこれから参照する必要があろう[55]。

また、「墓誌」発生後のものではあるが、たとえば、五一七年（北魏熙平二）の魏故侍中太保領司徒公広平王姓元諱懐墓誌には「懼陵谷易位、市朝或侵、墳堂有改、金石無虧、敬勒誌銘、樹之泉闥」とあり、五五五年（北斉天保六）の公諱建（高建）墓誌には「若夫五丁立誌、未毀蜀王之墓、三千見銘、復記滕公之墓」とある[56]。前者は、墳墓や社会全体の破壊的な不安定さを恐れ、かつ予見して、堅固な「金石」に銘文を刻み、墳墓内に埋めておく必要性を訴え、後者は、その墓誌銘が未来に長く存在し続けて、その墳墓が誰のものかを明かす役割があることを期待したものである。ここには、社会の激動にともなう墳墓の破壊が予想されており、ために、執拗なまでに死者の保全が望まれているのである。日本列島型墓誌が機能し、有効であった時代と、このような想念とを照らし合わせてみることも有益であろう。

さらに、中国「墓誌」にしばしば登場する「金石」とは、この場合、必ずしも金属製品を指すわけではないが、日本列島では、これを金属製品と受け取り、銅製板に転化した可能性もある。その際、中国の銅尺が注目され、たとえば、約三〇cmの銅尺は北魏・東魏以降に現れるようである。[57] また、百済の「武広王」（武王か。在位六〇〇～六四一）によって建立された寺塔の礎石の中には、仏舎利（瓶）などとともに「銅」を「紙」として「金剛波若経」を写し、これが「木漆函」に納めて埋められていたという。そして、雷火に遭っても、失われることはなかったと伝えられる。[58] このように、紙を模した銅版の写経が地下に埋められて、保全が期待されていたことも、日本列島型墓誌の出現にとって参照に値する。

日本列島に一時期出現した墓誌は、たしかに例外的なものであるが、その例外的ないし特異な性格のなかに、むしろ逆に社会の常態と変動が凝縮されていると考えられる。それは、家族・氏族形態と墳墓の関係（墓誌を納める墳墓は、夫婦合葬もあるが、単独葬が多い）、個の自覚と矛盾をかかえた官人社会の登場、墓誌の終焉と喪葬儀礼の関係や「無墓物」[59] 時代への進行などと組み合わせで検討されるべきであろう。その意味において、墓誌の出現とその消滅の理由について考察することの必要性と可能性を訴えたい。

注

（1）松本健郎「『日置氏墳墓』考」（鏡山猛先生古稀記念『古文化論攷』同論文集刊行会、一九八〇年）

（2）近江昌司「楊貴氏墓誌の研究」（『日本歴史』二一一、一九六五年）

（3）間壁葭子「富比売墓地買地券と文字を持つ土製品」（同『吉備古代史の基礎的研究』学生社、一九九二年）

（4）角田文衛「備中国下道氏塋域に於ける一火葬墓」（『考古学雑誌』三四の四、一九四四年、のち同著作集二『国分寺と古代寺院』法蔵館、

一九八五年所収）
（5）岸俊男「楊貴氏の墓誌」（同『日本古代政治史研究』塙書房、一九六六年）
（6）前掲注（3）
（7）『続日本紀』宝亀元年九月壬戌条令旨、『類聚三代格』一七の天平勝宝九年五月二六日勅など。渡辺直彦「藤原仲麻呂をめぐって」（『歴史教育』一五の四、一九六七年）参照。
（8）『唐代墓誌銘彙編附考』（台湾中央研究院歴史語言研究所、一九八四年以降）、『隋唐五代墓誌彙編』（天津古籍出版社、一九九一年以降）など。
（9）専修大学・西北大学共同プロジェクト編『遣唐使の見た中国と日本』（朝日新聞社、二〇〇五年）
（10）枚岡市史編纂委員会編『枚岡市史』三史料編一（枚岡市、一九六六年）、上野利明「東大阪市域における火葬墓について」（『東大阪市遺跡保護調査会年報』一九七九年度、東大阪市）
（11）前掲注（3）、岸俊男『遺跡・遺物と古代史学』（吉川弘文館、一九八〇年）
（12）『宮ノ本遺跡』（古都大宰府を守る会『太宰府町の文化財』三、一九八〇年）
（13）原秀三郎「静岡県伊豆長岡町　大北横穴群出土石櫃の若舎人銘について」（『静岡県史研究』二、一九八六年）
（14）新納泉・尾上元規編『定北古墳』（岡山大学考古学研究室、一九九五年）
（15）前掲注（14）所収の狩野久「陶棺の文字」
（16）岸俊男「古代刀剣銘と稲荷山鉄剣銘」（同『日本古代文物の研究』塙書房、一九八八年）
（17）今、その具体的な事例については省略するが、関係する直近の報告書ないし図録として、奈良文化財研究所編『飛鳥藤原京木簡』一（同研究所、二〇〇七年）、浜松市教育委員会編『伊場遺跡総括編』（浜松市、二〇〇八年）、滋賀県立安土城考古博物館編『古代地方木簡の世紀』（同館、二〇〇八年）のみを挙げるにとどめておく。

(18) 国史編纂委員会編『韓国古代金石文資料集』Ⅰ・Ⅱ(韓国同委員会、一九九五年)

(19) 千葉県文化財センター編『多古工業団地内遺跡群発掘調査報告書―林小原子台・巣根・土持台・林中ノ台・吹入台―』(千葉県、一九八六年)

(20) 小林義孝「古代墳墓から出土する『鉄板』について」(『立命館大学考古学論集』一、一九九七年)。その後、私が実見できたものとしては、岡山県真庭市の定四号墳出土の鉄板がある。この鉄板は、長さ三二cm、幅二〇cm、厚さ〇・三cmであり、古墳は七世紀末以降のものとされる。真庭市教育委員会編『定四・五号墳確認調査報告』(真庭市、二〇〇七年)参照。

(21) 前掲注(20)

(22) 新川登亀男「古代東国の石文系譜論序説」(平野邦雄監修・あたらしい古代史の会編『東国石文の古代史』吉川弘文館、一九九九年)

(23) 新川登亀男「式部卿長屋王と和銅経」(同『日本古代の対外交渉と仏教』吉川弘文館、一九九九年)

(24) 藤澤一夫「墳墓と墓誌」(『日本考古学講座』六、河出書房、一九五六年)ほか。

(25) 『日本霊異記』下の三〇ほか。

(26) 東野治之「美努岡万墓誌の述作」(同『日本古代木簡の研究』塙書房、一九八三年)、新川登亀男「遣唐使と文物の移入」(古橋信孝編『万葉集を読む』吉川弘文館、二〇〇八年)

(27) 中国においても、買地券の類は、六～八世紀と一四～一五世紀がとくに少なく、二世紀、一三世紀、そして一八世紀以降がとくに多いとされ、墓誌の傾向とかなり相違する。池田温「中国歴代墓券略考」(東京大学東洋文化研究所編『アジアの社会と文化』一、東京大学出版会、一九八二年)参照。

(28) 『大日本古文書』二五の六五

(29) 東野治之「大宝令前の官職をめぐる二、三の問題」(同『長屋王家木簡の研究』塙書房、一九九六年)で指摘されている「比売朝臣」についての見解は、「比売臣」にも通じるであろう。また、『政事要略』二四の「官曹事類」にみえる養老五年当時の「余比売大利」

も同様にとらえてよかろう。
(30) 黛弘道「位記の始用とその意義」(同『律令国家成立史の研究』吉川弘文館、一九八二年)
(31) 東野治之「船王後墓誌」解説(奈良国立文化財研究所飛鳥資料館編『日本古代の墓誌』同朋舎、一九七九年)、同「古代の墓誌」(同『日本古代金石文の研究』岩波書店、二〇〇四年)
(32) 中田勇次郎編『中国墓誌精華』(中央公論社、一九七五年)、『北京図書館蔵中国歴代石刻拓本彙編』四(中州古籍出版社、一九八九年)など。
(33) 今泉隆雄「『飛鳥浄御原宮』の宮号命名の意義」(同『古代宮都の研究』吉川弘文館、一九九三年)
(34) 奈良文化財研究所編『飛鳥藤原京木簡』一(同研究所、二〇〇七年)
(35) 加藤謙吉「史姓の成立とフミヒト制」(同『大和政権とフミヒト制』吉川弘文館、二〇〇二年)
(36) 吉備のミヤケ経営と船氏とのかかわりや、その後の政治文化(「多心経」の受容も含む)と船氏とのかかわりについては、新川登亀男「列島日本の社会編制と大陸・半島アジア世界」(早稲田大学アジア地域文化エンハンシング研究センター編『アジア地域文化学の発展』雄山閣、二〇〇六年)、同「古代日本からみた東アジアの漢字文化とメンタリティの多様な成り立ち」(立教大学東アジア地域環境問題研究所　深津行徳・浦野聡編『古代文字史料の中心性と周縁性』春風社、二〇〇六年)でも論じた。
(37) 平川南「種子札と古代の稲作」(同『古代地方木簡の研究』吉川弘文館、二〇〇三年)
(38) 喪葬については律令国家の関与が比較的稀薄であり、その喪葬権は被葬者の「本来的に帰属する集団」にあったのではないかとする石井輝義「律令国家の喪葬」(『史苑』五七の一、一九九六年)、同「豪族の喪葬権について」(野田嶺志編『地域のなかの古代史』岩田書院、二〇〇八年)がある。興味深い史料が博捜されているが、墓誌の検討に限った本論の性格上、触れることができなかった。なお、この研究史については、川尻秋生氏の示唆を得た。
(39) 前掲注(26)

(40) 加地伸行『孝経』(講談社学術文庫、二〇〇七年)

(41) 山田孝雄「威奈真人大村墓誌銘の文の考證」(『奈良文化』二三、一九三二年)、東野治之「『庾信集』と威奈大村墓誌」(同『遣唐使と正倉院』岩波書店、一九九二年)

(42) 角田文衛「小治田朝臣安万侶の墓」(『古代文化』三一の七、一九七九年、のち同著作集二『国分寺と古代寺院』法蔵館、一九八五年所収)

(43) 岡田清子「太安万侶の墓誌」(『文学』四七の五、一九七九年)、内田正男「太安万侶の墓誌の日付」(『文学』四七の七、一九七九年)、有坂隆道「太安万侶墓誌の年月日をめぐって」(同『古代史を解く鍵』(講談社学術文庫、一九九九年)

(44) 吉田靖雄『行基と律令国家』(吉川弘文館、一九八七年)

(45) 墓誌の役割については、岡田清子「喪葬制と仏教の影響」(近藤義郎・藤沢長治編『日本の考古学』V 河出書房新社、一九六六年)で出された見解が、つまり、船王後首墓誌や采女氏塋域碑を好例として、土地公有制の進展から墓域の私有性を守る意図があったとする見解が比較的流布しているかのようである。たしかに、采女氏塋域碑からは、そのような局面がうかがえそうであるが、それも山野の公益権の問題として考えることもでき、また、さきのふたつの資料が同じ性格のものか否かも問われよう。さらに、船氏一族の墓域は、のち『日本後紀』延暦一八年三月丁巳条によると、河内国丹比郡野中寺以南の「寺山」であったとされるが、この墓域がいつ形成されたのかも問題になる。もし、船王後首「家」の墓域と既に並存してあったとすれば、件の墓誌は、その差異を意識したものとなろう。いずれにせよ、土地公有制の進展に対する防御の観点のみから墓誌の役割を理解するには限界があると考える。

(46) 日比野丈夫「墓誌の起源について」(江上波夫教授古稀記念事業会編『江上波夫教授古稀記念論集』民族・文化篇、山川出版社、一九七七年)

(47) 前掲注(46)

(48) 福原啓郎「西晋の墓誌の意義」(礪波護編『中国中世の文物』京都大学人文科学研究所、一九九三年)

(49) 前掲注(48)

郵便はがき

料金受取人払郵便

麹町支店承認

8246

差出人有効期間
平成21年12月
09日まで

1028790

108

東京都千代田区富士見
二―六―九

株式会社 雄山閣

愛読者カード係 行

■ご購読ありがとうございました。　是非ご意見をお聞かせくださ

――ご購入の書名をご記入下さい。――

書名	

本書のご感想および小社の刊行物についてご意見をお聞かせください。

雄山閣購読申込書

お近くの書店にご注文下さい。

書　名	冊数
	冊
	冊

指定書店名	取次店・番線印	（この欄は小社で記入致します。）

お近くに書店がない場合は、このはがきを小社刊行図書のご注文にご利用下さい。
郵便振込み用紙を同封させていただきます。
その際、送料380円ご負担となりますので、ご了承下さい。

ふりがな お名前		性別		生年月日 年　月　日
ご住所	〒 お電話番号　　（　　）			
ご職業 勤務先		所属研究 団体名		

アンケートにご協力下さい。

本書をどこでご購入されましたか？
1.書店 2.生協 3.古本屋 5.インターネット 7.弊社直接販売 8.その他（　　）

本書を何でお知りになりましたか？（複数回答可）
1.書店でみて 2.新聞・雑誌（　　　）の広告で 3.人にすすめられて
4.書評・紹介記事をみて 5.図書目録（内容見本等）をみて 6.その他（　　）

本書への感想をお聞かせ下さい。
内容1.満足 2.普通 3.不満（理由　　）
分量1.満足 2.普通 3.不満（理由　　）
価格1.満足 2.普通 3.不満（理由　　）

弊社図書目録を希望しますか？ ○新刊案内等の発送を希望しますか？
1.はい 2.いいえ　　　1.はい 2.いいえ

ご記入いただきました個人情報は、弊社からの各種ご案内（刊行物の案内等）以外の目的には利用いたしません。

(50) 冨谷至『木簡・竹簡の語る中国古代』(岩波書店、二〇〇三年)
(51) 前掲注(46)
(52) 水野清一「墓誌について」(神田喜一郎監修『書道全集』六、平凡社、一九五八年)
(53) 中田勇次郎「中国の墓誌」(同編『中国墓誌精華』中央公論社、一九七五年)
(54) 中田勇次郎編『中国墓誌精華』(中央公論社、一九七五年)
(55) 趙万里編『漢魏南北朝墓誌集釈』(北京・科学出版社、一九五六年)、趙超編『漢魏南北朝墓誌彙編』(天津古籍出版社、一九九二年)など。
(56) 前掲注(55)
(57) 中国国家計量総局主編(山田慶児・浅原達郎訳)『中国古代度量衡図集』(みすず書房、一九八五年)
(58) 牧田諦亮『六朝古逸観世音応験記の研究』(平楽寺書店、一九七〇年)
(59) 新川登亀男『日本古代史を生きた人々』(大修館書店、二〇〇七年)

七島・七島衆と東アジア海域

紙屋　敦之

はじめに

薩南諸島の北部、屋久島と奄美大島に挟まれた海域に七島がある。七島は一六〇九年の薩摩の琉球侵入以前、半ばは琉球に属し半ばは日本（薩摩）に属するといわれた琉球と薩摩の境界であった。七島衆はこの境界をまたいで琉球と薩摩を行き来した交易集団であった。

七島の歴史研究(1)は史料的な制約があって進んでいるとはいえないが、琉球・薩摩どちらの権力にも完全に支配されない、七島衆のマージナルな存在が注目されている(2)。ただそれは、七島船が琉球と薩摩のあいだを人・物・情報を運んだ事実をもとに論じられているに過ぎない。七島衆は「小王あり」と呼ばれた海上勢力(3)であるが、東アジア海域を舞台にした活動は明らかになっていない。秀吉の朝鮮侵略、薩摩の琉球侵略に関与した七島衆の行動はどのように理解すればよいのか、七島衆の研究はまだこれからである。

本稿は、七島が琉球と薩摩に分属していた時代の七島衆のマージナルな性格を明らかにし、薩摩支配下においてその性格が失われていったことを検討したい。

一　日琉分属の七島

七島は口之島・中之島・諏訪瀬島・悪石島・臥蛇島・平島・宝島などの島々からなる。薩摩国川辺郡に所属した。これらの島々が地図上に姿を見せるのは、一四七一年に朝鮮の申叔舟が著した『海東諸国紀』所収の「日本国西海道九州之図」[4]においてである。この地図は、一四五三年に博多商人道安が、尚金福の琉球国王使として朝鮮に渡航したときもたらした、「博多・薩摩・琉球の相距つるの地図」が基になっているといわれる。[5]これとは別にもう一つ七島を描いた沖縄県立博物館所蔵の「琉球国図」があり、これは『海東諸国紀』所収の「琉球国之図」の基になったと考えられている。[6]二つの琉球国図には、一四五一年に完成した、当時浮島と呼ばれた那覇と沖縄本島を結ぶ石橋（長虹堤）が記されているので、一四五〇年ころの琉球情報が記載されていることになる。

地図には日本から琉球に到る三つの航路が描かれている。一つ目は肥前の上松浦から九州西岸を南下し、坊御崎（坊ノ岬）・恵羅武（口永良部島）から大島（奄美大島）に向かう航路、二つ目は九州西岸で分岐して甑島・臥蛇島の西側を回って大島に向かう航路、三つ目は赤間関（下関）と兵庫浦（神戸）から南下する航路が九州南部で合流し、種子島の西側を通って大島に向う航路である。[7]これら航路の最終到着地は琉球の那覇である。恵羅武と大島の間に七島が描かれている。

「琉球国之図」は那覇に「国庫」「九面里」「那覇皆津」「唐口　江南南蛮日本商船所泊」と記している。また「宝庫」を記す。国庫は親見世、九面里は中国人居住地の久米村、宝庫は御物城《おものぐすく》である。「琉球国図」は那覇に「九面里　江南人家在此」「此地王之庫蔵　衆多有」「那覇皆津　日本人本島人家有此」「那覇皆津口　江南南蛮日本之舩入此浦」、宝庫に「江南南蛮宝物在此　見物具足広」と記している。[8]「見物具足」は御物城である。「那覇皆津」の本島人は琉球人である。日本人は薩摩人、その中に七島人が含まれているのではないか。

永享年間（一四二九〜四〇年）中頃に、七島・宝島の平田宗重父子が初めて薩琉交易を仲介したという伝承が伝わっている。(9)

永享年間中頃、渡琉球国、持来珍布珍酒、捧鹿児島、于時有褒美、賜官兵衛尉名、自是有琉球通船、宝品年々至鹿児府云々、其□従鹿児島琉球通船之初案内役宗重父子勉之也、

このころ薩摩の守護島津氏が、国人に七島の知行＝交易権を与えている（後述）が、それとの関係が想定される。

「琉球国之図」は大島（奄美大島）・鬼界島（喜界島）・度久島（徳之島）・小崎恵羅武島（沖永良部島）・輿論島（与論島）・思何未（未詳）を「属琉球」と記す。「琉球国図」は大島・鬼界島・小崎恵羅武を「琉球内」と記し、度九島・与論島にはそのように記していないが、地理的に見て「琉球内」とみなしてよいだろう。また「琉球国図」は、大島の西方二五里に位置する「思柯未」を「日本唐土之境」と記し、日本と中国の境界と認識している。

琉球と薩摩の境界を語るエピソードがある。一四五〇年に七島の臥蛇島に、四人の朝鮮人が漂着した。琉球国王の命で一四五三年に朝鮮人を送還した道安が、臥蛇島について興味深いことを述べている。(10)

去庚午年（一四五〇）、貴国人四名、臥蛇島に漂泊す。島は琉球・薩摩の間に在りて、半ばは琉球に属し、半ばは薩摩に属す。故に二名は則ち薩摩人之を得、二名は則ち琉球国王弟兵を領して岐浦島を征するのとき、而ち之を見、買ひて国王に献ず。王は闕内に置き、厚く撫恤を加ふ。

臥蛇島は琉球と薩摩の間にあって、半ばは琉球に属し、半ばは薩摩に属している。それゆえに、二人の朝鮮人は薩摩人が、残る二人は岐浦島（喜界島）征討中の琉球国王の弟が買い取り、国王に献上した、と。朝鮮に送還された万年・丁禄の二人は、琉球側に引き取られた経緯を次のように語った。(11)

庚午年十二月、我ら二人及び石乙石・石今・徳万・康甫等の六名、同に一船に乗る。忽ち海中に於て風に逢ひ、臥

蛇島に漂到す。康甫・徳万は皆に病死す。島中の居民三十余戸、半ばは琉球に属し、半ばは薩摩に属す。島人我二人を率ゐ、水路三日程の加沙里島に往く。留ること十余日。間ごろ琉球国人甘隣伊伯也貴、事に因りて本島に至り、万年を見て家に帯び帰る。翌日、闕に詣り、白青段子各二匹を持つて家に還り、即ち我を率ゐて闕に詣る。意ふに必ずや我を買ひ進めしならん。…（中略）…留ること三月、間ごろ琉球人完玉之、加沙里島に到り、銅銭を用つて丁禄を買ひ、帯びて還る。

漂着したのは六人だったが、康甫・徳万の二人は病死した。臥蛇島人は万年・丁禄の二人を率いて、海路三日のところにある奄美大島の笠利に赴いた。一〇余日して、「琉球国人甘隣伊伯也貴」が笠利にやってきて、万年を見て家に連れ帰った。翌日、闕（宮城）に行き、白・青緞子各二匹を持って家に帰り、万年を率いて闕に詣でた。また、三ヵ月後に、琉球人完玉之が笠利にやってきて、銅銭で丁禄を買い取り、琉球に連れ帰った。臥蛇島人は漂着民を笠利に連れて行き、琉球人に売り渡している。「甘隣伊伯也貴」は、「甘隣」は官吏、「伊伯也貴」は大屋子（ウフヤク）すなわち地方役人と考えられる。[12] 完玉之も大屋子だったと思われる。

尚金福が朝鮮国王に送った咨文によると、

朝鮮国人民、近年辺海の行船大風に遇遭する為に因り、海面に漂流し、日本薩摩州七島嶼に到り、船破れ人浮びて登岸す。彼の本嶼人、獲へて奴用と為す。去ごろ遇々本国の巡海官船、見て憐れみ、自奴四人を将て換買して前み来る。

と、琉球の巡海官船が奄美大島の笠利に巡回していた。[13]「琉球国人甘隣伊伯也貴」が巡海官であろう。巡海官船の巡回は、琉球国王が辞令書で奄美大島に大屋子を任命する以前の様子を物語っていると思われる。

では、いつごろ琉球は奄美大島を支配下に置いたのだろうか。一四五六年一月二五日、済州島を出発した朝鮮船が暴風に遭い、二月二日久米島に漂着した。梁成ら朝鮮人は久米島に一ヶ月留まり、年貢を運ぶ船に乗って沖縄島（泊港）

に至り、一四六二年に朝鮮に送還された。梁成は琉球で見聞した奄美大島・喜界島征討のことを報告している(14)。

　一攻戦、国の東に二島あり、一を池蘇と曰ひ、一を吾時麻と曰ふ。皆隆附せず。吾時麻は則ち攻討帰順すること今已に十五余年、池蘇は則ち毎年討を致すも、猶服従せざるがごとし。

琉球の東に池蘇・吾時麻（ウシマ）という二島がある。池蘇は喜界島、吾時麻は奄美大島である。奄美大島は帰順して今すでに一五年になる。喜界島は毎年征討しているが、いまだ服属していない。「今已に十五余年」を朝鮮に帰国した一四六二年と考えると、奄美大島の帰順は一四四七年のことになる。朝鮮人が臥蛇島に漂着したのはその三年後だった。いまだ奄美大島の統治体制が確立しておらず、大屋子が巡回していたのだろう。喜界島は、一四六六年に尚徳が自ら軍勢を率いて征討した。琉球は泊里主（泊地頭職）を設置して、泊村および奄美諸島（奄美大島・徳之島・喜界島・与論島・沖永良部島）を管掌させた(15)。七島は含まれていない。

次に、薩摩側の七島支配を見てみよう。

一一八五年、島津忠久が薩摩・大隅・日向三ヶ国にまたがる島津荘下司職に任ぜられ、翌年島津荘総地頭職、八七年に薩隅日三ヶ国の守護職に補任された。鎌倉中期、北条得宗家が島津氏に代わって薩摩国河辺郡地頭職を相承し、得宗被官の千竈氏が地頭代となり、承久の乱（一二二一年）のさい京方として一旦所職を失った平姓河辺郡司に代わって同郡郡司職を兼帯した(16)。鎌倉幕府の得宗被官千竈時家が子女に所領を譲った一三〇六年四月一四日付の譲状(17)に、薩南諸島が次のように記されている。

　嫡子六郎貞泰　くち（口）五島・わさのしま・きかいかしま（喜界島）・大しま（奄美大島）
　次男弥六経家　えらふのしま（口永良部島）
　三男くまやしゃ（熊夜叉）丸　七島
　女子ひめくま（姫熊）　とくのしま（徳之島）

女子いやくま《弥熊》　やくのしま《屋久島》のしものこほり《下郡》

口五島は硫黄島・竹島・黒島・草垣群島・宇治群島（「日本国西海道九州之図」は「草墻島」「宇持島」と記す）、「わさのしま」は不詳である。千竈時家が譲ったのはこれら島々の領域支配ではなく、交易権を得分として与えたと指摘されている。(18)

一三九五年四月、島津伊久が倭寇の被虜人を朝鮮に送還した。これより薩摩から朝鮮への通交が始まり、朝鮮の太祖〜世宗期（一三九二〜一四五〇年）に、南九州の島津伊久（一回）、伊集院頼久（一三回）、島津元久（六回）、島津久豊（四回）、島津貴久（忠国）（八回）、島津好久（二回）、伊集院常喜（一回、頼久の妻）、伊集院為久（七回、頼久の子）、市来家親（三回）、市来久家（二回）、山城太守源頼秀・傍官元帥・日向州地古河・源佑鎮・新納頼明・藤源《原》頼（各一回）が、朝鮮貿易を行っている。(19) 伊集院頼久が最多で、妻常喜、子為久を含めると二一回にのぼる。次が守護島津忠国で、伯父元久・父久豊・弟好久を含めると二〇回にのぼる。伊集院頼久の朝鮮貿易は一四三四年が最後で、翌年以降、子の為久に代わったが、一四四九年で終わっている。伊集院頼久は伊集院・川辺・給黍を領し、頴娃・知覧・山田・別府・田布施・伊作・市来などに影響を及ぼし、薩摩半島西岸地域を勢力圏とした。島津久豊は鹿児島・谷山・指宿・溝辺・田万理・敷根・末吉・恒吉・市成・平房・百引・高隈・鹿屋・大姶良・下大隅・財部などを勢力下に置き、頼久を圧迫し、一四一七年に本拠地伊集院を奪い、本格的に鮮薩貿易を展開した。(20)

一四二五年、島津忠国は久豊の跡を継ぎ、薩摩・大隅・日向三ヶ国の守護職に補任された。一四三二年ころ国人一揆が起り、(21) 守護と対立した。忠国は弟好久を守護代として国人の被官化をはかり、その過程で、七島の知行（交易権）を国人に与えた。

一四三五（永享七）年六月三〇日、島津好久が伊集院犬子丸に宛てた知行宛行状を見てみよう。(22) 犬子丸は伊集院頼久の三男三郎左衛門継久である。

島津御庄薩摩方河辺之郡事、長門入道方知行并五島七島坊泊津除、為断（料カ）闕所次第所宛行也者、不可有領掌相違之状如件、

永享七年六月卅日　　　　好久（花押）

伊集院犬子丸殿

「長門入道」は伊集院頼久の叔父長門守久俊である(23)。好久は、伊集院久俊知行地ならびに五島・七島・坊泊津を除く川辺郡を、闕所しだい所領として継久にあたえることを保証した。伊集院久俊知行地以外の五島・七島・坊泊津は守護島津氏が支配していた。泊津はすでに一四三二年に阿多忠清に与えられた(24)。坊津は、一四四二年五月一二日、伊集院熙久（為久）が、島津持久（好久）より所領として与えられたら返還するよう弟の継久に要求している(25)。

好久は一四三五年に「白波市并中島」を某氏に宛行っている(26)。

島津御庄薩摩方（川辺脱か）郡　之内、白波市并中島之事、為料所所宛行也、早任先例、不可有相違領知状如件、

永亨（享）七年五月廿四日　　　　好久（花押）

「白波」は薩摩国薩摩郡白和《しらわ》（鹿児島県薩摩川内市白和町）である。同所は川内川に臨み、岸上に白羽《しらは》大明神社があり、「白羽火雷（ほのいかつちの）神」を祀っている(27)。白羽火雷神社は雨乞いの神とも海上航海の守神ともいわれている(28)。白波には白波衆と呼ばれる廻船集団がいた。「中島」は七島の中之島であろう。白波市と中之島の知行は、白波衆が中之島に渡航して交易を行うことを内容としている。これより以前、一四一四年九月一六日、島津久世（島津伊久の孫）が某氏に「川辺郡七島之内島一」を宛行っている(29)。島津久世、同好久の知行宛行状は宛名を欠いているが、入来院重頼とその子重長だったと推定される(30)。

さらに好久はその翌年、伊集院（頼久）氏の知行分だった七島の島二つを種子島幡時に与えた(31)。

薩摩国川辺郡内七島伊集院知行分島二、為料所々宛行也、早任先例、可令領知之状如件、

永亨八年八月十日　　　好久（花押）

種子島殿

二つの島は、『雲遊雑記伝』に「永亨八年八月十日守護代好久ヨリ幡時ニ臥蛇・平二島ヲ七島ノ中也、加賜」[32]とあり、臥蛇島・平島であった。幡時の兄清時は、一四〇三年一〇月、島津元久より忠節により屋久・恵良部島（口永良部島）は七島への渡り口に位置する。

その後の経緯は不明だが、一五一二（永正九）年三月二七日、種子島忠時は島津忠治より臥蛇島を安堵された[33]。差出人の伊地知重貞・鳥取政茂・桑波田景元・本田兼親は島津忠治の家老である。

一薩摩国指宿郡　門付坪付反畦付書略之、

一谷山郡和田名之内　右同断、

一臥蛇　　一島

永正九年三月廿七日　　重貞

政茂

景元

兼親

種子島殿

そして翌年三月、臥蛇島は種子島氏の御役所に年貢として綿九把・鰹節五連・叩煎の小桶を納めている[34]。

七島臥蛇之島より納申候、

御役所

一綿十八把この内九把納申候

一鰹ふし五れん
一叩煎の小桶
以上
永正十年癸酉三月吉日

種子島氏の役所が臥蛇島にあるのか種子島にあるのか不詳であるが、この知行は同氏が交易権にとどまらず、臥蛇島の領域支配を意図していたことをうかがわせる。

一五二一（正徳一六）年、種子島忠時は使僧妙満寺を琉球に派遣し、「両国永々和親」を望み、「両品之重貺」を贈った。[35]忠時の目的は、次の三司官書状[36]から、種子島船に対する課税免除の特権を得ることだったことがわかる。

追而令啓上候、抑
貴国之御船荷口之事、妙満寺於此方御披露候間、那覇之奉行此義依申述三司官候、則達上聞候、然者種子島前々為琉球有忠節之義、従今年御船一艘之荷口之事、可有免許由承綸言候、仍為証明進別楮候、万端不宣、
正徳十六辛巳林鐘十五日　三司官
種子島武蔵守殿　閣下

種子島氏の課税免除の申請は、那覇奉行から三司官に伝え、三司官が国王（尚真）に申し上げたところ、国王は種子島氏が前々より琉球のために忠節があったとして、今年から船一艘分の荷物について免許すなわち課税免除の特権を与えた。

一五四二年、大内義隆の家臣相良武任が琉球の那覇奉行に、種子島船が琉球に「奸曲」を企てて出船したことを告げ、同船の拘留を要求している。[37]種子島船の「奸曲」は確認できない。大内義興と細川高国の遣明船が真仮を争った一五二三年の寧波の乱後、日明関係は断絶したが、三九年に大内義隆が遣明船を派遣し、再開した。相良武任の行動は、日明貿

易を独占した大内氏が、種子島氏を琉球貿易から排除する企てだったと考えられる。

一五二六年一一月、守護島津勝久は伊作家島津忠良の子貴久に家督（一五二六〜六六年）を譲った。しかし、勝久から貴久への権力委譲は円滑に行われなかった。貴久は、勝久夫人の弟薩州家島津実久によって鹿児島を追われた。薩摩は一五二八年以降、「三州争乱」と呼ばれる戦国争乱に突入した（〜一五五〇年）。そうしたさなか、一五三六年に勝久は入来院重朝に「七島之内一所」を与える約束をし、味方に誘っている。(38)

　　猶々弥以其方之事、憑入之外無他事候、
毎々従石州（入来院重朝）丁寧之儀、其礼難尽筆紙候、就其、各辛労之由、歓悦之至候、仍石州之事、諸事無不足之儀候へ共、廻船者、于今無知行候間、我等於入国者、七島之内一所、此間之為報恩可進候也、恐々謹言、

　六月三日　　　勝久（花押）

　　入来院山城守殿
　　東郷越後守殿

この文書は、廻船すなわち交易が知行であったことを示す事例である。入来院氏が一四三五年に中之島を知行として与えられたことは前述した。交易が続かなければ知行を維持することは難しかった。廻船は今に知行していないと述べているので、すでに中之島との交易は断絶していたのだろう。

一方、貴久は、年不詳であるが、勝久時代に謀反の廉で誅罰された伊地知重貞の二男重実を召し出し、「七島地頭職」に任じている。(39) 一五七八年四月、尚永は天界寺修翁・妙厳寺を薩摩に派遣し、七島地頭伊地知重実に織物一端・綿二把を贈っており、(40) 七島地頭の存在がうかがえる。地頭は戦国大名島津氏が領国支配の要として配置した。

以上、七島と琉球・薩摩とのかかわりについてみてきた。

一六〇六年六月、尚寧を琉球国王に封じる明の冊封使夏子陽が琉球に渡来した。夏子陽は使命を終えて明に帰国後、

皇帝への報告書『使琉球録』(41)を著し、

　復た土里臣馬山あり、即ち硫黄を産するの処なり、過ぐれば則ち七島なり、半ばは日本に属す、凡そ山は皆海中に星散し、魚螺海菜の物を雑出す、その人倶に禾苧を種う、

と、硫黄鳥島を過ぎれば七島である、半ばは日本に属す、と述べている。一六〇九年の薩摩の琉球侵入以前の七島は、半ばは日本（薩摩）、半ばは琉球に属すると認識されていた。

二　「小王あり」と呼ばれた海上勢力

一五九〇年七月小田原の北条氏を降し、全国を統一した豊臣秀吉は、かねての計画どおり、九一年九月、諸大名に「唐入」すなわち明出兵を命じた。島津義久に医師として仕えていた明人許儀後は郭国安と連名で、同月、秀吉の明出兵計画を明に通報する陳報を認め、朱均旺に託した。朱均旺は翌一五九二年一月、鹿児島を出航した。その陳報の中で、許儀後は日本六六ヶ国の名前を述べたあとに「雑島」をあげ、「小王」がいる雑島の一つとして七島をあげている。(42)

　雑島、各小王有り、之を鎮す、尽く関白に属す、
　　一《壱》岐・対馬、此島と高麗相近く、毎に相往来す、
　　長岐《長崎》　平戸　五島　種子島
　　七島　此島、琉球に近し、

長崎は、一五七一年に大村純忠がポルトガル船に開港し、八〇年にイエズス会に寄進されたが、八八年に秀吉が収公し、鍋島直茂を長崎代官に任命した。壱岐・平戸は松浦氏が領主で、平戸はポルトガル船が来航した。対馬は宗氏が

領主で、同氏は朝鮮貿易を行った。五島は五島氏が領主で、五島は長崎に来航する中国・ポルトガル船などの航路に位置していた。種子島は種子島氏が領主で、同氏の琉球貿易については前述した。壱岐・対馬・長崎・平戸・五島・種子島はいずれも海外貿易で知られている。

しかし七島には、七島海域を支配する領主は存在しなかった。一六〇九年の琉球侵入について記した「琉球入ノ記」[43]によると、「其比七島と申ハ、弐拾四人棟梁有之、其比手下之者ヲ水手として琉国江上下仕事候」「七島頭立之者兵弐拾四人、島中惣人数弐百五拾人」「七島弐拾四人之物頭中江為軍功、川辺郡壱人ニ付知行高三百石宛被下候」とあり、「棟梁」「頭立之者」「物頭」と呼ばれる二四人の存在が確認できる。彼らは船頭であった。七島衆は交易集団としてその名を馳せていたのである。

七島衆の交易活動を見てみよう。首里王府が一七一二年に編纂した『琉球国由来記』の「那覇由来記」[44]に、

若狭町小名

トカラ小路（往昔、トカラノ島、当国ノ御手内之時、彼辺ニ宿シタルトナリ。故ニカク云トゾ）

と、若狭町のトカラ小路は、トカラの島（七島）が琉球の御手内、すなわち半ば琉球に属していた時代に、七島衆が宿泊した場所である。古琉球の那覇には久米・若狭・東・西の四町があった。

琉球は二年に一回北京に朝貢した。中国との朝貢貿易でもたらされる唐物を入手するために、日本船が琉球に来航した。そのなかに七島衆も混じっていた。「琉球入ノ記」は「其比、琉球ハ常ニ諸廻船売商場ニ而、唐土、夷国、方之小島、日本国之商人、或ハ鹿児島、坊之津、山川、七島中之もの不残、琉球国江集居候而売買仕候[45]」、『南島雑話』は「慶長年中迄は唐土、異国、諸の小島、就薩州鹿児島、坊津、山川、七島商船琉球那覇湊へ参り、商売勝手に有之[46]」と記している。

薩摩・鹿児島における拠点は明確ではないが、左記の「七島船頭覚書」より推察される[47]。

一慶長十四年琉球入後、大黒町折田嘉兵衛年行事ニ而帯刀御免為被仰付と云説之事、
一慶長十四年琉球御征伐後、尚寧王等被召列御参府之節、謝那親方壱人居服不仕、鹿児島下納屋町折田嘉兵衛所江致旅宿居候付、川上泰助被差遣御誅伐有之、其旅荷之儀者御構無之、惣而亭主得分罷成、別而豪富之所帯ニ成立、後者年行司ニ而帯刀御免迄茂為被仰付之由、左候而右之町弐町ニ被相割一方ハ船津町、一方ハ大黒町と相唱、嘉兵衛事ハ大黒町江為罷居ものとの趣、琉球入之時分、七島ゟ致渡海候船頭之覚書ニ見覚為申大意ニ御座候、

これによると、鹿児島に下納屋町があり、琉球侵入(一六〇九年)後、同町が二つに分割され、船津町と大黒町と呼ばれている。薩摩藩家老が、一六一六年九月一八日付覚で、下納屋に役儀を課し、納屋衆に糸・塩の流通統制権を認めているから[48]、下納屋町の分割はこれ以降のことである。納屋衆は「海岸に納屋を有して貸し付けていた富裕の町人[49]」である。下納屋町が鹿児島における七島衆の拠点として想定される。

もう少し、七島衆の交易活動を見てみよう。次の史料は、琉球に明の冊封使が渡来したとき、七島人が那覇に赴き、冊封使と対面し、互いに贈答を行ったことを述べている[50]。

琉球冠船之節、唐按司へ、七島郡司名代、七島者四人罷下候、船領《(頭カ)》三人相加リ、都合七人罷出、進上物並返シ品等有之候段、享保三年戌閏十月、七島郡司申出候、

一六八三年の尚貞冊封のさい、薩摩藩の役人・船頭が宝島人(宝島は七島のこと)と称して冊封使と対面したことがあったが[51]、一七一八年に七島郡司が語ったのは、そのときのことではない。後述するように、琉球侵入後、七島の日琉分属に終止符が打たれているからである。また、一六二〇年に尚寧が亡くなり翌年尚豊が即位した。一六二二年に尚豊は明に朝貢し、尚寧の訃を告げるとともに冊封を請い、さらに二五年にも冊封を請うた[52]。一方、一六二六年一〇月には、三司官が、冊封使が来琉したとき奄美諸島(薩摩侵入後、薩摩藩の直轄地)の島役人が那覇に赴き役儀を務めてきたこ

とは明側も知っていることなので、一時的に奄美諸島を琉球に付属させてほしいと訴えたのに対し、薩摩藩家老が拒否していることからも、薩摩支配下の七島人が冊封使と対面し贈答を行ったとは考えられない。七島郡司は、かつて七島が半ばは琉球に属していた時代のことを述べたのである[53]。七島人が冊封使に対面したのは、一六〇六年六月の尚寧冊封以前のことでなければならない。七島郡司は七島の各島に置かれた島役人で、一六九一年の宝島郡司が初見である[54]。七島衆が冊封のさい、冊封使一行が琉球に持ち込む唐物を琉球側が買い取る、「評価《ハンガー》」と呼ばれる交易が行われた。七島衆が冊封使と対面・贈答を行ったのは、評価交易に参加するためだったと考えられる。

次の史料は、琉球が中国との貿易で銀を必要としていたことを物語っている[55]。

覚

一九州・中国衆朝鮮国へ在番之儀、堅被仰付候、就夫今度猶々貴邦御軍役調儀之事、
一高麗入之御軍役并名護屋御普請ニ付而、従貴国大略調之儀、新納伊勢守渡船之刻、慥相届候事、
一於京都借銀之為返弁、龍泉寺渡海之砌、種々到来候、雖然唐目日本目之分量、殊更五藤判之錘目ニ付而入組之儀、
彼是右両条之旨、追而委曲可申渡候事、

已上

文禄弐年拾一月十五日

町田出羽守

久倍（花押）

薩摩が琉球の京都における借銀の返済を求めて龍泉寺を渡海させたとき、種々返済の品が到来した。しかし、唐目・日本目の分量、ことさら五藤判の錘目が入り組み云々と問題が生じていることを述べている。龍泉寺の琉球渡海は一五九二年七月である[56]。唐目・日本目の分量は明・日本の天秤の目盛、五藤判の錘目は分銅の目方のことである。重さを量って取引された品物は生糸だったと思われる。琉球は借銀の返済を生糸で行ったことが考えられる。京都の借銀は、一五九〇年

八月二一日、島津義久が琉球国王に、「去歳以来天龍寺在京、奉対　相国種々遂訴訟、公儀調無恙帰帆、于今弥重々」と述べているが[57]、そのときの「訴訟」すなわち要請がそれだったのではないか。相国は太政大臣の唐名で豊臣秀吉を指している。一五八八年一一月二五日、琉球国王尚永が亡くなり、翌年尚寧が即位した。尚寧は天龍寺桃庵を使僧として秀吉のもとに派遣した。天龍寺桃庵は薩摩の大慈寺龍雲に伴われて上洛し、島津義久の案内で、聚楽第で秀吉に見えた。この借銀は、明の冊封を予定し、評価交易に備えるためだったと考えられる。尚寧の冊封は一六〇六年に行われた。

琉球は銀を産出しないので日本で調達することになる。日本は、天文年間(一五三二〜五四年)に博多商人神谷寿禎が朝鮮から灰吹法を導入し、石見銀山の開発に成功して銀産出国となった。日本銀の琉球への運び手はだれだったか。その一人として七島衆が浮かんでくる。一五七三年に尚元の跡を継いだ尚永が、一五七五年三月、薩摩に紋船を派遣した[58]。その年の二月から七月にかけて、島津家久(島津貴久四男)が上洛し、伊勢神宮に参詣しての帰り、山陰路を辿り、石見銀山に立ち寄った[59]。家久は六月二四日石見銀山に立ち寄ったあと、二七日石見国浜田(島根県浜田市)に至り、七月一〇日同地を出航するまでのあいだに、加治木衆・秋目衆・東郷衆・白羽衆・京泊衆・鹿児島衆・伊集院衆など薩摩各地から来航した船頭衆と会っている。薩摩船の目的は石見の銀を入手することにあった。その銀は、冊封が予定されている琉球に運ばれるはずであった。ところが、薩摩は一五七五年の紋船後、薩摩から琉球への渡航を停止していた。一五七九年三月に渡航停止が解除されるまで、薩琉間を往来できたのは、島津氏の印判(琉球渡海朱印状)による渡航規制を受けていない七島船だけだった[60]。

七島船が中国に渡航して交易を行う可能性はなかったのか。次の「新納旅庵自記」は、唐船との交易を語るものではないが、七島船の中国渡航の可能性を示唆する[61]。新納旅庵は島津義弘の家老である。「新納旅庵自記」の一五九五(文禄四)年条の次の記述を見てみよう。

一七島江唐船着岸之時分、竜伯様御幡頂戴仕帰唐候、然者鹿児島五官同心ニ渡唐候、其為首尾唐ヨリ　竜伯様ヲ奉

頼、太閤様へ御礼申上候、京都御屋形江被召置候、正月十五日ニ御暇被下候、
一唐人衆江小袖米従太閤様被下候、石治《本ノ侭》

七島に着岸した唐船が島津義久（龍伯）より幡（旗）を頂戴して帰唐した。そのさい鹿児島五官と称する明人が同心して明に渡航した。その首尾により、明は義久を頼って太閤秀吉にお礼を申し上げた。（明使は）京都の（薩摩）屋形に滞在し、一五九五（文禄四）年一月一五日、帰国の暇を賜った。

一五九二年四月、秀吉の明出兵（朝鮮侵略）が始まった。翌年五月一五日、明使謝用梓・徐一貫が肥前名護屋に到着、日明講和交渉が行われ、六月二八日、秀吉は和平条件を明使に提示した。一五九六年八月、明の冊封使（楊方亨・沈惟敬）が来日し、秀吉を日本国王に冊封した。「新納旅庵自記」は、これとは別に福建軍門が、薩摩ルートで講和工作を行っていたことを物語っている。

一五九三年七月、福建軍門（許孚遠）の使者史世用が大隅国内之浦に来航し、前述した許儀後と接触をはかった。許儀後は肥前名護屋にいたので、史世用は名護屋に許儀後を訪ねた。八月、許儀後は薩摩に戻ったが、一〇月、島津義久は許儀後を朝鮮に赴かせた。史世用は福建漳州府海澄県の呉左沂船に乗って帰国の途についたが、途中大風に遭い転覆した。[62]その後、史世用は琉球船に乗って、一五九四年一月帰国した。[63]七島に着岸した唐船に史世用が乗船していた。史世用が七島のどこに漂着したか不明である。

中国側史料は、史世用を乗せた船を琉球船と記しているが、七島船だったのではないか。島津義久が旗を与えたのは、七島船の身元を保証する意味があったからと思われる。鹿児島五官と称する明人が同行したのも、七島船が中国に渡航するからであろう。史世用を七島から琉球に送り、琉球が琉球船で彼を明に送還するのであれば、義久の旗・鹿児島五官の同心は必要なかったと思われる。中国が七島船を琉球船と誤解したのは、七島が半ばは琉球に属していることを承知していたからであろう。

一五九四年六月、ふたたび福建軍門（金学曽）の使者劉可賢が薩摩に来航した。同年一一月一三日、島津義久が弟義弘に対し、「大明国ゟ両使上洛にて候、様子者福建与日本勘合船通用之儀申入候、然者　太閤様御前仕合事能候て、彼使者　御目見得仕候間、急度帰帆たるへく候」と、明使より福建・日本の勘合船往来の申し入れがなされたことを伝えている(64)。この明使が劉可賢で、京都の薩摩屋敷に滞在し、一五九五年一月一五日、秀吉より帰国を許された使者であろう。

七島は倭寇の寄港地でもあった。倭寇の鶴屋将監が福建・福州で被虜人とした陳松鶴を七島の口之島に連れて来ている(65)。子の陳重清は崇禎年間（一六二八－四四年）に口之島から琉球に渡来した。

鶴屋将監が被虜人とした明人はほかにもいる(66)。

> 肇祚、字允保、原是福建長楽県人也、嘉靖年間、日本人鶴屋将監攻入福建劫掠民家、時肇祚幼而不能逃避被虜、至日本居豊後地方、至于嘉靖年間、彼国主憐之放回、至中山、

鄭肇祚は福建・長楽県の出身である。鶴屋将監が福建に攻め入り、民家を劫掠したさい、鄭肇祚は幼くて逃げることができず被虜人となり、日本に連れ去られ豊後地方にいたが、嘉靖年間（一五二二～六六年）に、国主（大友義鎮）が憐れに思い解放してくれたので中山（琉球）にやって来た。豊後には鶴屋将監によってもう一人、福建・福州出身の蔡宗貴が連れられて来ていた。蔡宗貴も嘉靖年間琉球に渡来した。

七島衆は秀吉の朝鮮侵略、薩摩の琉球侵略のさい積極的な行動を見せている。一七七〇年八月、中之島を除く六島の郡司が、島津氏に対する七島の協力を次のように語っている(67)。

> 一高麗　御出陣之砌は、七島より仕立船を以、朝鮮国へ罷渡、御奉公相勉、且又、御出陣跡ニ参候者共、名古屋迄差越、御帰陣を奉待、尤、高麗へ罷渡候者共、罷帰不申者も有之候由、申伝候、其節之為御褒美、島々へ高麗人被成下、下人共ニは、于今高麗人子孫と申伝候、
>
> 一慶長年号之比、琉球御征伐之砌は、七島より御案内仕、諸事御奉公為仕　御褒美として、七島中へ知行高三百石ヅ

ツ、川辺之内ニ拝領被仰付、其比ハ御番として、年々罷登為申由、其後何様之差支ニて御座候哉、御断申上、御免許被仰付、左候て御代々　太守様御在国之砌は、年頭之　御目見被仰付、到只今　御在国之砌は、七島郡司より鰹節三十連・塩辛二壷進上仕、　御出座之御席ニ年々無中絶、　御目見被仰付、冥加至極難有奉存候、尤、加世田へは、松坂山正本寺と申山伏、七島檀方ニて、至只今、毎年七島安全之札守、付届御座候、右は七島中、従前々申渡候次第、書付可申上旨、奉承知、島々申伝候次第も御座候ハバ、追て書付可差上候、以上、

同様のことが宝島の「平田甚吉氏家系図」の平田宗継の項に、(68)

名護屋御陣之時、七島中志之者申合用意仕立船ヲ、参向〆高麗国ニ、陣中奉公也、

慶長年間四月琉球国御攻敗《(成カ)》之時、樺山権左衛門殿・平田太郎左衛門殿大将ニテ兵船渡之時、宗継勉案内者、勲戦功也、後掃部兵衛尉、

と記されている。こうした伝承が七島中に共有されていて、前掲した六島郡司の語るところとなったのである。

七島衆は朝鮮侵略のさい、特別に仕立船を建造し、朝鮮に渡海して島津氏に奉公した。朝鮮出陣に間に合わなかった者は肥前名護屋まで赴き、島津氏の帰陣を待った。朝鮮に渡海した者の中には帰って来なかった者もいる。そのときの褒美として朝鮮人を下された、と述べている。七島衆の詳細な活動はわからないが、交易集団という性格を考えると、彼らは朝鮮侵略を商いの好機ととらえていたはずである。島津氏の軍役動員に応じて参陣したわけではない。

次に、七島衆は琉球侵略のさい薩摩軍の水先案内を務めて奉公し、褒美として川辺郡で三〇〇石ずつ拝領したと語った。七島衆の務めは、薩摩軍の兵船を、無事に七島灘を通過させることだけではなかった。琉球での戦闘にも参加している。

薩摩軍は四月一日、首里・那覇を攻撃した。「琉球入ノ記」は、那覇港の攻撃に参加した七島衆について記している。(69)

夫ら那覇をさして御寄被成、御大将樺山殿御船者湊之沖江御扣被遊、七島之頭立之者共大将として、七艘之船ニ七

島中之人数計被召乗、真先掛而乗入候而、那覇之湊口広弐拾五間、内流五拾間、高石垣ニ所々矢挟間を明ケ、大石火矢を構置、港之底ニ鉄之網を張、稠敷用心仕置、大将虵那親方三千騎引烈、右之綱を持登石火矢を討掛候処、船悉被打破候、去れ共壱人茂無怪我如沖泳、大将樺山殿御船、其外余船乗申候処、大将御船を可乗入様も無之、

樺山久高は那覇港の沖に控え、七島の頭立之者どもを大将として七艘の船に七島の者だけを乗せて、真っ先に港に突入させた。那覇港は幅二五間、奥行き五〇間あり、高い石垣に所々矢狭間をあけ、大石火矢を構え、港の底に鉄の網を張り、厳しく用心していた。三司官謝名利山が大将となり三〇〇〇騎を率い、鉄の網を持ち上げて、石火矢を打ち掛けた。七島勢の船は悉く破壊された。しかし一人の怪我人もなく、沖の方に泳ぎ、樺山の船をはじめほかの船に救助された。七島衆は若狭町のトカラ小路を拠点に琉球と交易を行っていたから、那覇港については熟知していたはずである。樺山久高はそのことを承知していて那覇港攻撃に七島衆を動員したのだろう。

四月三日、識名で「小松彦九郎七島船頭にて志岐那にて戦死」が戦死した。(70)

七島衆は他方で別の行動を見せている。一五九八年九月一四日、七島船は関白秀吉の死（七月六日）を琉球に伝え、一〇月三日、琉球の世子尚寧が関白秀吉の死を明に通報している。(71)

牛助春は、一六〇五年福建から帰国の途中颶風（強烈な風）に遭い、平戸に漂着した。鹿児島に到ったとき、薩摩太守（島津家久）より琉球侵入の案内を頼まれたが断り、「密書を修してこれを島一岐助に託し、法司馬良弼（名護親方良豊）に寄送し、其の薩摩の将に我国を伐たんとするの事を以て悉く細さに知会せしむ。」と、薩摩の琉球侵入情報をもたらした。(72) 島一岐助の父は七島・口之島の住人松本壱岐重次である。(73)

三　海禁と七島衆

一六〇九年三月、薩摩は琉球に侵攻し、琉球を支配下においた。七月七日、徳川家康は島津家久に琉球を与え、その仕置を命じた。薩摩は琉球に検地を行い、一一万三二四一石九斗六升余の石高を得て（慶長検地）、一六一一年九月、琉球支配の方針を定めた（琉球仕置）。薩摩藩は「悪鬼納并諸島高八万九千八拾六石」[74]を琉球国王に与え、残りの二万四〇一五石すなわち奄美諸島（道之島）を直轄下に置いた。一六〇六年に来琉した冊封使夏子陽が、七島は半ばは琉球に属すと『使琉球録』に記したことは前述したが、琉球仕置の時点で、七島の日琉分属に終止符が打たれたといえる。

薩摩藩は直轄下に置いた七島に七島地頭を設置した。琉球の慶長検地（一六〇九～一一年）を行った伊地知重房が七島地頭職に任じられた[75]。続いて重房の嫡子重康が七島地頭に任命され、一六三四年四月、七島から久志（川辺郡）の地頭に転任した[76]。地頭は薩摩藩の地方行政区画である外城（一七八四年郷と改称）の行政責任者である。

重康の「慶長十八年　日記（前尾残缺自六月四日至十二月廿九日）」一六一三年一一月二〇日条に次のような記述がある[77]。

七島くじ『郡司』殿被参候
祇候不申候、伊四郎兵殿（伊地知重賢）振舞申候、但屋久ノ島𠮷参申候猿、徳永助右衛門殿より鶉ノニ誘引被成候へとも、普請隙
入申候間罷不登候、

「くじ」に「郡司」をあてたのは『旧記雑録』の編者伊地知季安であろう。「くじ」は公務の意味で、七島くじは七島の公務に携わる者と解される。重房は七島地頭の彼を訪ねてきた七島衆について、「拙者内々も祖母しやう（衆）も七島衆少左衛門殿（伊地知重房）ニ礼ニ参候へとも、帰宅被成候間不懸御目」（一一月二四日）、「祇候不申候、七島衆七人共ニ振舞申候、（中略）口ノ島彦三郎殿ニ朝音房（潮音寺）ニ遣申文渡申候」（一二月八日）と記して、郡司と記していない。七島衆七人は、七島各島

の島役人であり、七島地頭のもとにお礼に参上したのである。

一六二一年、薩摩は道之島に再検地を実施し、四万三二五七石七斗六升余の石高を打ち出した（道之島竿）。続いて、一六二三年閏八月、道之島の島政改革を行い、「諸役人琉球ニいたり、はちまきのゆるしを取事可為停止」と、諸役人が琉球国王から「はちまき」（帕）すなわち位階を授かることを禁じ、道之島と琉球の政治的な結び付きを禁止した。(78) その翌年、道之島は正式に薩摩藩の蔵入地とされた。また、島政改革では船舶に関して次のことを命じた。

一かいせん作ましき事、

一米此地江仕上の時分、二月より船を被遣、三月此方江着船之事、又四月より五月六月まてニ上下可仕事、

一七月より明る正月迄は仕上舟之上下可為停止事、

「かいせん」（廻船）の建造を禁じた。すなわち交易活動の禁止である。「仕上」は年貢米の運送である。仕上船（年貢運送船）は二月（奄美諸島を）出船して三月鹿児島に着船すること、さらに四〜五・六月のあいだにもう一回往復して、七〜翌年一月のあいだは運行を禁じた。道之島は廻船の所有を禁じられ、船の活動は年貢米の運送に限定されたのである。

薩摩藩は琉球仕置で、一六一一年九月一九日掟一五か条を定め、「従薩州御判形無之商人不可有許容事」と、薩摩から島津氏の判形（手形）を持たずに渡航してくる商人に商売を許容しないよう琉球側に命じた。以後、一六一二年三月二二日の覚で「於琉球諸売買御法度之儀、以高札申定候之事」「日本人於其地方々寄宿之儀可為停止之通制札差遣候之事」、一六一三年六月一日の御掟之条々で「都之島へ日本之商人被遣間敷之事」「従他領其島へ渡海之船雖有之、爰元之御判形無之船者、如前々御法度被仰付間敷之事」、同九月一五日の覚で「如旧規判形無之商船着岸之時者、被相改、少も自由ニ無之様番衆被付置、此方へ可有注進事」、一六一八年八月晦日の覚で「他国之人爰許之手形於不持来者、弥許容有間敷候、稠可被相改事」、一六二四年八月二〇日の定で「他国人其地へ参儀可為停止事」、一六二五年一〇月一日の覚

で「琉球へ住宅之他国人被為上間敷事」と、日本人の琉球への無断渡航および居住を繰り返し禁止してきた(79)。道之島・七島も当然この規制を受けたはずである。

一六三三年二月、徳川幕府は奉書船以外の船の海外渡航を禁じ、三五年に日本船の海外渡航を一切禁止した。いわゆる「海禁」である。この間に、琉球は幕藩体制の中の「異国」として位置づけられた。一六三四年八月、三代将軍徳川家光は島津家久に左記の領知判物を与えた(80)。

薩摩・大隅両国井日向国諸県郡都合六拾万五千石余目録在別紙、此外琉球国拾弐万三千七百石事全可有領知之状如件、

寛永十一年八月四日　　家光（花押）

薩摩中納言殿

琉球は、前年六月冊封使杜三策が渡来し、尚豊が琉球国王に冊封された。領知判物に琉球の石高が記載されたのはこれが初めてである。「此外」とは、琉球を幕藩体制の知行・軍役体系の中に組み入れるが、明との冊封・朝貢関係はこれまでどおり認めるとの意である。これが琉球が幕藩体制の中の「異国」たるゆえんである。

薩摩藩は幕府の「海禁」政策を踏まえて、日本人の琉球渡航を一段と厳しく規制した。一六三四年一〇月一九日、薩摩藩家老は琉球の摂政・三司官に次のように命じた(81)。

一他国人琉球へ下候儀、堅令停止候間、其地にても無許容、早々此方へ可被申上事、付致同心候者相記可被申出事、

一公儀へ無御存知日本衆、琉球へ家を持永々逗留仕儀、自今已後者可為停止候間、左様ニ可被心得事、付琉球にて宿かし候ものも可為曲事候事、

一運賃漕之船頭・水手、於其地持家嫁女房いつとなく致逗留、仕上之時分をすらし、大風に合候而荷を打候、曲事之儀候間、女房を持候事堅可為停止由、稠可被申渡事、

一七島の者同前之事、

前二ヶ条は、薩摩以外の他国人が琉球に渡航すること、幕府が許可していない日本人が琉球に家を持ち長期逗留することを禁じた。後二ヶ条は、薩摩の運賃漕の船頭・水子が琉球において家・嫁・女房を持ちいつまでも滞在することを禁じた。七島衆も同様としたのは、彼らもまた運賃漕の船頭・水子であったということである。

一六三八年九月一一日、薩摩藩は、「琉球へ日本より居付候衆之儀、此中罷居候者之儀者、先々其まゝにて被召置、向後日本より居付候衆無之様ニ、堅可被仰付之由御意候間、琉球へ其段能々可被仰達事」と、琉球に日本から居つくことは、現在琉球に居ついている者はそのままにしておくが、今後日本よりやってきて居つく者がないようきつく命じた[82]。同年、琉球に派遣された伊東祐昌は日記の一一月九日条に「日本人此元へ居付候衆、何れも慶ニ被参候」と記し、一二月一〇日条に「琉国へ罷居日本仁相記シ書立を以、いかやうの様子にて爰元へ居付候哉、細ニ書付ニて可被差出之由、御物城・里主へ申渡候」と、琉球に居る日本人がどのような様子で琉球に居ついているのか報告するよう琉球の役人に命じている[83]。

日本から琉球への渡航制限、そして禁止、ならびに薩摩の運賃漕の船頭・水子の琉球居住の禁止といった措置が、七島衆にどのように影響しているか見てみよう。一六三二年六月、家老の川上久辰・喜入忠政が、琉球在番奉行川上忠通に次の指示を与えた[84]。琉球在番奉行は一六三一年に設置された。

覚

一新納加州老・最上土州老を以、唐江銀子過分ニ可被相渡儀申候処、三司官談合を以、如其可致才覚由、御返事被為申候、先以肝要ニ存候事、

一冠船ニ商売之時、商人手前ゟ運上者、銀子二分運上たるへき事、

一七島衆、唐江商売之仕様、一円ニ無沙汰不審深重候事、

一御国之歴々、町人并七島衆、内証を以銚（誂）銀、堅可被為停止由、三司官江可被仰渡事、

一生鹿弐十、其許江下可申事、但八月下可申事、
一七島中銀子持衆江可被成御借銀候御談合ニ而候、右之衆、其地江罷居候者、堅可被仰付候、書物別紙ニ候事、但御借銀方於難渋申者、已来本琉球江被遣間敷事、
一徳之島あやしられ永良部こへきひり、城之大屋子江可被成御借銀由候、和平も少可被相付候、今度市来和泉守殿ニ而申下候、其許よりも被仰通、可被為請取事、
一上船改之儀、被入念候様ニ、三司官江可被仰渡事、
一琉球之歴々并町人、冠船之可致買物時、爰許之衆なミの運上、王位江可被差上事、

以上

「寛永九年」（朱書か）六月二日
川上左近将監
喜入摂津守

川上又左衛門殿

新納忠清・最上義時は一六三二年冬琉球に派遣された冠船奉行である。冠船は琉球国王に冠を授けに来る船のことで、冊封を意味している。尚豊の冊封は翌年行われた。冊封のさい、冊封使一行が琉球に持ち込む唐物を買い取る評価交易が行われた。そのころ薩摩藩は銀七〇〇〇貫目にのぼる借銀を抱えており、唐物を購入し借銀を返済することを考えていた。冠船奉行は評価（中国貿易）への参画を課題としていた。

家老は七島衆に関して三点問題にしている。第一は、評価に参加する商人から銀子二分の運上を徴収する予定であったが、七島衆は評価に参加する様子がまったく見られないこと。第二は、七島衆が内証で誂銀をする、つまり明人と取引するのではないかということ。第三は、七島中の銀子持ち衆に借銀の談合をするので、銀子持ち衆が琉球にいたら堅

く命じるべきである。ただし、借銀を難渋するようなら、以後本琉球（尚氏支配下の琉球）へ渡航させないと命じ、拒否されることがありうること。以上である。薩摩藩は七島の銀子持ち衆から借銀する予定であったが、七島衆はかつて交易集団として示した財力を失っていた。七島衆の財力を高く評価することはできないのではないか[85]。

「徳之島あやしられ永良部こへきひり、城之大屋子」は不詳である。「城《ぐすく》之大屋子」の城は、奄美大島東部住用間切の集落で、住用湾は大船が入港できる[86]。道之島にもかつて交易で活躍した交易集団がいたのである。薩摩藩は彼らも借銀の対象として、薩摩から市来和泉守を派遣するとともに琉球在番奉行にも交渉を命じているが、七島の銀子持ち衆同様に難渋が予想されている。道之島の交易集団も衰退しているのである。

おわりに

一五世紀半ば～一七世紀初頭の七島は、半ばは琉球に属し半ばは日本に属する、琉球と日本（薩摩）の境界地域であった。薩摩の守護島津氏が国人に対し七島の島を知行として与えているが、それは知行＝廻船で、交易権を与えるものであった。しかし、一六世紀半ばに戦国大名島津氏は七島地頭を任命し、領域支配を目指したと考えられる。

琉球側の七島支配は具体的にわからない。薩摩藩は道之島の諸役人に琉球国王から帕（冠）すなわち位階を賜ることを禁じているが、七島にはそうしたことを命じていない。七島は琉球の政治的支配は受けていなかった。

七島衆は、那覇・若狭町のトカラ小路を宿所とし、琉球と交易を行った。また琉球国王の冊封のさい、七島人が冊封使に対面し贈答を行ったのは、評価交易に参加するためだったといえよう。

七島衆は「小王あり」と呼ばれた海上勢力であった。琉球と薩摩間の交易活動は言わずもがなのことであるが、七島船は中国に渡航して交易を行った可能性が出てきた。一五九五年に七島に漂着した福建軍門の使者史世用を送還した「琉球船」は、島津義久から旗を賜り、鹿児島五官と称する明人が同心していることから見ても、琉球国王が派遣した琉球船とは考えられない。中国側が琉球船と理解したのは、七島が半ばは琉球に属している地域であることを知っていたからであろう。

秀吉の朝鮮侵略が始まると、七島衆は仕立船を造り、朝鮮に渡海したという。七島衆が東アジア海域を舞台に活動する能力を有していたことを示している。薩摩の琉球侵略のさいは薩摩軍の水先案内を務め、那覇港を攻撃している。琉球の那覇に拠点を持ち、交易を続けてきた七島衆であるが、まさにそれが琉球・薩摩の政治支配から自由だった交易集団の行動といえるのではないか。

しかし、そうした海上勢力だった七島衆も、琉球侵入後薩摩藩の直轄支配下におかれ、徳川幕府の海禁政策が進捗していく中で、交易集団としての性格を喪失していった。

注

（1）七島に関する総合的研究としては、十島村誌編集委員会編『十島村誌』（十島村、一九九五年）、高良倉吉（研究代表者）『琉球と日本本土の遷移地域としてのトカラ列島の歴史的位置づけをめぐる総合的研究』（平成一三・一四・一五年度文部科学省科学研究費補助金（基盤研究B）研究成果報告書、二〇〇四年）がある。

（2）深瀬公一郎「環シナ海域圏におけるトカラ列島—「七島」から「宝島」へ—」（注（1）のトカラ科研報告書所収）が、七島衆が島津氏・琉球王府のどちらの権力にも完全には支配されないマージナルな存在としての海上勢力であったと指摘している。村井章介『境界をまたぐ人びと』（山川出版社、二〇〇六年）も七島衆のそうした性格を論じている。

（3）注（2）の深瀬論文九二〜九五頁。

（4）申叔舟著・田中健夫訳註『海東諸国紀』（岩波書店、一九九一年）三八四～三八五頁。
（5）注（4）の四二八頁。
（6）上里隆史・深瀬公一郎・渡辺美希「沖縄県立博物館所蔵『琉球国図』－その史料的価値と『海東諸国紀』との関連性について－」（『古文書研究』第六〇号、二〇〇五年）三八頁。
（7）市村高男「中世西日本における流通と海運」（橋本久和・市村高男編『中世西日本における流通と海運』高志書院、二〇〇四年）一七頁、佐伯弘次「室町後期の博多商人道安と東アジア」（『史淵』第百四〇輯、二〇〇三年）四六頁。
（8）注（6）掲載の「琉球国図」参照。
（9）「平田甚吉氏家系図」（注（1）の『十島村誌』五六七頁）。
（10）「李朝実録抄（琉球関係史料）」『日本庶民生活史料集成　第二七巻　三国交流誌』（三一書房、一九八一年）五七二～五七三頁。
（11）「李朝実録抄（琉球関係史料）」五七三頁。
（12）矢野美沙子「王統交代期の首里王府について－金丸を中心に－」（二〇〇八年一月早稲田大学大学院文学研究科に提出した修士論文）。
（13）「李朝実録抄（琉球関係史料）」五七二頁。
（14）「李朝実録抄（琉球関係史料）」五七八頁。
（15）横山重編『琉球史料叢書四　中山世譜』（東京美術、一九七二年）七四頁、『琉球史料叢書一　琉球国由来記』（同）四六頁。
（16）五味克夫「長島千竈文書」解題（五味克夫編『鹿児島県史料拾遺（X）志布志大慈寺文書　長島千竈文書』鹿児島県史料拾遺刊行会、一九六八年）一五頁。
（17）注（16）の「長島千竈文書」一号。小田雄三「嘉元四年千竈時家処分状について－得宗・得宗被官・南島諸島－」（『年報中世史研究』第一八号、一九九三年）一八七～一八八頁。
（18）石上英一「奄美群島編年史料集稿」七（『南日本文化』第三〇号、一九九七年）二二一～二二三頁。石上氏は「わさのしま」を臥蛇島かと推定する。

(19) 田村洋幸『中世日朝貿易の研究』三和書房、一九六七年）三三一〜三三二頁。

(20) 注（19）の田村著三四六頁。

(21) 鹿児島県維新史料編さん所編『鹿児島県史料　旧記雑録前編二』（鹿児島県、一九八〇年）一一〇四号。以後、『旧記雑録前編』『同後編』と略す。

(22) 『旧記雑録前編二』一一七五号。

(23) 大山悠子・五味克夫編『鹿児島県史料拾遺（Ⅴ）伊集院一流物系図』（鹿児島県史料拾遺刊行会、一九六六年）六頁。伊集院給黎（今給黎）氏祖。

(24) 『旧記雑録前編二』一一二六号。

(25) 『旧記雑録前編二』一二八四号。

(26) 『旧記雑録前編二』一一六九号。

(27) 『三国名勝図会』上巻（南日本出版文化協会、一九六六年）白羽大明神社、二〇〇頁。

(28) 『角川日本地名大辞典46　鹿児島県』（角川書店、一九八三年）三五八頁。

(29) 『旧記雑録前編二』九三四号。

(30) 伊地知季安が編纂した『薩藩旧記雑録』は、両文書の所蔵先を「正文渋谷如兵衛重増」「渋谷加（如）兵衛重増蔵」と記している。島津家臣団の履歴を記した『鹿児島県史料集XⅢ　本藩人物誌』（鹿児島県史料刊行委員会、一九七三年）二一四頁によると、渋谷如兵衛重増は白浜重住の子である。白浜氏は東郷右重の二男重貫が東郷のうち白浜を領して白浜を称した。白浜重増は一六〇六年に島津家久の命により渋谷に改名した。白浜氏は東郷氏に仕えていたが、重増の父重住の代に島津氏に召し出された。こうした経歴から、二通の知行宛行状は、東郷家の主筋に当たる入来院氏に宛てたものと推量される。とすれば、島津久世知行宛行状は入来院重頼に、島津好久知行宛行状は入来院重長に宛てたことになる（川内郷土史編さん委員会編『川内市史』上巻、川内市、一九七六年、五八三頁の系図）。

(31)『旧記雑録前編二』一一九八号。

(32)『鹿児島県史料集XI　管窺愚考・雲遊雑記伝』（鹿児島県史料刊行委員会、一九七一年）一二五頁。

(33)『旧記雑録前編二』一八三七号。「種子島家譜」（鹿児島県歴史資料センター黎明館編『鹿児島県史料　旧記雑録拾遺　家わけ四』鹿児島県、一九九四年）一九号。

(34)「種子島家譜」二二号。

(35)『旧記雑録前編二』一九五二号。

(36)『旧記雑録前編二』一九五三号。引用は「種子島家譜」二四号より。

(37)『中川文書』（東京大学史料編纂所所蔵）。

(38)『旧記雑録前編二』二三〇〇号。

(39)『本藩人物誌』六頁。

(40)「南聘紀考」（鹿児島県歴史資料センター黎明館編『鹿児島県史料　旧記雑録拾遺　伊地知季安著作史料集六』鹿児島県、二〇〇六年）五四一頁。

(41)夏子陽「使琉球録」（企画部市史編集室編『那覇市史　冊封使録関係資料（読み下し編）』資料篇第1巻3、那覇市役所、一九七七年）三七頁。

(42)米谷均「『全浙兵制考』「近報倭警」にみる日本情報」、「訳注『全浙兵制考』「近報倭警」」一四九～一五〇、一五一～一五九頁（村井章介（研究代表者）『八－一七世紀の東アジア地域における人・物・情報の交流－海域と港市の形成、民族・地域間の相互認識を中心に－』（上）平成一二～平成一五年度科学研究費補助金（基盤研究（A）（1）研究成果報告書、二〇〇四年）。

(43)「琉球入ノ記」(『旧記雑録後編四』六五九号)。注(2)の深瀬論文は「海上領主としての七島衆」と評価する。
(44)『琉球史料叢書一　琉球国由来記』一七九頁。
(45)『旧記雑録後編四』六五九号。
(46)名越左源太　国分直一・恵良宏校注『南島雑話2　幕末奄美民俗誌』(平凡社、一九八四年)一四一頁。
(47)「島津家文書　島津大簞笥ロ－五」(東京大学史料編纂所所蔵)。
(48)『旧記雑録後編四』一二九九号。
(49)日本大辞典刊行会編『日本国語大辞典(縮刷版)』第八巻(小学館、一九八一年)「納屋衆」。
(50)藩法研究会編『藩法集8　鹿児島藩上　列朝制度』(創文社、一九六九年)一九七一号。
(51)琉球の隠蔽政策については、拙稿「琉球の中国への進貢と対日関係の隠蔽」(早稲田大学アジア地域文化エンハンシング研究センター編『アジア地域文化学の発展－21世紀COEプログラム研究集成－』雄山閣、二〇〇六年)参照。
(52)『琉球史料叢書四　中山世譜』(東京美術、一九七二年)一一三、一一四頁。
(53)『旧記雑録後編五』六〇号。
(54)永吉実季『宝島歴史散歩』第一集(私家版、一九八五年)一八頁。
(55)『旧記雑録後編二』一一三四号。
(56)『旧記雑録後編二』九三四号。
(57)『旧記雑録後編二』六八七号。
(58)拙稿「紋船の再検討」(早稲田大学文化構想学部二〇〇七年度基礎演習教材論文)。
(59)『旧記雑録後編二』八二四号。
(60)注(58)の拙稿。

(61)「新納旅庵自記」『五部合本』(鹿児島大学附属図書館玉里文庫所蔵)、深瀬公一郎「環シナ海域圏におけるトカラ列島」(注(1)の高良科研報告書)九六頁。
(62)松浦章「明代海商と秀吉『入寇大明』の情報」(末永先生米寿記念会編『末永先生米寿記念 献呈論文集 坤』奈良明新社、一九八五年)一七三四頁。増田勝機「内之浦来航の唐船(明船)について」(『鹿児島短期大学研究紀要』第四五号、一九九〇年)三三~三四頁。
(63)注(62)の松浦論文一七四二頁の注(31)。
(64)『旧記雑録後編二』一四二〇号。
(65)真栄平房昭「トカラ海域史の視点―海上交通と異国船来航をめぐって―」(『東北学』第五号、二〇〇一年)一七七頁(a)、同「一六~一七世紀における琉球海域と幕藩制支配」『日本史研究』第五〇〇号、二〇〇四年)五二頁(b)。
(66)「鄭姓家譜」(那覇市企画部市史編集室編『那覇市史 家譜資料二(久米村系)』資料篇第1巻6、那覇市企画部市史編集室、一九八〇年)六六六頁。
(67)『列朝制度』一九七七号。
(68)注(1)の『十島村誌』五六七頁。
(69)『旧記雑録後編四』六五九号。
(70)『旧記雑録後編四』五六一号。
(71)那覇市企画部文化振興課編『那覇市史 歴代宝案第一集抄』資料篇第1巻4(那覇市、一九八六年)一七四、一七八号。
(72)球陽研究会編『球陽 読み下し編』附巻一(角川書店、一九七四年)六八二頁。
(73)上里隆史「古琉球・那覇の『倭人』居留地と環シナ海世界」(『史学雑誌』第一一四編第七号、二〇〇五年)【表2】「『氏集』に見える日本出身士族」一五頁。
(74)『御当国御高並諸上納里積記』(総務部市史編集室編『那覇市史』資料篇第1巻2(那覇市役所、一九七〇年)二号。

(75)『本藩人物誌』六頁。
(76)『旧記雑録後編五』七〇六号。
(77)『旧記雑録後編四』一〇七四号。
(78)「大島置目之条々」(『列朝制度』八三六号)、「鬼界島置目条々」(「喜界島泉家文書」『喜界島代官記』アチックミューゼアム、一九三九年)九五~九六頁。引用は「鬼界島置目条々」より。
(79)『旧記雑録後編四』八六〇、八九二、一〇一六、一〇四六、一五三六、一八五五、一八九三号。
(80)『旧記雑録後編五』七五六号。
(81)『旧記雑録後編五』七八三号。
(82)『旧記雑録後編五』一三三九号。
(83)石井正敏「肥後守祐昌様琉球御渡海日記」(『南島史学』第二八号、一九八六年)五六、六〇頁。
(84)『旧記雑録後編五』五二一号。
(85)真栄平房昭氏は「琉球で『唐商売』に手を染める七島商人の活動とその経済力は、藩にとって無視できない存在だったと思われる。」と評価する(注(65)の(a)論文一七九頁)。
(86)注(28)の『角川日本地名大辞典46　鹿児島県』三六九頁。

四川省綿陽地区の摩崖造像調査とその意義

―道教像龕、阿弥陀仏五十菩薩像龕からみた地域性の問題を中心に―

肥田　路美

はじめに

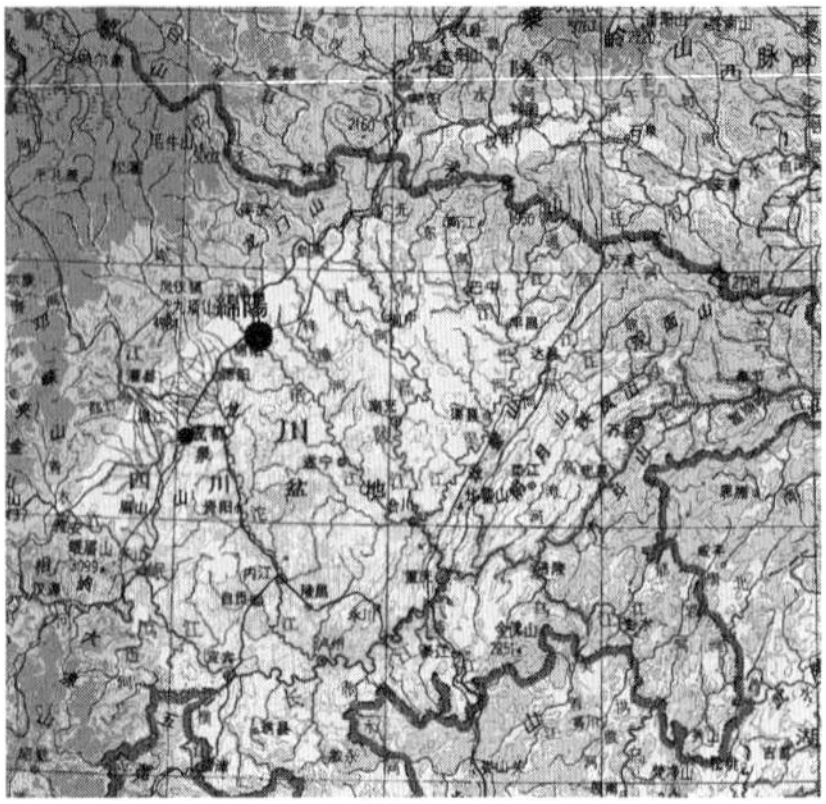

挿図1

中国四川省の綿陽市は、四川盆地の北西部に位置し、古来「蜀道咽喉」と称された要衝である（挿図1）。長安方面から秦嶺の大散関を南へ越えて蜀（四川）へ入るいわゆる金牛道も、あるいは漢中盆地から米倉山の山塊を抜けて蜀へ至る米倉道も、蜀の中心都市である成都へ至るには、綿水（涪江）沿いに開けたこの地を経由しなくてはならない。成都までは九十余キロを隔てるが、今日も四川省第二の大都市として、また先端科学研究機関が集中する一大拠点として、中国西部地域の重要な中心地となっている。

人や物資が行き交い、盛んな経済活動や文化活動がおこなわれた歴史的立地を反映し、その実態を目の当たりに伝えてくれるものが、出土文物であり、また地上に残された石造建造物や摩崖造像である。現在の綿陽市の市轄区や、行政管轄下に置く江油市、梓潼県、三台県などは、いずれも古来の幹線路上に栄え、漢代以来の墓葬美術や岩崖に開鑿された石窟摩崖造像を残している。それを最も象徴する作品といえば、近未来的デザインの建築が目を引く綿陽市博物館の前庭に立つ、平陽府君石闕をまず挙げるべきであろう。

石闕とは、後漢時代に墓域の入口に建てられた門をいい、木造の門楼を直模した石造遺物である。中国においては、文化財の絶対多数が、地下に埋蔵されていたものを発掘した出土遺物であるが、石闕は、およそ千八百年間もの時を経てなお地上に立ち続けてきた稀有な遺物である。(1) 石造であったからこそ、自然の脅威にも時代の転変にも耐えて伝存し得たといってよい。綿陽のこの石闕は、左右闕ともほぼ完好で、頂蓋部の垂木先に「平陽府君」という文字が残ることから、蜀漢初期の尚書僕射、平陽亭侯李福の墓の闕であったことがわかる。興味深いことに、左右両闕の闕身部には、約四十もの小さく浅い仏龕が穿たれて、如来坐像や観音立像、多尊形式の説法図、さらには道教の老君像などが浮彫で彫刻されている。(2) なかに梁の大通三年（五二九）の紀年銘や、「恭心奉為梁主至尊敬造」という、南朝の梁の武帝のための造像であることをいう刻銘が認められるが、大部分が亡くなった近親者の菩提追善を願ったものである。石闕が、多くの人々の目に触れる場所に立つ、モニュメンタルな宗教的建造物であったからこそ、時代を隔てた六世紀にこのような追刻が次々となされたものと推測でき、その意味でも、平陽府君石闕は綿陽の歴史を体現する作品といえよう。

岩崖や巨大な岩塊に仏龕を穿って尊像を彫刻した摩崖造像もまた、原所在地を動かぬまま、今日まで残った文化財であり、この地域の宗教文化や社会の歴史的様相を伝える記録媒体とも見なせるものである。筆者は、二〇〇一年以来七年間にわたって、中国側の研究機関と共に四川地域の石窟摩崖造像に関するフィールド調査を実施してきた。これまでに、成都の西南約八十キロに位置する蒲江県と、その北側に隣接した邛崍市を対象とした悉皆調査をおこない、その成果を盛った『中国四川唐代摩崖造像―蒲江邛崍地区調査研究報告』（重慶出版社、二〇〇七年）を出版した。(3) これは当該地域の全摩崖造像遺跡を網羅した、全七百頁を超える詳細な内容総録であり、今後の保護活動と研究に寄与できる基本資料と自負するものであるが、この第一期の調査に続いて、第二期の対象地に選定し、アジア研究機構領域Ⅱ「東アジア三国における仏教美術の伝来と受容」班の活動の一環としてフィールド調査を開始したのが、綿陽地区である。

ところが、二〇〇八年五月十二日に四川地方を襲った大地震は、震源地である汶川に隣接するこの綿陽地区に、甚大な被害を与えた。莫大な人的被害の深刻な現状を前にすると、文化遺産の被災状況を云々することすら憚られるが、後漢時代から千八百年ものあいだ風雪に耐えてきた平陽府君石闕もこのたびは被害を免れず、倒壊こそしなかったものの、南北両闕とも主闕と子闕の位置がずれ、闕身がねじれて五センチ以上もの大きな断裂が生じ、一部の石材が脱落し損壊したという痛ましい報告を聞く(4)。

摩崖造像遺跡においても被害が出ており、綿陽市街地にあって手厚く保護管理がなされた碧水寺摩崖についても、覆堂である観音閣の柱や壁面に亀裂が入り、基壇が傾き、瓦の大部分が滑落したといい、それらにともなう彫像への被害の影響が懸念される。大地震の余震が続くなかで実施された、四川省文物考古研究院以下各市県文物局による文化財の被害状況調査は、全国重点文物保護単位ないし省級文物保護単位を主な対象とする緊急調査であったため、たとえば、諸方の山間部にあり、脆い砂岩質の岩崖に開鑿された大小の摩崖仏龕が、どのような状況にあるかについては、いまだ確認ができずにいるところが多い。震源から離れた安岳県においてさえ、石窟摩崖像の破砕が報告されていることからしても、また梓潼・三台・鹽亭など綿陽市下の各県の指定文化財が軒並み甚大な被害を受けている状況からしても(5)、無事では済んでいないだろうと推測される。ものみな常ならざるは無いことは、仏教の本義であるが、我々の世紀に失ってしまったことへの概嘆は大きい。そこで本稿では、大地震前に調査を終えることのできた綿陽市轄区内と梓潼県内の摩崖造像遺跡について、概況を報告するとともに、この地区を特徴づける道教像龕と阿弥陀仏五十菩薩像龕に焦点を当て、地域性という観点からそれらをどう位置づけるかについて、私見を述べることとしたい。

一　綿陽地区における日中共同調査の概要

綿陽市は、市轄区のほか江油市、安県、梓潼、平武、三台、塩亭および北川羌族自治県を管轄下に置くが、摩崖造像遺跡は、現在確認されているかぎり、岷山山脈の険しい地形からなる市域の北西部には及ばず、平野部から丘陵地帯の縁に分布している。すなわち、綿陽市街区内に位置する碧水寺摩崖、玉女泉摩崖、普明郷の科家廟造像、石塘郷の水観音造像、紅衛郷の聖水寺造像、青義郷の千仏崖造像、太平郷の仏爺岩造像、魏城郷の北山院造像、塩亭県馮河郷の山青廟造像および千仏崖造像、同県の水灌郷の水灌郷造像、石牛廟郷の巴壁寺造像、茶亭郷の仏児堰造像、梓潼県臥龍郷の臥龍山千仏岩、同県長卿郷の西岩寺造像、など計十六箇所が確認されている(6)。

四川地域の石窟摩崖造像の調査は、すでに六十年間以上におよぶ研究の蓄積のある大足石窟を別格としても、筆者と成都市文物考古研究院・四川大学美術学院の三者が協定を交わして実施した、前述の蒲江邛崍地区の共同調査研究のほか、近年、中山大学の姚崇新氏による広元石窟の研究、成都市文物考古研究院の雷玉華氏による巴中石窟の内容総録の刊行が相継いでおり、また、唐宋時代の石窟摩崖遺跡が多数集中している安岳地区については、中国内外の複数の研究チームが調査を進めているなど、活況を呈してきている。

しかしながら、この綿陽地区の摩崖造像に関する網羅的調査や研究は、これまでなされておらず、四川地域の石窟摩崖を十数年かけて踏査した胡文和氏の労作『四川道教仏教石窟藝術』(四川人民出版社、一九九四年)に、涪江流域という括りの一節を設けて主だった遺跡が概述されているのを除けば、一九九一年の『四川文物』第五期に載る、文齊国氏の「綿陽唐代仏教造像初探」と題した簡単な報告を数えるにとどまる。ただし、梓潼県の臥龍山千仏岩に関しては、大龕の一つである阿弥陀五十菩薩像龕が早くから注目を集め、後述するように、内外の研究者らによる専論が提示されている。また、古くは明治二十六年に、岡倉天心が関中から大散関を越えてこの地に至り、ごく簡単ながら梓潼千仏岩についての所見を日記に書き残している(7)。ただし、それは「恐ラクハ唐末の拙作ナランヤ」というにべもない寸評であった。

梓潼千仏岩は、綿陽地区の摩崖造像中の白眉といってよい作であるにもかかわらず、天心の関心と評価がかくも低いのには、それなりの理由がある。いったいに、四川地域の石窟摩崖は、造営年代の中心が仏教信仰の大衆化が進んだ唐代半ば以降であるため、小規模な造像が主流であり、天心が旅程の前半に訪れた雲岡石窟や龍門石窟のような、皇帝や貴顕が関与した前代のモニュメンタルな大石窟遺跡とは、規模の上でも質の上でも比べるべくもない。また、道教と習合した民衆信仰的な主題や図像に対する違和感も、理由のひとつであっただろう。しかし、まさにそれらの点こそが、四川の摩崖造像の最も注目すべき特質であり、他地域では得られない貴重な資料群たる所以である。

さて、筆者らがおこなった綿陽地区における調査は、四川省文物考古研究所が主導するプロジェクトである。上述のとおり、成都市の管轄下に属する蒲江邛崍地区、四川省北辺に位置する広元、東寄りの米倉山中にある巴中について、資料が出揃ったところで、これらの地域の中間に当たる綿陽地区の悉皆調査をおこなうことにより、四川盆地の北半分における仏教信仰と造像活動の概況の把握を可能にしたいというのが、調査対象地区選定の大きな理由である。付言すれば、この地区は、さらに北側の関中と先に述べた交通路によって密接に連絡しており、長安との影響関係を探るうえでも、興味深い材料を得ることが期待できる。

調査の経緯は、次のとおりである。二〇〇八年一月に、四川省文物考古研究院の高大倫院長からの共同調査の提案に応えて成都を訪ね、調査の具体的な方法や取得資料の扱いに関する細目を協議した上で、共同調査研究の協定書を交わした。調査の第一義的目的は、当該地域の摩崖造像作品の現時点における状況を記録することにある。自然の風化による破損もさることながら、中国各地で文化財の盗難やそれに伴う破壊の被害が増加の一途を辿っており、実にしばしば実害の報道に接するようになった。当然これは関係機関において切実な問題となっているが、遺跡や現存作品の調査研究は全く後手に回っており、何らの記録も残さないまま失ってしまったものが数多い。文物保全の施策を講じるとともに、せめて現状を可能な限り詳細に記録しておくことが、喫緊の要請なのである。

そこで、共同研究の開始に当たり、摩崖造像の記録方法として、従来の手作業による実測図作成に替え、三次元デジタイザーを用いた三次元撮影を用いることが確認された。使用機器は、すでに四川省文物考古研究院が購入し試運転していた中国国産機である。これは、筆者が成都市文物考古研究院との第一次調査に際して使用した機器と比べ、性能や機能がはるかに向上しており、小型で操作性に富むため、工作にあたる人員にとって何よりも作品保護への配慮上での負荷が少なく、摩崖造像の現地調査に適している（挿図2）。

挿図２

綿陽での現地調査は、四川大地震の直前に当たる二〇〇八年一月と同年三月の両次にわたり、四川省文物考古研究院の于春研究員を調査隊長とし、日中共同で実施したほか、前年に予備的調査をおこない、また中国側だけでその後の追加調査を行った(8)。筆者ら日本側は、主に調書を作成するとともに、龕像の図像解釈や年代判定などに関する検討や助言を分担した。調査報告書は、『綿陽唐代龕窟』調査研究報告集と題して、二〇〇九年十二月に北京の文物出版社より出版の予定であり、このほかに『文物』『四川文物』（ともに二〇〇九年第二期）誌上に個別の報告論文の掲載が決まっている。ただし、五月に起きた大地震は当初予想すべくもなく、夏季にさらに詳細な調査を実施する予定であったため、筆者らが作成した資料やそれに基づく所見は十分なものとは言えない。不足点や誤謬も多いことと恐れるが、以下にこの地区を代表する摩崖遺跡である綿陽市玉女泉摩崖と梓潼県臥龍山千仏岩を主に取り上げ、龕像の概況と上掲の問題についての現時点での所見を示し、この地区の造像活動の様態を探ることとする。

二　玉女泉摩崖造像の道教像龕

玉女泉摩崖造像は、綿陽市街区の西郊、西山子雲亭風景名勝区内にある現存三十四箇龕からなる小規模な遺跡である。保存状態は良好とはいえないが、すぐ近くの子雲亭下の一箇龕とともに、ほぼすべてが道教像龕であることで注目される。龕は屈曲する低い岩壁の南西面と、南東面から東面にかけて穿たれており、遺跡の名称の通り、岩の隙間からは泉が湧出して南側に小さな池水を作っている（挿図3）。古くより近在の人々にとって水源信仰の場であったことが想像できる立地である。

挿図３

梁兆麟修・崔映棠纂『綿陽県志』（民国二十一年刊本影印、台湾学生書局、一九六七年）巻九「芸文金石」、『巴蜀道教碑文集成』（四川大学出版社、一九九七年）および胡文和氏前掲書によれば、玉女泉摩崖には隋・大業六年（六一〇）、唐・武徳二年（六一九）、貞観二十二

年（六四八）の造像記があるという。県志によると、武徳年銘は「武徳二年太歳己卯三月八日、三洞弟子文□□敬造天尊像一龕供養」と読めるというが、この龕像は岩体から剥がして綿陽市博物館に移入されたらしい(10)。また、残る二例については、現状では風化と着苔が甚だしく、確認することができなかった(11)。しかし、泉水の流出口がある南面（胡文和氏のいう第二組）下層東寄りの独尊像龕の左龕側に、左行刻銘三行があり、「咸亨元年（六七〇）十一月廿三日弟子□／（不明）敬造（不明）」という二行分が判読できる。さらに、その西隣のやや大きな二尊並坐像龕には、龕外右側に題記の区画を方形に彫りくぼめ、毎行五字の八行銘を刻しており、「□元二年／□月二日道／□任智斌奉／為□久住□／□□師任土／□敬造□天／尊老君□□／供養」と読める。年号冒頭の一字は風化のため判読できないが、隣の咸亨元年銘龕との位置関係および尖頭形龕楣や蓮華座の形式の類似からみると、五年後にあたる上元二年（六七五）である可能性が高いと思われる。

こうした隋から初唐期にかけての紀年銘の存在に加えて、龕像に見られる尊像構成や装飾意匠のバリエイションの少なさから推測すると、大半の龕が、この一世紀間足らずの間に相次いで造られたものと考えられる。またこれらのほとんどは、高さ、幅とも五、六十センチ内外の小龕であり、比較的零細な在地信者らの造像によると見てよかろう。その信仰の内容や造像主体については、小林正美氏の詳細な研究「金籙斎法に基づく道教造像の形成と展開—四川省綿陽・安岳・大足の摩崖道教造像を中心に—(12)」が注目される。小林氏は、玉女泉摩崖をはじめ同じ四川省の安岳県玄妙観・茗山寺・圓覚洞・毘盧洞・仏安橋、重慶市大足県の石篆山・南山・舒成岩・石門山の摩崖道教造像についてのつぶさな現地調査を踏まえ、これらの造像の多くが、道教の齋法儀礼のなかでも、特に天師道の金籙齋法に基づいて造られていること、それを発願・供養したのは天師道を信奉する道士や信者であったことを、明らかにされた。同氏の考証に触れる前に、玉女泉摩崖の比較的保存の良い数箇龕をもとに、この摩崖遺跡の造像内容を確認しておきたい。

造像銘中の尊名が読み取れて信仰状況の手掛かりを与えてくれる、上述の□元二年銘龕は、三脚の挟軾を腹前に置き片手に麈尾扇を執る坐像を、二体並列させた形式で、ともに頭頂に髻か蓮華冠を戴き、顎からこめかみにかけては短く刈り込んだような鬚髯を表わす（挿図４）。着衣は大袖の衣を羽織り、裾前は膝下にたくし込んで懸裳とはしない。光背は設けず、台座は二段葺き受花と反花から成り、その下方は複雑に渦を巻き絡まり合う蓮華唐草文とする。またその左右端に内側を向く側面形の獅子を配することから、あるいはこれらの蓮華唐草は他例に見られるように獅子の口から吐き出される表現であった可能性もある。この龕の両像は、あたかも鏡像のように左右対称に造られており、各尊の個性はうかがえないが、造像銘においては天尊像すなわち元始天尊と、老君像すなわち太上老君であることを明記している。

挿図４

　本龕と同様に挟軾を腹前に置き麈尾扇を執る坐像は、同じ南面の岩壁上層西寄りに開かれた比較的大きな円栱龕にも見られる。この龕は三尊形式で、両脇侍像は、中尊坐像の台座下の正面を向いた獅子の口中から吐き出される蓮華上に立ち、長袂衣をまとって腹前で拱手する。三尊ともに宝珠形の頭光を表わす点は、先の天尊老君並坐龕とは異なるが、ずんぐりした体躯の表現や、鬚よりもかなり上方に厚い唇を刻むやり方などは共通し、両者はあまり時を隔てず造られたものと推測できる。この龕にも、龕外右側に平滑に整えられた銘文の区画が認められ、僅かに刻字の形跡が見られるが、残念ながら判読は不能である。

こうした、鬚髯、麈尾扇、挟軾を図像的特徴とした六世紀の北斉・北周時代以来の定型的道教像とともに、玉女泉摩崖では、一見、大衣をいわゆる中国式着衣形式にまとい、宣字形の台座に懸裳して趺坐する如来像に近い姿の道教像が見出せる。東面した岩壁（胡文和氏の第三組）上層北寄りの三箇龕の中尊像は、その例である。なかでも比較的保存の良い北端上層の五尊龕の中尊は、顔面を破損するが鬚髯はあらわさず、頸部に二条の三道を立体的に刻み、双領下垂式に大きく寛げた胸元に内衣や結紐を見せる。右手は掌を膝前に伏せて垂下し、左手は欠損痕からすると屈臂して前方に向けたと思しい、七世紀後半に如来像の一定型として流行した、片手を触地印に作る形式にきわめてよく似た像容を示しているのである。但し、頭頂部に蓮華冠を戴くことで、辛うじて道教尊像であることが示される。四体の脇侍像もまた、五尊形式の仏教造像における二比丘二菩薩の構成や配置を踏まえており、例えば左端の脇侍像について見れば、天衣・瓔珞をつけ、手に水瓶を提げた痕跡を残すなど、通行した観音菩薩像の形式の影響が濃厚に認められる。しかし、いずれの脇侍像においても、頭頂に独特の角張った髻を結うこと、膝丈の衣を正面で打ち合わせるようにまとうこと、沓を履くことで、仏教像との差別化をはかっている。

玉女泉摩崖において、もう一つ眼を引くのは、先にも述べた蓮華座下の繁縟な唐草文の意匠が、多くの龕に繰り返しあらわれる点で、しばしば獅子の口から吐き出される形をとることも特徴的である。屈曲する岩壁の最も東寄り、胡文和氏のいう第一組は、三尊形式の八つの小龕が上下二層に並ぶが、そのいずれもが、細い蔓が執拗に巻き込み絡み合ったさまを、板に施した透彫りのような手法で表現しており、時に龕の下半分を占めんばかりの比重を示す（挿図5）。こうした特徴ある蓮華唐草文の愛好は、四川省北部の広元石窟や巴中石窟にも顕著に見られるところであり、地域的影響関係を探るうえでの指標となろう(13)。

さて、玉女泉摩崖の東に位置する子雲亭下方の岩壁に設けられた、幅約二メートル、高さ約六〇センチの細長い方形大龕もまた、比較的長文の造像銘を確認できる貴重な作例である。銘文は龕中央の二尊並坐像の左右辺に分かれて刻されており、「三洞真一道師孫霊諷當州紫極宮樊獻兼神仙雲□／一壇各願合平安為供養／声猶為響一心願結一社用答恩諸霊泉／敬造　天尊老君一鋪以咸通拾貳年歳次辛□三月十一日／修黄籙齋□中三夜表慶畢／専主社務兼書人景好古／三洞真一道士孫霊諷／洞玄道士張（以下欠）」と読める。横長い宣字座に並坐する二尊のうち、右像は右手に麈尾扇を執り腹前に挟軾を抱えた姿で、これが老君像にあたり、一方の天尊像とされる左像は、右像同様に長袂衣の衽を右前に打ち合わせてまとうものの、持物は執らず、右手は自然に膝前にやり、左手は破損するが屈臂すると見える。いずれも面部を大きく損傷し鬚髯の有無は不明だが、頭頂には大振りの髻を結い、宝珠形の頭光と円形の身光を浅浮彫する。宣字座は上框を両尊の懸裳が覆い、腰部には束柱を列し、左右に獅子を配する。また台座の左右側には二真人・二玉女が侍立し、龕内の左右辺には内側を向いて立つ俗服の供養者群像を上下四段にわたって多数並べる。その各々には姓名を刻した短冊形が付されている。

挿図５

咸通十二年（八七一）とは、玉女泉摩崖よりも二世紀ほども下る晩唐期であることから、この地が唐代を通して道教信仰の中心になっていたことがうかがえるが、その具体的な実態については、前掲の小林正美氏の研究に詳しい。それによれば、上述の武徳二年銘造像題記にみられる「三洞弟子」や、『巴蜀道教碑文集成』所収の貞観二十二年（六四八）天尊像の題記にある「洞玄弟子」とは、天師道の信者の俗人であり、またこの咸通十二年龕の「三洞真一道士」「洞玄道士」とは、天師道道士の法位であるという。つまりこれらの造像は天師道の活動の所産とみられ、銘文に述べるとおり、彼らは元始天尊と太上老君を上啓の対象として黄籙齋法を実修し、それを通して平安を祈願しているのである。小林氏によれば、唐代の黄籙齋法では、その効能を高めるために、国家と国土を安寧に保ち、祖先や一切衆生を困苦より救済できる能力をもつ、金籙齋法の太上三尊すなわち元始天尊・太上道君・太上老君を摂取したといい、これらの神格が摩崖に造像されたわけである。

また、こうした玉女泉・子雲亭摩崖に見られる状況は、同氏によれば、綿陽地区や四川地域に独自の地方色や特殊性を示すものではなく、むしろ、中国全土にわたる道教信仰の状況と変わるところがないという。道教尊像の形式についても、南北朝の北斉・北周時代から盛唐時代まで「全然変化のみられない」ことは、かつて松原三郎氏が論じた通りであり(14)、地域的差異もまたほとんど認められない。これは道教尊の造像における規範性の強さであるよりも、絶えず「仏国」たるインドや西域あるいは南方から新たな要素を摂取することが運命付けられていた仏教造像とは異なり、中国内部で完結して閉じられたその性格によろう。道教造像において、新要素摂取のチャンネルはほとんど専ら仏教造像によったが、綿陽地区のこの摩崖遺跡では、それは主に台座下の繁縟な蓮華唐草という副次的図像に表れている。四川北部地域の仏教摩崖造像から直接的な影響を受けたこの意匠は、インドのグプタ美術を席巻した蓮華文様に淵源し、南北朝後期頃から中国の仏教造像において好んで用いられてきた。それは時に、尊像が正統に「インド」由来であることを標示する意味を担ったと考えられるが、これら道教龕の発願者や供養者らは、これをどう受け取っていたのだろうか。ここ数年ようやく活発化してきた道教像研究の進展が待たれる。

三　梓潼臥龍山千仏岩一号龕・二号龕の内容と年代

綿陽地区の摩崖造像は、玉女泉摩崖を別にすると、ほぼいずれもが仏教造像であり、なかでも最も充実した内容をもつ大龕がのこるのが、梓潼県臥龍山千仏岩である。梓潼県城から西北へ二十余キロ、赤土の小高い臥龍山（葛山）の南端中腹に、木造の堂宇が東面して建っており、堂内に一塊の巨岩が鎮座している。岩は東西の長さが約五・五メートル、南北約五・四メートル、高さ約三・三メートルの方形を呈しており、東・北・西の各面に、それぞれ一号龕、二号龕、三号龕と編号される大龕を開いて諸尊像を彫刻する。また、南面のみは全面にわたって千仏の小龕を浮彫していたと見られ、現状では破損が著しいものの禅定印坐仏を彫出した円栱龕の羅列が岩面の各所に残る。

この遺跡が注目を集めてきたのは、何と言っても西面三号龕阿弥陀仏五十菩薩像の存在による。すなわち、その図像に関わる初唐・貞観八年（六三四）の本格的な題記が驚くほど明瞭に残っているためであり、またこの図像が、奈良法隆寺金堂内陣の第六号壁画にも類似する、ユニークな阿弥陀図像であるためであった。本龕および阿弥陀仏五十菩薩の図像については、この二十年来少なからぬ件数の関係論文が発表されており、いくつかの論点が挙がっている。筆者もまた、かつてこの図像を用いて法隆寺金堂壁画に関する一解釈を提示したことがあるが、賛論だけでなく手厳しい反論を頂戴しており、議論の土台となる当該作例について、あらためて問題点を整理し、新たな視点から検討しなおすことの必要性を思うものである。その際にまず眼を向けるべきは、三号龕への関心の陰でともすれば等閑視されてきた東面一号龕、北面二号龕であろう。これら三箇龕は、造営年次が若干前後した可能性はあるものの、一具としての構成が意図されたものと考えられるからである。そこで、本節では、この両龕についていささか煩瑣ながら現状を述べておきたい。いずれも四川地域における初唐時代の稀少な優作と看做せるものである。

一号龕は、龕口部の損傷が大きいが、複式龕（双層龕）で内側を円栱龕とし、内壁は湾曲する。現状で龕高二一五センチ、外龕幅二二五センチを測る。龕床は龕奥から手前にかけて段差を作るが、手前側は現在の堂の床に敷かれた磚に隠されている。中央に倚坐形の如来像と脇侍菩薩立像を高肉彫し（挿図６）、三尊の間に二比丘、両菩薩の外側にも二体の立像を半肉彫する。それらの背後には八部衆像の上半身を浮彫で表わす。内龕の龕口左右には力士像を高肉彫し、龕外左右壁に各二体の天王像を半肉彫するが、これら四天王は破損が著しく、足もとなど一部を残す程度である。また、中尊の上半身および頭部と、菩薩以外の半肉彫四立像・力士像の頭部は近世の補作であり、各尊の腕や着衣などにも後補箇所があるほか、近代の彩色が原状を損ねている。

中尊如来像は宣字座に倚坐し、両足をそれぞれ小蓮華で受ける。この小蓮華は繁茂した蔓茎や荷葉とともに彫刻されており、その中間には大きめの破損痕があって、前方に突き出す二本の脚状の痕跡が認められることから、正面向きの獅子とともに表わされていたと推測できる。玉女泉摩崖に繰り返し見られた獅子と蓮華唐草の意匠と同様に、獅子の左右から伸び出る表現であったのだろう。如来像は覆肩衣を着け、腹部まで大きく寛げて内衣と結紐を見せる。両手先は後補だが、右手は屈臂し左手は膝に置く。宝珠形の頭光は、内区を蓮華とし、唐草文帯と連珠二条で方形連続文を挟んだ文様帯を外区とし、外縁部はグプタ様式風の小さく渦巻く植物文と、更に外側の火焔文からなる。同様の文様構成は、こうした光背のほかに二号龕や三号龕の龕楣にも用いられている。

両脇侍菩薩は、地髪部に三面頭飾をつけ宝髻正面にも花文装飾を置く。左菩薩には正面頭飾に坐像の化仏があるが、右菩薩

挿図６

には標幟は認められない。両像とも髪際中央を下に尖らせ、垂髪を肩前に散らし、下膨れの豊頬にあらわす。それぞれ内側の腕を垂下し外側を屈臂して、腰を内側に振って立つ。両像の持物には特徴があり、外側の手に左尊は龍華様の花枝、右尊は楊柳の枝を握るとともに、末端に房飾りのついた一条の瓔珞を前膊に掛け、脛前でゆったりと弛ませながら垂下した方の手に執り、さらに天衣に重ねて体側に垂下させている。着衣は偏袒の衫と思しい衣をつけ、天衣と胸飾・瓔珞・臂釧を飾る。両像とも露出した胸部に上腹の括れを線刻している。台座の蓮華は三段葺受花と複弁反花でなるが、受花の蓮弁は立体的に彫刻され、毎葉に円花文を浮彫した入念な作である。

如来の両側の比丘像は、首筋の表現から左像が老相の迦葉、右像が阿難と知れ、両菩薩の外側の蓮華上に立つ立像は、現状では左像は角幞頭を戴いて鬚髯を生やした文官の装いの神像とし、右像は比丘相とする。壁面の八部衆像は、如来像の左上に阿修羅像、右上に獅子冠を被った乾闥婆を配するほか、大魚（龍）を頭部に頂いた像などを浮彫して生彩がある。

挿図７

龕口左右の力士像は、頭部をはじめ後補の手がかなり入っているが、上半身を裸形とし長裙を着けて脚を露出させない形式で、体側には天衣を、また宝珠形頭光には冠繒を翻している。また、この左力士像の外側に当たる龕壁には、銘文を刻した痕跡が残るが、文字は判読できない。

北面に開かれた二号龕は中尊如来を坐像とするが（挿図７）、複式龕で内龕壁面を湾曲させる点や脇侍の尊像構成は一号龕と共通するところが多く、両者を比較してそれぞれの欠失部を補うことができる。特に、内龕基壇立ち上がり部の格狭間浮彫や、外龕左右壁の天王像（但し、二号龕では左右各一体のみ）、その上部の紀年銘文が確認できる点は、貴重である。一号龕では欠損していた内龕の龕楣と龕側には、連珠文二列で楕円・方形の連続文を挟んだ文様帯による縁取りを浮彫し、その外周に唐草文をめぐらしている。内龕口左端には基壇の立ち上がり部に、供養天を内に配した浅浮彫による格狭間が認められる。供養天は堂の床に敷かれた磚に隠されて頭部だけがのぞくが、毛筋まで刻み丸顔に表わす。

中尊如来像の頭部は当初のもので、螺髪や毛筋を刻まず素髪とし、やや低平な肉髻をつくり、髪際は水平にあらわす。面部は自然な豊頬で温雅である。眉は盛り上げず、眼窩との段差をもって表現し、瞼の線は上下ともうねらさず、下瞼は水平に近く上瞼を弧線とした半眼に表わす。鼻先は欠損。下唇の下には自然な縦の窪みをつくる。顎には括り線を入れ、三道を刻む。胸部は肉付きを強調せず平板に表わす。左手は膝上に伏せ、右手は屈臂して掌を立てるが、右手首先および左手前膊半ばから先は後補である（後掲の碧水寺三号龕との類似からすると、膝に置いた左掌に宝珠をもつ形であった可能性もあろう）。両足は衣下に隠れる。大衣は、右肩先に懸け、腹の下まで大きく寛げ、左胸から左肩にかけて衣端を折り返しながら肩に広げ掛ける。衣襞は階段状にほぼ緊密に表わす。膝前の衣裾は後補である。内衣は左肩から右腋に偏袒につけ、腹部で細帯を十文字に締め、その下先は大衣内に垂らす。右肩には覆肩衣をまとい、衣端は大衣内に挟み込み、右先は大衣に重ねて体側に垂下させる。また、裙裾から台座受花部は後補であるが、縦線を刻んだ右側面の蓮弁は当初作である。

台座は八角須弥座の上に三段葺受花を重ねた形状であるが、前方五面をあらわした須弥座部は、装飾に富んだ特徴的な意匠を示す。まず、上框は三重とし連珠文ほか装飾文様帯を線刻したうえ、各角に反花上の火炎宝珠を浮彫であしらう。腰部には正面中央に円栱龕を設けて定印坐仏を浮彫し、左右面には反花上の火炎宝珠を浅浮彫する。下框は上下二段とし、上段の各角には大きく口を開いた摩竭魚ないしは象の頭部を突出させる。これらは鼻面を欠失するが、上顎に向けて伸ばした舌の痕跡が残っている。また下框下段には、連珠二条の間に楕円形・菱形文を配列した華麗な線刻を施しており、総じてたいへん入念な意匠を凝らした台座である。同様な形式の如来台座は、広元千仏崖の初唐時代の窟――例えば第六八九号窟など[15]――に見られるところであり、両地区間の濃密な影響関係を示すものと言える。なお、宝珠形の頭光の文様構成は、一号龕に同様である。

左右の脇侍菩薩もまた一号龕によく似るが、左脇侍では左手首より先と右前膊全体、裙裾部・両足先・蓮華座の全体が後補であり、正面頭飾も下半分が後補のため標幟は不明である。一方の右脇侍は、頭飾に定印坐像の化仏の標幟がある。また、左手首先と右前膊半ばより先を後補とするが、体躯・足先・蓮華座はいずれも当初のものである。持物は現状では両者とも見られないが、一号龕と同様に天衣の左右先に瓔珞が重なる形状からすると、やはり垂下した方の手に瓔珞を執った可能性もある。台座は四段葺の受花で、一葉ずつ立体的に彫刻する。また台座下には獅子（左獅子は胸以上後補）を半肉彫するとともに、壺から蓮華や荷葉が生ずるさまを浅浮彫していることが、注目される。

如来の左右に侍立する比丘像は、左像の胸から上が後補であるが、数珠を提げた右手は当初作であり、右像は首以上が後補であるが、合掌する姿勢は当初のままである。一号龕の文官装像と比丘相像に該当する菩薩の外側に立つ一対は、二号龕にも認められる。このうち、左像はやはり角幞頭を戴いており、面部に一部塑土による後補があるものの、角幞頭をはじめ一号龕像と同様の楊柳枝を握る手は当初の彫刻と認められる。対する右像は、現状では頭頂に髻のある通肩式着衣像に作るが、頭部以下左胸部がすっかり後代の補作である。また、内龕の龕口左右の力士像も損傷が多く、左像では頭部全体と左足先・岩座前半部を後補とし、右手先・右足先が欠失、また右像では右腕全体と左前膊部が後補である。八部衆像は一号龕とは配置が異なっており、中尊の左方には内側から順に、阿修羅像（龕天井部が大きく崩壊しているために頭部を欠失し、左面の頸飾と合掌手のみ残る）、風化して左手のみ存する一像、獅子冠を被り右肩上に前肢を垂らした乾闥婆像、三面頭飾をつけ連眉で眼を細めた峻厳な表情の菩薩装像[16]の四体を配し、右方には内側から順に、三面頭飾をつけ柄の長いL字形の持物を右手に執る着甲像、天井部とともに完全に欠失した一体、面部と左肩のみ概形を残す一体、水瓶の標幟をつけた三面頭飾を戴き、頭の背後に開口した大魚（龍）をあらわした合掌像を配する。

外龕左右壁に浮彫された着甲の天王像は、三面頭飾をつけ長い鬚髯を生やした瞋目の風貌で、左像は右手を屈臂して胸前で切っ先を天に向けた剣を執り、右手は緩く垂下して腰前で布袋を握る。右像は面部・右半身・左足を欠失するが、左手を緩く垂下して柄の長い持物を執る。いずれも襟甲・肩巾・胸甲・鰭袖衣・腰甲・膝丈の裙・袴・沓をつけ、天衣と冠繒を翻す。

この左天王像の上方に、六行からなる左行の刻記がある。いま、便宜的に右から記すと、

敬粧北面釈迦牟尼佛變／右□院比丘常静奉為亡妣亡／姨捨□修粧上件功徳願亡者／乗佛願□浄國受生法界有情／離苦解□中和四年八月廿日／設齋表

と読め、晩唐の中和四年（八八四）に「修粧」されたこと、またこの龕像が「釈迦牟尼仏変」と称されたことを知る。修粧とは、欠損箇所などを修理し、あらためて彩色を加えたことを言うのであろう。また、「変」と称するのは、何らかのナラティブな要素——すなわち叙事的、叙景的な造形要素を具えていればこそであり、単に独尊像や三尊像であれば「変」とはよべない。この龕の場合は、八部衆など多数の群像を従えた説法の会座の形式を示していることが、変と称された所以であろう。

臥龍山千仏岩には、阿弥陀仏五十菩薩像を表わした西面三号龕の龕外左側にも、風化のため不分明な箇所が多いながら、高さ約四七センチ、幅約四〇センチの平面に刻まれた、同様の左行刻銘を確認することができる。すなわち、

拾…貳拾伍□又修粧西面阿／弥……貳菩薩壹龕／弟……等發／……此願……康律……脊安／…過……離苦…衆人／……□和四年四月四／……齊表……畢

（字画の一部が判然としないものは□で囲み、全く判読不能の文字は□、文字数さえ不明な箇所は……で示した。）

年号の最初の文字は判読できないが、これもまた中和四年の刻銘と見てよく、先の例と同様な要領で、西面の阿弥陀

（五十）二菩薩一龕を修粧したことを記している（「…貳菩薩」とは、後述のとおり脇侍二菩薩と五十菩薩の計五十二菩薩を言うものであろう）。これにより、先述の一号龕の判読不能の刻銘も、おそらくは同じ頃の修理銘と推測できる。

実は、綿陽地区の摩崖造像では、後掲の綿陽市街にある碧水寺摩崖第五号龕にも、やはり中和年銘の題記が残っており、末行には臥龍山の二例と同じく「設齊表」の三文字が見られる（ここでの齊は齋に同じ）。重修した釈迦仏及び眷属諸像や阿弥陀仏五十二菩薩像を対象として齋会を設け、祈請の心意を表したというこの文言は、先に玉女泉子雲亭摩崖の咸通二年（八七一）造像銘において見出した「修黄籙齋…表慶畢」と、仏教・道教の別はあっても、ほとんど同じ文言であることに気付く。造像もしくは重修という作善の功徳によって身の罪業を清め、以って祖先や一切衆生が諸苦より救済され平安を得ることを仏ないしは道教神に祈請するという構図が、晩唐期のこの地域の――実際はこの地域に限らぬ普遍的傾向であろうが、少なくとも上掲資料による限りでは――両教の信者に共有されていたわけである。ちなみに、中和四年とは、中国全土を戦乱の渦に巻き込んだ黄巣の乱がようやく終息に向かった時期であるが、時の皇帝僖宗は難を避けて長安から四川の益都（成都）に逃れてきており、綿陽地区はその蒙塵の経路に当たっていた。中和元年（八八一）に、興元府（現在の漢中）を経て蜀に入った僖宗の車駕を剣南東川節度使が出迎えたのが、ここ綿州（綿陽）だったのである。

なお、文斉国氏は二号龕の中和年銘を開鑿時のものとみて編年をおこなっているが、「修粧」という語句は造像の意味には解せず、一号龕・二号龕とも龕や像の様式や尊像構成から見て、晩唐の九世紀末まで下るとは到底考えられない。しかし一方で、これから述べる三号龕に付帯した造像題記に基づいて唐代のごく初期の貞観八年（六三四）の造営とすると、中原の状況に比べかなり早いという印象は否めない。たとえば貞観十五年（六四一）造像の龍門石窟賓陽南洞の五尊仏坐像――その模古的性格を勘案するにしても――と比較すると、隋様式の残存とみられるブロック状のモデリングが顕著な賓陽南洞諸尊と、実人に近い身体比率や自然な肉付き表現が見られる臥龍山像とでは、様式の進化の度合いが相当に異なる。また、龍門石窟では作例を見ない八部衆像の登場については、綿陽地区に比較的近い四川省巴中西龕第二一号窟や広元皇澤寺第十号大仏窟に、隋代末から唐代初頭と推定されている例があるもの(17)、四川地域においてさえ流行の中心は武后期ころから開元初期にかけてである。

しかし、この綿陽地区の西隣に位置する茂県の畳渓鎮点将台には、貞観四年（六三〇）の造像銘を有する摩崖龕像が十数件残っており、地理的にも年代的にも臥龍山摩崖に近接した比較例となる。これらは、吐蕃に対する前哨基地である当地に駐屯した翼州刺史上大将軍李玄嗣ら武官や行政官らが、同年に集中して造像したものであるが、四川省文物考古研究院の于春氏による報告論文(18)などによれば、臥龍山千仏岩龕像とも共通する造形的特徴が認められる。たとえば、龕形は多く方形の外龕と円栱形の内龕からなる複式龕とし、内龕龕楣に坐仏七体を配すること、如来像に環形の耳飾を着けること（臥龍山では当初の頭部の残る第三号龕に見られる）、二条の刻線で三道を表わすこと、菩薩の宝冠を三面頭飾形とすること、尊像の下方には獅子を配し、その口から伸び出て渦巻く蓮茎上に蓮華座を表わす意匠が見られること、などの点である。四川北部地域の龕像の年代推定の物差しとなる広元や巴中摩崖の編年は、雷玉華氏らによって試みられているものの、いまだ検討の余地を残し、臥龍山一号・二号龕についても即断は難しいが、ここでは、貞観八年の題記から十年程度の幅の中で捉えておきたい。

四　臥龍山千仏岩三号龕と阿弥陀仏五十菩薩像に関する問題

千仏岩の西面に開かれた三号龕は、龕高二二〇センチ、幅二二五センチ、外龕を方形、内龕を円栱形に造り、従来からよく知られているとおり、通肩式着衣で転法輪印を結んだ中尊如来像、二脇侍菩薩立像、およびその周囲に配された五十体の蓮華上に坐す小菩薩像で構成された、いわゆる阿弥陀仏五十菩薩像が、内壁いっぱいに展開している。如来像の右前膊や右袖、膝部などに拙劣な後補がなされ、また内龕全体に厚い彩色が施されて、一見原形を甚だしく損ねているように見えるが、一号龕・二号龕に比べると保存が良く当初の彫刻を伝えている。また、龕口左右には丸彫りに近い力士像を配しており、腕を欠損するものの頭・体部とも当初のものである。さらに複式龕の龕口装飾については、ほぼ完好に残っており、内龕龕楣に浮彫された波状唐草とその間に配された七体の小坐仏が確認できる。こうした龕楣の形式は、さきほど触れた茂県点将台摩崖や、広元・巴中の高宗期から則天武后時期の諸窟に見られるものと共通する。[19]

龕内の尊像については、岡田健氏が「初唐期の転法輪印阿弥陀図像についての研究」（『美術研究』三七三号、二〇〇〇年）の中で詳細なディスクリプションをおこなっており、ここでの繰り返しは避けるが、岡田氏が言及していない要素で注目されるのが、内壁の地付き部に沿って龕口左端から右端まで連続して表わされた重畳する土坡状の表現である。これは、五センチ近い厚みを以って立体的に半肉彫されており、その一々の谷間にあたる所から、上方に向かって蓮茎が伸び、その茎上の蓮華に小菩薩が自由な姿勢で坐しているのである。内壁一面に配された五十体の小菩薩の各尊が坐す蓮華座は、いずれも浮彫であらわされた茎をつけているが、多くはすぐ下方の菩薩に遮られて蓮茎が途中で途切れており、全部が同根より分岐したことを示すような連結した図像にはなっていない。しかし、この土坡状の表現は、小野英二氏による最近の研究によれば、元来は中尊台座を支える主根から壁面左右に向けて分岐展開した蓮茎の、波打つように伸びる描写の写し崩れの可能性や、さらには、この阿弥陀仏五十菩薩像の図像的祖形のひとつとみられるガンダーラの大神変像において、画面下端にあらわされた水波に淵源する表現である可能性が考えられるという。[20]小野氏は、本龕のこのモチーフを積極的に土坡ないし大地の表象と想定することで、阿弥陀仏五十菩薩像に新たな解釈の可能性を開こうとしているが、その当否は措いても、尊像の背景や龕内基底部の叙景的モチーフは、諸尊がどのような場に「居る」あるいは「現われた」のかをビジュアルに説明する舞台装置として、看過できない。

一方、貞観八年題記は、龕外右方（北側）の岩面に高さ一四〇センチ、幅六八センチの碑形を彫り出し、表面を平滑に整えた上で、半円形の碑首部に「造四面／龕僧道／密」と三行に題記を刻み、碑身部に二十行にわたって縦横三センチの格子状の界線を設け、整然とした楷書体で「阿弥陀佛并五十二菩薩傳」を刻記する（挿図８）。その翻字と説話内容の詳細な検討については、岡田健氏の前掲論文を参照されたいが、この碑身部下方には、四十七人の供養者の姓名が上下三段にバランスよく列記されており、これについてはこれまで紹介されていないため、資料性に鑑みて煩瑣ながら以下に記しておく。

鄧□琬一躯　鄧父□一躯／鄧□順一躯　鄧□□一躯／任□造一躯　趙光造一躯／嚴□造二躯　李世□一躯／宋□造一躯　羅済基一躯／□□□一躯　李武源一躯　呂七□□一躯／趙□造一躯　骨总造一躯　呂願造一躯／張張世□一躯　李椎造一躯　任緒造一躯／任逸造一躯　景□瑠一躯　任伽造一躯／張世父一躯　任信尼一躯　鮮雲武一躯／李仁造一躯　王□娘一躯　嚴弥児二躯／任□□一躯　雍□塠一躯　毛光儀一躯／任□造一躯　黄青頭一躯　鄧世矩一躯／李□□一躯　王恩□一躯　呂□禎二躯／鄧□超一躯　王摩頭一躯／鄧永□一躯　蔡静光一躯／任土□一躯　文七娘一躯／楊□□一躯　任□娘一躯／雍□安一躯　□妙□一躯

挿図８

これらは、いずれも在俗の男女の姓名で、肩書きを添えず、名前が一文字のみの者は二文字の者と行列を揃えるために、「造」字を加えている。任姓が九名、鄧姓が七名と多く、標題下に名前を記す本碑銘の書者も鄧元覺という。在地の有力な家族だったのであろう[21]。これら四十七名のうち三名が「二躯」とあることから、合計で五十、すなわち小菩薩像五十体に対応するのである。碑題に「五十二菩薩」と詠うにもかかわらず、碑文中では「一仏五十菩薩」といい、また実際の図像でもこの供養者名でも五十であるのは、岡田氏の考察のとおり、本来の阿弥陀仏五十菩薩の図像に阿弥陀三尊の形式が入り込み、両脇侍菩薩が加えられたために違いないが、これらの四十七名の俗人は、碑額に名前のある道密なる僧の指導のもとで、仏龕造営に浄財を拠出するとともに、小菩薩のそれぞれに自身を仮託して、蓮華上に遊び聞法する心地を擬似体験したものであろう。

この三号龕の存在は、早くからこの貞観の紀年題記が知られて地志類での言及があるが、造像内容の阿弥陀仏五十菩薩像について何らかの解釈がなされたのは、一九八九年の胡文和氏「四川唐代摩崖造像中的〝西方浄土変〟」(『四川文物』同年一期)を待たねばならなかった。胡氏は四川の唐代摩崖における西方浄土変に三種類の表現形式があるとし、この三号龕のような阿弥陀仏と両脇侍を含む五十二尊の菩薩からなる図像を、「最も早い一種の浄土変相」であるとした[22]。胡氏のこの見解は、「浄土」についても「変相」についても何ら検討を加えることなく殆ど直感のように示されたものだが、ある意味で核心を突いている。筆者の問題意識においては、阿弥陀仏五十菩薩像をめぐる議論が目指すべきゴールとは、これを「最も早い一種の浄土変相」と明快に位置づけることにあるからである[23]。

日本における本図像への関心は、すでに触れたとおり法隆寺金堂第六号壁が起点になっており、図様が類似する敦煌莫高窟第三三二窟東壁壁画が注目されるなかで、内藤藤一郎氏や松本榮一氏によって、道宣撰述『集神州三宝感通録』所収の「阿弥陀仏五十菩薩像」の説話が、典拠として紹介された[24]。すなわち、天竺鶏頭摩寺の五通菩薩が安楽界(極楽浄土)へ行き、衆生の為に仏の形像を請うたところ、阿弥陀仏は五十菩薩と共にこの娑婆世界に垂降し給うたので、五通菩薩はそれを図写して流布したという説話である。この説話が図像と一具として伝わる臥龍山三号龕は、勝木言一郎氏によって一九九四年に紹介されてから[25]、日本でも広く知られるようになり、岡田健氏の前掲論文に代表される唐代の阿弥陀仏の図像的研究において、本格的に考察の対象とされるようになった。また、胡文和氏をはじめとする四川の研究者らにより、同様な図像的特徴を示す類例が、同じ綿陽地区の碧水寺摩崖、梓潼西岩摩崖をはじめ通江・巴中・旺蒼・

挿図9

丹棱などに分布していることが報告され、[26]筆者らのフィールドワークにおいて取得できた資料に徴しても、相当に広汎な流行とバリエイションを生んだ図像であることがわかってきた。

それらの中にあって臥龍山の本龕は、貞観八年という突出して早い時期に作られた本格的な規模の作例であり、楼閣や露台などの人工的景物が混入してくる八世紀以降の例と比べると、インドや西域から伝播した図像の原形——例えばカルカッタ・インド国立博物館所蔵石彫像に例をみるグプタ朝サールナート美術における千仏化現図が参考になる——に近い。これは、千仏岩の三箇龕を一具として見るとき、一号龕・二号龕とはかなり印象の異なる図像である。しかし、説法する如来を中心に諸尊が集会した構成であることでは、三龕共通しており、このような龕の組み合わせ方もまた、法隆寺金堂の四大壁の組み合わせ——如来坐像と比丘・菩薩・天王・八部衆・力士・獅子などを並列させた一号壁および九号壁、倚坐像の十号壁に、ひとつだけ異色な六号壁を加えている——とよく類似していることに、注意したい。

金堂壁画の制作年代は明確ではないが、持統期の七世紀末ころとみてよく、[27]遣唐使の途絶期に当たっている。そうした事情を反映してか、壁画に見られる個々のモチーフや装飾文様には様式の幅が認められ、唐の同時期の仏教美術をダイレクトに受容したわけではないことは認めざるをえない。壁画制作に用いたいくつもの藍本自体に、そもそも年代や出処の別による差異が想定でき、また日本における改変もあったはずである。しかしながら、臥龍山千仏岩の三箇龕と法隆寺の四大壁の組合せ方にみる類似性は、それが七世紀の東アジア地域で広く共有されたものだったことを物語っている。

この、釈迦坐像、弥勒倚坐像、阿弥陀と蓮華上の小菩薩群像、という組み合わせは、綿陽市街区の碧水寺摩崖においても見られる。臥龍山よりも龕の法量は小さいが、ここではこれらの三箇龕と鳩摩羅什訳『金剛般若経』の刻経を岩壁に並列させている。ことに、釈迦坐像龕における八部衆浮彫や中尊八角台座の特徴的意匠、阿弥陀仏龕における現状四十四体を数える小菩薩像の構成は、臥龍山千仏岩にごく近似する。しかし、同地域にある両摩崖間で図像に相違がある点もまた、看過できない。なかでも、この碧水寺の阿弥陀仏五十菩薩像龕（挿図９）には、注目すべき図像が指摘できる。

挿図 10

それは、如来や小菩薩像の背景に、樹木や山岳が彫刻されていることである。中尊の頭光上方には、いわゆるマンゴー型樹葉が茂り、そこに天蓋を表わした痕跡が残るが、上段の小菩薩の間にも扇形の枝を広げた樹木が左右二株ずつ浮彫されているのが観察できる。また、脇侍菩薩の傍や龕口に近い内壁右側には、ブロック状の文様や角張った山型を重ねたような文様を、ごく浅い浮彫で彫出しており、山岳ないしは岩の表現と見てよかろう（挿図10）。臥龍山三号龕においては、分厚い賦彩のためにこうした背景の図様の有無は確認し難いが、敦煌莫高窟三二一窟や法隆寺金堂六号壁に描き込まれた山岳という特殊なモチーフが、四川の作例にも見出せるということは――そのモチーフが何を意味したかはひとまず措くとしても――やはり、阿弥陀仏五十菩薩像に規範的図像があり、それが七世紀の東アジア各地において、種々変化形を生みながらも広汎に共有された証左である。

その伝播の中心は、やはり長安を措いて他にない。臥龍山の貞観八年銘の後半部分には、その間の事情が少々奇異な印象を受けるほど具体的に詳述されている。すなわち、天竺で五通菩薩が図写した本像は、後漢の明帝の時に洛陽にもたらされたが、ほどなく天竺に持ち帰られ、中国では広く流布することのないまま、魏晋以来久しいあいだ忘れられていた。隋の開皇元年に至って、明献法師が道齊長法師（同説話を収録する『集神州三宝感通録』および『法苑珠林』では「高齊（北斉）道長法師」とする）(28)より一本を得、図像は再び流布することとなった。さらに開皇十六年（五九六）に豫州刺史鄭氏が豫州において図像と本説話を得、長安にもたらして真寂寺に置いて供養した。これが都長安でのこの像の始まりである、というのが大略である。図像が正統な由緒をもつことを説明し、その権威を保証することが、図像に絡む縁起説話の役割である以上、内容の事実関係を問うのは詮無いことだが、この説話はやはり一面の真実と本音を伝えていよう。つまり、仏教初伝の地というアイデンティティを掲げる洛陽ではなく、長安に伝わったのだという主張である。

その長安の寺として登場する真寂寺とは、他でもない三階教の中心寺院として仏教史上に知られる、後の化度寺である。末法思想がことに切実感をもって広がった河北で、信行によって創唱された新仏教三階教は、熱心な帰依者であった隋の宰相高熲が捨宅して建てたこの真寂寺を、最も重要な活動拠点とした。そのことを踏まえて見るとき、この阿弥陀仏五十菩薩像の図像が、三階教の発祥の地であった北斉の法師の手を経由して流布に至ったと語られていることも、意味深長である。(29)この図像と長安真寂寺の三階教教団との関係を探るためには、さらに材料が欲しいところであり、現在の筆者の手には余るが、四川盆地北部のこの綿陽地区が、そうした長安仏教界の動向の影響下にあったことをあらためて強調しておきたい。

綿陽地区の摩崖造像を通覧するとき、道教像や阿弥陀仏五十菩薩像の密度濃い集中が眼を引くが、それはこの地区に固有の閉ざされた流行現象を物語るのではなく、むしろ、この地区が他地域と広く連絡しており、情報や文物の遣り取りが活発におこなわれていたこと、そうした開かれた土地であったことを証すものである。

むすびに

『金剛般若経』刻経と並んで開かれた碧水寺摩崖の阿弥陀仏五十菩薩像龕など三仏三箇龕は、金剛般若経応験説話に見られるような極めて現実的な意図――除災や除病などの厄難消除や、延寿賜福の霊験といった現世利益的効験を期待し、造像の功徳を願ったものだったと考えられる。それは、臥龍山千仏岩に姓名を刻んだ四十七人の在俗信者にも共通する、ローカルな信仰活動の所産である。しかし一方で、遠く隔たった奈良斑鳩の法隆寺金堂壁画との間に、無視し得ない共通性が見出せることの意義は大きい。

江戸末期の知恩院門主鵜飼徹定が、「印度の風骨有り」と評述したように、金堂壁画には「インド風」の表現が充溢している。そうした表現の多くが、綿陽地区の摩崖造像にも共有されているのである。前述できなかった例を更に挙げれば、腰を強くくねらせた脇侍菩薩が、末端に房飾りのついた一条の瓔珞を両手で捧げ持ったり、地面から伸びた長い蓮茎を握ったりする姿は、同じ七世紀の現存作品中でも決して多くない。例えば龍門石窟ではほとんど見られない形式である。それが、一方では法隆寺壁画に、また一方では臥龍山千仏岩一号龕両脇侍菩薩や碧水寺の阿弥陀仏五十菩薩像龕右脇侍菩薩に、明白に観察できるのである。法隆寺六号壁における、五十体であるべき小菩薩をその半数しか描かない、などの「大胆な」改変を自在に許容しながら、東アジア一帯へ伝播していった仏教図像は、まさしく繁茂する蓮華唐草のようなしたたかな生命力を持っている。

中国における造像の豊かな多様性を認識すること――様式・形式においても図像伝播の仕方においても、いかにそれぞれの地域で多種多彩な個性ある造型が行われていたか、という見方は、岡田健氏が諸論稿中で繰り返し主張しておられるところであるが、筆者もまったく同意見である。たとえば四川地域、そのなかの北部地域、さらに綿陽地区と限定した土地においてすら、単純な型式分類や単線的な様式発達史観では収まらない多様なバリエイションに再三戸惑わされる。地域間相互にさまざまに情報を交換し合い、その間に複雑に混淆、取捨、改変を重ねたそのプロセスにおける果実のほんの幾許かだけを、今日我々が眼にしていることを思うとき、往時の信仰の所産の途方もない豊饒さに圧倒されるのである。美術史とは、言うまでもなく造形作品を対象とする学問分野であるが、美術史におけるフィールド調査とは、調査対象である造形作品だけを相手にするものではない。作品は、現地の風土とそこに暮らす人々の営みが創り出したものであり、フィールド調査は、その点をこそ丹念に探っていく営為である。もって四川大地震で被災された方々の菩提と平安を、心よりお祈りしたい。

注

（1）四川地域の石闕については、楢山満照「仏教受容前夜の四川――後漢時代の造形美術にみる死生観の様相――」（奈良美術研究所編『仏教美術からみた四川地域』、雄山閣、二〇〇七年）に詳しい。

（2）平陽府君石闕に彫られた龕像群に関しては、孫華「四川綿陽平陽府君闕闕身造像－兼談四川地区南北朝仏道龕像幾個問題」（巫鴻編『漢唐之間的宗教藝術與考古』文物出版社、二〇〇〇年）が参照される。

（3）調査の具体的内容については、肥田路美『中国四川省石窟摩崖造像群に関する記録手法の研究及びデジタルアーカイヴ構築』（平成

13～16年科学研究費補助金（基盤研究Ａ（２））研究成果報告書、二〇〇五年）を参照されたい。

（4）四川省文物考古研究所文化遺産規画研究中心「5・12汶川大地震四川文物保護単位受損調査報告」（『四川文物』二〇〇八年四期）。

（5）安岳では茗山寺文殊師利窟や、紫竹観音窟において尊像の被害が報告されている。前掲注4参照。

（6）文斉国「綿陽唐代仏教造像初探」（『四川文物』一九九一年第五期）。

（7）岡倉天心「支那旅行日誌（明治二十六年）」（『岡倉天心全集』第五巻、平凡社、一九七九年）一〇〇頁。

（8）日本側の参加人員は、筆者のほか早稲田大学文学研究科博士後期課程の大島幸代、小野英二、羅翠恂の三名、中国側は四川省文物考古研究院の于春、王婷、楊紅武、卒瑞および綿陽市文物管理所宋建民、梓潼県文物管理所呉小龍である。なお筆者は、これに先立つ二〇〇五年三月と二〇〇七年三月にも同地区の視察調査を行っており、以下の記述はその知見も踏まえている。

（9）ただし、風化してほとんど原形を残さないものも含む。胡文和氏は、当初は五十余龕あったと推測しながら、現存二十五龕と数えている（『四川道教仏教石窟藝術』四川人民出版社、一九九四年、五三頁）。

（10）胡文和前掲書五四頁注。ただし、この龕像が移入されたという綿陽市博物館は、前述のように平陽府君石闕を正面に置いて建てられ、近年ようやく開館したものの、科学・工学技術関係の展示のみで、考古美術関係の文物の展示計画はなく、綿陽市文物管理所の説明ではこれらの文物は更に他所へ移されたという。なお、『綿陽県志』には、銘文冒頭の武徳の年号について、「武」字が判然としなくなったため後人が妄りに手を入れて「至」字に刻してあるが、干支からして武徳にちがいないとする。

（11）二〇〇八年三月の調査に先立って、文物管理所が付着した苔や泥の清掃をおこなったが、やはり刻銘は不分明であった。加えて、池水を隔てての観察であったために、詳細の確認は困難であった。

（12）『東洋の思想と宗教』第二十二号（早稲田大学東洋哲学会編、二〇〇五年）、のち『道教の齋法儀礼の思想史的研究』（知泉書館、二〇〇六年）に収録。

（13）本文中で触れなかった岩壁の最も西寄りの面（南西に面す）は、いずれの龕も風化が著しく、いくつかは龕形も定かでない。尊像は概形を残すのみで種類は不明であるが、四尊並立龕、独尊立像、一坐像二脇侍立像を配した方形龕、三尊坐像の円栱龕（左辺を欠失）が並列する。

(14) 松原三郎「道教像論考」（『中国仏教彫刻史研究』吉川弘文館、一九六一年）所収。

(15) 羅宗勇主編『廣元石窟藝術』（四川美術出版社、二〇〇五年）一〇三頁、図八五を参照。

(16) 『中国美術全集彫塑編十二四川石窟彫塑』（人民美術出版社、一九八八年）所収図一五参照。

(17) 前者の巴中西龕第二一号窟の造営年代を隋代とするのは、龕口左側壁の「□得大隋大業五年造前件古像」という五代時代の題刻に基づいた見解であり、これら両窟の造営年代についても、まだ検討の必要がある。

(18) 四川省文物考古研究所・四川省茂県博物館「四川茂県点将台唐代仏教摩崖造像調査簡報」（『文物』二〇〇六年第二期）。

(19) 雷玉華「巴中石窟的初歩研究」（『中華文化論壇』二〇〇四年三月）、成都文物考古研究所・北京大学中国考古学研究中心・巴州区文物管理所編『巴中石窟内容総録』。

(20) 小野英二「阿弥陀仏五十菩薩像の造像意図について」（密教図像学会第二十八回全国大会、二〇〇八年十一月、於栗東市歴史博物館）。

(21) 梓潼県文物管理所呉小龍氏によれば、臥龍地区においては明末清初以来、周、席、謝、何、冉、賈、申の姓が多いが、この貞観碑の供養者中には全く見られない。

(22) 雷玉華「四川摩崖石刻中的阿弥陀仏与五十二菩薩」（『考古与文物』二〇〇五年第二期）も、基本的に胡文和氏の提示した枠内で論じている。ちなみに胡文和氏は、四川における「西方浄土変」の第二種は、邛崍石筍山第四・六号龕や丹棱鄭山第六二号龕を例とする『阿弥陀経』に基づいた阿弥陀経変、第三種は『観無量寿経』に基づいた観経変で大足北山第二四五号龕に代表され、中唐以降に流行したとする。

(23) その意味で、筆者の旧稿「法隆寺金堂壁画に画かれた山岳景の意義」（『佛教藝術』二三〇号、一九九七年）における阿弥陀仏五十菩薩像の解釈は、しばしば誤解されている。筆者はこれを此岸の情景であるとしたが、浄土ではないとは考えていない。此岸と浄土を地続きのものと見なす思想ないしは心情の所産と解釈したのである。もっとも、誤読されることについては、無論筆者に責任がある。

(24) 内藤藤一郎『法隆寺壁画の研究』(東洋美術研究会大阪支部、一九三二年)、松本榮一『燉煌畫の研究』(東方文化学院東京研究所、一九三七年)第三章第一三節「多子塔図」。

(25) 勝木言一郎「中国における阿弥陀三尊五十菩薩図の図像について－臥龍山千仏巌の作例紹介とその意義－」(『佛教藝術』二一四号、一九九四年)。

(26) 通江千仏崖龍朔三年〈六六三〉銘龕、同趙巧岩、巴中南龕三三号龕、同六二号龕、巴中西龕三七号龕、旺蒼仏子崖一三号龕・同一五号龕、丹棱鄭山千仏寺、鄭山劉嘴などに類例が見られる。

(27) 金堂や五重塔建築の完成時期についての史料的解釈や、壁画にみられる錦文の系統とその伝来事情の検討などから、今日では金堂壁画が画かれたのは持統天皇時代ころとする見解が主流となっている。

(28)『大正新脩大藏經』巻五二、四二一頁。『大正新脩大藏經』巻五三、四〇一頁。字順の異なる貞観八年銘の表記は、写しまちがいの可能性が大きい。

(29) また、この臥龍山千仏岩の四面龕全体を構想し、造像の指導的立場にあったらしい、碑額に名を刻んだ僧道密は、『続高僧伝』巻二「隋西京大興善寺北天竺沙門那連耶舎伝」に見える道密なる僧と同一人物である可能性も浮上する。同伝中の道密は、末法経典の訳出で名高い那連耶舎の弟子として、共に隋初に長安大興善寺に入っている。

付記

本稿の図版はいずれも筆者および調査参加者が撮影・作成したものである。

民族学篇

台湾原住民の土器製作技術に関する民族考古学的調査

齋藤　正憲

一．調査・研究の概要

一—一．現地調査の概要

土器づくり民族誌に関心を抱く報告者は、東アジアに研究対象を求め、結果、台湾原住民に関するフィールド調査を実施するに至った。二〇〇六年夏、はじめて台湾の地を踏んでから、計四回（二〇〇六年夏期、二〇〇七年夏期および冬期、二〇〇八年夏期）の現地調査を実施し、蘭嶼・ヤミ族ならびに豊浜村・アミ族の土器づくり民族誌についての研究を進めてきた(1)。本稿では、主として四回に及ぶ調査・研究の成果を報告し、さらには土器づくり民族誌に関して若干の予備的考察を試みたい。まずは各調査の概要を記すこととする（Fig. 1）。

一—一—一．二〇〇六年夏期調査

二〇〇六年夏、高雄に入り、パイワン族の土器製作について調査を試みた。パイワン族の壺には独特の蛇文様が施されることがあり（角南 二〇〇七：八七）、台湾原住民文化を代表する土器として名高い。同土器文化に迫るべく、彼ら

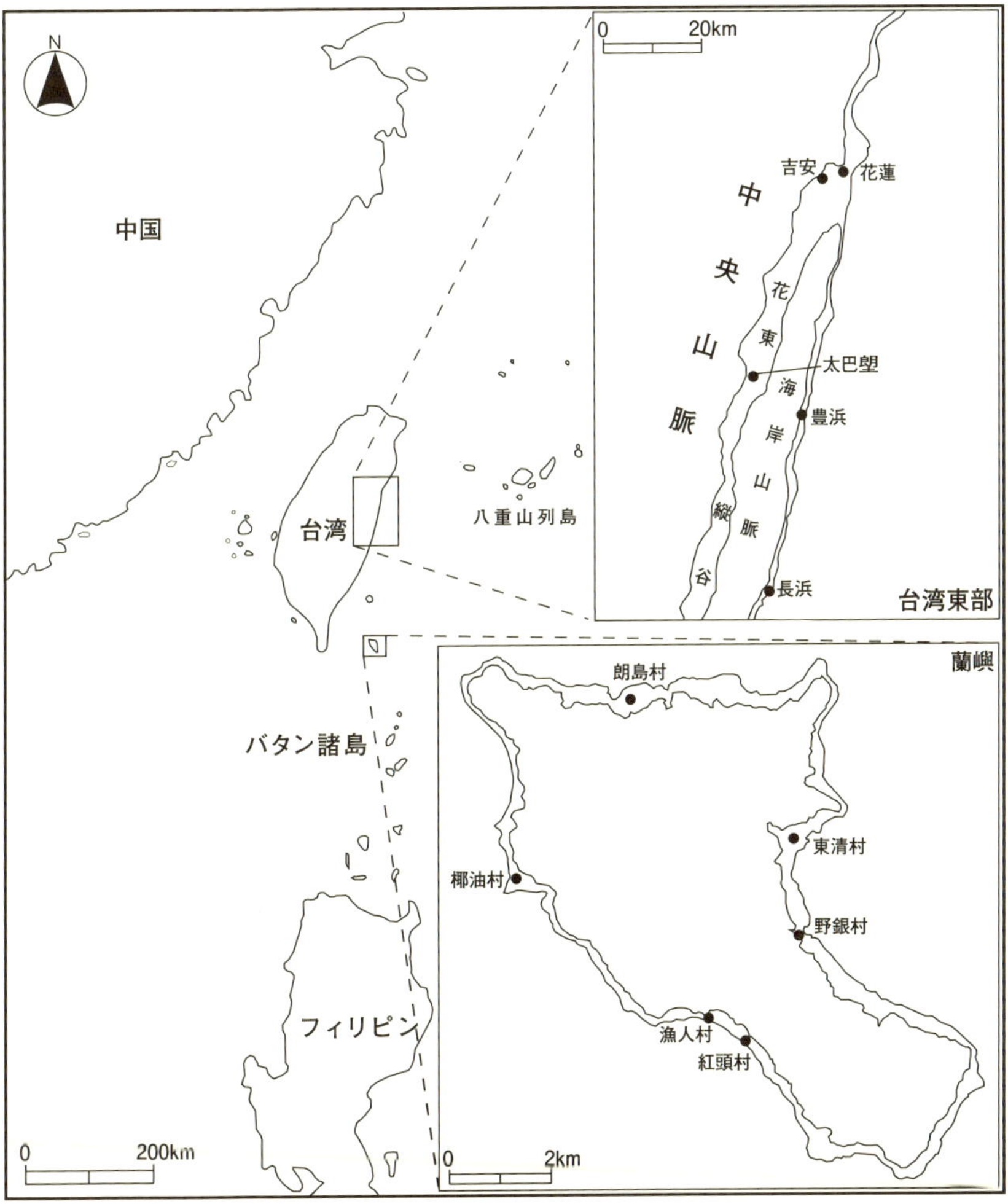
N
中国
台湾
八重山列島
バタン諸島
フィリピン
0
200km
0
20km
吉安
花蓮
中
央
山
脈
花
東
縦
谷
太巴塱
海
岸
山
脈
豊浜
長浜
台湾東部
蘭嶼
朗島村
東清村
椰油村
野銀村
漁人村
紅頭村
0
2km

Fig. 1　調査関連地図

の居住地に近い高雄を調査の起点としたのである。しかしながら、パイワン族の土器づくりは完全に断絶しており、土産物として小型の製品を細々とつくっているだけであった。とある土産物屋で土器づくりを実見する機会があったが、それは現代の陶芸用の陶土や工具に頼るもので、伝統的な技術は継承されていないと判断された。これにより、調査地の変更を迫られることになったのである。

そんな折、長榮大学視覚芸術所教授の高業榮氏に現在の土器づくりの状況について相談したところ、蘭嶼・ヤミ族であれば土器をつくっているかもしれないという情報を聞きつけた。急遽予定を変更し、蘭嶼へと向かうこととなった。

蘭嶼へ渡るとまずは村役場に行き、土器製作に関する情報を集めた。村役場の方から、土器づくり名人として名高い張人仰氏（漁人村）を紹介され、氏の土器づくりを観察することとした。幸運にも粘土を所持していた張人仰氏は、こちらの要望を快く聞き入れてくれ、壺形土器の製作を実演してくれた。

張氏の土器づくりを観察・記録する一方で、土器製作の各工程を取材するべく、粘土採掘ならびに土器焼成に関する情報を集め、それぞれ実演を観察・記録する機会に恵まれた。これにより、ヤミ族による土器づくり技術の概要を把握することができたのである（齋藤・鈴木 二〇〇七）。

一―一―二．二〇〇七年夏期調査

前回、張人仰氏の土器づくりを取材することができたものの、壺形土器成形の観察・記録にとどまっており、碗形土器の成形については未見であった。そのため再度、同氏を訪ね、碗形土器の成形を実演してもらった。結果、型づくりによる碗成形について、観察・記録することができた（齋藤・鈴木 二〇〇八）。

その後、張人仰氏の土器製作技術が蘭嶼において普遍的なものか否かを確認するべく、土器生産様式に関する聞き取り調査を全島的に実施した。決して少なくはない先行研究も、椰油村や紅頭村など島の西側の事例に限定されている（鳥居 一九〇二、鹿野 一九四一、Kano & Segawa 1945、宋 一九五七、Chen 1968、宇野 一九七四、徐 一九八三、米沢 一九八四a、齋藤・鈴木 二〇〇七、二〇〇八、角南 二〇〇七）。よって、島の東側の事例については未調査の状況にあり、聞き取り調査には大きな意義があると期待された。最終的に、六村すべての土器製作技術保持者に対してインタヴューすることができた。結果、張氏の土器製作技術は全島に敷衍することができると確認されたのである（齋藤 二〇〇九a）。

一―一―三 二〇〇七年冬期調査

蘭嶼ヤミ族の土器づくり民族誌調査が一段落したことを受けて、台湾本島におけるほかの原住民の土器製作技術を調査する必要に迫られた。既述の長榮大学視覚芸術所・高業榮氏によるご教示によって、ヤミ族に次いで土器製作技術を保持している可能性が高いと考えられたアミ族について、調査を実施することとした。

まずは先行研究に登場する豊浜村（猫公）を訪れ、土器製作技術に関する取材を試みた。結果、豊浜村において土器製作技術の復元に取り組むグループ（Alik 工作室、代表：蔡賢忠氏）にたどり着き、詳しく話しを聞くことができた（角南 二〇〇七：八五―八七）。

続いて、別の先行研究に登場する太巴塱についても聞き取り調査を実施した。太巴塱はかつて、一大土器生産地として栄えた場所であり（鳥居 一八九七：三五一、石 一九六二）、土器製作の伝統が残されていると期待された。しかしながら、同地を訪ね歩き、複数の老人に話しを聞いても、具体的な情報を採取することはできなかった。同地には土器づくりの伝統は残されていないと判定すべきことが分かったのである(2)。これにより現在、アミ族の土器製作技術を実際に観察しようとするとき、豊浜村の事例が極めて貴重であることが明らかとなった。

一―一―四．二〇〇八年夏期調査

蘭嶼における研究を深化させるべく、再び、同島における調査を実施した。土器づくり民族誌の概要を把握していたことを受けて、新たに考古学的表面調査に着手したのである。学術的な考古学的発掘調査・表面調査はこれまでにも例があるものの（米沢 一九八四ａ：一一五―一一六、第1図）、民族誌においてと同様、島の東側については未調査・未確認の状況にあった。これを受け、島の東側、野銀村および東清村において、考古学的表面調査・分布調査を実施した。表面観察の結果、東清村において貝塚を確認したほか（東清村北端、黄野茂（シャプン・マニニッド）氏の畑）、東清村（集落西端部）ならびに野銀村（伝統的集落の縁辺部の二地点）において、遺物散布地点を確認できた。表面採集により得られた土器片ならびに貝殻片は、蘭嶼村役場民政課の孔健成氏の了解を得て、日本に持ち帰った。調査の詳細については、「五．考古学的表面調査」の項において報告したい。

蘭嶼での調査を終えた後、花蓮へと移動し、アミ族の土器づくり民族誌についても調査を行なった。土器づくりの実態を観察するべく、昨年冬に訪ねた豊浜村のAlik工作室に再度、足を運んだ。同工房の蔡賢忠氏と事前に連絡を取り、実演をお願いしておいた。蔡氏をはじめとする工作室の皆さんの協力もあり、粘土採掘、素地準備、成形、焼成の各工程を実演していただき、観察・記録することができた。

一―二．調査地・調査対象について

一―二―一．蘭嶼・ヤミ族について

蘭嶼は台湾本島南端部から東へ六〇㎞ほどの洋上に位置する離島である（Fig.1）。南方のバタン諸島とは一五〇㎞ほどしか離れていない。戦前は台湾本土から船で渡航するのに一日を要したが（山崎 一九九二：一〇一）、現在では飛行機を利用すれば台東から三〇分足らずで渡ることが可能である。人口のうち九割以上を占めるヤミ族は、水イモ[3]栽培とト

ビウオ漁を生業とする半農半漁民である（松沢 一九九四：七九四）。山がちな島内に僅かに存在する扇状地（森口・野林 二〇〇五：二〇〇）を利用して、六つの村落（椰油村、漁人村、紅頭村、野銀村、東清村、朗島村）を形成する（松沢 一九九四：七九四）。

ヤミ語は台湾本島のほかの原住民が使用する諸言語よりも、フィリピン領のイトバヤット島やバタン島で話される言語に近いとされる（森口 一九八〇：三〇九）。蘭嶼ヤミ族の来歴としてはしたがって、フィリピン方面がその筆頭候補となっており、この南方起源説は近年の遺伝学的研究によっても裏付けられているという（森口・野林 二〇〇五：二〇〇）。

一九九五年に村役場が調べたところによると、人口は三八二一人となっている。鳥居龍蔵による明治三一年の報告によればヤミ族の人口は一二〇〇〜一三〇〇人であったが（鳥居 一八九八：五七九）、一九二九年で一六一九人、一九七八年で二六〇〇人（土田・宮岡 二〇〇五：八）、そして現在ではおよそ四〇〇〇人とされ（野林 一九九八ａ：一一三）、特に戦後において人口を増やしてきた[4]。しかし近年では若年層の台湾本土への流出が相次ぎ、伝統文化は消滅しつつある（野林 一九九八ａ：一一七－一一八）。このことは、すでに地元の小学生がほとんどヤミ語を話すことができないという状況から報告者が抱いた感想と矛盾しない。

島で唯一のスーパーには台湾本島の商品が並び、本島経済に組み込まれつつある。現在、伝統的な生業のみで生計を立てるのは至難の業であり、若年層の台湾本島への流出に歯止めがかかることは想像しにくい。台湾人青年にとっては避けて通れない徴兵制度も、若者達の流出に拍車をかけているであろう。

なお、ヤミ（雅美）という呼称は一八九七年に調査で訪れた鳥居龍蔵により命名されたもので、現在ではヤミ語で人間を意味する「タオ（達悟）」という民族名称を用いる動きもあるという（森口・野林 二〇〇五：二〇〇）。しかしながら、これまでの先行研究ではヤミという呼称が広く使用された実績があるため、本稿もこれに倣うこととした。

一―二―二．豊浜村・アミ族について

台湾東部海岸山脈の周辺に居住するアミ族は、現在の人口一五万あまりを数え（馬淵悟 一九九八：一〇八、土田・宮岡 二〇〇五：八）[5]、台湾原住民九族の中でも最大規模を誇る（原 二〇〇〇：一七）。広大な領域に住むアミ族は、地域によって言語や文化・習慣の違いが大きく、南勢アミ、秀姑巒アミ、海岸アミ、卑南アミ、恒春アミの五群にさらに細分されている（馬淵東一 一九五四：三四五、原 二〇〇〇：一七）。なお、「北方に住む人々」という意味のアミという呼称は南隣のプユマ族やパイワン族によるもので、彼らは自身を「パングツァハ（平地の意味）」と呼称することが多いとされるが（馬淵悟 二〇〇五：一八七）、本報告では慣例に従い、アミという民族名称を用いたい。

現在では水田稲作を中心とするアミ族はもともと焼畑農耕民であり（原 二〇〇〇：三一）、さらに狩猟や河川での漁撈などを組み合わせた独自の生業様式を確立していた。アミ族社会は一方で、攻撃的な側面も持ち合わせていたという。すなわち、村落を守るという観点から、男子集会所を村落周縁部に構え、防衛・監視の要としたのである（馬淵悟 二〇〇五：一八七―一八八）。本来母系的な社会構成を示すとされるアミ族が、首長制を発達させ、男性を中心とする組織（男子年齢階梯組織）を地域社会の中核に据えた背景には、こうした事情があったものと推測できる。結果、アミ族社会においては独特の空間認識が形成され、男性の空間と女性の空間が厳格に区別されることとなった（原 一九九八：一二〇）。

調査地である豊浜村は、海岸沿いののどかな小村である。後で詳述するが、豊浜村は陳奇祿が猫公（Vakon）として報告した集落である（Chen 1968：110、角南 二〇〇八：八四）。花蓮から南に五〇㎞ほどの海岸沿いに位置する（Fig.1）。南北に走る山脈（海岸山脈）を隔てた花東縦谷の方が開けており、幹線道路も走っている。したがって、豊浜村は地理的に孤立した環境にあると評される[6]。なおその立地から、豊浜村に居住するアミ族は海岸アミに分類されるであろう。

村の中心にはコンビニエンス・ストアが存在し、さらに数軒の商店も立ち並んでいる。鄙びてはいるが、典型的な現代台湾の地方村落といった風情を漂わせており、既に述べたような伝統的アミ族社会の痕跡をそこに見出すことはもはや不可能である。(7)

二．研究抄史

二―一．ヤミ族の土器製作技術に関する先行研究

〈鳥居龍蔵（一九〇二）〉

ヤミ族の土器製作をはじめて報告したのは鳥居龍蔵である（米沢 一九八四b：一一二）。鳥居は蘭嶼の民族誌について、衣食住に及ぶ詳細な調査報告を残したが、その中で土器づくりについても言及した（鳥居 一九〇二：三〇三―三一〇）。鳥居によれば、壺形土器は「輪枕」の上で叩き成形される。叩き具には棒状のものと羽子板状のものが使用され、円礫を当て具として利用することが報告されている。一方で碗の成形では、まず手づくねによって粗い原形をつくり、これを「木盆」の上に設置する。「木盆」ごと回転させながら、「木槌」でこれを叩き成形していくという（鳥居 一九〇二：三〇五）。さらに碗には高台が伴うが、このことから鳥居は中国産陶磁器との関連を想像した。

成形済みの作品は一～二日、屋内で陰干ししてから、焼成する。焼成は海岸で行なわれ、竹木を四角形に積み上げ、その中に作品を入れ、点火するという。被覆材がかけられたとの記述はなく、開放型野焼きと解釈するべきであろう。

〈鹿野忠雄（一九四一）〉

鹿野により紹介された壺形土器の成形手順は次の通りである（鹿野 一九四一：四四―四五）。台となる石の上に葉を

一枚敷いて、そこに円形の基盤をつくる。その基盤に粘土を加えて円筒状につくっていき、ここで手づくねによる作業を終える。叩き作業では、扁平な円礫を当て具として内側にあてがい、「打ち棒」で外から叩き、粗く成形する。「打ち板」に持ち換えて叩きをさらに継続し、形を整えていく。その後、口縁部を取り付ける。さらに底部を膨らませ、丸底に仕上げていくが、底部の成形も叩きによって行なわれる。最終的にはヘラで調整を行ない、表面を研磨する場合もあるという。

碗の成形について鹿野は、木製の凸型や壺底部が利用されることを報告した（鹿野 一九四一：四五）。型に粘土を被せて粗く形をつくった後、口縁を手で調整し、叩き板で仕上げるという。しかしながら、壺の成形に比べると、碗については記述が簡単であり、僅か四行の記述にとどまった点は残念である。

焼成は海岸の砂浜で行なうが、畑で焼くこともあるという（鹿野 一九四一：四六—四七）。砂を四隅に盛り上げて小山を設定し、そこに海岸で乾燥させておいた薪を一列に並べる。薪の下に隙間を設けるのは、通風をよくするためとされる。さらに薪を井桁に積み重ね、その中に土器を入れ、頂部は薪で覆い、さらに周囲にも薪を立てかける。開放型野焼きと位置付けられるであろう。焼成は二～三時間を要するという。

〈**宋文薫**（一九五七）〉

宋文薫は三名のヤミ族を台湾本島に招いて、土器づくりを実演してもらい、その様子を報告した（宋 一九五七：一四九—一五二）。記述は素地づくり、成形過程、焼成方法の全てに及んでおり、ヤミ族の土器づくり民族誌として完備された内容を備えている。記録にあたって宋は、鹿野による先行研究を念頭に置き、これを補完することに力を注いだ（宋 一九五七：一五〇、一五二）。そのために、製作工程を詳細に記録しようとする意識が強く働いたものと推測される。

壺形土器の成形においては、円形の底板に細長く延ばした粘土を積み上げていき、「円柱状」につくったものを、叩いて壺形に仕上げていくと報告されている（宋 一九五七：一四九－一五〇）。叩きの工程では、まず口縁までを含めた上半部を叩き成形する。叩き棒と当て具を利用しつつ、中位を膨らませる。口縁部分は内径させていき、壺の胴部から肩部がつくられていく。端部を折り上げるように口縁をつくり、必要であれば粘土紐を加えるという。口縁を粗く成形したのち、叩き板に持ち換えてさらに均一に器壁を叩いていく。ヘラを用いて全体を調整した後、乾燥させて、下半部の叩き作業に入る。この工程における作業台についての言及はないものの（宋 一九五七：一五一）、写真図版を参照する限り（宋 一九五七：図版 XII ③）、ドーナツ状の台座が用意される。作品はその台座上に寝かせて置かれ、内側に当て具を差し込みつつ、叩き棒と叩き板を駆使して下半部が成形される。

碗の成形技術に関して、宋の報告は最も充実したものとなっている（宋 一九五七：一五一）。宋によれば、碗の成形では壺形土器を凸型として用いる。壺底部に布を敷いた後、粘土を板状に延ばして被せ、さらにこれを手で延ばしていく。このとき中央部分は厚く残しておくが、これが高台となる。叩き板を用いて均一に延ばされた土器は、一旦乾燥に回される。このとき、口縁に相当する部分は型を覆う布を折り返すように被せておく。次の工程において口縁部分の成形を行なうため、当該部分が過度に乾燥することは避けなければならない。一方で、ここでは高台を下にして成形を進めるため、自重を支えられる程度には底部を乾燥させておくことが必須となるのである。その後、余分な粘土を「鉄刀」で削り、口縁を水平に揃えていく。さらに口縁を手で外湾させ、最後に器面を撫でて完成となる。

焼成において、燃料である木材は方形井桁に組まれる（宋 一九五七：一五二）。その内部に作品を設置し、頂部は薪材で覆う。その上に乾いた草や小枝を乗せ、さらに周囲にも木材を並べて立てかけるという。その後、乾いた草に点火して、焼成を行なうという。方形井桁に木材を組む点は、鹿野や後述する宇野の報告事例とも一致しており、興味深い。ただし宋が観察した焼成では、作品は全点破損しており、本土の陶芸用粘土を用いたことが原因とされる（宋 一九五七：一五二）。焼成が失敗したために、焼成の工程に関する記述はいささか歯切れの悪いものとなっており、焼成時間など、詳細については言及されていない。

〈**宇野文男（一九七四）**〉

宇野の報告によれば、木皿の上に葉を一枚乗せ、そこで成形作業を進めるという（宇野 一九七四：一四〇―一四一）。その上に長い粘土紐を輪にして最下部の基盤をつくる。そこに粘土紐を重ねていくが、最初はそのまま垂直に立ち上げ、胴部に差しかかったところで、張り出させるように積んでいくという。さらに口縁に向かっては胴径を狭め、この段階で丸みをつくり出しておく。その後、「打ち棒」と扁平な「当石」で叩き、表面を平滑にする。さらに粘土紐を輪状にし、これを肩部に接合し、口縁をつくる。口縁を付加した後、叩き板を用いて全体を叩いていく。最終的には竹ベラを用いて余分な粘土を削り取り、薄く仕上げていく。この段階で未成形の底部については、葉を巻いて過乾燥を防ぎつつ、上半の乾燥を待つ。二～三日後、底部の成形を改めて行なうと紹介しているが、この工程については未見であるという。

碗形の成形では、木製型が利用されることが報告されている（宇野 一九七四：一四一―一四二）。型に粘土を被せて原形をつくった後、叩打具や竹べらを使って調整する。

焼成は集落から歩いて三〇分ほどの山中で行なわれるという（宇野 一九七四：一四二―一四三）。まずは斜面を平に整地し、そこに太めの薪二本を八〇cmの間隔を置いて並べる。先の鹿野による報告を参照すれば、土台となる二本の薪は通風を意図したものと推測されるであろう。この上に一mほどの薪を三〇本ほど並べ、一m四方ほどの空間を設定する。さらに薪を井桁に組み、高さ六〇cmほどまで積み重ねていく。その内部の空間に土器を入れるが、宇野が観察した事例では計七点の土器と若干の土人形が焼かれている。土器の設置が完了すると、頂部を太めの薪八本ほどで覆い、さらに細めの薪三〇本あまりを積み重ねる。その後、周囲にも薪を並べ立てていき、最後に茅と小枝を上に載せ、そこに点火する。燃え落ちた薪を載せ直したり、少量の薪を追加しつつ、燃料は四〇分ほどで薪が燃え尽きてくる。火勢が弱まるのを待って、赤く焼き上がった土器を二本の棒で挟み出す。土器の取り出しを終えたのは、点火後約五〇分ほどである。その後焼成された土器は川まで運ばれ、洗浄の上、ひび割れ・水漏れがないかを確認するという。

〈徐韶謨（一九八三）〉

徐韶謨は蘭嶼の紅頭村ならびに朗島村の二事例について、報告を行なった（徐 一九八三：五〇―五一）。土器の成形過程に焦点が置かれ、製作工程のすべてを紹介する内容とはなっていないものの、一九七七年から一九七九年にかけて実施された現地調査にもとづくデータとして注目される。

徐によれば、壺成形は円筒形の原形を作成することから始められ、それを叩き板で球形に膨らませていく。肩部の叩き作業より開始し、口縁部を手でつくり出すと、一旦乾燥させ、その後底部をさらに叩いて成形するという。なお興味深いことに、板状に用意した粘土を手こねで碗形につくり、それを叩き板で叩き延ばして壺に成形していく事例も紹介されており（徐 一九八三：五一）、ヤミ族の成形技術の多様性を窺わせる。

これに加えて、壺成形に凸型を利用する朗島村の実例にも、徐は触れている（徐 一九八三：五一）。すなわち、木製の型ないしは土器の底部を使用する。型の上にイモの葉を敷き、さらにここに粘土を被せていく。上から強く押し付けるようにして、粘土を延ばしていき、土器底部の丸みを写し取っていく。その後しばらく乾燥させると、土器を型から外し、これを叩いて壺をつくっていく。碗形土器の成形技術が壺の成形にも転用されたと解するべきではないだろうか。

焼成については写真が紹介されるものの（徐 一九八三：五五）、詳細については言及がない。写真をみる限りでは、燃料を方形井桁に組んで実施される開放型の野焼きであったと判断される。

〈小結〉

ヤミ族の土器製作においては、円筒形の原形を輪積みでつくり、これを叩き延ばして壺を成形することが一般的である。原形は上半より成形され、胴部上半から口縁までをまずは成形し、一旦乾燥を挟んで、最終的に底部を仕上げていく点に特徴がある。一方で、碗の成形では凸型が用いられ、型を写し取ることに主眼が置かれており、対照的である。碗形成形については、先行研究はそれほど充実しておらず、注意が必要であるが、壺の底部や木製の凸型を利用した型づくりが基本となっている。すなわち、壺と碗で成形技法が大きく異なる点に特徴がある。焼成は開放的な野焼きで行なわれ、燃料を井桁に組み、短時間で焼き上げることが一般的であったようだ。

これら既往研究にみられた技術は、二一世紀を迎えた現在、どのように変化しているのか。あるいはしていないのか。徐による最近の報告でさえ一九七〇年代であることを踏まえると、現況を把握することは有意義であると思われた。また既に述べたように、先行研究は島の西側の村々に集中し、東側の野銀村や東清村の事例は知られていない。土器製作技術の全島的な分布状況を把握することは、ヤミ族の土器づくりを正しく理解するために、不可欠の課題であることを重ねて強調したい。

二―二．アミ族の土器製作技術に関する先行研究(8)

〈鳥居龍蔵（一八九七）〉

蘭嶼研究に先鞭をつけた鳥居龍蔵は、台湾本島においても調査を実施し、アミ族の土器製作についての最初期の記録を残した（鳥居　一八九七：三五四）。一九世紀末のことである。ヤミ族（鳥居　一九〇二）においてと同様、アミ族土器文化研究の嚆矢も鳥居ということになる（長沢　一九八七：一―二）。なお鳥居が調査したのは喜来のアミ族であり、南勢アミとされる（長沢　一九八七：二）。

鳥居によれば、叩き技法によって上下二個体を別々に成形し、これらをつなぎ合わせて壺形土器を形成するという。叩きに用いる叩き板には、幾何学の刻文があるものと、ないものがある。製品は一日天日で乾燥され、翌日、枯木、枯草を積み上げて、焼成される。

当該論文ではメラネシアとの比較考察に重点が置かれているため、残念ながら土器製作技術については一頁に満たない記述にとどまっており、情報の不備は否めない。ただし、土器製作は一部の女性が専業的に行なうことを指摘した点は（鳥居 一八九七：三五四―三五五）、鳥居本人がヤミ族の土器づくりを世帯内生産と判定したことを踏まえると（鳥居 一九〇二：三〇四）、極めて意義深いであろう。

なお同論文において、鳥居はアミ族による土器製作の現状にも言及している。鳥居が調査を実施した時点で土器を盛んにつくっているのは、鳥居が調査した喜来のほかには、太巴塱と海岸の猫公であるとされた（鳥居 一八九七：三五一）。当時のアミ族の土器製作が既に、限定的に行なわれていたことを窺い知ることができる。

〈石磊（一九六二）〉

アミ族の土器製作に関する最もまとまった参考資料として注目されるのは、石磊による報告である。石は一九五九年八月、花東縦谷に位置する太巴塱において民族誌調査を実施し、アミ族の土器製作について詳細な記録を残した（石 一九六二：二五三―二九〇）。ほかの既往研究に照らしても、その情報量は群を抜いている。

石の労作によると太巴塱では、三〇名ほどの女性が専業的に土器をつくっていたという（石 一九六二：二五五）。太巴塱産の土器は交易品となっており、同じ秀姑巒アミが暮らす花東縦谷の集落を中心に、三〇㎞以上離れた村落にまで流通していたことが確認されている（石 一九六二：二八八）。そのような広範に及ぶ土器流通網に支えられて、太巴塱の土器生産は専業化の道をたどったと思われる。

粘土は川岸で採掘され、ここに砂を混ぜ、足で混錬して陶土とする（石 一九六二：二六〇－二六一）。砂を混ぜるのは耐火度を調整し、焼成時の破損を防ぐためであるという。粘土採掘の前には簡単な儀式を実施し、よりよい粘土が採れるように祈念する（石 一九六二：Pl. XXXVII－1）。

成形は作業台の上で進められるが、碗形の土器や破損した壺の一部（肩部～口縁部）などが転用されており（石 一九六二：Pl. XL－2）、専用の工具が用意されるわけではないようである。手づくねでボウル状に成形した後、叩き板と当て具を駆使して、叩き延ばしていく。大型の土器は上下のピースを別々につくって、貼り合わせるといい（石 一九六二：二七九）、さらには成形途中に粘土紐を加えることもある（石 一九六二：二六二）

焼成は、いわゆる覆い型の野焼きで実施される。藁や枯れ草などを敷いた上に作品を設置し、さらに藁やカヤで作品を覆っていく。その上から籾殻を厚く載せて、準備完了となる（石 一九六二：二六六－二六七）。焼成は一日に及び、翌日、作品を取り出すという（石 一九六二：二六八－二六九）。ただし石は焼成のすべてに立ち会っておらず、さらに天候悪化（台風）のために焼成は失敗してしまったらしい。具体的な温度変化や焼成の歩留まりについても言及がなく、いささか歯切れの悪いものとなっている。なお焼成前には簡単な祭祀を執り行なうことも紹介されており（石 一九六二：二六八、Pl. XLIII－1）、興味深い。

〈陳奇祿（Chen 1968、陳 一九九二）〉

一九五九年三月、猫公集落（Vakon Village）を訪れた陳奇祿は、アミ族の土器づくりを観察し、報告を残した（Chen 1968：110－114）。さらに陳はそのときの様子を、後に刊行した著書においても、重ねて報告している（陳 一九九二：九一－一〇二）。海岸アミの事例ということになるであろう。

粘土にはもともと砂を含むものが選ばれ、混和材を加えることはないという。採取された粘土は、杵で二〇分ほど突いて調整される。粘土を手こねによって粗く形づくった後、叩き板と当て具を用いて土器を成形する。成形作業では工作台が利用され、主にこの上で作業は進められる。示された図版を見る限り、工作台は特別に用意された可能性が高い(Chen 1968：Fig．35－B)。最終的に水を取りつつ撫で調整を施した土器は、日陰で四～五日乾燥され、焼成に回される。焼成では「柴」や「茅」を地面に敷き、作品を設置した後、「柴枝」や「枯草」を上に載せ、さらに「穀殻」でこれを覆ってから点火するという(陳 一九九二：九三)。いわゆる籾殻による覆い型野焼きと判断されるであろう。

なお陳の報告によれば、一九五九年の段階で、五〇代以上の女性のほとんどが土器製作技術を保持しており(Chen 1968：110)、猫公の土器づくりは世帯内生産であったと見做すことができる。

〈長沢(一九八七)〉

もっとも新しい論文としては、長沢利明の研究が挙げられる。アミ族の土器文化を広く検討した論考の中で、花蓮県吉安郷南昌村の事例が紹介されている(長沢 一九八七：八－一一)。長沢が現地調査を実施した一九七七～七八年の時点で、土器製作の伝統は完全に失われており、土器づくりの経験のある老人に対する聞き取りにもとづいている(長沢 一九八七：四)。なお長沢が調査したのは、南勢アミであった。

長沢によれば、粘土は山中の決まった場所で取得し、砂や粗砂、ガラ(軽石質の鉱物を細かく粉砕したもの)を混ぜて、よく混錬するという(長沢 一九八七：九)。これら混和材によって、焼成時に土器が破損することがなくなるというが、残念ながら、混錬の具体的な方法は明記されていない。成形においては、輪積みは行なわれず、手びねりで粗く成形した後、叩きにより形を仕上げていくという。大型の土器については、半球形の土器を二つつくり、接合するという。作品は日陰で一週間ほど乾燥させる。焼成は野焼きではなく、窯(半地下式の「土窯」，長沢 一九八七：一〇)によって行なわれ、一回に五〇～一〇〇個ほどをまとめて焼成する。土器づくりは専業生産であり、専業者の庭先には高さ二m、最大径三mほどの大型の窯が備え付けられているという。四～五日もの間、窯を焚き続け、取り出しは一〇～一五日後になる。長沢が指摘するように、アミ族の伝統的土器生産においても窯を使用する例はほかになく、漢人社会からの技術的な影響を想定することは妥当であろう（長沢 一九八七：一一）。

〈小結〉

以上、主要な先行研究を整理してみたが、アミ族の土器づくりに関する情報はヤミ族に比べて総じて少ないといえる。このことは、台湾本島に居住するアミ族がより強く漢化の影響を受けてきたことと無縁ではないだろう。すなわち、漢化が進んだアミ族はより早く、より徹底的に土器製作技術を失ったため、近代以降の調査対象からこぼれ落ちてしまったと考えられる。加えて、アミ族の土器生産様式が一定の専業性を有していたことも、この状況に拍車をかけたであろう。すなわち、世帯生産によって土器をつくったヤミ族では極めて多くの人が土器づくりに従事した結果、土器づくりに関する情報が比較的よく保存されたと考えられる。事実、蘭嶼では日本語を話すことのできる老人を訪ねれば、大抵が土器づくりの話しをしてくれた。一方で、かつて一大土器生産地として名を馳せた太巴塱では、土器づくりの状況を知る人物を見付け出すことすら難しい。太巴塱における土器づくりがかつて、相当程度に専業生産であったがゆえに、土器製作に従事した人間が限定されたためであろう。

アミ族においては、手こね・手づくねによって粘土を粗く成形した後、叩き板を用いて、成形を進める。ヤミ族のように原形を作成するという工程（齋藤・鈴木 二〇〇七：五一、写真一四）を踏まない点は大きな違いとなっている。またアミ族では工作台（ないしは壺の肩部～頸部）を用い、その緩やかな凹曲面を利用しつつ、成形を進めていく。壺底部などを凸型として用いるヤミ族とは対照的である（齋藤・鈴木 二〇〇八：一一－一二、写真一－六）。

焼成についても事例によってやや変差が大きい。典型的な覆い型野焼きが石磊や陳奇祿によって報告されている一方、鳥居龍蔵の報告をそのまま受け入れるならば、アミ族の土器焼成は元来、開放型野焼きであった可能性がある。さらに長沢利明の記録によれば、窯が導入され、より長時間・高温の焼成も行なわれていたのである。アミ族の土器製作技術は決して一様ではなく、多様な焼成方法を駆使するさまざまな集団が共存したと解するべきであろう。なお既述したように、広大な領域に住むアミ族は五つのグループに細分される。このようなグループによる技術差を丁寧に見極めることが、土器製作技術の変遷に迫り得る有効なアプローチとなることは疑いがない。

三．蘭嶼・ヤミ族の土器製作技術

ヤミ族の土器づくりは（一）素地の準備、（二）成形、（三）焼成の各工程に大別されるが、本調査では、全ての工程を観察する機会を得た。素地準備の工程のうち粘土の採掘については、主に椰油村の胡根火氏（五五歳）の作業を観察した。さらに素地の調整および成形については漁人村の張人仰氏（八五歳）(9)の作業を記録し、焼成については椰油村の王朝律氏（五四歳）に実際に焼いてもらった。また以上とは別に紅頭村の施李春秋氏（八一歳）にも、土器づくりに関わる全ての工程について、聞き取り取材をすることができた。以下の報告はこれらの情報を整理したものである。

三－一．素地の準備

椰油村で民宿を経営する胡根火氏が粘土の採掘場所を知っているというので案内してもらった。場所は村役場の背後に広がる水イモ棚田である（Pl.1－1）。比高差二〇ｍほどの急峻な畦道を七分ほど歩いた地点で粘土が採掘できるという。棚田畦の脇を三〇㎝ほど掘り下げると、青色の泥土が顔を出し、これが土器粘土となる（Pl.1－2）。採掘された粘土は、その場で大粒の礫を除去し、持ち帰った後さらに不純物を取り除いて陶土にするという。

成形に先立って行なわれる素地の調整については、漁人村の張人仰氏による作業をみることができた。氏によれば、粘土は自宅から一時間ほど歩いた山中の小川脇で採掘されるというが、実際の場所は未確認である。まずは粘土から小石などの不純物を除去する。粘土はビニール袋に包まれた状態で屋内に保存されていた。また夾雑物の除去は、庭先で行なわれる(10)。

目立った小石が除去された後、粘土は長径五〇cmほどの平石上に置かれ、自然礫を転用したハンマーを用いて入念に叩かれるが（Pl.1－3）、これは粘土中に残る粗い粒子を叩き潰すためである。張氏の庭先には一×二mほどの広さで屋根が架けられたスペースがあり、その脇に粘土を準備するための平石がいくつか置かれていた（Pl.1－4）。途中、水を取って水分の調整を行ないつつ、入念に叩き、陶土とする。器高三〇cmほどの中型土器をつくるための量の陶土（径一五cmほどの粘土塊二つ）を、四〇分ほどかけて叩いていた。なお、素地に混和材を加えることはない。

三－二．壺形土器の成形

続いて成形の工程に移っていくが、まずは壺形土器の成形について紹介する。最初の工程は完全に手作業である。直径五〇cmほどの木製皿が用意され（Pl.1–5）、そこには粘土が付着しないようあらかじめビニールが敷かれている。成形作業はこの木皿を適宜回しながら、進められる。そこに粘土塊を押し当て、まずは径三〇cmほどの円形の底板をつくる（Pl.1－6）。

その底板に、幅五～七cm、長さ三〇cmほどの粘土紐（Pl.1–7）を一つずつ底板の円周に立てていく（Pl.1－8）。粘土紐そのものは、手の中でごく粗く成形されたものであり、幅は一定しておらず、形状としては楕円形に近い。接着部分についてはT寧に繋ぎ合わせていくものの、この段階では表面を平滑に調整することはない。三段から四段ほどを積み

1-1. 粘土採掘場所（水イモ棚田）

1-2. 粘土の採掘

1-3. 粘土調整

1-4. 作業場（粘土調整）

1-5. 作業台（木皿）

1-6. 粘土を延ばして底板をつくる

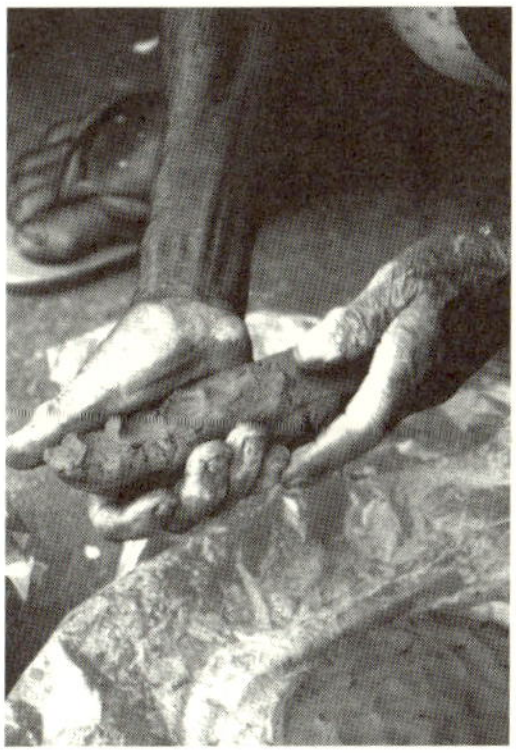

1-7. 粘土紐（板）の作成

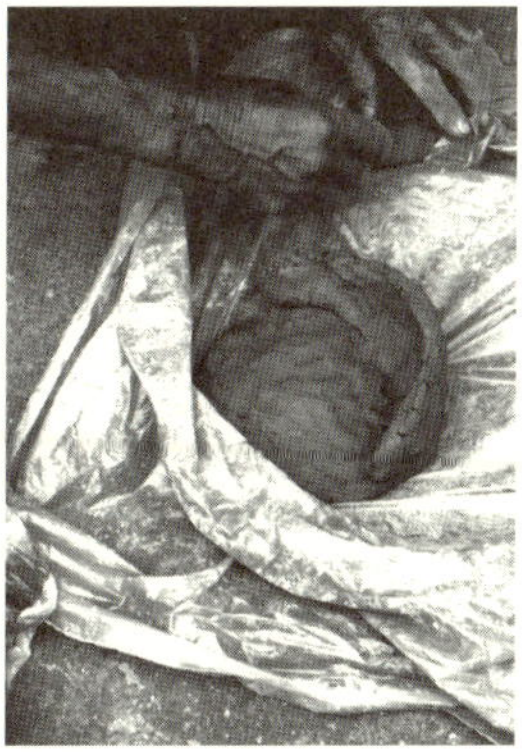

1-8. 粘土紐（板）を底板に立てる

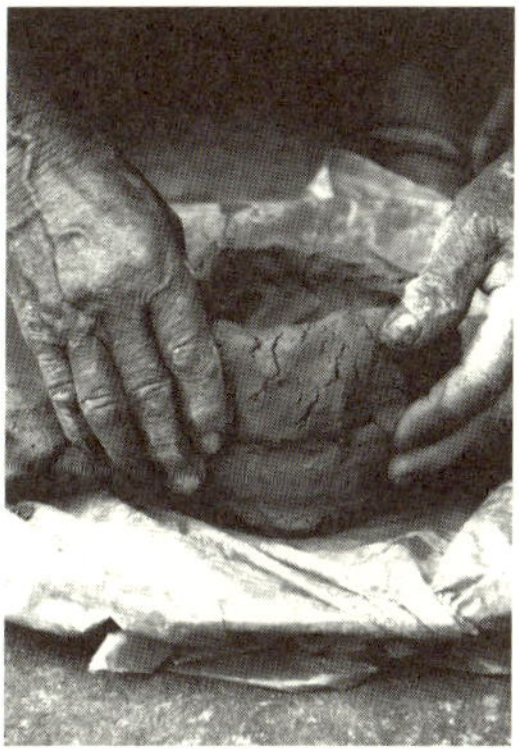

1-9. 粘土紐（板）を重ねていく

Pl.1 ヤミ族の土器づくり（粘土採掘，壺成形(1)）

上げるまでこの作業は続けられ（Pl. 1－9）、高さ二五㎝ほどの円筒形をつくっていくが、これが原形となる（Pl. 2－1）。粘土紐の幅が一定していないことから、器壁には凹凸が生じるが、凹部には粘土を充塡し、水平になるよう仕上げていく。途中、適宜水をとってひび割れを撫で消していた。やや粗雑ではあるが、粘土紐による輪積みということになるであろう。

粘土紐輪積みによる成形が済むと、そのまま叩き作業へと移る。使用される工具は、当て具となる円礫と叩き具となる木製の棒および叩き板である。まずは円礫を左手に持ち、円筒形につくった原形の内部に差し入れつつ、右手で木製の棒を持って、叩いていく（Pl. 2－2）。この段階で土器の胴部をやや膨らませながら、基本形をつくっていく。ある程度形ができてきたところで、羽子板状の叩き板に持ち換え、器表面に残された叩き痕を撫で消すように叩いていく（Pl. 2－3）。

叩き板によって延ばされた器壁は、胴部の膨らみを維持しつつ、さらに内径していき、肩部から口縁部となっていく。その後、内径した器壁を外に折り返すように調整し、口縁とする（Pl. 2－4）。口縁の成形は、外側に折り返すように叩き棒で軽く叩き、その後、手でつまみ出すように行なわれ、最終的には指で撫で調整を施す。口縁部の成形が済むと、成形を終えた部分を丁寧に撫でて仕上げていく。

以上により、土器上半部の成形が完了したことになるが、下半部は粘土紐を底板に積み重ねたままの状態である。この下半部の成形については、上半部の乾燥を待って、翌日行なう。下半部が過度に乾燥することを防止するために、下半部にはビニールが巻かれ（Pl. 2－5）、さらに内部にもビニールを丸めて入れておく。作品は屋内に保管され、陰干しされる。

翌日、衣類をドーナツ状に丸めてそれをプラスチック素材のシートで包み、紐で括ってつくった作業台[11]を用意し（Pl. 2－6）、そこに接着防止のためにビニールを被せる。その上に昨日までに成形した半乾燥の土器を寝かせて設置す

2-1. 円筒形の原形を作成

2-2. 叩き棒による成形

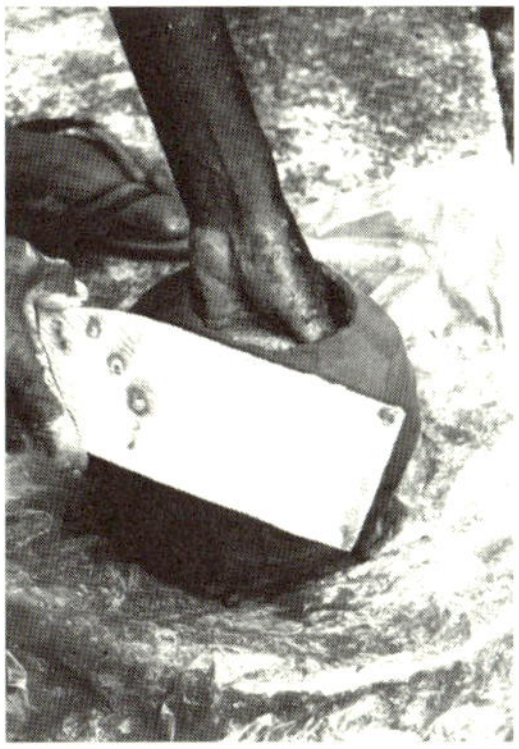

2-3. 叩き板による成形

2-4. 頸部をつまみ出す

2-5. 下半部にビニールを被せる

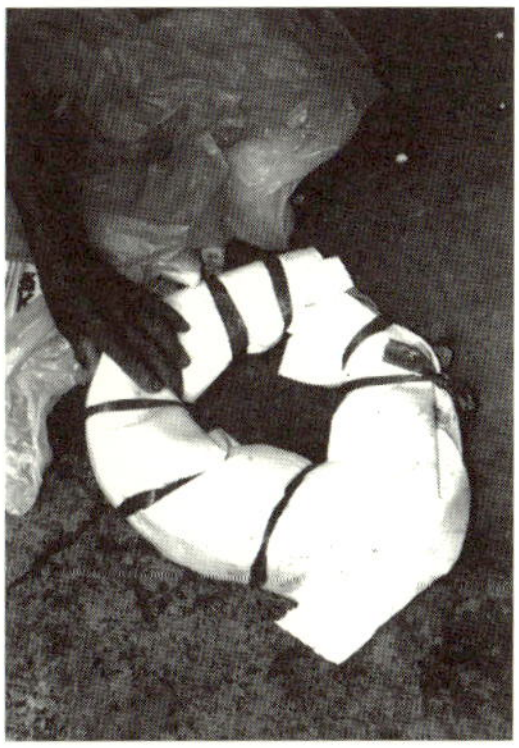

2-6. 作業台（輪枕）

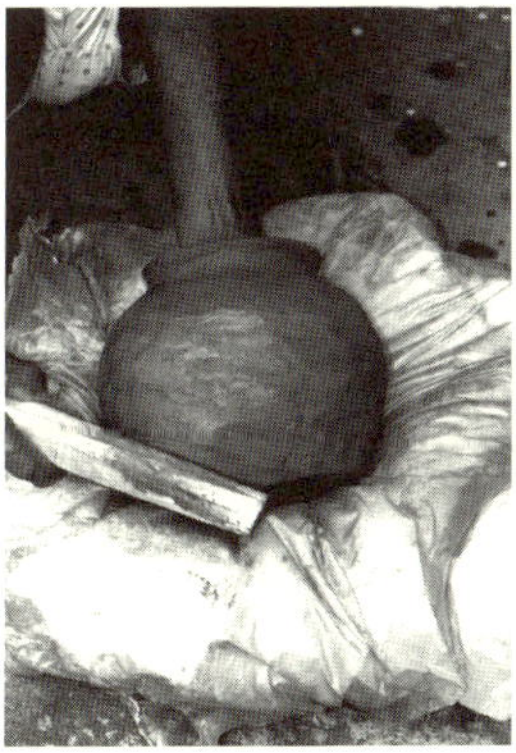

2-7. 叩き棒による成形

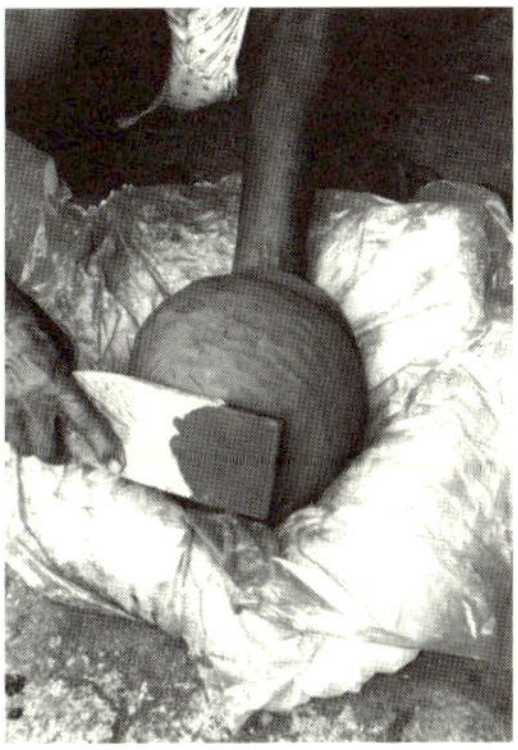

2-8. 叩き板による成形

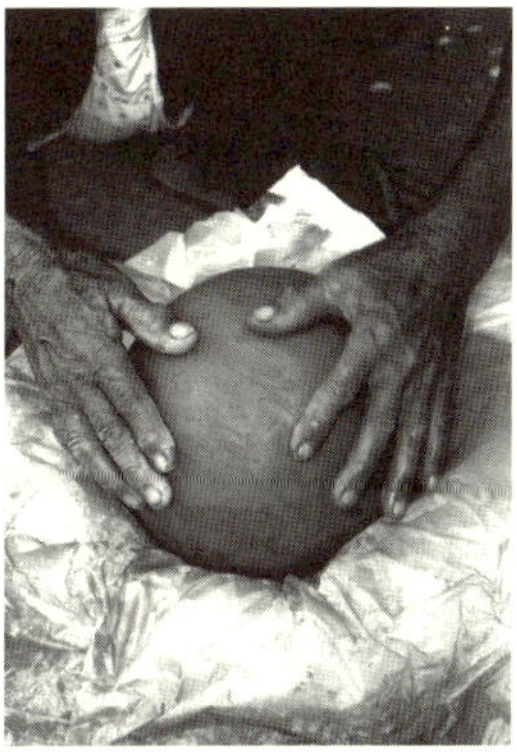

2-9. 撫で調整

Pl.2 ヤミ族の土器づくり（壺成形（2））

る。このとき、上半部の乾燥が不十分であれば、土器全体が歪んでしまうといい、そのために下半部の成形は翌日に回されたのである。

口縁から、当て具である円礫を左手に持って挿入し、内面に当てつつ、叩き具を右手に構え、土器を適宜回転させながら叩いていく。まずは木製棒で粗く叩いた後（Pl. 2―7）、叩き板に持ち換えて（Pl. 2―8）、さらに平滑に仕上げていくが、これは上半部の成形と全く同じである。作業を始めた段階では平底であった底部が、見事に丸底へと仕上げられ、歪みのない球形を呈していく。最終的に全体を手で撫でて仕上げ（Pl. 2―9）、完成となる。

成形の工程は全体としては一時間ほどで完了する。ただし、上半部と下半部の叩き作業の間に乾燥を挟む。張氏の場合はそのために、成形作業が二日に及んでおり、この点に特色がある。

成形の済んだ作品は、二～三週間ほど屋内でよく乾燥させてから、焼成されるという。

三―三．碗形土器の成形

碗形土器成形における最大の特徴は、型を用いる点にある。木製や土製の専用型が用意されることもあるが（鹿野一九四一：四五、宇野一九七四：一四一―一四二）、張氏の場合、すでに焼成を済ませた壺を倒立させて据え、底部の丸みを利用する。ここにビニールを被せるが、これは粘土が型に貼り付かないようにするためである。ビニールは大きめで、型をはみ出して、余らせてある。

まずは用意した粘土ブロックから適量を切り出す。両手の上でこの粘土を径二五cm、厚さ八cmほどの円盤状に粗く延ばし、これを型中央に載せる（Pl. 3―1）。この粘土を手で押し広げていくが、作業は適宜型を回転させながら行なわれる。

壺の成形と同様、その過程では叩き棒および叩き板を活用するものの、振り幅はごく小さく、器厚を均すことに重点が置かれているようである。あくまで、手作業によって粘土を丁寧に型に押し付け、形を写し取っていく作業がメインとなる。

叩き作業ではまず、叩き棒を手に、粘土を叩く(Pl.3―2)。叩き作業の際、頂部にはやや厚く粘土を残しておく(Pl.3―3)。その後、叩き板に持ち換え(Pl.3―4)、さらに叩いていく。ごく短時間の叩き成形ではあるが、叩き棒と叩き板の使用順序は壺形の場合と同じである(齋藤・鈴木 二〇〇七:五一)。

続いて、やや厚く残した頂部を摘み出すように成形し、高台をつくっていく(Pl.3―5)。高台を摘み出す作業はあくまで目算でなされるため、正しく中心につくられるわけではないものの、底部(陶磁器における「畳付」に相当する部分、矢部 二〇〇二:五五)を叩き板で平らに仕上げるため、土器の座りに問題はない。途中、適宜水を取りつつ、高台を指で摘み出していく。

高台の摘み出しが済むと、全体の調整作業に入る。まずはてのひら全体で粘土を押し、厚みを均していく。その後、親指で表面を撫でる。さらに全体のバランスをみながら、厚く残されている部分を叩き板で軽く叩いて調整する。

概ねの形ができたところで、土器をいったん乾燥させる。次の工程ではつくり出した高台を下して作業を継続するため、自重で土器が歪まない程度には底部を乾燥させておく必要がある。一方で、口縁の成形・調整はこの段階で行なうため、乾燥し過ぎてしまうと、作業に支障をきたす。口縁部分が過度に乾燥しないようにビニールで覆うが(Pl.3―6)、剝離材として型に被せたビニールの余部を折り返してこれに充てる。作業開始から口縁部分をビニールで覆うまでに要した時間は二五分ほどであった。

乾燥には三〇分ほどをかけ、この間、作業を中断する。壺成形と同様、途中に乾燥の工程を踏む点に特徴がある。壺の成形において途中乾燥にかける時間は二時間(徐 一九八三:五一)から、一日(齋藤・鈴木 二〇〇七:五一)、さらには二～三日(宇野 一九七四:一四一)と一定しないが、碗形では途中乾燥にかける時間は概ね短いといえそうである(宋 一九五七:一五〇―一五一)。

乾燥後、型から土器を取り外して高台を下にして設置し、作業再開となる。土器を両手で包み込むようにして歪みを調整した上で、口縁の成形作業に入る。型から取り外した段階では、口縁には凹凸が目立っている。高く残っているところは余分な粘土を切り取り（Pl.3－7）、低いところにこれを充填しつつ、水平に均していくのである。粘土の切り取りにはナイフ状の工具を使用していた。歪みを調整し、口縁を水平に均すのに要した時間は一〇分ほどである。

口縁が水平になると、今度は水を取りつつ、指で撫でて調整していく。この作業を行ないながら、手作業により口縁を外湾させていく（Pl.3－8）。この作業に特別な工具が活用されることはなく、親指と人差し指で器壁を挟みながら、少しずつ丁寧に押し広げていくのである。

続いて、外湾させた口縁をさらに平滑に仕上げていく。ここではナイフを用いるものの、粘土を削り取るのではなく、ナイフの側面を押し当てるようにして、器面を撫でていく。さらに水を取りつつ、人差し指や親指で撫でて、微調整していく。

撫で調整が概ね済むと、叩き板で軽く叩いて口縁端部を平滑に仕上げる。碗形土器の口縁端部はやや斜行し、幅五㎜ほどの平坦部分を持つが、これは、この時の叩き作業によってつくり出される。その後、叩くことでどうしても生じてしまう歪みを丁寧に調整し、再度指で撫でて仕上げていく。

いよいよ最終工程に入る。最後に行なうのは、内周の撫で調整である。手を軽く握り、人差し指の表面（第一関節と第二関節の間の部分）を、器面に押し付けるようにして撫でていく（Pl.3－9）。内周の撫で調整が済み、叩き板により再度、口縁端部の調整を簡単に行なって、成形完了となる。

碗の成形に要した時間はおよそ七〇分であり、途中乾燥の時間を含めると一〇〇分をかけて一つの碗形土器をつくる。観察した碗づくりは、見物に来た隣人と雑談を交わしながらの作業であったため、多少の時間短縮は見込まれるものの、実際には手を休めていた時間はそれほどなかった。概ね九〇分前後の所要時間（途中乾燥を含む）を想定するのが妥当

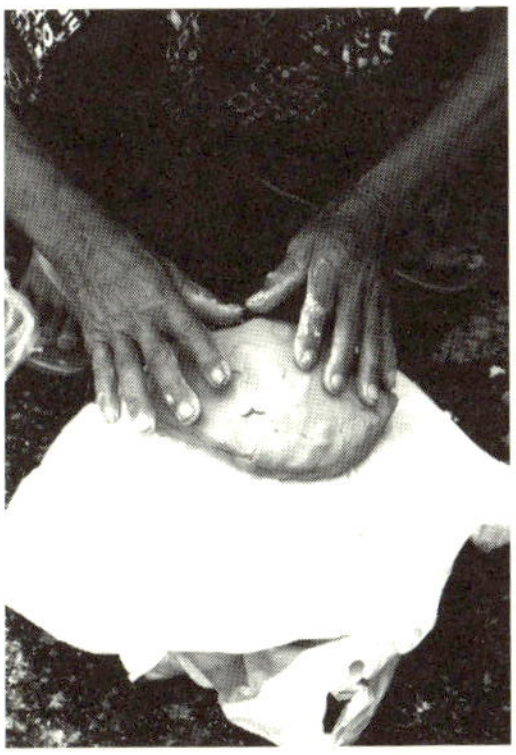
3-1. 凸型（壷底部）に粘土を押しあてる

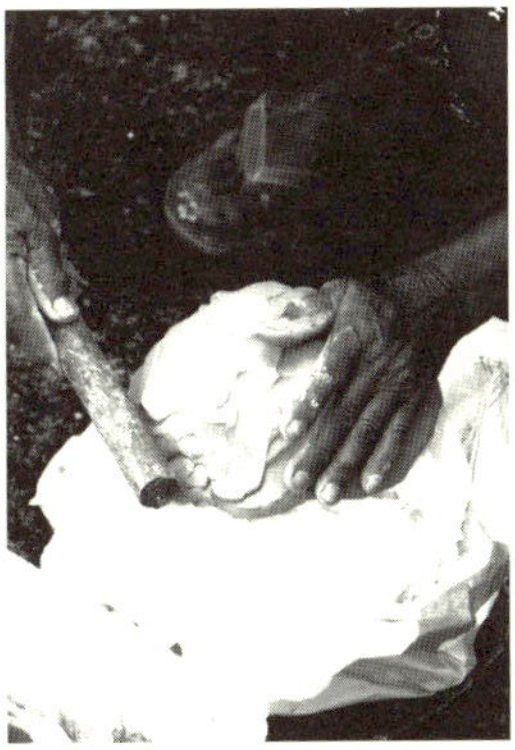
3-2. 叩き棒による成形

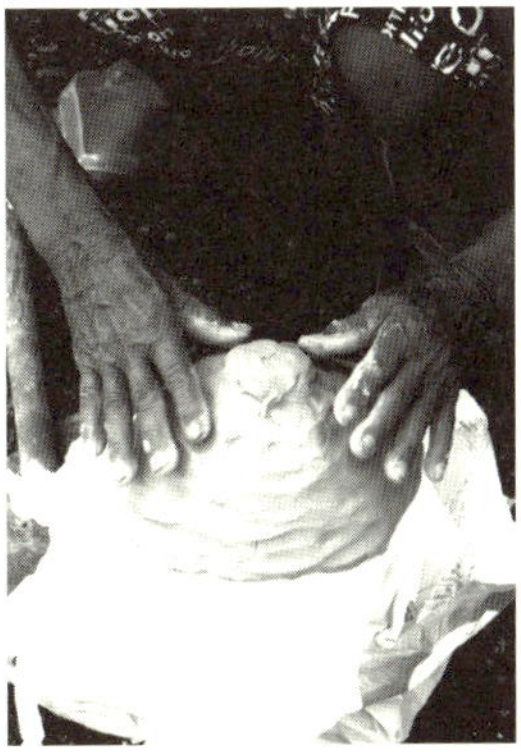
3-3. 中央を厚く残す

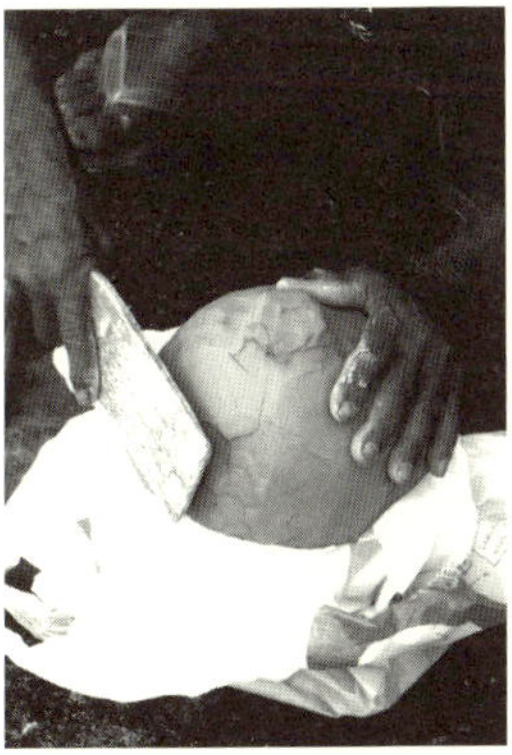
3-4. 叩き板による成形

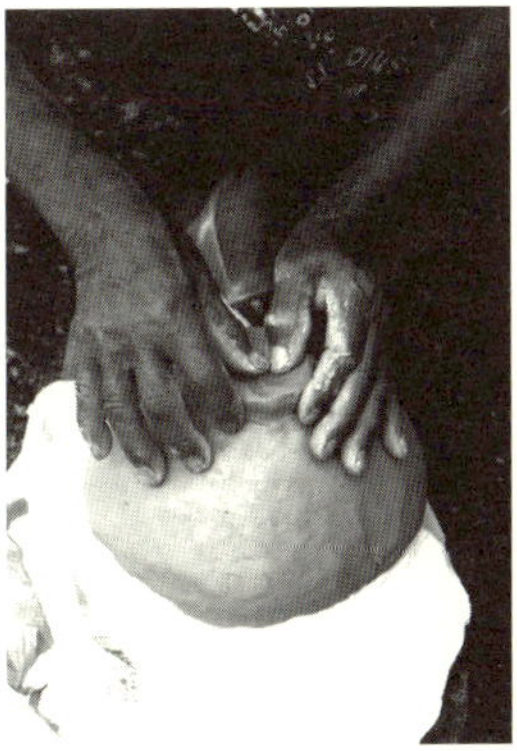
3-5. 高台をつまみ出す

3-6. 口縁にビニールを被せる

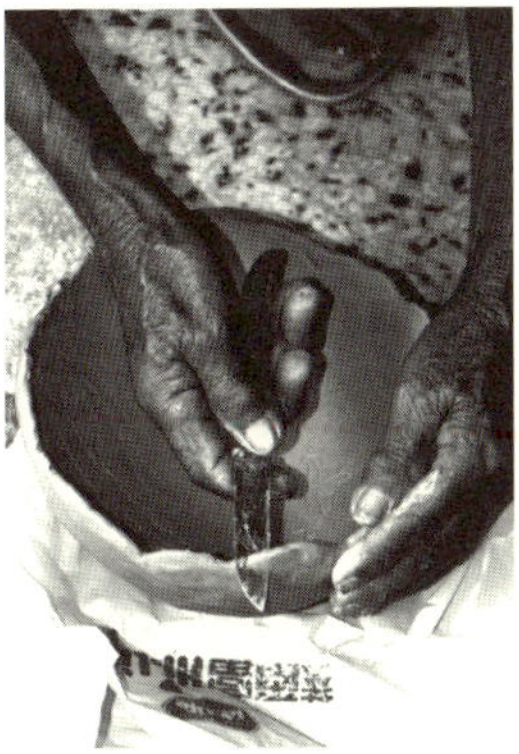
3-7. 口縁を水平に切り揃える

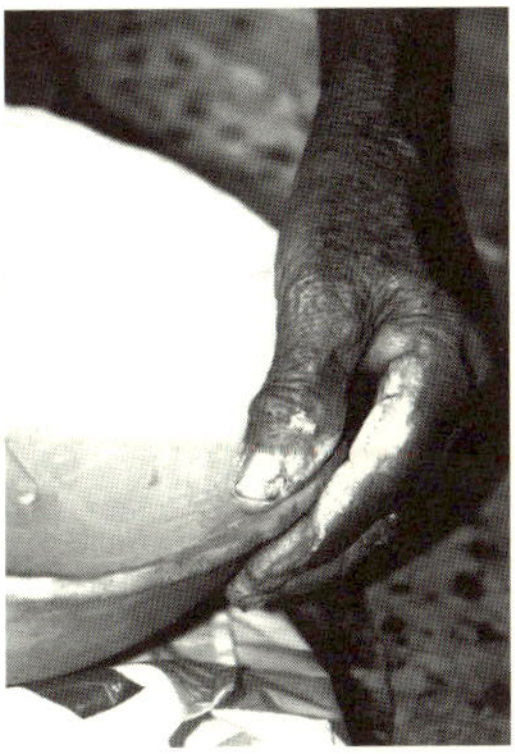
3-8. 口縁を外湾させる

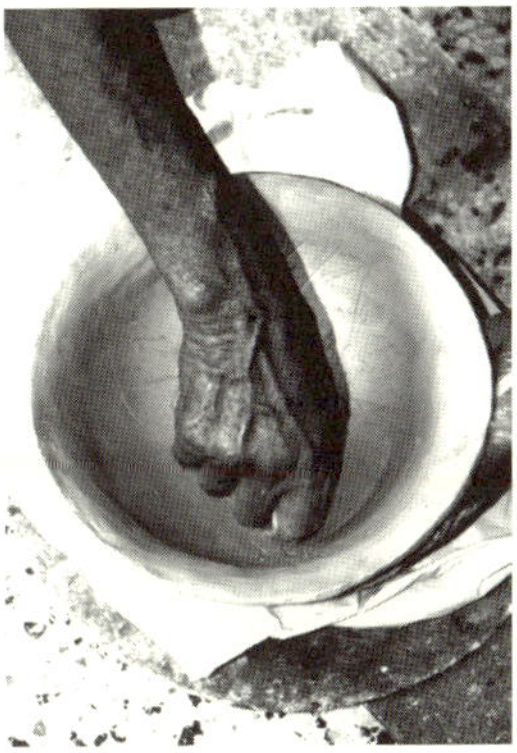
3-9. 内周を撫でて調整する

Pl.3 ヤミ族の土器づくり（碗成形）

であろう。

三－四．焼成

焼成ではまず、雑木を一～一・五mほどの長さに切り揃える（Pl. 4－1）。さらに地面を一m四方、深さ二〇㎝ほどに掘り窪め、焼成場所とした。そこに木炭を適量敷くが、昔は木材を敷き並べていたという。木炭の上に作品を並べていく（Pl. 4－2）。さらにその上に、燃料を設置していく。まずは作品の上に径三㎝ほどの細い枝六～八本を、高さ三〇㎝ほどの円錐状に組む（Pl. 4－3）。ここに一～一・五mほどの長さに切り揃えた径五㎝ほどの雑木を、さらに並べ立てていく。ここで並べられた木材は三〇本ほどであり、高さ七〇㎝ほどに組み上がった。

火入れは一箇所からのみ行ない、火が全体に回るのを待つというやり方である（Pl. 4－4）。主熱源となる雑木が最も外側に配され、特別に覆うことはしない。被覆材を伴わない、いわゆる開放的な野焼きであるとみることができる（Pl. 4－5、cf. 小林 一九九八：一五〇）。

今回の焼成では、点火地点の反対側に温度計を差し込んで、温度の測定を行なうことができた。測定によれば、点火後一〇分ほどで一〇〇℃に達したが、その後二〇分間は一〇〇℃前後を昇降した。火入れから三〇分を過ぎて昇温に向かい、点火後三五分で一九〇℃、四〇分で二九五℃まで急激に温度は上昇した。点火後四五分で六四六℃を記録し、これが最高到達温度となった。その後、火入れから七〇分後に作品の取り出しが完了するまで、六〇〇℃前半から中半を維持した。

点火後六〇分を過ぎると、順次、土器を取り出していく（Pl. 4－6）。この作業には一〇分ほどをかけ、一つ一つ丁寧に取り出していた。取り出しには先端が二股の棒を用い、ここに作品を挟むようにして器用に取り出していく。脇に用意した板の上に生葉を敷いておき、そこにまだ熱を帯びた土器を置いて冷却させていく。この取り出しの作業が完了した

4-1. 燃料を切り揃える

4-2. 作品の設置

4-3. 燃料を円錐状に並べる

4-4. 焼成（炎が立つ）

4-5. 燃料が熾火となる

4-6. 作品の取り出し

Pl.4 ヤミ族の土器づくり（焼成）

直後、中央部分に温度計センサーを差し込み、測定してみたところ、約七〇〇℃を記録した。したがって、最高到達温度は中心部分で七〇〇〜七五〇℃、周辺部分では六五〇℃と推測され、これを二〇分ほど維持する焼成であると評することができる。

焼成終了までの七〇分間、時折、焼成具合を確認するほかは、特別な作業は行なわれず、その間、燃料を追加することは一切なかった。

三―五．土器生産様式

漁閑期である八月から九月にかけて実施されるヤミ族の土器づくりは、かつて世帯内生産で行なわれていたと考えられる（鳥居 一九〇二：三〇四）。このことは、日本語を話す老人の多くが土器製作の記憶を有することからも裏付けられるであろう。各家庭の男性が土器を製作し、つい近年まで、その技術は祖父から父へ、父から息子へと継承されていたのである。

各家庭でつくられる土器は実用に供され、儀式用に特化した土器の製作は認められなかった(12)。土器が製品として流通した事実もほぼ皆無であり(13)、まさに、各家庭が必要な土器を必要な時につくるという生産様式が一般的であったようだ。通常、「世帯内生産」として報告・記録された民族誌事例でも、多少の専業性が認められることは少なくない(Rice 1987：184、小林 一九九三：七八)。一方で、蘭嶼ヤミ族においては、専業化した要素をほとんど確認することができない。世界的にみても、世帯内生産としての特徴を極めて色濃く残す事例が、ヤミ族といえるのではないだろうか。

三―六・小結

以上、ヤミ族の土器づくりについて、製作工程のすべてを観察することができた。

採掘した粘土については丁寧な叩き調整が求められる一方、混和材を加えることはなく、焼成方法に適したものを選択しているといえる。

壺形土器の成形では、粘土紐を積み上げて円筒形の原形をつくり、これを叩いていく。叩きでは、まずは上半部を成形し、乾燥を挟んで、下半部を仕上げていくという手順を踏む。叩き棒で大まかに成形した後、叩き板で仕上げていく点も特徴といえるであろう。一方で碗形土器では、凸型の丸みを忠実に写していく作業が主体を占める。叩きによる成形は行なわれるものの、割合としてはごく少ない。つまり、碗形とは対照的な成形技術が駆使されるのであり、これら異なった二つの成形技法が共存している点に、蘭嶼の特徴を見出すことができよう。

焼成はいわゆる野焼きとなっており、被覆材を伴わない完全な開放型である。薪を用いる焼成は、短時間に一気に焼き上げるものであり、本調査によって温度の測定を実施できたことは有益であった。

さらには、本研究において確認されたこのような土器製作技術は、先行研究にみられる技術的特徴をよく備えていると評価できるであろう。二〇〇八年の時点で、土器製作技術は比較的よく保持されていると考えたい。

四．豊浜村・アミ族の土器製作技術

豊浜村では、蔡賢忠氏を代表とする Alik 工作室の土器製作を観察・記録した。工作室の現在の構成員は、荘阿妹（ラーカオ、七七歳）さん(14)、鐘秋春（チョォクォ、七九歳）さん、荘江玉（カーリーティン、六七歳）さん、蔡絹鋼（ローンギ、六七歳）さんの四名である。蔡氏の母親の家屋を工作室とし、作品をつくる。蔡氏の母親もかつて工作室のメンバーであったが、すでに鬼籍に入られた。蔡氏は将来的に、亡き母親の自宅であったこの工作室を展示施設とし、伝統的作陶技術の啓蒙に努めたいとの希望を語っていた(15)。

四－一．素地の準備

Alik 工作室では、粘土を道路脇の土地から採取している（Pl.5－1）。この土地は昔、アミ族の集落があったという高台の裾に位置し、かつては畑として利用されていたが、現在では墓地区となっている。七〇～八〇年前、蔡氏の祖母のころから、この場所で粘土を採掘してきたという。採掘は過去に粘土を掘った採掘坑で行なわれた。採掘坑の側面を掘り崩すようにして、採掘は進められる（Pl.5－2）。途中、掘り出した泥土を手に取り、粘性を確認しつつ、土器づくりに適した粘土を探すのである。

採掘された粘土は、小石などの目立った夾雑物を取り除く（Pl.5－3）。その後、篩にかけて肌理を揃えるというが、

5-1 粘土採掘場所（道路沿いの空き地）

5-2. 粘土の採掘

5-3. 粘土から雑物を除去する

5-4. ムシロの上に粘土を置く

5-5. 粘土に水を混ぜる

5-6. 粘土を杵で突く

5-7. 粘土を切り分ける

5-8. 成形前のお神酒

5-9. 工作台の上に粘土を置き、中央を窪ませる

Pl.5 アミ族の土器づくり（粘土採掘，成形 (1)）

これは工作室発案の方法であり、昔はそのまま使用したという。パウダー状に乾燥させた粘土をムシロの上に置き(Pl.5－4)、水を混ぜて(Pl.5－5)、木製の杵でついていく。

叩き調整は数人がかりで行なわれる(Pl.5－6)。観察した事例では、四人がかりで粘土をつき、二〇分ほどの時間をかける。通常はより大量の粘土を、三〇分ほどの時間をかけて叩くという。途中で、ムシロを折り返して広がった粘土を中央にまとめ、さらに適宜水を加えながら、作業は進められる。叩き作業を継続すると、徐々に粘土には粘性がもたらされる。当初は「ドン、ドン」という叩き音であったが、次第に「ピタッ、ピタッ」という音に変化し、これが叩き調整完了の目安となる。二〇分ほどの作業によって、一〇kgほどの粘土ができあがった。これをブロック状に切り分け、叩き作業に参加したメンバーで分配する(Pl.5－7)。

四－二・壺形土器の成形

Alik工作室による小型の壺形土器の成形作業を観察することができたので、以下、報告したい。

まずは成形に先立って、工作室のメンバーは酒を酌み交わし、成形の成功を祈念する(Pl.5－8)。

成形では工作台が用意され、作業は主にその上で進められる。工作台は高台のついた碗のような形を呈し、中央には穿孔を有する。特別に用意された工作台は、土製で、既に焼成を済ませたものである。

まずは工作台にビニールを被せ、その上に円盤状にまとめた粘土を置く。ビニールは剥離材の役割を担う。粘土の中央を丸石で窪ませた後(Pl.5－9)、まずは縁を持ち上げるようにして(Pl.6－1)、ボウル状に粗く形づくる。作品がボウル状を呈したところで、叩き板と当て具によって、叩き出していく作業へと移行する。作品が徐々に膨らんで、丸みを帯びてくると、作品を工作台上に横倒しに据え、脇から当て具を差し入れつつ、さらに外面を叩いていく(Pl.6－2)。この段階では、作品は自重によってかなり歪んでしまうものの、作品を適宜、回転させながら、叩きの作業を継続していく。途中、作品を工作台中央に底部を下にして置き、縁を掴むように、歪みを調整しつつ、さらに叩きを続けていく。このとき、作品を抱えるように手に取り、全体のバランスを確認・調整する工程を挟んでいた（Pl.6－3）。叩きを継続し、作品が半球形から球形へと仕上がってきたところで、再度、作業台中央に底部を下にして据え、主に縦方向に叩きを継続し、均一な厚みに成形していく（Pl.6－4）。

肩部までの成形が一段落したところで、先端Ｖ字形のヘラで、端部の粘土を水平に切り揃えていく（Pl.6－5）。その後、ヘラで頸部となる部分を押さえつつ、指先で端部を外湾させていき（Pl.6－6）、これを口縁とする。口縁の形が定まってきたところで、叩き板やヘラで上から軽く押さえつけるように、調整していく。さらに指で口縁を摘み、滑らせるようにして、平滑に仕上げていく（Pl.6－7）。

口縁が完成したところで、頸部にビニールを巻いて保護しつつ、底部の叩き作業を再開する（Pl.6－8）。工作台に寝かせるように作品を据えて再開される叩き作業は、さらに作品を抱えるように持ち上げて継続される。概ねの形状が仕上がると、最終的に表面を撫でて、完成となる。撫で調整は主に、棒状の工具によって進められ、磨くように外面を撫でていた。

以上で成形作業は完了となるが、今回の観察事例では一時間ほどを費やした。製作者である荘さんによれば、これは平均的な時間であるという。なお、出来上がった作品に納得がいかない場合は、ビニールで包み、翌日以降、再度、叩き作業を再開・継続する。

碗形土器の成形については、今回観察することができなかった。聞き取りによれば、壺成形と同様、手こねで粗く成形した後、叩きによって形づくるという。なお、先行研究のいくつかで報告されている技法、すなわち、半球形の土器二個体を接合して大型器形をつくる技法については、Aliik工作室のメンバーはこうした技術を知らないという。そもそも、それほど大型の土器をつくることはなかったようである。

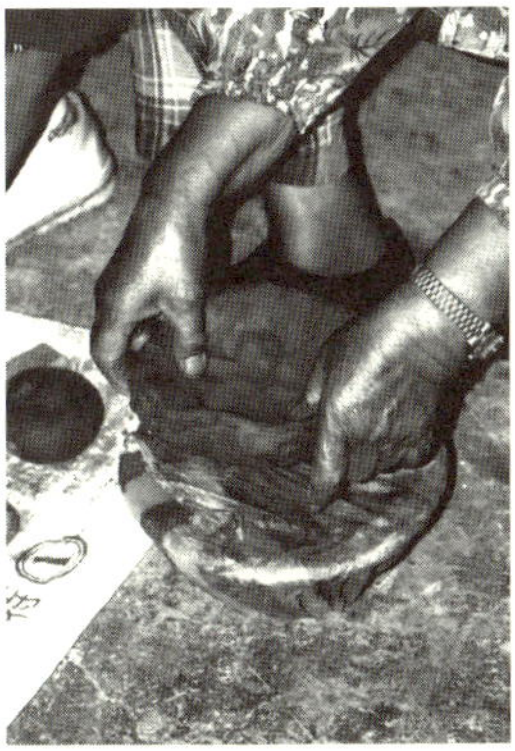

6-1. 縁を掴んで手こね成形

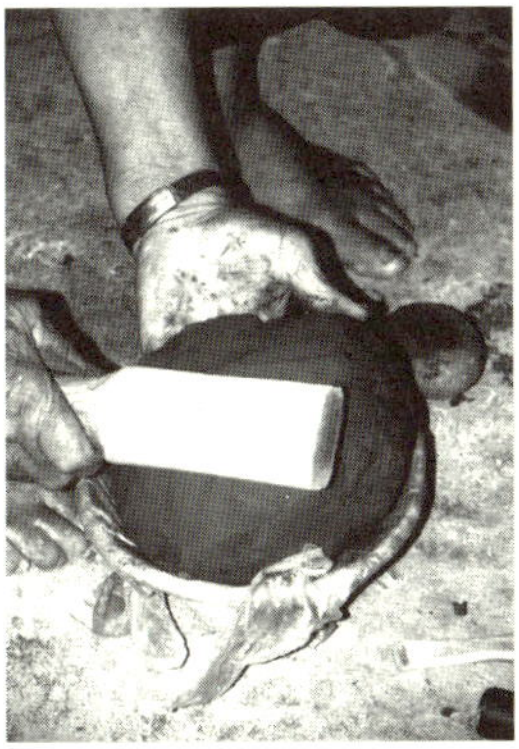

6-2. 叩き板による成形

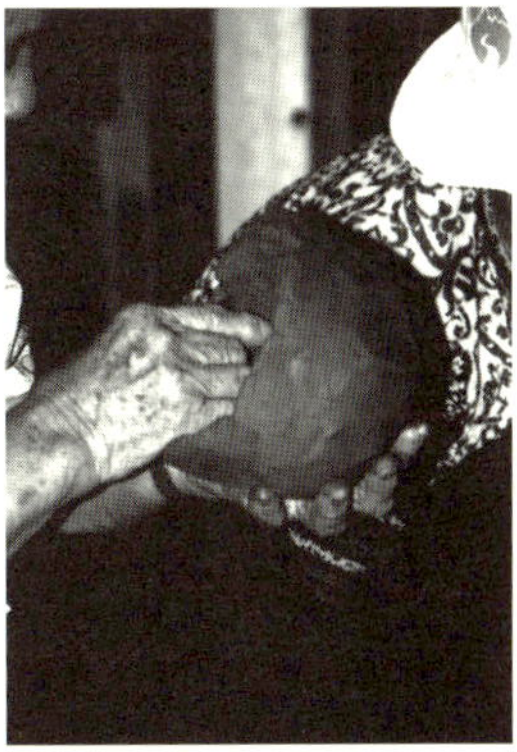

6-3. 手にとって歪みを調整する

6-4. 叩き成形を継続する

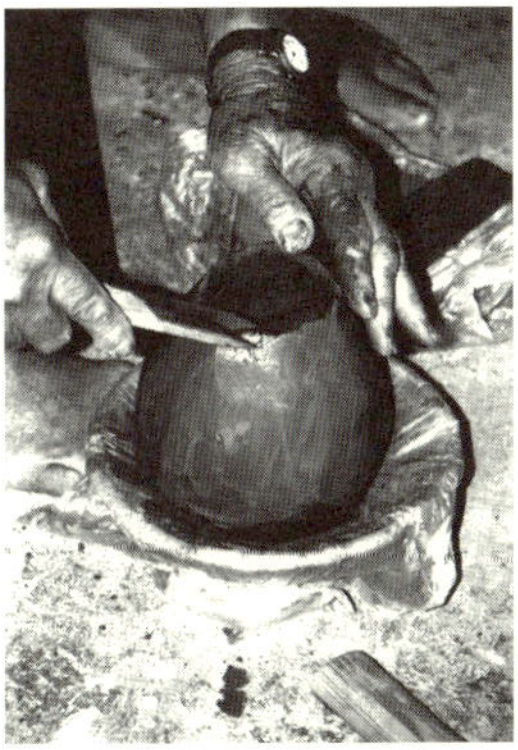

6-5. 口縁を水平に切り揃える

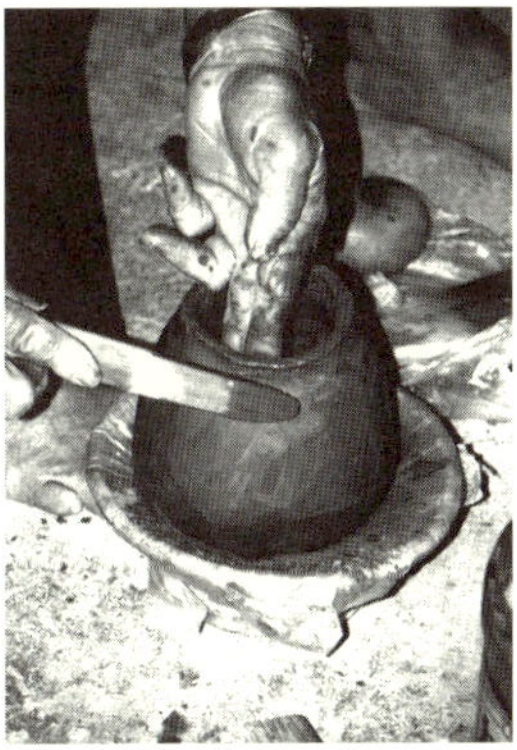

6-6. 口縁を外湾させる

6-7. 口縁を指で撫でる

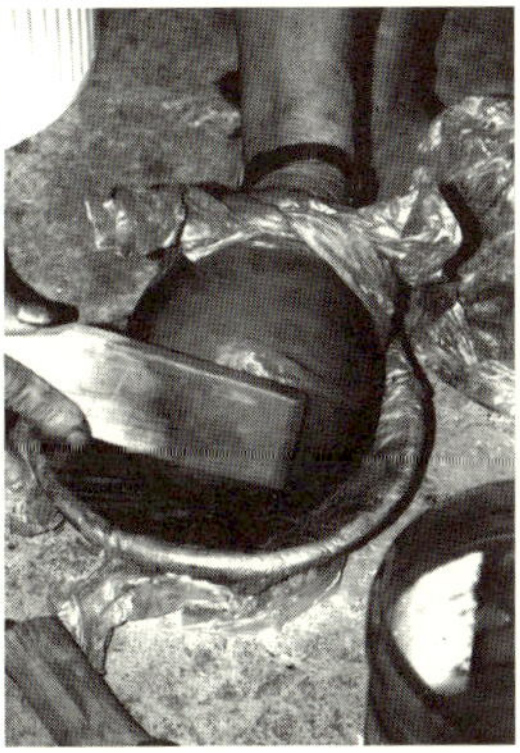

6-8. 口縁を保護しつつ、底部を成形する

6-9. 作品の乾燥（屋内）

Pl.6 アミ族の土器づくり（成形 (2)）

作品は一～二週間ほど日陰で乾燥されて（Pl.6－9）、焼成に回されるという。

四－三．焼成

かつて、焼成場所は夢のお告げで決定し、部落の中央広場や家のそばが選ばれたという。今回の焼成場所は、工作室のリーダー格である荘阿妹さんの畑の一角である（Pl.7－1）。荘さんの畑は工作室から徒歩一分ほどの位置にあり、手近な場所が選択されたという印象が強い。

まずは地面に藁を敷き詰め、さらにカヤを置き（Pl.7－2）、その上に作品を設置する（Pl.7－3）。作品は積み重ねず、平積みに置かれる。そこにカヤを立てかけるように置き、作品の中にもカヤを挿し入れておく（Pl.7－4）。カヤは作品を覆い尽くすように設置される（Pl.7－5）。燃料として用いるカヤはかつて、家屋から出る廃材を転用していたというが、現在ではそうした廃材としてのカヤは入手困難であり、海岸で拾い集めてきたという。カヤの総量は多く、焼成における主熱源はカヤということになるであろう。その後、全体を藁で覆い（Pl.7－6）、さらにその上から籾殻をかけていく（Pl.7－7）。籾殻を被覆材とする覆い焼きと位置付けることができる。籾殻は大量に用意され、一抱えもある大袋二つを今回の焼成に用いた。なお、上述のように作品は平積みで設置されるが、これは流動性のある籾殻をかけるため、作品を高く積み上げてしまうとうまく覆うことができないことに起因するのであろう。

高さ五〇㎝、一・五m四方ほどの規模で行われた今回の焼成では、小型の製品を含む計四九点（壺、碗二三点、デワス（祭祀用小型壺、長沢 一九八七：一一－一四、図4）など小品二六点）が焼成された[16]。

点火直前には簡単な儀式を執り行なう。酒を用意し、これを口に含み、あるいは少量を振りかけて、焼成の成功を祈念するのである（Pl.7－8）。研究史の項で指摘したように、石磊は同様の焼成前祭祀を報告している（石 一九六二：Pl. XLIII－1）。なお、焼成に関わるタブーとして、焼成前に咳きをしたり、焼成中にオナラをすると、作品が割れてし

7-1 焼成場所

7-2. 地面に藁を敷き、その上にカヤを置く

7-3. 作品を設置する

7-4. 作品の上にカヤを設置す

7-5. 作品をカヤで覆う

7-6. さらに藁で覆う

7-7. 籾殻を覆い掛ける

7-8. 焼成の成功を祈念する

7-9. 最下層の藁に点火する

Pl.7 アミ族の土器づくり（焼成(1)）

まうという話しを採取した。

儀式後、火入れとなるが、覆いの裾からはみ出した藁に対し、数箇所点火する（Pl. 7－9）。点火に備えて、藁は籾殻からはみ出すように広く敷かれていたのである。藁からカヤへと徐々に引火し、籾殻で覆われた内部でじっくりと燃えていく（Pl. 8－1）。点火当初こそ、火の回りを気にして新たな箇所に点火したり、崩れ落ちてきた籾殻をすくい上げて頂部にかけ直すといった作業を行なっていた（Pl. 8－2）。しかし焼成が軌道に乗ったと判断されると、作業員は現場を立ち去り、翌日まで顔を出すことはなかった（Pl. 8－3）。

表面近くでは三時間を過ぎて、ようやく昇温に転じ、三時間半の段階で一五五℃に達した。さらに点火から四時間後、四五〇℃近くに到達したものの、その後は降温し、五時間後には三〇〇℃前後に落ち着いてしまった。

一方で、中心部の温度はなかなか上がらず、点火後八時間でようやく二五〇℃に達した。その後は、一時間に二〇～三〇℃ほどのゆっくりとしたペースで昇温し、点火後一四時間半を過ぎて、五〇〇℃を計測した。五〇〇℃を過ぎてからは、若干昇温のペースを上げつつ、一七時間後に六〇〇℃に到達し、以後、二～三時間ほどは六五〇℃前後で落ち着いた（Fig. 2）。なおこの頃までには、覆いの表面全体が黒く炭化していた（Pl. 8－4）。

さらに温度に変化がみられたのは、一九時間半を過ぎたあたりである。このタイミングで、覆いの籾殻が一部燃え落ち（Pl. 8－5）、その空隙から酸素が流入して、温度は一気に七〇〇℃台に突入した（cf. 小林 二〇〇四：二一六－二一七）。燃え落ちた穴から内部の様子が視認できたが、内部は真っ赤に燃えており、あたかも焼成中の窯の内部のようであった。

ちょうどこの頃、工作室の荘さんが起きだしてきた。作品の焼成具合を確認した上、彼女は覆いをさらに数箇所、人為的に崩してしまった（Pl. 8－6）。作品が概ねよく焼けていたことを受けて、燃料の完全燃焼を促し、終了へと持っていくためである。この結果、点火後二〇時間半で、最高温度八一二℃を記録した。

最高温度を記録してからは、降温に転じ、二一時間半後に五七一℃、二二時間で四五〇℃、二二時間半後には三六八℃

8-1. 焼成後、少し煙が立つ

8-2. 崩れ落ちた籾殻を掛け直す

8-3. 炎が立つ

8-4. 表面の籾殻が黒く炭化する

8-5. 覆いの一部が陥没を被せる

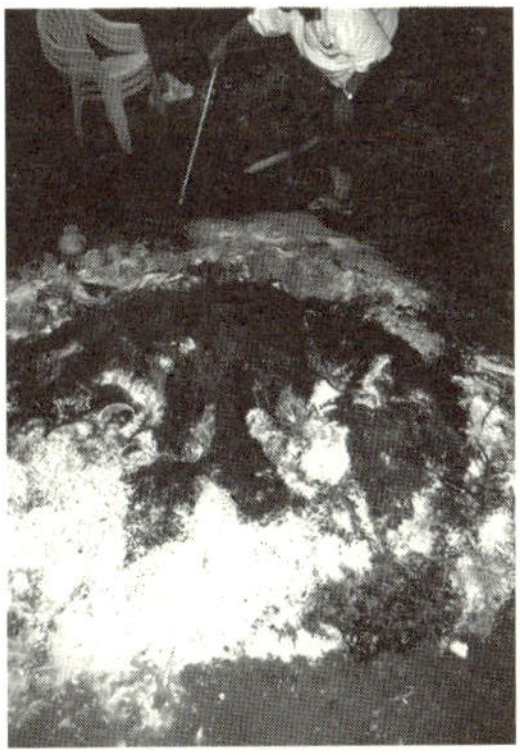

8-6. 覆いに穴を開け、酸素を供給する

8-7. 作品の取り出し

8-8. 作品の水洗い

8-9. 作品の焼き上がり

Pl.8 アミ族の土器づくり（焼成 (2)）

まで温度が下がった。点火より二三時間半後、温度が二二五℃を計測したところで、作品を取り出した（Pl.8－7）。

ほぼ一日にも及んだ長い焼成の結果、いくつか黒斑の目立つものもあったが（Pl.8－9）、概ね焼き上がりは良好であり、作品は叩くと金属音がするほどよく焼き締まっていた。表面が剝離してしまったり、ヒビが入ってしまった作品もあったが、主要な作品二三点のうち、破損品は三～五個体にとどまり、歩留まりはおよそ八〇％となった。その後、作品は水洗いされ、水漏れなどがないかチェックされる（Pl.8－8）。

焼成を担当した荘さんによれば、今回の焼成は八〇点の出来であるといい、焼成は概ね成功したと評価できるであろう（Pl.8－9）。

四－四．土器生産様式

Alik工作室の荘阿妹さんによれば、豊浜村アミ族の土器づくりは世帯内生産によるものであったという。二～八名の女性がグループをつくって、土器製作を行ない、粘土採掘を含む全ての作業が女性の仕事となっている。土器づくりは主に八月から九月かけて行なわれるが、この時期は農閑期にあたり、比較的時間に余裕があるという。製作されるのはあくまで調理器が主体となっており、補足的に祭器であるデワスをつくっている。荘さんによれば、各家庭には一〇個前後の土器があり、毎年五個ほど壊れるので、毎年その分を追加するのが常であったという。ところで、同じ世帯内生産にもとづくヤミ族がほぼ同様の生産規模を示している（齋藤 二〇〇九ａ）。本稿で確認された生産規模は、世帯内生産による土器づくりの一つの典型であったと考えたい。

なお、研究史の項でも言及したように、南勢アミや秀姑巒アミにおける土器づくりでは一定の専業性が確認・報告されており、本事例とは異なったことは明記されるできであろう。

Table 1　アミ族の土器づくり民族誌

村・集落	グループ	素地準備			成形		焼成		生産様式	文献
		〈調整方法〉	〈混和材〉	〈調整時間〉	〈成形手順〉	〈成形工具〉	〈焼成方法〉	〈焼成時間〉		
猫公	海岸アミ	杵でつく	なし	20 分	手づくね→叩き	当て具（円礫） 叩き板 工作台？	籾殻覆い型	(記述なし)	世帯内	Chen 1968, 陳 1992
豊浜村	海岸アミ	杵でつく	なし	20-30 分	手づくね→叩き	当て具（円礫） 叩き板 工作台	籾殻覆い型	23 時間	世帯内	齋藤・鈴木 2009
喜来	南勢アミ	石の上で練る	なし	(記述なし)	手づくね→叩き (上下半の接合あり)	当て具（円礫） 叩き板 土器(工作台)	開放型	(記述なし)	一部女性による専業	鳥居 1897
南昌村	南勢アミ	臼で練る	あり (砂，粗塩，ガラ)	(記述なし)	手づくね→叩き (上下半の接合あり)	当て具（円礫） 叩き板 土器(工作台)	土窯	4-5 日	一部家筋による専業	長沢 1987
太巴塱	秀姑巒アミ	足で練る	あり (砂)	(記述なし)	手づくね→叩き (上下半の接合あり)	当て具（円礫） 叩き板 土器(工作台)	籾殻覆い型	1 日	専業	石磊 1962

四―五．小結

本研究により海岸アミの土器づくり民族誌を記録にとどめることができた。豊浜村の事例では土器のつくり手は女性であり、手捏ねと叩きによって土器を成形し、覆い型野焼きによって焼き上げる。こうした技術的諸特徴は既報告事例にもみることができ、よって、伝統的作陶技術は辛うじて継承されていたと考えられよう。

一方で、海岸アミに分類される本報告事例は世帯内生産にもとづく土器づくりであるが、ほかのアミ族（南勢アミ、秀姑巒アミ）の事例では専業生産となっている（Table 1）。こうしたアミ族グループに対応する生産様式の違いを注意深く見極めることで、地域性を描出していくことが次なる課題となるであろう（齋藤・鈴木 二〇〇九：三三―三五）。

また特に、貴重な籾殻覆い焼きを観察できたことも有益であった[17]。世界の民族誌を紐解くとき、覆い型野焼きの被覆材としてよく知られているのは泥や灰、生草といった素材であり、籾殻による覆いは極めて珍しい（小林 二〇〇四：表1）。石磊や陳奇祿も同様の籾殻覆い型の焼成を報告してはいるが、温度変化のデータまでは示されていない（石 一九六二：二六八―二六九、陳 一九九二：九三―九四）。特に関心を惹くのは、極めて穏やかな、規則正しい昇温ペースを示したことと、いわゆる「煤切れ」の目安となる六〇〇～六五〇℃（cf. 平凡社 一九八四：一七三）で昇温が一旦落ち着く点であろう。「ねらし」（cf. 平凡社 一九八四：一六三）に近い効果が得られたのではないだろうか。籾殻覆い型野焼きは極めて理想的な温度変化を示したと評価できるのである。

なお籾殻による覆い型野焼きは、稲藁や生草によるものに比べて密閉度が高いと判断されるであろう。東・東南アジア地域の土器焼成について論じた小林正史によれば、灰や泥による高い密閉度の覆い型野焼きはタイ・ミャンマーの北部や中国雲南省に多く見られるという。一方で、南隣のフィリピンでは焼成時間三〇分ほどの低い密閉度の覆い型が目立ち、さらには開放型野焼きの事例も多い（小林 二〇〇七：表3）。中国大陸から技術影響を受けた可能性にも配慮しつつ、アミ族の籾殻覆い型野焼き技術を多角的に位置付けていく必要があると考える。

五．考古学的表面調査

蘭嶼において考古学的踏査を実施した米沢容一は、一九地点で遺跡ないしは遺物の分布を報告している（米沢 一九八四ａ、一九八六）。まずはこれらの現状を確認することから、調査に着手した。しかし残念ながら、例えば標式遺跡として名高いロボスボサン遺跡（No.８（米沢による遺跡番号、以下同様）、野林 一九九八：一八二）なども、道路の敷設や整備によって、その場所を特定することはできなかった。そのほかいくつかの既報告地点を訪ねてはみたものの、季節（夏）のためか雑草が生い茂るなど、遺物の分布を確認するには至らなかった。

ところで米沢自身も指摘しているように、これまでの考古学的踏査・表面調査は島の西側に限定され、島の東側、東清村や野銀村周辺には調査が及んでいない（米沢 一九八四ａ：一一五―一一六）。こうした現状を鑑み、本調査では蘭嶼東側の二村、東清村と野銀村において、表面調査を実施することとした。以下、具体的な調査の経緯について述べる。

〈**Ａ地点**〉

東清村で遺跡を探し歩くうちに、有益な情報が飛び込んできた。黄野茂氏（シャプン・マニニッド、七八歳）の水田で貝殻片が多くみられるという（Pl.9−1）。早速、東清村の北の外れに位置する黄氏の水田を訪ねたところ、地表面に多数の貝殻片が散布していることが確認された。さらに詳細に観察すると、最大径五〜七cmほどの土器片も相当数混じっており、遺跡と認定されるに至ったのである。以下、A地点と呼称したい。

同地点は、普段は水を張って水田として利用しており、イモを栽培しているという（Pl.9−2）。一〇年ほど前、黄氏によって開墾された水田である。報告者が訪れた時には乾田となっており、イモ類が栽培されていたが、ごくまばらであり、容易に表面観察をすることができた。視認される限り、四〇〇㎡ほどの範囲に貝殻片および土器片が密に分散している（Pl.9−3,4）。周辺をみて回っても、明瞭な貝層の存在は確認されなかったものの、黄氏によれば人為的に貝殻片を播いたことはなく、農作業の過程で地面を掘り起こすと、自然に顔を出すという。おそらく、近隣に存在する（あるいは存在した）貝塚を壊して水田が築かれ、現況を呈したものと推測されるが、貝塚そのものの同定には至っていない。なお水田の所有者である黄氏によれば、道路を挟んだ西側にはかつて集落が営まれていたという。貝殻片・遺物との関連が想起され、興味深い。

〈**B地点**〉

その後、現在の東清村の西端、実際に人が住んでいる家屋の裏手に位置する畑（五×八mほどの範囲）および近くの廃屋脇で、貝殻片と土器片が密に散布する地点が確認された。以下、B地点と呼称したい。同畑の所有者は最近亡くなられたといい、現在は所有者不明であり、共有地のような扱いになっている。畑が積極的に利用されているとは考えられず、むしろ荒れるに任せて、雑草などが茂っている状況である。

A地点に比べ、貝殻片の分布は少ないものの、土器については大型の断片が含まれていた。特に廃屋裏手の掘り込み部分からは、器形判定の可能な優良断片が多くサンプリングされた。破損した土器が近隣の居住域から廃棄された結果、

9-1. 東清村A地点遠景

9-2. 東清村A地点

9-3. 遺物散布状況

9-4. 遺物散布状況

Pl.9 考古学的表面調査

遺物分布地点が形成されたと推測される。そのために、おそらくは貝塚を壊して遺物が再堆積したA地点に比べ、良好な遺物残存状況を示したのではあるまいか。かつてゴミ捨て場として機能していた可能性が指摘されるのである。

〈C、D地点〉

考古学的表面調査の及んでいないもう一つの村、野銀村でも同様に確認踏査を試みた。結果、野銀村において二地点の遺物分布地点を確認した。野銀村は伝統的な家屋群が今も残されていることで知られるが、同伝統的集落の縁辺部において、遺物の分布が認められたのである。

C地点は伝統的集落北西隅部に位置する。同集落の周囲を通る道沿い、家畜小屋などが営まれる一角において、小断片ではあるものの確実に土器片が分布し、同じく少量の貝殻片を共伴した。東清村A地点、B地点に比べても、特に小断片が目立ち、器形復元の可能な断片はほとんど含まれない。密ではないものの、遺物の分布範囲は二〇×一〇mほどの範囲に及ぶ。家屋の裏手というその立地から、かつてはゴミ捨て場であった可能性が想起されるものの、家畜小屋の建設や道路の敷設により大きく破壊されていると判定できる。

D地点は野銀村の伝統的集落の南端に位置する。蘭嶼を一周する八〇号線沿いにあるキリスト教教会（長老教会、野林一九九六：図10）から、側道を七〇mほど上がった地点であり、家屋前の斜面に遺物の分布が認められた。C地点同様、貝殻片はごく僅かに共伴するに過ぎず、土器片が主体となっており、生活用品が廃棄された場所との想定は決して的外れではないだろう。

〈小結〉

以上、島の東側四地点において、新たに遺跡・遺物分布を確認でき、一〇〇点以上の土器片をサンプリングした。これら資料については目下、整理・検討中であるが、今後、考古学的検討の成果を踏まえつつ、島の東側との比較・検討を試みたい。

ところで、ヤミ族はまず蘭嶼の西側の村々に移住し、東側の東清村や野銀村にはやや遅れてヤミ族がやってきたという話しを、聞き取りの過程で耳にしている。このことは、蘭嶼の東側と西側で定住時期が異なった可能性を示唆するであろう。また馬渕東一によれば、ヤミ族の発祥・移動に関する口碑は島内発祥を伝えるものとフィリピン・バタン方面からの来住を伝えるものに大別され、さらに前者においては島の東西で発祥地が異なるといい（馬渕東一 一九五四：六六）、このことも東西の村々が異なった定住過程を経たことを支持すると思われる。今回の調査結果を既往研究で示された考古学的情報と比較することによって、この問題についての重要な手がかりが得られると期待される。

蘭嶼六村の成り立ちを考えようとするとき、蘭嶼において二例目の貝塚となった東清村A地点はとりわけ意義深いと考える。再度、周辺における精査を行なう必要があるとともに、同地点においてサンプリングされた貝殻片に対して各種分析を試みたい。仮に年代に関する有益なデータが得られたならば、蘭嶼の考古学的研究を大きく進捗させることができよう。

B～D地点は生活空間に隣接したゴミ捨て場であった可能性が高い。このような場所は、蘭嶼の全域に存在したと想像されるが、近年の開発で急速に失われつつあるようだ。今後とも、遺物分布地点を検出する努力を怠るべきではないだろう。

なお踏査の過程では、遺物分布地点の固有名称（ヤミ語）についても質している。結果、A地点では「ギミネイリ」、B地点では「ピウィワリタン」という回答を得た。ただしこれらはそれぞれ、「旧村落」、「ゴミ捨て場」という意味であるといい、遺跡名としては相応しくないと考えられた。同様に、蘭嶼における最も著名な遺跡名称である「ロボスボサン」には元来「埋葬地」という意味があり、そのほか、「草原」（ジラクアプチ、No. 1）、「排水溝」（ドリキリヤラノム、

No.7)、「野原」(ドガプチダン、No.16)といった意味の普通名詞が遺跡名として定着していることが分かった。遺跡名称については再考の余地を残すものと思われる。

六．若干の予備的考察

六－一．土器づくりにおけるヤミ族とアミ族

そもそも言語的には区別されるヤミ族とアミ族の土器製作技術が異なることはむしろ自然なことであろう。ただし、概ね類似した技術水準にあったことから、あるいはそれぞれ別個に調査研究されてきたことから、両者が直接対比された研究事例を不勉強にして知らない。本研究では両者の土器製作技術を同一の視点より観察できたため、比較・検討を試みる手がかりが多少なりとも得られたと考える。以下、両製作技術の差異について確認することで予察としたい。

採掘した粘土から雑物を除去した後、叩いて調整を行なう点において、両者の素地調整の方法は類似している。ただし、叩きのために用意する工具については、顕著な違いがみられた。すなわち、ヤミ族では川原や海岸から採取した自然礫を利用し、各家庭で別々に叩くのに対し、アミ族では木製の杵が用意され、数名が集まって粘土をつく。加えて、アミ族では混和材を利用する事例がいくつか知られ、ヤミ族に比べて、やや高い技術水準を呈すると評されるであろう(Table 1)。

成形について両者は大きな違いをみせた。ヤミ族では円筒形の原形がまず製作され、これを叩き延ばしていくが、アミ族ではこのような原形の製作は行なわれず、手こね・手づくねで粗く整形した後、叩いていく。またヤミ族では、壺と碗で異なった成形技術を用いており、これは近隣事例に照らしても極めて特異である(齋藤・鈴木 二〇〇八：

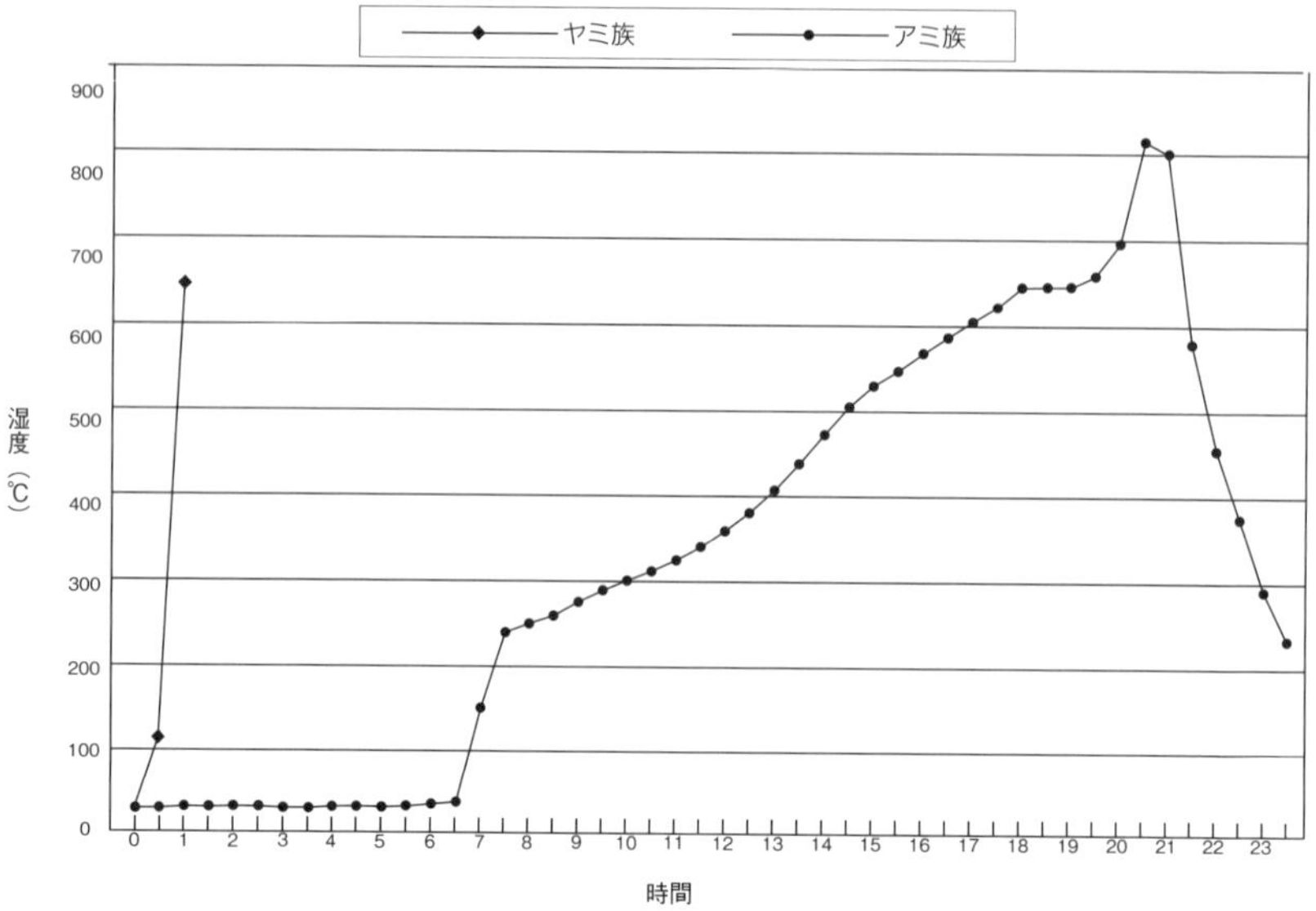

Fig.2 土器焼成における温度推移

一七－一九）。壺成形の工程も大きく異なっており、ヤミ族では上半を仕上げてから下半の成形へと移行していくのに対し、アミは底部から上方へと成形を進めていく。同様の叩き板で成形を行なう両者だが、その具体的な方法や手順はまったく異質である。この違いは両者の文化的な違いに根差す可能性があり、注目されるであろう。

なお、そもそもヤミ族には碗形をつくる伝統がなく、木製容器など、そのほかの容器を用いていたと考えられる(18)。同様にアミ族でも碗形の製作はあまり盛んではなかったようであり（cf. Chen 1968：Fig. 34）、製作頻度は低かったと推測し得る。この点、すなわち碗形が目立たないという器種組成はヤミ族とアミ族に共通するものであり、むしろ台湾原住民土器文化の特色と位置付けることができるかも知れない。

ヤミ族とアミ族を区分する最も著しい異点は、焼成方法であり、アミ族が一歩も二歩も踏み込んだ状況を呈している。さらにここに先行研究を勘案すると、アミ族では専用の焼成窯が用意された例もあり（長沢 一九八四：一〇）、これと歩調をあわせるかのように、専業性が高まっているという傾向を見出すことができる。事例が少なく、再考の余地を多分に残すものの、焼成技術の差異を見極めることが、台湾原住民における土器製作技術の推移・発展を検討する上で重要なポイントであることは間違いないだろう。

ではヤミ族とアミ族の焼成技術の違いはどのように評価するべきであろうか。ともに、いわゆる野焼きによって土器を焼成するものの、開放型で焼き上げるヤミ族に対し、アミ族は籾殻による覆い型を採用している。ともに野焼きに分類されるものであるが、その焼成時間には大きな隔たりがある(Fig. 2)。一時間ほどで一気に焼き上げる開放型とは対照的に、覆い型ではトータル二三時間以上にも及ぶ長時間焼成となり、高温を維持している時間も長い（cf. 小林 二〇〇四：二一五)。作品に与えられる総熱量は著しく違っており、両者が選択した焼成方法はまさに隔絶している。かくも異なった焼成を行なうヤミ族とアミ族では、自ずと選択される粘土の質やその調整、成形や焼成における留意点などにも違いが見出されるはずである。今後、焼成方法に配慮しつつ、その違いを注意深く峻別していくこととしたい。

土器生産様式については、ヤミ族とアミ族（海岸アミ）が世帯内生産と判断されたが、別のアミ族（南勢アミ・秀姑巒アミ）については専業性が認められた。そもそも世帯内生産にもとづく土器づくりは考古学的な痕跡を残すことがほとんどなく、民族誌からの復原考察に頼る部分が大きい（Rice 1987：186)。本研究において有益なデータ蓄積ができたと考える。加えてアミ族の事例においても、一定の専業性を有する太巴塱（秀姑巒アミ）の事例などは考古学的な痕跡を残さないと推測できる。こうした民族誌は専業生産の萌芽的事例と位置付けられよう。これらの事例を並列的に眺めることで、土器工芸の専業化過程を段階的に説明し得ると期待されるのである。

六－二．性別分業について

ヤミ族とアミ族の土器製作技術を考えるとき、つくり手の性別の違いは大いに議論されるべきであろう。以下、性別分業について、若干の検討を加えたい。

Table 2　土器づくり民族誌における性別分業

性別＼地域	アフリカ	中東	東アジア	南太平洋	北米	中南米	Total
M（男）	1（4.5）	4（22.2）	4（33.3）	2（15.4）	2（12.5）	1（4.5）	14
N（男＞女）	0（0.0）	0（0.0）	3（25.0）	1（7.7）	0（0.0）	1（4.5）	5
E（男＝女）	0（0.0）	2（11.1）	2（16.7）	2（15.4）	0（0.0）	0（0.0）	6
G（女＞男）	1（4.5）	1（5.6）	0（0.0）	0（0.0）	1（6.3）	3（13.6）	6
F（女）	22（91.7）	11（61.1）	3（25.0）	8（61.5）	13（81.3）	17（77.3）	74
Total	24	18	12	13	16	22	105
＜資料総数＞	<28>	<29>	<32>	<31>	<33>	<32>	<185>

土器製作における性別分業を語る際、都出比呂志による論文は基本文献となる（都出一九八二）。その論考では「原始土器」の製作者は女性である確率が高いとされ、土器生産が専業化されると男性が従事する場合が多いとされる（都出一九八二：二三一－二三三）。同論文は高い頻度で引用されるものであるが（水沢二〇〇六：一一五－一一六、加児二〇〇五：一三一－一三二）、論拠となるデータはマードック（G．P．Murdock）らの研究に頼っている（Murdock & Provost 1973）。都出論文ではマードックによって収集されたデータが整理され、グラフ作成の基礎情報となっているものの、データの詳細については明示されていない。土器製作に関してどれほどの民族例を参照したのか、あるいはその傾向には地域的な偏りがあるのかといった点は判定がつかないのである。より詳細な状況把握のために、原典にあたる必要性が感じられたのである。

マードック論文にあたったところ、詳細なデータが稿末に添付されていた（Murdock & Provost 1973：216－230，Table 8）。マードックらが集めた情報のうち土器づくりに関するものを、地域ごとに整理したものが上の表となる（Table 2）。確かに、素朴な土器製作技術を呈する民族誌一〇五例中、女性のみによる土器製作は七四件、男子が補助的にこれに関わるものを含めると八〇件を数える。より素朴な土器製作においては、女性による作陶が多いという全体傾向は肯首されるであろう。ただし、地域的には傾向に偏りがあることを見逃してはならない。アフリカ・北米・中南米といった地域では女性による土器製作が八〇～九〇％を占める一方、中東や南太平洋では約六〇％と比率が下がり、さらに東アジアではむしろ男性による土器づくりが優勢となる。広く受け入れられてきた性別分業に関する一般傾向は、少なくとも、東アジアにはそのまま敷衍させることは難しいことと推測される。

こうした民族誌の傾向を踏まえるとき、台湾原住民の事例は極めて興味深く映る。アミ族において土器製作が女性によって行なわれることは、民族誌の全体的な傾向に上手く合致した。一方でしかし、ヤミ族の土器製作者が男性であることは、全体の傾向からは逸脱するものの、東アジアの地域的傾向とは一致しているのである。

なお都出はこうした一般的な傾向に当てはまらない例外として、ヤミ族の事例を紹介している（都出 一九八二：二二一二四）。蘭嶼において男性が土器づくりに従事する説明としては、次の二つが用意された（都出 一九八二：二二―二四）。第一の説明は、イモ類の栽培と漁猟を主な生業とするヤミ族の場合、開墾を除く通常の植付や収穫は女性の仕事となっており、漁期以外、男性は時間的余裕があるため、土器づくりが男性の仕事になったという考えである。しかし、同じく根栽を主体とする南太平洋の事例において女性による土器づくりが大勢を占めることは（福本 一九九四）、都出説に対する強い反証となろう。さらには、狩猟を男性が担い、女性が農業を担当するアミ族の事例では、ほぼ同様の性別による生業分業が認められるにも関わらず（原 一九九八：一一六）、土器のつくり手は女性であり、都出の説明と矛盾する。生業に着目することは有益であろうが、そのほかの要因にも目を向けるべきである。

都出が用意した第二の説明は技術の「退化」である。すなわち、台湾本島や中国大陸から伝来した男性による専業性の高い土器づくりが蘭嶼に伝わり、それが「原始的」なものに変容・退化したという説明である。蘭嶼の土器づくりを詳細に眺め、かつ周辺地域の事例に照らすとき、その技術体系はあくまで素朴であり、専業生産からの影響を見出すことは不可能である。したがって、第二の説明も成り立ちにくいと考える。

つまり、ヤミ族において土器製作者が男性であることは極めて異例であるが、そのことに対する合理的な説明はまったくついていないのである。ヤミ族とアミ族の比較検討は、この問題を考える上で有効な端緒になると期待されよう。

ところで、エジプトの民族誌によれば、土器生産様式の複雑化に伴って、製作者は女性から徐々に男性へと移っていくことが確認されている（齋藤 二〇〇九b）。土器のつくり手が女性から男性へと変化するという一般的な認識は、少なくともエジプトには敷衍させることができる。しかしながら台湾原住民の事例では、世帯内生産を行なうヤミ族においてつくり手は男性であり、やや専業性の高いアミでは女性が土器をつくる。つまり、一般的な潮流からみると「逆転現象」が起こっているのである。ではこのような「逆転現象」を生んだ要因は何か。この疑問に対する答えは、ヤミ族とアミ族の社会・文化的背景を多角的に吟味した上で、導き出されるべきであろう。その過程で、土器製作者の性別を規定した要因を炙り出すことができれば、土器づくりにおけるジェンダーの問題に一石を投じることができると考えている。土器づくり民族誌における性別分業の問題については、別稿を期したい。

七．今後の展望

ヤミ族については全島的に土器製作技術の広がりを把握できている（齋藤 二〇〇九a）。今後、新たに着手した考古学的研究を進展させ、土器製作技術の時間的な広がりについても検討を試みる予定である。ヤミ族の出自を語る上で、彼らの文化が年代的にどこまで遡るかは極めて重要な問題であるにも関わらず、その詳細は不明のままである。こうした問題に土器製作技術からアプローチすることで、新規の提言を引き出せるものと期待したい。

一方でアミ族については、豊浜村の事例を観察・記録できたものの、新たな民族誌情報の追加を望むことはいささか楽観的に過ぎるようであり、土器製作技術の地域的な展開を詳細にトレースすることは容易ではない。対象地域を拡大しつつ、情報収集を継続するべきであるが、同時に、僅かに残された先行研究を精査しつつ、アミ族の五グループの土器製作技術を丁寧に評価していく作業が求められていると考える。さらには、例えば大坌坑文化（卑南文化・麒麟文化）

などの情報を視界に入れつつ、考古学的検証へと踏み出すべきであろう。そもそも原住民文化と考古資料との直接的な関連については否定的な見解が目立つが（野林 一九九八：一八六―一八七）、ならばなぜ民族誌と考古資料は断絶しているのか。それはいつのことか。その追究を避けることは決して賢明ではないだろう。

今この瞬間にも、原住民の伝統文化は着実に失われつつある。そうした状況において、土器づくり民族誌に関する調査・研究を継続するべきことは自明であろう。しかしながら、参照するべき民族誌情報は既に出尽くした感が強く、新規データが追加される可能性はそれほど高くない。ならば今後は、民族誌から得られた様々な示唆を、考古学的に検証する作業が大きな意義を持ってくるであろう。民族誌モデルの構築を志向しつつ、多角的な研究を試みる所存である。

注

（1）現地調査の実施にあたっては、早稲田大学アジア研究機構アジア研究所から研究費の補助を頂戴している。高橋龍三郎先生をはじめとする関係各位に深謝したい。さらに、現地調査には鈴木勝陽氏に同行してもらい、折衝ならびに調査助手を務めて頂いた。併せて、感謝申し上げる次第である。なお、本稿で扱う内容については、既にレポートを作成している（齋藤・鈴木二〇〇七、二〇〇八、二〇〇九）。併せてご参照頂きたい。

（2）聞き取りの過程では、大巴塱では土器生産が行き詰ったとき、焼成煉瓦生産に移行することで生き残りを図ったという。しかしながら目論見は失敗に終わり、その時に造られた工場も、今は廃墟となっている。土器生産からの方向転換はうまくいかなかったようである。

（3）作陶を取材した張氏が「水イモ」という表現を用いていたので、本稿ではそれに倣った。この「水イモ」は東南アジアからオセアニアに分布するいわゆる「タロイモ」に分類される（秋道 一九九四：四六二）。

（4）国分直一の報告によれば、ヤミの人口は一九〇〇年代前半においては一五〇〇人前後を維持していた（国分 一九八一：三五三）。戦後における本島文化の流入は、医療の側面に関していえば、ヤミ族に恩恵をもたらしたとみることができるかも知れない。

（5）最新の情報によれば、アミ族の人口は一七万三四四六人を数えている（近藤 二〇〇八：二八）。近年において、増加傾向がさらに強いと考えられよう。

（6）陳奇祿が猫公（豊浜村）を訪ねた一九五九年当時、アクセスは歩行に頼らざるを得ず、一三km離れた太巴塱から猫公まで実に五時間半をかけている。また、一九km南の港（大港口）までは四時間もの歩行を要したという（陳 一九九二：九一）。かつての猫公（豊浜村）はアクセスが非常に難しく、極めて孤立していたことが実感されるであろう。また一九七八年に台湾を訪れた宮本常一は、台北から台東へと向かう飛行機の窓から、次のような風景を眺めている。海岸沿いにぽつぽつと点在する狭隘な平地のひとつに、豊浜村が立地することが実感されるであろう。

飛行機は海岸山脈の東沖を南下してゆくから海岸の風景が実によく見える。磯崎・豊浜・大港口・長浜・鳥石鼻・成功・東河・富岡など日本の地名を思わせる村々が、わずかばかりの平地のあるところに立地している。そしてその先に台東がある（宮本常一 二〇〇一：二一〇）。

（7）Alik工作室にお願いして土器焼成を行なったとき、物珍しそう覗き込んでくる村人も見受けられた。豊浜村において、土器焼成はもはやきわめて珍しいものであり、土器づくりの伝統が失われて久しいことが窺われる。

（8）本稿において紹介した研究事例以外のものとしては、国分直一の研究が挙げられる（国分 一九八〇）。台湾原住民の土器製作について概観した研究ではあるが、アミ族に関しては、鳥居龍蔵の研究を紹介するにとどまっている。また、角南聡一郎はAlik工作室の取り組みを、提供された写真とともに、紹介しているが、土器製作技術の詳細を伝える内容とはなっていない（角南 二〇〇七：八五―八七）。これらについての詳細な言及を、本稿では割愛した。

（9）張氏の作陶について、現在では娯楽として行なわれ、製作される土器は土産物に特化しているとの見解もある（角南 二〇〇七：八八）。確かに、一九六九年に蘭嶼で民族誌調査を実施した宇野文男は、調査時において土器製作が次第に行なわれなくなりつつあるとしており（宇野 一九七四：一三八）、二〇〇七年の時点で、土器づくりが大きく後退した事実は否めない。しかし、一九七〇年代後半に同島を訪れた徐韶韺は紅頭村と朗島村のそれぞれで土器づくりを観察し、複数の事例を紹介している（徐 一九八三：五〇–五一）。このことは一九七〇年代後半までは土器づくりの伝統が根強く保持されたことを示唆すると思われ、ならばその頃、まさに壮年を迎えていた張氏の言葉は傾聴に値するとみてよいというのが筆者の立場である。なお既に述べた通り、張氏は土器づくり名人として名高いほか、氏の作品は順益台湾原住民博物館（台北市）にも展示され、土器製作技術の継承者としての地位を確固たるものとしている。

(10) なお張氏が用いる粘土は緑色であり、既述した胡氏の粘土（青色）とは異なっている。粘土の色調については、鹿野が緑色を呈する粘土を報告し（鹿野 一九四一：四二）、一方で徐は青色の粘土を良質なものとして紹介している（徐 一九八三：五〇）。ともに還元雰囲気で生成した粘土であると推測されるものの、詳細は不明である。今後、粘土に関する各種分析を試みる予定である。

(11) これは、鳥居龍蔵により報告された「輪枕」に相当するものであり（鳥居 一九〇二：三〇五）、土器製作の伝統が連綿と続いていることを想起させる。

(12) 例えばトビウオ漁に関わる祭事（森口・野林 二〇〇五：二〇二）などに際しては、魚の盛り付けに土器を用いたという話を耳にしているが、これも日用品の転用であり、専用の土器が製作された事実はないと判断してよい。

(13) 土器づくりが不得手な人は上手い人から土器を譲り受けるケースや、また、事情により世帯につくり手がいない場合には他所から分けてもらうケースがあったことを、聞き取りの過程で耳にしている。ただし、そのようなケースはごく僅かであったといい、そうした場合でも土器の使用目的は実用に限定されるという。

(14) 荘阿妹さんは、アミ族による作陶の様子を記録した順益台湾原住民博物館作成のビデオ（『台湾原住民生活映像シリーズ：土器篇』）にも登場している。さらには、国立台湾博物館（台北市）におけるアミ族の土器製作に関連する写真展示にも、その姿を見出すことができる。アミ族の土器製作技術を継承する人物と目される荘さんを取材できたことは僥倖であったといえるだろう。

(15) なお、工作室の名称ともなっているAlikは人名であり、蔡氏の亡き母親に由来している。なお陳奇祿が取材したアミ族の中にも、同じ名前が見て取れるが（陳 一九九二：九二）、これは別人であるという（蔡氏によるご教示）。

(16) 二〇〇八年夏にAlik工作室を訪ねた際、既に大小五〇にも及ぶ土器が乾燥を済ませてあった。これらは、Alik工作室が伝統技術を保持していることを行政に認定してもらうための資格審査に備えて準備されたものであった。これによりわれわれは、通常の土器焼成を観察する機会にめぐまれたのであり、極めて幸運であったと考える。

(17) ただし、焼成方法については注意が必要である。そもそもAlik工作室の試みは、一九九一年に実施された催しを契機とし、そこには太巴塱を調査した石磊が関与したという（角南 二〇〇七：八五）。石磊の関与の度合いについては定かではないが（角南氏のご教示による）、その際、太巴塱の秀姑巒アミによる籾殻覆い型野焼きの方法が伝えられた可能性はなくないだろう。しかし、陳が一九五九年の段階で籾殻による覆い型野焼きを確認した事実は（陳 一九九二：九三）、本事例が海岸アミの伝統的な焼成方法を踏襲したものであることを示唆していよう。インフォーマントである蔡氏も、豊浜村において開放型野焼きが行なわれていたという話は聞いたことがなく、あくまで工作室メンバーの記憶に依拠しつつ籾殻による覆い型野焼きを行なっていると力強く語ってくれた。海岸アミにおいてはごく古い段階から、籾殻覆い型野焼きを行なっていたと判断されるのである。

(18) 鳥居龍蔵や米沢容一がヤミ族の碗成形の技術は外来である可能性を指摘したこと（鳥居 一九〇二：三〇六、米沢 一九八四b：一二三–一二四）は既に述べた通りである。この仮説を受け入れるならば、ヤミ族はもともと碗形をつくっておらず、木製品に依存していた可能性が指摘されるのである。

〈参考文献〉

秋道智彌 一九九四：「タロイモ」石川栄吉・梅棹忠夫、大林太良・蒲生正男・佐々木高明・祖父江孝男（編）『文化人類学事典』、弘文堂、四六二。

宇野文男　一九七四：「バシー文化圏における土器づくり」『季刊人類学』五―一、一二六―一四八。
可児通宏　二〇〇五：『縄文土器の技法』、同成社。
鹿野忠雄　一九四一：「紅頭嶼ヤミ族の土器製作」『人類学雑誌』五六、四一―四九。
Kano, T. & Segawa, K. 1945 : *The Illustrated Ethnograpy of Formosan Aborigines : The Yami Tribe.* Tokyo.
国分直一　一九八一：『台湾考古民族誌』、慶友社。
小林正史　一九九三：「カリンガ土器の製作技術」『北陸古代土器研究』三、七四―一〇三。
小林正史　一九九八：「野焼き方法の変化を生み出す要因：民族誌の野焼き方法の分析」民族考古学研究会（編）『民族考古学序説』、同成社、一三九―一五九。
小林正史　二〇〇四：「稲作農耕民の伝統的土器作りにおける覆い型野焼きの特徴」『北陸学院短期大学紀要』三六、二〇三―二二八
近藤伸二　二〇〇八：『反中vs親中の台湾』、光文社新書
齋藤正憲　二〇〇九ａ：「世帯内生産としての土器づくり：台湾蘭嶼ヤミ族の土器製作技術」『台湾原住民研究』一三（forthcoming）。
齋藤正憲　二〇〇九ｂ：「エジプトの土器づくり民族誌：土器生産様式に関する民族考古学的検討」『西アジア考古学』一〇（forthcoming）。
齋藤正憲・鈴木勝陽　二〇〇七：「台湾原住民の土器づくり：蘭嶼ヤミ族の事例」『教育と研究』二五、四五―七〇。
齋藤正憲・鈴木勝陽　二〇〇八：「台湾原住民の土器づくりⅡ：ヤミ族による碗形土器の成形技術」『教育と研究』二六、一一―二四。
齋藤正憲・鈴木勝陽　二〇〇九：「台湾原住民の土器づくりⅢ：豊浜村アミ族の事例」『教育と研究』二七、一七―四三。
徐韶韺　一九八三：「南海島嶼の土器製作：シェアラー論文とのかかわりにおいて」『えとのす』二三、四九―五五。
角南聡一郎　二〇〇七：「現代台湾における民族表象としての土器」後藤明（編）『土器の民族考古学』、同成社、八三―九四。
石磊　一九六二：「陶工」李亦園『馬太安阿美族的物質文化』、台湾南港、二五三―二九〇。
宋文薫　一九五七：「蘭嶼雅美族之製陶方法」『台湾大学考古人類学刊』九、一四九―一五二。

土田滋・宮岡真央子　二〇〇五：「台湾原住民の言語分布図と人口」日本順益台湾原住民研究会（編）『台湾原住民研究概覧：日本からの視点』（縮刷版）、風響社、八。

Chen, Chi－Lu　1968：*Material Culture of the Formosan Aborigines.* Taipei.

陳奇祿　一九九二：『台湾土着文化研究』、聯経出版事業公司（台北）。

都出比呂志　一九八二：「原始土器と女性：弥生時代の性別分業と婚姻居住規定」『日本女性史　第一巻　原始・古代』、東京大学出版会、一－四二。

鳥居龍蔵　一八九七：「東部台湾、阿眉種族の土器製造に就て」『東京人類学雑誌』一三五、三四四－三五九。

鳥居龍蔵　一八九八：「紅頭嶼の土人は如何なる種族より成る乎」『鳥居龍蔵全集』第一一巻、朝日新聞社（一九七六年），五七九－五八四。

鳥居龍蔵　一九〇二：「紅頭嶼土俗調査報告」『鳥居龍蔵全集』第一一巻、朝日新聞社（一九七六年）、二八一－三二八。

長沢利明　一九八七：「台湾アミ族の土器文化」『法政考古学』一二、一－一五。

日本順益台湾原住民研究会（編）　二〇〇五：『台湾原住民研究概覧：日本からの視点』（縮刷版）、風響社。

野林厚志　一九九六：「ヤミ族の社会生活についての予備的調査と今後の課題」『台湾原住民研究』一、七五－一三一。

野林厚志　一九九八ａ：「ヤミ（雅美族）」日本順益台湾原住民研究会（編）『台湾原住民研究への招待』、風響社、一一三－一一九。

野林厚志　一九九八ｂ：「台湾先史文化の起源をめぐって」日本順益台湾原住民研究会（編）『台湾原住民研究への招待』、風響社、一七三－一八九。

原英子　一九九八：「台湾アミ族の空間認識」『台湾原住民研究』三、一〇九－一二七。

原英子　二〇〇〇：『台湾アミ族の宗教世界』、九州大学出版会。

福本繁樹　一九九四：『精霊と土と炎：南太平洋の土器』、東京美術。

平凡社（『やきもの事典』編集部）　一九八四：「煤切」『増補 やきもの事典』、平凡社、一七二。
松沢員子　一九九四：「ヤミ」石川栄吉・梅棹忠夫・大林太良・蒲生正男・佐々木高明・祖父江孝男（編）『文化人類学事典』、弘文堂、七九四。
Murdock,G.P.& Provost,C.　1973：Factors in the division of labor by sex . *Ethnology* 12－2 . 203－225
馬淵悟　二〇〇五：八「アミ（阿美族）」日本順益台湾原住民研究会（編）『台湾原住民研究概覧：日本からの視点』（縮刷版）、風響社、一八七－一九二。
馬淵東一　一九五四：「高砂族の移動と分布」『民族学研究』一八－四、八二－八九。
水沢教子　二〇〇六：「土器をつくる女、土器をはこぶ男：胎土からみた土器のふるさと」川崎保編『縄文「ムラ」の考古学』、雄山閣、九一－一二九。
宮本常一　二〇〇一：『宮本常一、アジアとアフリカを歩く』、岩波現代文庫。
森口恒一　一九八〇：「ヤミ語」黒潮文化の会（編）『黒潮の民族・文化・言語』、角川書店、三〇八－三八六。
森口恒一・野林厚志　二〇〇五：「ヤミ［タオ］（雅美族［達悟族］）」日本順益台湾原住民研究会（編）『台湾原住民研究概覧：日本からの視点』（縮刷版）、風響社、二〇〇－二〇九。
矢部良明（編集代表）　二〇〇二：『角川日本陶磁大辞典』、角川書店。
山崎柄根　一九九二：『鹿野忠雄：台湾に魅せられたナチュラリスト』、平凡社。
米沢容一　一九八四a：「台湾・蘭嶼の考古学的踏査」『えとのす』二三、一一〇－一一六。
米沢容一　一九八四b：「蘭嶼ヤミ族の碗形土器」『えとのす』二五、一二二－一二五。
米沢容一　一九八六：「台湾・蘭嶼の考古学的踏査②」『えとのす』三〇、一四八－一一四九。
Rice, P. M.　1987：*Pottery Analysis：A Sourcebook*, The University of Chicago Press, Chicago & London .

台湾原住民社会における社会の複雑化・階層化

高橋　龍三郎

はじめに

清国統治期の台湾には、中華文明の影響を受けて漢化され、本来の原住民文化・社会から変革を余儀なくされた「熟番」と呼ばれる人々と、漢化を受けずに、同化を逃れて山地深くに居住し、原住民の伝統文化・社会を保持する「生番」と称される人々がいた。前者は平埔族と呼ばれ、主に台湾島の西側半分の低地部に居住し、後者は山脈を挟んで主にその東側山岳地帯に居住していた（図1）。今日においても、若者の都市部への移動や都市住民との同化、近代文明の影響は強く認められるものの、本来の概略は変わらない。ここで扱うのは、日本統治期の一八九五年から一九四五年までの間に、統治上「生蕃」あるいは「高山族」、「高砂族」として位置づけられた人々である。

今日、それらの民族は系統上九族に分類されて、本稿でもその分類基準に従うが、もとより彼ら自身がそのような分類を成しているわけではなく、領台期に日本の人類学者たちによって研究され分類されたものである。(1) 領台初期の鳥居龍蔵や伊能嘉矩、森丑之助などの研究から出発して、大正年間に置かれた台湾総督府臨時台湾旧慣調査会や台湾総督府警務局などの、植民地経営上の目的から設置された機関の調査研究、日本統治期の後半期に台北帝国大学に設置された

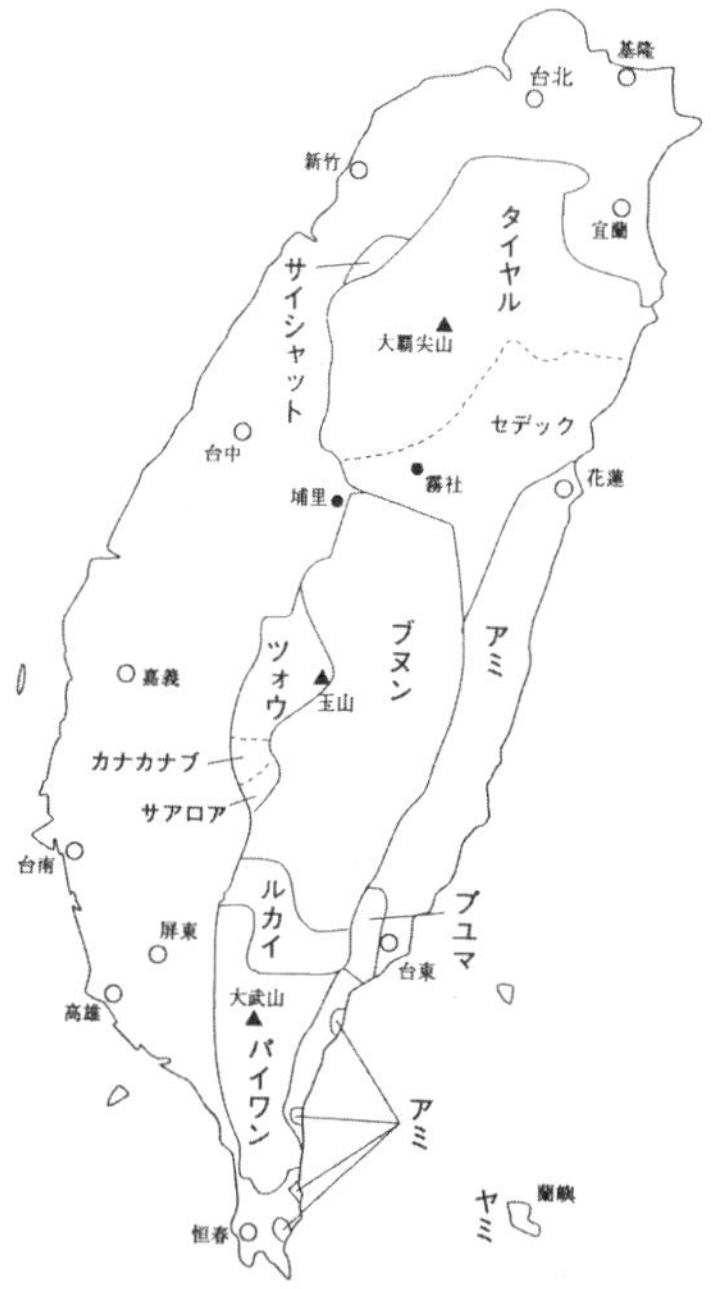

図１　台湾原住民の分布
（『台湾原住民研究への招待』日本順益台湾原住民研究会 1998 より）

「土俗人種学教室」[2]による調査研究があり、その間に民族名称や民族分類が大きく変化している。それはとりもなおさず、調査時の視点と研究の進展を物語るが、しかし、一方では現在においても「タロコ族」の分枝に見られるように、流動的、伸縮的で絶対的な基準のない民族社会の実態を反映しているともいえる。またルカイ族とパイワン族との境界論議に見るとおり、言語学的領域以外は殆ど変わることのない民族を分けた人類学・言語学側の経緯もある。

今日の九族分類は、移川子之蔵や松本延人、馬淵東一ら台北帝国大学土俗人種学教室のメンバーによって実施された研究により、後に『台湾高砂族系統所属の研究』（一九三五年）として刊行された大部の研究書の分類に従うものである。同書ではタイヤル族、サイシャット族、ブヌン族、ツオウ族、アミ族（パングツアハ族）、パイワン族、ルカイ族、プユマ族（パナパナヤン族）、ヤミ族の九族に分類している。

同書は優れた調査研究書として今でも高い評価を得ている。本稿でも記載の一部を同書から引用し、また報告書以後になされた馬淵東一らの調査研究に多くを依存している。

Ⅰ　社会の複雑化・階層化研究

一、社会階層化・複雑化過程の研究

筆者が台湾原住民社会を研究する理由は、純然たる人類学研究のためではない。筆者が専門とする日本先史考古学の関心事と関連している。

日本先史社会について研究が進展するうちに、縄文社会は位階序列のない平等社会であり、弥生時代になってはじめて階層化が始まるという従来の既成概念について疑いが持たれ始めたからであり、その根拠となる民族誌研究を進めるうちに台湾原住民社会に重要な糸口を見出したからである。

縄文社会が平等的であるとの解釈は、マルクスの『資本論第1巻』やエンゲルスの『家族・私有財産・国家の起源』による解釈が、戦前、戦後に日本考古学界にも浸透していたことによる。当時、唯物史観は英国の考古学者G・チャイルドの学説にも色濃く反映しており、世界的に大きな潮流をなしていたといってよい。日本でも史的唯物史観として長い間定着し、縄文時代平等社会論は有力な学説として登場し多くの学説に反映した。社会が階層化するのは、食料が生産される農耕社会になってからであり、余剰が発生することが条件になるとの認識が一般的であった。しかし、それには大きな問題があった。狩猟採集民社会の研究が進展し、彼らの生態が明らかになるにつれ、定住的な狩猟採集民社会でも余剰が発生し、位階や階層に基づく社会構造が登場することが判明したからである。もはや生業や経済形態に基づく区分けでは社会進化について論じることができなくなっている。

縄文時代の狩猟採集社会を、ブッシュマンやハッザ族などの一般的狩猟採集民社会に対比するのであれば、そのような平等論に導くこともできる。しかし、縄文社会に対比すべきは、むしろ北米北西海岸の狩猟採集、漁労活動にもとづく高等狩猟採集民社会である。また同等の社会発達をみせるオセアニアの狩猟採集・焼畑農耕民などのように、食料の貯蔵に基づく定住社会も、それらと類似した社会構造をとることが近年わかってきた。それらは社会的な階層、または位階による序列構造を持つ高等狩猟採集民、初期農耕民の世界である。「日本考古学の父」と称される山内清男氏は、一九六〇年代のうちに民族誌を渉猟して、いち早く縄文社会の先進性を主張していた（山内 一九六九）。

渡辺仁氏は、縄文時代にみえる定住生活や、土器などの優品と工芸品が、基本的に高等狩猟採集民に見られる特徴であることから、縄文社会を階層化社会だと位置づけている（渡辺 一九八六）。農耕社会だけではなく、狩猟採集民社会においても、生態学的条件や技術のあり方によっては、北西海岸部のように社会が階層化をとげ、首長や貴族、平民、奴隷の社会的区分が生じることがありうるわけである。またオセアニア地域の余剰が発生しない初期的農耕社会においてすら、位階やそれを求める競争に参画する民族誌が知られており、社会の複雑化や階層化は、単に農耕社会だとか余剰経済では説明できなくなったわけである。従来の理論はそのような事実認識を欠いていた。

筆者は先史社会の複雑化が惹き起こされる直接の要因が経済分野にあるとは考えていない。むしろ経済の強化なり生産の強化を生み出す契機となった原動力が何か、について関心をもっている。その点で、メラネシアやポリネシア、ミクロネシアなどのオセアニア諸地域や北米北西海岸部の首長制社会、ビッグマン社会を検討し、それらの社会的発達が基本的に祭宴などを契機として、一人のアグランダイザーによって惹き起こされるとするブライアン・ヘイデン教授の学説に賛同している。今までの気候変動説や経済史観的な考えでは、社会の複雑化や階層化過程は説明できないからである。経済の強化は、結果であって原因ではないことになる。近年、社会人類学などの研究成果を背景にして、先史社会が複雑化し階層化する過程を追及する分野が欧米を中心として普及してきた。

二、社会の複雑化・階層化過程に関する最近の研究動向

私が台湾やパプア・ニューギニアなどの社会に出かけて親族構造や組織を調査するのは、社会の階層化、複雑化の過程を生きた社会を通して確認したいからである。

その中で、北米北西海岸やメラネシアなどの位階社会から首長制社会に向かう長い道のりを研究課題として設定する新たな研究領域が発達してきた。カナダのブライアン・ヘイデン教授は、縄文社会も含めて、それらの過渡的な社会をTransegalitarian Societyとして位置づけ、多くの民族誌に裏付けられた理論を提示した（B・Hayden 1995）。その理論にしたがうと、縄文時代の社会は、決して平等社会ではなく、階層化にむかう過程にあり、豊かな食料資源と貯蔵資源に頼りながら、社会的な競争を背景にして、多くの工芸品や威信材が生み出されたことになる（高橋二〇〇一、二〇〇四）。

そのような状況の中で、台湾原住民社会の研究は、わたしにとって大変重要な民族誌資料を提供してくれる。本稿では、簡単な焼畑農耕と狩猟採集活動、漁労活動などの生業から高度の社会的複雑化を遂げた台湾原住民社会を、先に述べたTransegalitarian Societyないしは首長制社会に対比すべき社会として位置づけ、その実態について論じる。

Ⅱ　台湾原住民社会の研究

一、台湾原住民社会を紐解くにあたって

ここでは、関連する台湾原住民について親族組織や出自体系、婚姻制度、特に頭目制の様相、社会階層の状況、祭祀集団のあり方、祭祀の種類と内容などについて、各民族ごとに分けて扱う。本稿が依拠する台湾原住民社会の調査研究

は、近年の調査を除いて、殆どが明治期から大正年間を経て昭和二〇年までの、いわば日本の領台期に実施された調査を基礎にしている。しかし、当時用いられた専門用語や記述様式には現代にはそぐわないものがある。例えば「生蕃（番）」とか「蕃（番）族」は頻繁に明治・大正期に使われた用語であるし、「高砂族」などは大正から昭和年代に使用された用語である。それらが今日的な意味において不適切な用語であることはいうまでもない。そこで本稿では「台湾原住民」という用語に統一して用いる。

台湾原住民社会の説明でよく聞く「蕃」とはパイワン族やルカイ族の場合を除いて「部族」を指す。「宗族」は「単系出自原理の氏族制度、組織」、「社」とは「村落」、「集落」を示す語彙で、それぞれの民族ごとに呼び方は異なる。パイワン族、ルカイ族などに見る「党」は「首長制により統合された血縁・非血縁集団の地縁的政治集団」とでも訳すことができよう。また「酋長」、「族長」、「頭目」、「頭人」などと称されるのは、ここではすべて「頭目」に改めた。それらを「首長」と表記する今日の方式から見ると古めかしい印象があるが、馬淵東一氏のような大家も使用している概念である。首長制社会における「首長」の社会進化論的語彙と同じく、部族社会の族長や頭目を「首長」と表記することによって生じる概念上の混乱を避けたいと考える故である。ここでは社会進化論上「首長制」と呼称できるものに限って「首長」を用いた。

二、各民族の社会組織と親族構造・婚姻

ここでは台湾原住民社会について、血縁や地縁に基づいて形成される組織を抜き出して、各民族ごとに取り扱う。ただし、民族誌に関しては、調査者の関心の程度により、九族全体にわたってデータが十分に揃わない場合があるので、その場合には割愛した。

(1)　アタヤル族

森丑之助の調査報告書には「屈尺蕃」など二十三蕃（部族）が掲載されている（森一九一七）。馬淵東一によれば、アタヤル族は政治的に独立した部族が三〇ほど対立割拠していた。時には部族連合のような集合体を形成することもあったが短期的なもので、通常、部族間の反目や敵対関係が諸所でみられた。高峰などに遮られて、部族間の交通が疎遠になれば、猟場の境界を争ったり互いに馘首に行く場合も多かった。スコレク群、ツオレ群、セデク群の三群があり、内部に多くの部族を内包する。三群は明確な共属意識によって結ばれるものではない（馬淵一九四五ｂ）。

岡田謙はじめ多くの研究者が、アタヤル族の父系結合について肯定的に描いていた（岡田一九四二）。しかし戦後の台湾人による調査では、双系的結合といわれたり、一部に父系制を肯定したり、相当幅広い意見が出されているようである。王崧興はアタヤル族の親族組織を分析し、親族といえるのは家族のみであるとの見解に達している（王崧興一九六五）。『蕃族慣習調査報告書』では、親族組織について民俗語彙を列挙して詳しく報告している。アタヤル族の親族結合・出自が双系的であること、また「共祖集団」（コットフ・モルホー）について指摘している（臨時台湾慣習調査会一九一五）。アタヤル族の家族制度では、本来血縁者が一家に同居し、家族組織を長く継承すべきことを主義にして来たが、血族が増加するに及んで、皆が一家に同居することができなくなって、分戸主義に変遷することとなったといわれている。

アタヤル族にはガガ（Gaga）と呼ばれる社会組織がある。これはアタヤル族の社会を語る上で重要な概念である。一九三八年の『高砂族調査書第五編』（台湾総督府警務局一九三八）には、「ガガア」として「組合」と定義している。原則として、祭祀団体であるとともに狩猟および犠牲の団体で、血統、宗教、言語、風俗、慣習的側面に基づいて必然的に生じる社会的団体である。その組織は一〇戸内外で一ガガをなすのが普通であるが、部族により変異があり、小さなものだと二、三戸から構成されるもの、大きいものでは三〇、四〇戸から構成されるものもある。概して小村落は一村一ガガのこともあるが、大村落には二つ以上のガガを組織するものも多い。

ガガとは単に組合団体というだけでなく、アタヤル族の社会全体に関連する諸概念の集合で「伝統的社会規範」とでも呼べる総則である。山路勝彦氏によれば、習慣、慣習、礼儀、馘首や妊娠などに対する婉曲的表現を含み、多義的な概念にして、文脈に応じて幅広い用法があり、単に血縁団体とか祭祀団体として捉えるのは一面的な捉え方だという（山路二〇〇五）。各ガガにはガガ頭（頭目）があり、成員の中で古来の慣習に通じ、才覚武勇のある能弁で博識で、皆から尊敬されている男が村民に推されて、その任に就く。内部にあっては団体の長として村民を統括し、部下の若者を指揮する権能と、村民を保護すると共に古来の慣習を守り村民にもそれを遵守させる責務をもっていた。また外部に対してその団体を代表する頭としての責務があった。

(2) サイシャト族

本族は、血族集団が同姓結合で一村落を構成する氏族制社会である。元来、対外的勢力を強化することを目的にしたものであって、往時は異血族を混入させなかったが、現今はそれに固執することなく、異姓といえども同姓属化の形式をとって加盟を容認するにいたっている。サイシャト族の家族制度では、血族同居の慣習があり、大家族制度を原則とした。父母の在世中は家族が婚姻を結んでも分戸しないことを原則にして来た。また父母が死んでも同居することを旨とし、家が狭隘になるか、あるいは不和が原因で同居が不可能になった場合に限り分戸を認めるというものであった。また分居者といえども従来の家における家族関係は継続し居を別にするに過ぎないと認識された。

現今、異なる血族を交えないものであれば、依然として大家族を構成するが、アタヤル族が混じる村落、あるいはそれと家族関係を有するものはアタヤル族の慣習と混合し、分戸を採り小家族主義をとるにいたっている。他種族との家族関係を生じて漸次混姓団体になりつつある。しかし、本族が一団となって執り行う祭祀の場合を除いて、血縁団体の祭祀には加盟村以外の参加を許さない原則がある。

(3) ブヌン族

ブヌン社会は徹底した父系原理に基づく氏族社会である。大中小の三段階の氏族組織がすべての出自の基礎を成し、その最後の統合は部族で、六部族が鼎立する（馬淵一九四五b、長沢二〇〇五）。しかし過去に同族意識の希薄な同士では部族間の戦闘行為や馘首もあった。

ブヌン社会では、血族同居を維持するために大家族制を呈していた。他家に婚入するもの以外は、一家に同居するのが原則であった。一家は数代の直系傍系の家族からなり、数十名の家族を有するものも珍しくなかった。今に言う父系拡大家族である（写真1－①）。家族数の多いことを美徳とし、不和など家庭上の場合以外は容易に分戸することはなかった。

実質的に一家を仕切る総支配者をタイ＝ルマフとい、長老または偉人の意味である。相続は男子の年長者で一家統率力のあるものを家長にする。女子は家長たることができない。

かれらの氏族制度は粟作儀礼とも関連し、初穂の粟や種粟、穀倉から取り出した最初の粟、収穫時の落穂などはフーランと呼ばれる「禁忌の粟」で、同じ大氏族メンバー以外は決してそれを食べてはならなかった（写真1－②）。またそれを食べた者同士の婚姻は厳しく禁じられたという。中氏族のメンバー間では狩猟によって得られた獣肉が分配された（長沢二〇〇五）。

すべての土地は父系氏族集団によって猟場として分割される。個々の土地区分に関して、それぞれの出自集団は、ツオウ族では“猟場の持主”、ブヌン族では“土地の持主”と呼ばれる（馬淵一九七四）。ブヌン、ツオウ族では、個々の出自集団は一定地区に集結するのではなく、部族地域にわたって分散し、種々の出自集団の家々が単一の村落に並存混在する。

これと同じように出自集団の猟場も、部族地域のあちこちに散在している。建前は当該出自集団すべての成員に帰属

写真１－①　ブヌン族拡大家族用の大型復元屋敷（九族文化村）

写真１－②　ブヌン族家内の粟（九族文化村）

するが、結局は近距離に住むメンバーに帰していく傾向にある。個々の集団は父系リネージに、あるいは世帯連合に分かれる。個々の出自集団は互いに近接の村落に見出される。そのような中でも動物が豊富で植物が実るところはヌソド（nsod）と呼ばれ、父系リニージの手中にあって、許可なしでは他の父系リニージ成員が狩猟することはできない。猟場の土地を開墾して耕作する場合には、猟場との関係で貢租贈与などの手続きをへて合意する必要がある。土地の所有とは、猟場としての土地と耕作の場所としての両義的な意味合いがある。

ブヌン族では個人のもつ「魂霊」の強さをよりどころに呪術的・宗教的な側面によって人間関係が左右される。人々は魂霊をもって粟と直接取引をする。粟は五感をもつ人格的対象として扱われる。しかし、土地は人格化されず、一定区域の土地と土地所有出自集団の成員たちとの紐帯について、人々は概念化はしていない。しかし、成員たちと先祖が初めて占拠し開墾した土地との間には、ある種の内面的連携があり、土地所有出自集団成員たちの喜びと怒り、さらに積極的に祝福と呪詛は、その土地を利用する非成員たちに幸と不幸をもたらすと考えられている（馬淵一九七四）。このように、土地と所有者との間に「呪術的・霊的紐帯」を認めることができる。持主の魂霊の赴くままに、霊的・呪術的操作技術による非成員利用者への介入もありうるのである。

(4)　ツオウ族

父系の氏族社会で、小氏族、中氏族、大氏族の系列をもって部族が編成される。北ツオウ族には四部族、南ツオウ族には二部族が存在した。氏族名称をもつのは小氏族であるが、北ツオウ族では部族を異にしながら小氏族を同じくする奇妙な事例が少なからずあるという。また各部族には本拠地となる本村がある（馬淵一九五四b）。

往時は宗族（ピラミッド形の父系氏族制度）の共住を主義とする大家族制で、一宗族は数十人が一家に同居し、その中に数組の夫婦があるものが多かった。一名が戸主となり一家を統括する。家産は家族共有として、戸主がこれを管理し家族を統括し一家を代表する権利を有する。同時に家族扶養の義務と家族全般に対する責任を負っていた。一家の統率者をマメオイ（老人、尊族長、偉人の意）といい、マメオイが一家の戸主であり支配者である。しかし、その血族同居主義は人口増加と農耕地の関係上、実際には行われず、漸次分居生活を営むようになってきた。往時の大家族制は小家族制にかわりつつある。また独立の家系を営む家ごとに戸主があり、往時のごとき適任者主義とは異なっている。しかし、分居者といえども、耕地の使用、家産の処分は戸主との協議の上で決定する。

往時、大家族制の頃、各夫婦はその氏族に属する土地の各所に耕地を求め、これを開いて耕作した。一家の耕地は各所に散在し、一夫婦の耕地は住家に近く、他の夫婦の耕地は遠いために、耕地の遠いものは、日々の往復が不便なので播種、収穫期など農繁期には畑小屋に居住することもあった。

ブヌン族とはことなりツオウ族は河川漁労に習熟した技術をもっている。河川は多くの漁区に分かれて、個々の部分を世帯連合、父系リネージが所有し、成員のみが漁区の河神に接近する権利を有する。農耕儀礼に関しては粟の神と稲の神と取引をする。ツオウ族においても人々と土地、狩猟の獲物や作物を結びつける呪術的・霊的紐帯を認めることができる。

本村には部族共同の男子集会所がある（写真２－①、②）。原則として部族の頭目兼祭事指揮者が本村に居住するが、集会所の所在地が本村である。集会所では成年式、首祭、粟祭などの祭祀が行われる。部族結合の象徴はこの男子集会所である。集会所は軍事的性格をもち、男子は少年時代から戦士としての訓練を受けた。

(5) パイワン族

パイワン族では、氏族制度を欠くために部族的まとまりをなさず、首長と血縁者を中核として、非血縁者集団を含めた地縁的な結合によって「党」を形成する。「党」というのは『台湾高砂族調査書』（台湾総督府警務局一九三八）や

写真２－①　ツオウ族の復元屋敷（九族文化村）

写真２－②　ツオウ族屋敷内 イノシシ顎骨（九族文化村）

『蛮族慣習調査報告書第五巻』(台湾総督府蕃族調査会一九二二)などにみえる表現であり、今日の人類学では馴染みが薄い表現である。現代的にいえば「首長制」を社会原理として、配下に序列化された血族者を中核に、非血族者などの領民たちで結ばれた日常的、政治的な地縁団体である。一般にいう首長制社会の骨組みである。

パイワン族は各所に分住し、数戸ないしは数百戸の大小の村落を形成し、一つが独立したり、あるいは数個が連結して社会団体を構成する。村には大小の頭目家があり、「各領地および領民を有してあたかも王国のごとき社会団体を構成する」と報告されている(台湾総督府蕃族調査会一九二二)。

村落ごとの自立性が高く、首長といえども村落を越えて他村落にまで影響力を及ぼすことは困難である。ルカイ族と並んで首長制社会を形成する。社会は階層身分制をしき貴族層と平民層からなる。

パイワン族は嫡長主義で、男女を問わず、戸主の長子に相続させる。初生児に家督を相続させるために、生まれながらにして、将来の位階が決定する。嫡長の男子に相続権を認めるルカイ族とは異なっている。パイワン族では、婚姻と共に分居する主義である。長子が家にとどまるのみで、他は新たに一家を創立し四、五名の小家族を維持する。

首長家同士の婚姻は、たまに長子同士の婚姻であることもあり、近距離ならば両家が合体したり、あるいは夫婦が一方の家に住んで、そこが長子系統となり他方の家が次子系統として降格し、従属関係が生じることもある。格式の低下はできる限り避けようと思慮する一面、有力な頭目家との婚姻関係を結ぶ政略結婚もみられる(馬淵一九五四c)。

(6) ルカイ族

社会は階層的な身分制をとり、貴族層(タリアラライ= talialalai)と平民層(コカオル= kokaolu)に分かれる。貴族層は大首長、中首長、小首長からなり、家格に差異がある(写真3-①、②)。

来歴と移動に関する口碑は殆ど貴族層の中核たる首長家を中心に語られる。平民層は特別な伝承をもたず、それぞれ

写真３－① ルカイ首長家（九族文化村）

写真３－② ルカイ首長家の内部（九族文化村）

の首長家と代々行動を共にして来たように考えられている。首長を戴くがそのあり方は一村一首長の場合もあり、一方で数村に数首長が縄張りを交錯させることもある（馬淵一九五四c）。すべての土地は首長家に属し、平民には農耕、狩猟、漁労などの経済行為に対して貢租が課せられる。しかし、不作時や祭祀の折には首長家から拠出され、首長家の負担も大きい。首長の地位と継承はルカイ族では長男が相続する。出生の長幼が地位の序列に関わり、それぞれの子孫におよぶ（馬淵一九五四c）。貴族層と平民層の境界は明瞭ではなく、そこには中間的な何層かの中間帯の階層がある。平民層の中には首長との系譜関係からタリアラライを称する人たち、また平民でありながら縁組関係を通じて首長との関係を主張する人たちがおり、彼らを指してブツアカン（butsuakan＝中間）とよんでいる（山路一九九一）。タリアラライ、ブツアカン、コカオル（カオカオル）という三段階の身分秩序が形成され、さらにその中が二分されるので、合計六種類の階層序列ができあがる。それらは大首長を頂点にし、コカオルを底辺とし、首長との系譜関係、婚姻を通じた近接の度合いが秩序構成の原理となる。大首長家は不動であるが、しかし他の階層は流動的で、平民層出身の女と婚姻関係を結べば、それは家格の低下を意味し、何代か平民との婚姻を続ければ自己も平民化してしまう。また平民が首長の娘と結婚すれば生まれる子供は格が上がるので、人々は家格を維持し、あるいは上昇させることを常に心して神経を研ぎ澄ますという。社会的位階が高いということが人格の高さと関係するので、縁組こそがそれを操作できる道具であり、まさに縁組とは人生のシーソーゲームである（山路一九九一）。ここで注意したいのは、大首長を別にすれば、他の階層は婚姻を通じて首長家への接近が図れるわけで、その意味できわめて流動性が高い。これらは家に付随するものの、基本的に産まれてくる子供の位階に直接反映するもので、他人との競合的側面を持つと同時に個人の位階の上下と関係する。その点で、大首長以外は固定した階層というよりも個人の位階に近い。しかも、人生にほぼ一回の結婚を前提にするので、個人が一生のうちに何度も昇進を繰り返すような位階の更新はない。

このようにルカイ族では婚姻関係が位階や家格の浮沈を握る重要なメカニズムであるが、誰でもがそれを簡単に推し進めることができるわけではない。ルカイ族は男系長子の相続が原則なので、それ以外の男子は外に婚出しなければならない。しかし、ルカイ族の男たちは、自力で畑を耕作し財産を増やすことを目的に考えているので、出婿は屈辱であると考える。女方の財産で養われた弱々しい男と酷評され肩身の狭い思いを覚悟しなければならず、しかも多額の婚資を支払って首長層との婚儀に結びつけるためには、経済的に一方的な負担を強いられるからである（山路一九九〇）。

首長家の婚姻は家格に相応しい配偶者が求められので、婚姻に際して遠くの同格家系との通婚が見られる。それに対して平民層では村内婚の傾向が顕著である。首長家同士の婚姻では、一方の首長家が他方の首長家の分家筋になったり従属的な地位に落ちないように政略的配慮が必要になる。このように首長家を中核として網の目のような婚姻関係が張り巡らされ、複雑な社会関係をもたらしているといえるだろう。近接地域ではルカイ族だけでなく、プユマ族やパイワン族の首長家との婚姻が展開される。これらは社会圏の拡大をもたらすうえで効果的である（馬淵一九五四c）。

(7)　プユマ族

プユマ族は首長層（アヤワン）と平民層の階層秩序を有する階層制社会である。

首長家は一村に一家のこともあれば数家あることもある。首長家の屋号は祭祀組織であるカルマアンの名称で呼ばれ、そのカルマアンに属するものは皆首長家の分家だと信じられていた。出自は母系の傾向が強い。婚姻は概して婿入り婚であり、畑、家屋、豚などの主たる財産は母から娘に継承される。しかし、ビンロー樹や牛、武器は父から息子に継承される。母系の系譜はアミ族のようには厳密ではなく、婿入り婚のほかに嫁入り婚も見られる。第一イトコまでの婚姻は母方父方ともに禁じられているのみなので、族外婚の程度はやや弱い。

出自の辿り方は、カルマアンへの所属を通じてなされる。カルマアンは母系を通じ、娘は母親と同じカルマアンに所属する。しかし、息子は父方母方双方のカルマアンに属し、狩猟、戦争関係のパリシ（祭祠、呪祷）は父方、農耕関係のパリシは母方のカルマアンで行う（台北帝国大学一九三五）。カルマアンと称する霊屋、祭場が各村に数個ある。有力なカルマアンには頭目がおり、祭主をかねる。有力なカルマアンには青年集会所がある。

青年集会所（パラクワン）があり、未婚の青年はそこで寝泊りする（台北帝国大学一九五三）。青年集会所と関連して、年齢階梯制が敷かれていた。若者の軍事、政治、祭祀などについて訓練の大きな意味がある。年長者に対する敬意や奉仕が求められ、「男らしさ」意識の涵養がおこなわれた。首長は各村落におり、男系で継承した（蛸島二〇〇五）。

首長は村落内の監督、村落内外の事件の解決など政治的任務に従事するが、呪術宗教的権威と能力を有しており、ラハンと呼ばれる司祭とともに年に二回の村落祭祀を指導した（蛸島二〇〇五）。

(8) アミ族

アミ族は台湾東部の海岸山脈に沿って長く南北に分布し、一九九六年の集計で一三八六〇〇人余りの人口を抱える、焼畑を主生業とする原住民族である（松沢他一九九八）。地域により言語、文化、社会に差異が認められ、南勢アミ、秀姑巒アミ、海岸アミ、恒春アミ、卑南アミの五群に分類される。五群は文化的色彩の違いに基づくもので、政治的な統一性があるわけではない。アタヤル族やブヌン族、ツオウ族のような部族とは同一視できないと馬淵東一は述べている（馬淵一九五四c）。卑南アミはプユマ族卑南社の支配下に置かれ、貢租を負担する小作人のような地位に甘んじなければならず、それだけプユマ族の圧迫が強かったことが口碑に伝えられている。またタロコ部族による馘首の被害を受け、南下したところ今度はブヌン族の来襲に苦しんだという。このようにアミ族はアタヤル、ブヌン族の東進により双方から各所において攻撃を加えられ圧迫を受け相当の移動退転があったようで、その結果アミ族の諸村では様々な系統が混在した。アミ族内部でも村落間の対立と反目が顕著で、相互の馘首すらあった。

アミ族の社会組織で著名なのは、母系的な親族組織と男子年齢階梯制社会である。アミ族は氏族的結合をなし、婿入れ婚（妻方居住）が一般であった。母系制社会で、家督財産、地位の継承が母から娘へ、あるいは母方オジからオイになされる。家長は女子で、母娘、姉妹がなるべく分家を避ける傾向があった。年長の女子が穀倉とそれにともなう祭祀を管理し、日常生活の実権を握った。「母系の系譜的親族集団」と称される組織が見られたが、それ以上に包括的な母系氏族があったことを馬淵は述べている（馬淵一九五四c）。しかし、アミ族全体が氏族制度に基づく部族社会を形成したかは不明で、南勢アミ、秀姑巒アミの一部にはそのような氏族制はみられないという。

男子年齢階梯制は、この民族を特徴づける要素で、アミ族全域に見られる。二、三歳から六〇前後の老人までが所属を義務付けられる。パカロガイ（十二、三歳～十五、六歳）、カッパー（十七、八歳～四二、三歳）、マトアサイ（四四、五歳～六一、二歳）の三段階に分かたれる。その下に三～七歳までを一組にした年齢組があった（馬淵一九九八）。彼らは男子集会所に集まり年長者から狩猟、共同作業、村の規範、神話伝承、戦闘などについて教育、訓練された。年齢階梯組織は、首長と青年組頭の指導のもとに、道路や灌漑水路の建設と補修、収穫祭などの祭儀の執行、治安の維持、侵入者の見張り、規範違反者の処罰など公共的な仕事をしている。

アミ族の頭目はカキタアンなどと呼ばれ、政治的リーダーの役割と、かつては「首の祭祀」における祭司の役割を果たしたといわれる。頭目の選出は、「首の首長」が世襲であったが、政治的頭目は長老たちの選挙だという（馬淵一九九八）。政治的リーダーの役割は、男子年齢階梯組織の統率、犯罪の防止や裁定、用水路・道路の建設と補修、他村との交渉、共同狩猟・漁労の獲物の分配、馘首や戦闘の軍事指導であり、宗教的リーダーは祭事や粟などの農耕儀礼を司った。

このうち、母系制社会については近年に大きな変動の兆しが報告されている。末成道夫氏が実施した石渓の一九六〇年代後半の調査では、成員権の決め方が時には男系継承を認めるなど、純然たる母系出自ではないことが判明し、夫方居住を採用する場合の子供が父方に帰属する例があることから、伝統的に言われてきた母系制社会が揺らぎはじめている（末成一九八三）。

（9）ヤミ族

鳥居龍蔵の命名になるヤミ族は、七村に分かれ、昭和の初期には人口一六〇〇人あまりであった。現在はタオ族と称する気運が盛り上がっている。フィリピンのバターン語族との関連が深いことは多くの研究者によって指摘されている。ヤミ族の伝統的暮らしは根菜類の栽培と漁労活動であった。根菜農耕ではタロイモ、ヤムイモ、サツマイモなどが主体である。漁労活動は回遊魚を対象とした季節漁と沿岸漁に分かたれる（野林一九九八）。

内部集団に来歴の差があるかは判明しない。かつて鹿野忠雄氏は家系により、岩から生まれた家系の系統と、竹から生まれた家系の系統の区分があることを指摘した（鹿野一九四四）。

親族構造については不明な部分が多いが、馬淵東一によると、嫁入り婚の傾向が顕著であるが、出自は双系的で、父系または母系をたどる単系集団は確認されていない（馬淵一九五四c）。

ただし、一般的に男系の長子相続が主体をなし、長男以外の家族は婚姻後に子供が生まれるにいたって順次、分戸し、四、五名の小家族を形成した。男子の無い場合は長女あるいは長女に婿養子を迎えて相続させる。戸主が死亡した場合、子供がまだ幼ければ、寡婦は子供と共に、一旦実家に戻り、良縁があれば連れ子をして嫁ぐ。しかし多くは亡夫の実家、あるいはその親族において遺産を管理し、子供が成人すれば生家に帰り遺産を継承し実家の再興をなすことになる（台湾総督府警務局一九三八）。

日常生活の基本的集団は、夫婦と未婚の子供たちで構成される核家族である。このような夫婦で繋がる親族組織のほかに、男性の兄弟とその子供たちで繋がる父系的な関係があり、それに基づいて水田の所有と灌漑用水の管理が行われるという（野林一九九八）。

ヤミ族社会は、日本の統治期において、官制の頭目を配置されるまで、社会的リーダーは存在しなかった。早くに蘭嶼（紅島嶼）へ調査に入った鳥居龍蔵も島の平等性について述べている（鳥居一九五三）。近年でも、村落の政治的統合は見られず、村落や島全体を統合する政治的リーダーはいない。社会の安定は夫婦を中核として双方的な親族同士のバランスを保つことによってはかられている。

三、各民族の祭祀団体

各民族の祭祀的組織についてみてみよう。祭祀集団の構造差や、それにおける個人の役割、頭目の関与の仕方、専門的祭司、巫女、呪術師などの関与の仕方を知るためである。

（1）アタヤル族

アタヤル族は、氏族組織の社会であるために、祭祀団体も血族、部族、村落などより構成され、共祭者は社会的団体に関係なく、共祭を目的にする団体を組織している。その団体には一人の司祭者がおり、すべての祭祀はその団体の司祭者によって執り行われた。祭祀団体は同時に狩猟団体でもある。一部族が一祭祀団を形成し、その中に数個の猟団を有することもある。一村に一個の祭祀団があるときには、大方頭目が村の司祭者として全村民を支配するが、一村に数個の祭祀団があるときには、それら数個の司祭者のうち、最も有力なる者を総司祭者としてそれに当たる。各司祭者は自己の祭祀団に属する村民を支配するだけで、他団の村民に対しては支配権は及ばない。

アタヤル族の祭祀は必ず祖霊を対象として開運の祈願を目的にする。毎年穀類の播種および収穫の時期に農事祭祀をおこなうが、これはどの団体でも行うのが原則である。最近、祭祀を個々の家で行うものが増えて共祭団体を組織しないことがある。三脚地帯に移住して内台人との接触がしげく血族団体の必要性を認めない集落においては、祭祀団を設けることが無い。農事に関わる祭祀では、粟播種祭、粟刈始祭、粟収穫祭、甘藷植祭などがある。

(2) サイシャト族

サイシャト族の団結は村落や地域を基準とせず、氏族(ピラミッド形の父系氏族制度)を基盤とする。氏族は、各姓(氏族名)ごとに自治を行うと同時に、祭祀団体でもあって、祭祀の種類に応じて共祭者の範囲を異にする。しかし、特別な祭祀団を組織することなく、全族を一団とするもの、二団とするもの、一村一団のもの、氏族一団ものがあって、各団には一名の司祭者がいる。司祭者は各自の祭祀団に属する村民を支配し、祭事をおこなう(台湾総督府警務局一九三八)。

1、全族一団となって行う祭祀。サイシャット族は三部族に分かたれるが、それらが一団体になって執り行うのは祈天祭である。祈天祭は天候不順や悪疫の流行など公共的災厄のある場合に、神に対して天候の回復、悪疫浸入の遮断、駆逐を願って行われる。祭主は、古来から一定し氏族の特定の姓が世襲する。災厄があれば、村民が主祭に請いて全族一団となっておこなう。

2、全族を二団として行う祭祀。この種の祭祀にはタアイ祭がある。第一団は南庄のサイシャト族、第二団は上坪前山サイシャト族である。両団は朱姓の首長を世襲の総主祭とした。朱姓の先祖は、タアイ一人の生存者が逃走するときの歌の伝授を受けたとの伝承がある。タアイの供養祭を共同にする団体である。タアイとはサイシャト族に伝わる矮人伝承である[3]。

3、一村一団とするもの。陸稲の播種前に播始祭をおこなう。神に告げ、種子の生育を祈り、その年の豊穣を祈ることを目的に一村共同で行う。

4、氏族を一団とするもの。毎年耕地の開墾後、稲の播種後、および収穫後の三回にわたり、その結果を祖霊に報告し、祖霊の報謝祭とする。この祭祀は各氏族が個別におこなう。

(3) ブヌン族

ブヌン族は父系原理の氏族制を基盤とする同祖集団なので、祭祀団体として特別な組織を有せず、氏族集団がそれをおこなう。祭祀が最も重要な公共事項に属する。同じ先祖より由来する者は誰もが祭を共にする義務を持つ。氏族が分岐し、数村落に分散する場合でも同じ氏族に属する者が団結して祭祀をおこなう。異なる氏族が参加することを絶対認めない。祭祀中は異氏族が来訪することすら認めなかった。祭祀には、家族の中の異氏族(婦女の連れ子)ですら別居させて、祭場への出入りを厳禁した。もし祭祀中に異姓者が立ち入ることがあれば、不吉として祭を最初からやり直した。なぜそのように異姓者を禁忌し排除するかについては明確ではないが、祭祀は主食物である粟祭を主とする関係で、異姓者を交えることは祖霊の怒りに触れ、神より授かる粟粒を奪い去り、自分たちの収穫が減少すると考えるからだろうと推測されている(台湾総督府警務局一九三八)。

祭祀を行う場合には、一人の司祭者によって行うのが原則である。ブヌン族の祭祀は他の種族と比較して頻度が頗る多いことが特徴である。農事に関するだけでも、従来は毎月行われていた。近年は祭典の期間を短縮したりあるいは統合廃止したものもある。

一九三八年にブヌン族各地の各氏族において確認された祭祀として、伐採祭、開墾祭、粟畑開墾初祭、粟蒔準備祭、粟播種祭、粟播初祭、粟蒔中休際、粟蒔終了祭、粟除草祭、粟間引除草祭、粟間引中休祭、粟除草終了祭、粟穂揃祭、粟刈初祭、粟収穫終了祭、粟収穫祭、粟貯蔵祭、青豆播種祭、里芋祭、生薪取祭、農具祭、洗眼祭、子供祭、珠飾祭、武勇祭、年取祭などが記録されている(台湾総督府警務局一九三八)。

上述のように、ブヌン族では農耕に関する儀礼が多く行われ、年間一〇〇日以上も謹慎期間があったほどである(長沢二〇〇五)。出草(馘首)が、農耕の豊饒を祈願して行われた。首級は穀倉の中に首棚をしつらえて、そこに安置された。彼らの信仰は基本的に精霊崇拝とシャーマニズムである。万物にカニトが宿り、儀礼に伴って禁忌(マサモ)が厳格におこなわれた。

(4) ツオウ族

本族は、単系出自集団から一村落が構成され、氏族集団として一社会をなしている。同時にそれが祭祀団体を構成するが、昭和一〇年代には、人口の増加に伴い氏族成員の移動や村落の分岐により、社会は変遷しつつあった。祭祀団体は血族を基礎とする主義を改めないために、本村落の氏族とそれより分派した氏族は地域に関わらず、同じ先祖より降下した血族として祭祀を共にする義務がある。各氏族別に祭祀組織を成すのが通例である。

祭祀は公祭と私祭に区別され、公祭は本村落の氏族宗家を祭主として氏族一団となって行うもので、その最大は道路祭である。道路祭は粟収穫後八月頃に行う祭典で、初日に本村と分村に通じる各道路の修繕を氏族全員で行う。この祭典は農耕の豊饒と地神と祖霊に報謝祈願し、軍神敵霊および各種猟穫に対する慰撫を含み、祭典中は若者の青年式、あるいは犯行者の処罰も併せておこなった。

農事に関する祭祀は、粟播種祭、粟蒔終了祭、粟穂揃祭、粟刈初祭、粟収穫祭、陸稲播種祭、陸稲播種終了祭、陸稲収穫祭、二年祭、年取祭などがある。

(5) パイワン族

社会組織は首長を組織の頂点に戴く首長制社会であり、党派組織の社会体制を成しており、一村落内で共祭を目的にした個別の祭祀団体はない。党が祭祀をともにするもので、共祭者の範囲は集団の範囲と一致するものの、漸次人口の増加と蕃社制施行の結果、変貌を遂げることになった。

数党を一団とする祭祀、一党で一団とする祭祀、あるいは一党内の各支部党がそれぞれ個別に行うものがあった。粟播種祭、粟収穫祭は部党または一党ですることが多い。

古野清人によると、パイワン族の農耕儀礼でも導入の新しい稲などは儀礼の対象となっておらず、粟、稗、里芋などの先祖伝来の作物が対象になっている（古野一九四五）。農作物に特別の神があるわけでなく、主として先祖を祭祀するものである。また粟や稗には「ツマス」と称する霊が宿ると信じられ、祭祀しないことには種粟にもならない。

農耕祭祀は、開墾祭、粟播種祭、粟新芽祭、粟収穫前祭、粟刈祭、粟収穫祭、雑作物収穫祭、雨乞い祭、虫追い儀礼などきめ細やかな一連の過程において実施される。

開墾祭というのは、二日間の狩猟と新畑の開墾からなっている。新畑の開墾は首長のためにするもので、首長への一種の貢租になり、新畑は首長の所有になる。したがって場所は首長が決定する。その新畑はいわば祭田であり、粟収穫祭の折には、その祭田で作られた粟で餅や酒を造って神霊に供え、その後で人々が饗宴に与る。開墾から帰れば、首長家に集まり、狩猟の獲物を分配し粟種を手にして大声を発して豊作を祈願する。それから飲食にはいる。

これら一連の祭祀には、豚の骨・肉が供されたり特別な呪文が唱えられたり、そのために巫女や祭司が呼ばれることもある。粟とは別に稗に対する祭祀も別の段取りに従って行われる。

数党が一団となって執り行うものに五年祭という一種の祖霊祭がある。パイワン族全体の祭儀である。大武山に集まる祖霊が五年に一回、各自の村々を訪れるもので、故地の村を出発し移動した村落の順序に沿って祖霊が訪れるというので、祭の日取りが順次ずれていく。前祭（マジュバク）と後祭（プサオ）からなる（台湾総督府慣習調査会一九二二）。隣村から隣村へと通知されて祭日が移行し、最南端の村にいたって、今度は反転して祖霊は帰路につき、往路とは逆の順で訪れていく。半年から一年もかかる大祭である。巻き込まれる地理的範囲、参加する人員と集団の規模が桁違いに大きいことが注目される。

五年祭は最も重要な大祭で、団員は各党に所属する党民から組織される。共祭団体に司祭者をおき祭儀を任せる。通常、各祭団には男女一名の司祭者があり、中に副司祭として二人をおくことがある。首長が司祭者をかねることもあり、祭祀その他の事項は首長と司祭者の協議によって決定され、一般の団員に通知して祭事を執行する。

聖職者として祭司と巫女は分掌しており、前者は特定の集団的祭祀を管掌するだけだが、巫女は公的祭儀に参加すると同時に疾病などの私的祭祀・儀礼に特技を競う。祭司は首長系統とは異なる系統に属し世襲である。しかも男子相続の男系である。これはパイワン族が一般に長子相続するのとは対照的である。

「巫女はツマスを見、ツマスを聴き、ツマスに憑かれる特異な宗教的経験の所有者である点に特徴がある」と古野が指摘するように、巫女は多分にシャーマン的特長をもつ。「呪祷する間にツマスが乗り移って本性を失い、そのままツマスのいうことを伝える」といわれるので、トランス状態に入り脱魂と憑依、神語りという一連のプロセスを踏むのであろう。その一連の状態をマラダといい、人々はツマスの神意を伺うのである。

パイワン族における祭祀や儀礼に、農耕祭祀をはじめ様々な祭祀・儀礼とそれに伴うきめ細やかなタブーがあり、それを分掌する祭司と巫女の分轄が見られる。祭祀をおこなう上でも相当に複雑化した内容を見て取れる。

巫女は女系をたどって継承される。しかし、母が巫女である場合は、その娘は巫女にはなれない規則がある。巫女の職種は祖母から孫娘に継承される。祖母が巫女として存命中に、孫娘は修行していても巫女にはなれないという規定がある。

(6) プユマ族

ここにはカルマアンと呼ぶ祭祀組織が発達している。カルマアンとは、本家という意味と神霊が宿る祭屋ないしは神祠という二重の意味がある。またそれを巡る集団を指すこともある。「大きなカルマアン」と「小さなカルマアン」があり、前者は首長系統のもので特定の名称が付され、男性主体の村落の公的な儀礼をおこなう。後者は私的で名称もなく、多くは女性が管理する。

カルマアンは村に数個存在することもあり、馘首や狩猟に関する祭祀、粟の播種から収穫にいたるまで、様々な祭祀が営まれる。祭儀を管掌するのは、男子あるいは女子の司祭である。古野清人によれば、本家はもと各戸ごとに一名の祭主を持っていたという。祭主は猿祭、狩猟祭、粟祭、駆疫祭などに際して祭祀をおこなった。男祭主は主として馘首、狩猟に関する祭祀を、女祭主は農耕に関する祭祀を分掌した。祭祀には、それぞれ細々としたタブーが付きまとう（古野一九四五、山路・笠原一九七七）。

農耕祭祀で重要なのは、夏期における粟の新穀と、冬期における稲の新穀を供える祭祀で、年に二回おこなう。

カルマアンの祭司は嘗て首長をしのぐ勢力を持っていたといわれる。カルマアンへの帰属原理は、プユマ族の出自原理を理解するうえで重要な手がかりとなる。祭祀集団への帰属は祈祷師が関わり神託によって選択肢が決定される。そのあり方は親族組織のあり方にも影響を与え、父親、母親、両方の祖父母、さらにその曽祖父母にまで系譜上の選択肢が拡大し、その系譜を選択的に決定する、いわゆる「選系」をとる。二、三世代に遡って多系の中から一系を選択する方式である。

四、各族の頭目制度

統治期いらい、酋長、頭目、頭人、族長、首長などと表現された社会的リーダーのあり方は、その政治的、社会組織のあり方を決定すると同時に、様々な要素と社会的相関を保ちつつ社会構造や宗教体系と結びついている。もちろん清国や日本の統治期に、官製の頭目を行政的に配置した例も多い。ここでは旧慣時代にもどって、各民族の社会的リーダーのあり方を探る。

(1) アタヤル族

アタヤル族は、北半の山岳部に居住する人口五四七七七人(一九六六年現在)(松沢一九七九)で、生業は焼畑農耕のほかに狩猟や漁労など、主に自然資源の獲得に重きを置いている。小規模村落が多く、その中に一人の頭目(族長)をもっている。アタヤル族ではそれ以上の階層は発達せず、頭目を統合するより重層的な上位階層はない。アタヤル社会はシンプルな社会組織をもっており、社会構造の上からは部族社会を構成する。

アタヤル族がそのような一村に一人の族長(頭目)を置くのは、清国政府の蕃社制施行による措置である。一村落が一蕃社を構成する蕃社制以前の社会については、詳しく知ることはできないが、かつては小集落の血族が一団をなし、またアタヤル族の氏族または一部族が一団となって一村をなし、その族長が長となって自治をして来たという(台湾総督府警務局一九三八)。昭和十三年(一九三八)にまとめられた『高砂族調査書』の時代に往時の姿が何処まで留められたかは疑問である。

一九三八年当時、アタヤル族の社会では、村民のなかで優秀で社交に長けて人望のあるものが、村民の推挙によって頭目の地位を得たとされる。しかし老人や村民の信用が失墜した時などは地位を失ったという。また頭目は村の最有力者で村の統括を預かるが、世襲でないために、村民に対して絶対の権力者たりえず、村民も絶対服従ではなかった。単に村を代表し、村内における安寧秩序の維持、村外にあっては諸般の責任を持つに過ぎなかった(台湾総督府警務局一九三八)。

(2) サイシャト族

サイシャト族においては、かつては村落と地域を標準とするのではなく、氏族同姓を基礎にして集団を形成し、各氏族ごとに頭目(族長)を置いてきたという。父系出自集団に基礎を置く氏族(clan)である。土地は氏族共有として団体生活を営んでいた。しかし、蕃社制に移行した清国の政策以後は、村落を基礎として村ごとに一人の頭目を配置して支配させた。日本の領台以降も蕃社制を継承したために、旧習の氏族の団結は弱まり、各姓ごとの頭目制度は消滅した。それ以後、姓に拘泥することなく、村民は人望ある者を頭目に推薦する慣習になった。頭目は終身制であるが、老衰などで更迭されることもあった。

かつて各姓ごとに頭目を戴いた時代には姓（氏族集団）を代表して他村、他種族との交渉、配下の取り締まりに当たった。現今の一村一種制に移行してからは、内部の統括と外部に対する代表的な存在に過ぎなくなった（台湾総督府警務局一九三八）。

(3) ブヌン族

蕃社制をとる以前の本来の社会は、村落や地域を標準とせずに、氏族を基準として、氏族共住を旨とする大家族制であり、氏族ごとに集団をなして生活していた。各氏族集団は、それぞれの族長（リシカラン＝村内の指導的立場にある有力者）によって統括されたが、蕃社制以降、実力者を官より族長（頭目）として任命したものに変わり、族長の系統による世襲制は終わりを迎え、本人一代限りの名誉職に変わってしまった。したがって官により更迭されることもあった。族長は村民に信望があるといっても、所詮氏族における実力者に過ぎないため、一般村民に対して統括力は弱かった。したがって絶対的な権力をもつものではなく、諸般の社会活動は村内の長老や有力者との合議に諮った。村外にあっては諸事交渉の折の代表者にすぎず、官庁の指示に従い官命の伝達民情の上達を責務とした（台湾総督府警務局一九三八）。

人口が増大し数血族が混住するうちに、氏族は数小氏族に分かれ、各地に村落を形成するにいたったという（台湾総督府警務局一九三八）。それに伴い往時の氏族集団制は崩壊して地域区分ごとの社会に変遷しつつあった。一九三八年頃には血縁的集団ではなく集落ごとに村を営むようになった。

（4）　ツオウ族

ツオウ族は本来単系出自の氏族集団を社会組織の基本とした。氏族は共住して大家族制をなし、土地は共有に帰して、個人の所有を認めず、族人の平等使用を原則としていた。各氏族ごとに、集落を形成した。本村落より分村したものは支村落として、本村との関係を維持し独立することなく、共同体をなしていた。

ツオウ族古来の観念によれば、支村落は本村の仮住みの集落にすぎず、本村落の頭目が統括し、氏族全体の支配権を握っていた。氏族をツオウ語でペオンシー（蜂の女王の意）と称し、頭目家を指す。頭目家は村落の創始者の家系であった。

各氏族ごとに頭目がおり、世襲を原則としている。大氏族制のために家系中の人材で声望のある男子が頭目に就く。重大な過失が無い限り終身職であった。人口の増加と共に集落が拡大し、蕃社制が導入されると、村落はそれぞれ一つの村として扱われ、各村に一人ずつ官製の頭目が置かれるようになった。かつてのような系統による世襲制は失われた。以後、村内の声望のある有力者が頭目を務め、地位の継承は官選で決定するようになった。往時、頭目が世襲であった頃、頭目は村落を統括し、村を代表するものであったが、重大事においては長老に諮り村民の会議に諮るなど権力はきわめて微弱であった。しかし、統括者として重責を果たしたが、現今では、官庁の指示にしたがって職務を執行するにすぎなくなった（台湾総督府警務局一九三八）。

（5）　パイワン族

パイワン族には大小の首長がおり、いずれも世襲の首長として一党をなしていた。首長家には党の崇拝する祭神を安置し、首長が祭主となって一党の吉凶禍福を掌った。また一定の領域を領有する。領域に住み党の首長の支配に属する者は、すべて党民として統制され、祭政一致の社会を構成する。党の成立は首長家系統者に限り、それ以外の成員はいかに優れた人材であっても首長には成りえなかった。党は首長があって初めて存在しうる。

党には、一村落一党の形態もあれば、一村落に数党あるもの、数村落で一党を成すものなどがある。一党が数村落にまたがる場合は、村落に代官役（頭目に代わって支村落を支配する者）を置いて支配した。往時は党制によっていたが、蕃社制を導入した清国の政策以来、一村落に一頭目を置くようになった。それにしたがい首長の権力は衰退し、党制も漸次弛廃した。しかし、首長の家系は古来より一定して世襲され、その家系の家長は、首長となることになっていた。パイワン族の首長はその点において、他の種族とは異なっていた。

首長の地位の継承は前首長の死去をもって開始されるが、長子制度により男女の区別無く、嫡長のものが継承する。子供の無いものは、被相続人の弟妹もしくはその直系親族がそれに代わる。またそれも適わない場合には、伯父伯母の直系親族が世系の順位にしたがって継承する。

首長は党の宗家として、土地の領有、蕃租の徴収、犯罪者の処罰などの諸権利を有し、村内の一切の公共事項を主催する他は、特別な階級身分と社会的地位により、様々な特権を有している。村内外の諸事項を処理し村内の安寧秩序を維持する他に、困窮者の救済、他村との交際費をはじめ公共的諸費を負担する義務がある。

首長の権利および特権としては、以下の通りである。

1、土地の所有権。党の領域は、かつて首長家の先祖が征服したか、先に占有したことにより、領域とした領土で、部下や被征服者を領民として組み込んで党として形成したといわれている。首長家は党の宗家として党域の土地を所有する。各人は党民として土地を利用できるが、首長家に対して地租を納入することが義務付けられている。党民の土地が退廃し、それに代わる土地を求める者に対しては、毎年一回粟の播種前に実力者会議を経て首長の決定により新耕作地の利用を認めるという。

2、蕃租徴収権。党域内の収益物に対し、又は党民の身分に対して蕃租を徴収する権利を有する。蕃租の中には、農

写真４－① パイワン族首長家の百歩蛇装飾（九族文化村）

写真４－② パイワン族の復元首棚（九族文化村）

租、猟租、漁租、水租、奢侈租、聘物の一部、財産罰の一部などが含まれる。

3、首長は村民より相当の儀礼を受ける特権。首長夫妻は一般村民と貴賤の別があるものとし、一般村民は頭目夫妻と座席を同じくすることはできない。また首長夫妻の旅行には村民が護衛する。

4、紋章に関する特権。首長夫妻は、家紋の紋章として、人体および百歩蛇の形像を用い（写真4－①）、住居の柱、軒、仕切、あるいは刀の鞘、煙管の雁首などに彫刻し、被服に刺繍すること、また身体に刺墨することができるが、一般村民はそれができない。

5、服飾に関する特権。一般村民は豹の裘および豹牙、猪牙で飾った頸環を用いることができない。

6、刺墨に関する特権。男子は肢体に、女子は手甲に刺墨を施すが、これらは首長家の特権にして、首長とその兄弟以外はすることができない。ただし、恒春上蕃は補佐役と馘首者に限り刺墨をすることができた。

7、屋号および名に関する特権。一般の村民は首長と同じ屋号、および首長家の家族の名を使うことができない（台湾総督府警務局一九三八）。

(6) ヤミ族

ヤミ族には蕃社組織の確たるものが無く、七箇所に集団を構える。海洋に浮かぶ島だけに、他種族の攻略に備える必要が無い上に、同族間の闘争も稀なため、頭目などの統括者は不在であった。自由平等で階層差を認めることはできない。熱帯の豊富な生産により生活になんらの苦痛もないので、簡単な社会制度で十分に安寧秩序を維持することができた。しかし、大正五年に官選の頭目が各社に配されたのが、はじめての頭目であった（台湾総督府警務局一九三八）。村には父系的結合を思わせる集団があるが、それを統括するのは特別のリーダーではなく、夫婦のバランスであり、双方の親族の協力関係である。

Ⅲ　台湾原住民社会の性格

一、社会組織に関する考察

(1) 原住民文化の故郷

台湾の原住民社会は、オーストロネシア語族に属するものの、このように構成する人種的相違や漢化の程度の違い、歴史的過程の違い、言語、物質文化、社会・文化の違いなどがあり、一民族として扱うことはできない。現在、九族に区分された民族集団だけあって、内容を比較すると類似面とともに大きな差異がある。台湾島に到来した後に形成された差異なのか、それとも到来時にすでに備えた違いなのかは、にわかに判断できない。近年台湾島の考古学研究が進展し、先陶時代から新石器、鉄器時代を経て歴史時代に至る文化の変遷が明らかになりつつある。大陸との関係やフィリピンとの関連が暗示される。宋文薫は、ヒスイ玉器が台湾、フィリピン、インドシナ半島をめぐって伝播する壮大なモデルを描き、先史時代における広範囲の民族交流について説いた（宋一九八〇）。また国分直一は、先島諸島の下田原式土器を介して卑南遺跡との関連を検討した（国分一九七七）。しかし、これは十分な比較の根拠をもたない。島嶼を繋ぐような文化・民族の大掛かりな交流が示唆され、その大きな運動の流れの中に台湾島も位置づけられかも知れない。狩猟と稲作の複合はすでに約三五〇〇年前には確立したらしいが、それが今日の原住民に連絡するとの結論はいまだに得られていない（野林一九九八）。今後、人骨のmtDNA分析や先史文化の系統研究、歴史時代における文化要素の摘出によって明らかにされると期待されているが、もしその頃から系譜が辿れるならば、台湾島に到来する以前から、文物に加えて社会的側面においても複雑化した姿で導入されたことが判明するであろう。

(2) 原住民社会の変貌と原形モデル

従来、人類学や考古学の分野で、日本人による研究の多くは、原住民社会の「原型モデル」を追及してきたといってよい。伝統的で普遍的な文化と社会、しかも台湾原住民が持っていたはずの独特な「過去の本来的文化・社会」を捜し求めることが、鳥居龍蔵らの開始期以来の共通したテーマであった。その目的はそれなりに大きな成果を収め、どの調査報告書でも「現在は〇〇であるが往時は〇〇であった」という、原住民の口碑や聞きがたりを必ず取り入れたことからも理解されよう。

確かにオランダや清国とそれに続く日本の統治を経て、原住民社会は大きく変貌した。それは歴代の調査報告書に示されている。したがって近現代の外国との接触による社会変容、文化変容はオセアニアなどと同様に当地域に甚大な影響を与えたものとして考えなくてはならない。旧慣時代の根源的な姿、すなわち原住民の「原型モデル」を現在の文化・社会に直接求めることはできない。「「原型モデル」を追及する幸せな調査の時代は、直接体験により「伝統的な」習慣を知っていた故老の死と共に過ぎ去って行った」と、末成道男氏が指摘するように、すでに台湾は研究者の純朴な学術的な期待を満たしてはくれない状況なのである（末成二〇〇五）。

しかし、それでも多くの研究者がそれを前提に研究するのは、近現代の西欧や清国、日本との接触の影響を受けながらも、変わらずに残る基層文化が多く残されているからである。それらを採取して分析・検討することによって本源的な社会のあり方に接近することが可能だからである。

人類学調査から得られた社会状況を基礎に、社会の階層化過程について論じる場合、それらが既に変貌をきたした時代の様相であることをまず念頭に入れてかかる必要がある。原住民社会について蕃社制が導入され、各社に官製の頭目が配置される以前は、ヤミ族のように、頭目をもたない平等的な社会が展開した民族もあり、原住民社会のすべてが階層化過程にあったわけではない。そこで、古い伝承を補うことによって論理付けていく必要が出てくる。

(3) 社会の違いとモデル

アタヤル族やサイシャト族では、かつて氏族によるまとまりを持ちながらも、現今では村ごとに頭目をいただく社会に変貌している。これは清国の蕃社制の導入が大きな影響を与えた結果だと考えられる。導入後には、村人から信頼される有能な頭目がその地位を築いた一方で、官製的に更送されることもあった。頭目の権威は、昔ほど大きくなく、重要な案件については長老や実力者との合議にかけられたというし、また世襲制でもないため、老衰以外でも問題があれば廃位されたという。これから解るように、氏族制を親族構造とする社会において、村ごとに頭目を置くのは蕃社制が導入されてからのあり方で、それ以前は村ごとにではなく、各氏族宗家に頭目がいたと考えるべきであろう。それらは氏族的論理によって部族的実体をもっていたかもしれない。もちろん、部族的統合がどの程度に達していたかについては明らかでない。ブヌン族やツオウ族は、強く統合度を高めて中には部族連合に近い形態も一時的に存在したらしい。逆に、氏族ごとに強い紐帯でまとまりながらも、部族という点では、強い同族意識でまとまらない場合も考えるべきであろう。

氏族宗家のあり方として、核家族的に小規模の家族形態が報告されているが、かつては血縁者が一軒に集住していたと伝える例が多い。それらは「父系拡大家族」を指している。その集住方式は大型の家屋を必要とし、内部において、各家族ごとに空間が仕切られていたに違いない。父系拡大家族の社会的意義については、単なる家族群の集合ではなく、協力して大きな力が発揮できるような組織体として機能することが多い。

反対に、いまでは村ごとに頭目が置かれるヤミ族の場合、かつての聞き取りでは、頭目をもたない社会であったという。また平等性が浸透した社会だといわれていた。日本の統治以後に、蕃社制を導入し頭目を置くように制度化されたものである。そうすると、蕃社制以前には、農耕や漁労を営みながらも比較的単純な社会を形成したことが窺われる。現代には父系的な側面が観察されるというが（野林一九九八）、その実態が旧慣時代から保存されてきたものかどうかは不明である。

ここで重要なのは、氏族制にある多くの部族社会が、社会的複雑性を達成していたことである。氏族制の論理に基づいて位階による序列構造をもっていた。それらは首長制には届かなくても、父系氏族のピラミッド構造を立ち上げ、中に大首長、中首長、小首長などの序列化をおこなっていたのである。

パイワン族やルカイ族、プユマ族では、首長制社会が発達し、先のどの社会とも類似しない階層化社会が営まれた。氏族制を基盤とするのではなく、首長と血縁者を中核とし、非血縁者も巻き込んで、首長国（chiefdom）のような階層的な政体が築かれた。首長の権力が絶大で、すべての土地や資源を所有し、平民は蕃租を徴収された。しかも、首長には大中小の区分が発生していたので、階層的な序列構造も相当に進展した様子が窺われる。このような点はブヌン族、ツオウ族のような単系的氏族制社会とは全く異なる点である。

今まで述べたように、台湾島には複雑度を異にする三つの社会の段階がある。ヤミ族に代表される無頭目の平等的社会、アタヤル族、サイシャト族、ブヌン族やツオウ族に代表される氏族制社会、パイワン族、ルカイ族に代表される首長制社会である。

二、社会複雑化に関する祭祀の役割

社会を維持する上で、祭祀と祭祀組織がはなはだ重要な役割を演じたことが窺われる。祭祀組織も他の社会万般と有機的関係において結ばれていたことを知る。その結節は先祖祭祀にある。

注目されるのは、ヤミ族の社会階層化と祭祀組織との関係である。ヤミ族にはこれといった頭目も戴かず、社会が平等であると指摘されている（台湾総督府警務局一九三八）。それと平行して祭祀組織も未発達であることは、社会の複雑化と祭祀が正の相関関係にあることを示すものである。逆にパイワン族やルカイ族においては発達した社会と発達した祭祀組織・内容が同時に見られることも、両者が深い関係にあることを示す。
清国の蕃社制の導入や、新たに移入した人々との接触以後から、旧来の首長の役割や機能が本来のものから遊離し始め、併せて各村における祭祀団の組織が弛緩したと報告されたことは注目される。蕃社制は氏族制と首長制を解体し、むしろ村落単位のあらたな蕃社化をめざしたはずで、村落単位の祭祀は高揚するはずなのに、逆に村々の祭祀組織も脆弱化した点は、民族社会の複雑化・階層化と祭祀との相関を考える上で示唆的である。

社会組織や頭目などの旧慣習の弱体化が祭祀団の弛緩と同一歩調をとっていることで、旧来の原住民社会が、社会、政治、祭祀、儀礼などが総体としてSociopolitiealなシステムとして機能していたことを知るのである。

これらの諸点で筆者が注目するのは、社会の複雑化・階層化過程の中で果たす、祭祀の役割である。台湾原住民社会が示すところでは、社会が複雑化・階層化しないところでは、祭祀も振るわない。逆に社会組織が複雑化・階層化を遂げている社会では、祭祀関係（祭祀の規模、内容、組織）が複雑に発達している点を見逃すことはできない。祭祀組織の発達は、組織を運営する祭司、呪術師、巫女などが、社会的に分離し、相互の役割を専業的に分掌できているかなどによって評価することができる。また規模はパイワン族の五年祭にみるように、巻き込まれる祭祀規模が全族を対象とするような大規模のものであった。首長制のように複雑化が進展した社会では、祭祀などの象徴的イベントは、社会に既存の序列構造やそれを支える様々なイデオロギーを公的に認知させる意味があり、それが全族的な規模でなされることは、社会的なまとまりが氏族や部族のまとまりを超えた遥かに複雑化した社会だからである。

換言すれば、社会の複雑化・階層化過程の社会背景を支えるものとして、祭祀が重要な役割を果たしているということである。祭祀的側面のうち、祭祀を司る人々の専門分化、あるいは排他的な独占的役割が特定の祭司や巫女に付与されているかどうか、また祭祀に関与する人々の範囲がどの程度の広がりと性格を持つのかについては重要な判断基準となろう。

ある民族では、氏族（クラン）が発達し、それらが分節社会にあることを示しているが、それは血縁に基づく親族構造の基本をなし、土地の総有や使用形態、祭祀、相互の扶助、社会的序列、婚姻などと密接に関連する。様々な観念や呪術・信仰とかかわりながら、分節社会の論理は多様な祭祀と密接な関連を示していた。

各民族には祭団と呼ばれる組織が発達し、先祖祭祀や精霊信仰などを通じて、自らが所属する血縁集団との結びつきや、集団間の系譜的関係が認識され、それらの共同意識の団結的な役割を担っていた。祭団は、それが独立して機能するのではなく、共食集団の組織原理、狩猟組織や婚姻組織などの祭祀と密接な関係を構築しながらシステムとして機能していたわけである。その意味で分節社会の祭祀は氏族社会の中に閉じられ、それより大きな社会範囲において行われることは無い。そこに部族社会特有の限定的な枠組が存する。

それに対して、首長制社会においては、部族社会との共通部分を含みながらも、構造的に違いがある。血縁集団に加えて、非血縁集団を領民として包括的に含み、大土地所有者、再分配者としての首長と、貢租する領民という対立的な序列構造は、儀礼や祭祀を通じて制度的に確認され、土地や使用者に対する領民の霊的、呪術的な紐帯は、氏族社会におけるものとは本質的に異なっている。

三、台湾原住民社会におけるパイワン族、ルカイ族の位置づけ

(1)パイワン族・ルカイ族に見る社会階層化

以上、各民族について瞥見したように、タイヤル族のような比較的シンプルな社会構造を呈する社会もある一方で、パイワン族、ルカイ族のようにかなり階層化が進展し、もはや首長国（chiefdom）といえるほど高度に発達した社会がある。彼らはかつて大首長（大酋長＝伊能・粟野一九〇〇）をいただき、その下に貴族層や普通の首長を従えていた。また大首長はかつて多く人々に土地を分け与える大規模な土地所有者であった。パイワン、ルカイ族の生産手段は、農

耕に加えて狩猟採集が主たる経済活動で、その限りでは他の部族と変わるところはない。なぜ彼らだけが、特別にそのような社会の階層化を強化したのかについては十分に検討されていない。生業や経済的な側面だけでは説明がつかない(紙村一九九五)。

ルカイ族では、首長は集落の開闢と関わり、集落の開拓者に与えられた役職である。山路勝彦氏によれば、首長家は、その土地を発見し最初に開拓した家であり、後に多くの人々が集合して集落を形成したという口承伝承が首長家に保存されている。その過程で、荒れ野を開拓したことの業績が強く反映している(山路一九九一)。ルカイ族などでは確かにそれが契機となっている。しかし、それは一般化できる首長制社会の背景ではない。

写真5　ルカイ族首長家の装飾(九族文化村)

ルカイ族では貴族層が工芸や依装、百歩蛇文様、人頭文様などを独占するシステムになっている(写真5)。平民層はそれらの施文を許されない。北米北西海岸部の先住民においても、象徴的な紋章は使用が限られており、その使用に当たっては首長と一部のものに限定される(Suttles1980)。これは世界に通有のシステムであり、多くの社会で観察される通有の現象である。

各民族社会の基礎を成すのは、内部に秩序付けられた親族組織であり、それは家族集団から始まり、血縁論理に基づくリネージやクラン、そしてさらにクランが結合して、より大きな組織体へと遷移し、最終的に部族社会へと統合される。ブヌン族やツオウ族などが顕著な例である。

階層化の顕著なパイワン族、ルカイ族、プユマ族は単系出自の氏族制に基づいていないために部族的構成をとらない。むしろ双系的な大家族制などに基づき、血縁、非血縁集団を巻き込んで地縁的な「党」組織を発達させている。それが収容する規模は大きく、首長を組織の頂点に戴いて大規模に組織化された点で、ブヌン族などの部族制とは大きく異なっている。単系出自ではなく、したがって法人的組織（corporate group）のような血縁集団を持たないのに「あたかも王国のような」社会を成立させた点に注目したい。

大首長と平民との関係は、平民からの貢租に対して、首長側からは様々な形での食料の分配がなされ困窮時の保障も請け負う。祭祀や儀礼のときの食料・酒なども首長から民衆に振舞われる。ここには首長制社会に良く見られる再分配がある。

（2） 首長制を支える婚姻システムと伝承

パイワン族やルカイ族のように首長を戴き、社会内部が貴族層（マザザギラン／アリラライ）と平民層（アティタン／コカオル）に分かれる民族では、婚姻のあり方も両者で異なる。パイワン族では長子（男女どちらでも可）が家督を相続する、世界でも稀な例である。平民間の婚姻に加えて、首長家との姻戚関係を望む試みも多い。

首長家では首長家同士の婚姻が多くなされた。首長家と平民の婚姻は理論的にはありうるが、平民側に多大な婚資が必要とされるので現実的でない。また首長家側にとっては家格を落とす原因にもなる。

長子以外は嫁入り、婿入りをすることになるが、その場合でも首長家では、できるだけ家格を落とさずに、財産や地位を保つための方策が講じられた。ルカイ族などでは婚姻が直接の契機となり、個人の位階や家格が上下する階層メカニズムを有している。村落を異にする首長家間、時にはパイワン族やプユマ族の首長家と階層水平的な通婚が行われる背景には、家格の維持と昇格などの目論見の他に、口承で伝わる婚姻記録として、将来的に問題が発生した折りに提出する「家柄証明書」になるからである（笠原一九八八）。

ルカイ族では婚姻が直接の契機となるために、階層化の程度は流動的で、理論的には一世代ごとに変化する。個人とともに「家」に階層性が付きまとうのは、世襲が重要な契機になっているからであろう。平民は、平民間の婚姻に加えて、どこかで首長との系譜に繋がる婚姻を模索し、実態としても首長と平民の間に三段階の中間層（ブッアカン）が生じる仕組みができている（山路一九九一）。どこかで他家よりも上位の地位を得ようとする競争的な原理が働いている。松澤貞子によれば、パイワン族では家族や親族などにおいて、村落の人々の系譜が「一つの路」として首長の系譜に収斂するようにできているという（松澤一九七六、一九七八）。

主として首長層に保存される伝承は、長い年月をかけて継承されてきたもので、その間に首長家に都合よく改変されたり撓曲されながらも、社会の語り部として歴史を紡いできた。ルカイ族キヌランの首長家、カラバヤン家に伝わる伝承を調査した笠原によると、首長家に伝わる伝承には、一〇世代以前に遡る首長家の始祖伝承と系譜関係が盛り込まれており、基本的に超自然的、神話的に語られる大昔の出来事に加え、最近の四、五世代間に起こった実際の歴史的事件が系譜上の記録として盛り込まれているという。そこには部族系譜間の確執や抗争、停戦、領土分配、他村・他族との対立と支配、同盟と共存、通婚など、具体的な対外的交渉の記録の意味があるし、なによりも首長家の系譜を正当化するための婚姻記録が語られるのである（笠原一九八八）。

（3） 聖なる壷とレガリア

社会の階層化を特色付ける象徴的な物質文化がある。生業などに直接関与する道具類ではなく、宝器や貴重財からなるもので、一般に威信材、レガリアなどと呼ばれている。もちろん儀礼や祭宴時にも展示され、祭器としての意味をもつこともある。その点で、祭器（palaphernaria）としての機能と区別しにくい場面もある。

パイワン族やプユマ族、ルカイ族の首長家には、先祖から継承される「聖なる壷」が保存されている。それ自体が社会序列の象徴そのもので、平民はそれを保有することができない。一種の身分や家格の表示装置であり、そこに付される文様や装飾にも威信的で表示的な意味がある。レガリアは、民衆に対して視覚的に展示し、所有者の威信を高め、持つ者と、持たぬ者の区分を明確にし、集団内部における階層的秩序を正当化し、それを社会的に複製する意味をもつ。階層化が進展したパイワン族やルカイ族、プユマ族と、その若干手前に位置するブヌン族、ツオウ族などにおいてもそれらは見られ、社会的な道具として機能している。ヤミ族、アミ族にはそのようなレガリアはみられないのではないか。紙村徹氏はパイワン、ルカイ族の首長家に残る伝承を比較調査し、パイワン族の伝承には「神聖な王」という性格が認められるに対して、ルカイでは各村落の開発者としての「土地の王」であるという性格の違いを対照化した（紙村一九九六）。首長制社会にも進展の程度に差異があることを示しているのであろう。

Ⅳ　社会階層化モデルと起源

一、社会階層化に関する考察

先に台湾原住民社会における社会組織、祭祀組織などについて論述し、階層構造について述べてきた。一口に九族といっても、その中には社会の複雑さや階層構造の違いが明瞭に捉えられた。ここでは、原住民社会の中でヤミ族、アミ族、ツオウ族、ブヌン族、パイワン族、ルカイ族等について取り上げ、その間にある複雑化の程度の違い、階層化の程度が他のどの面と関係するのかについてみる。

社会の階層化と複雑化の程度の違いは、彼らが構築する社会組織、親族組織、出自の違いとどのように関与するのであろうか。プユマ族やパイワン族、ルカイ族は、ツオウ族やブヌン族とは異なり、単系出自氏族の体系を構成していない。つまり父系、母系のどちらかの系譜で先祖を辿り家財や土地、地位、氏族集団への帰属を辿ることはしない。父母どちらでも辿れる双系的な出自体系である。それでいながら首長を戴くという特徴がある。単系出自集団は血縁によって氏族社会を構築し、さらにそれらの統合性を高めて、堅固な部族社会、部族連合を構築することもできる。血縁関係をもとに氏族のまとまりを強化して、そこに法人的な集団（corporate group）を構築することも北米北西海岸の先住民社会に顕著である。北米北西海岸では、血縁組織を母体に北米型の首長制社会を構築したのである。台湾では、なぜにそのような氏族に基づく首長制を構築することなく、双系的な非血縁組織を基盤に首長制を作り上げたのか、大変興味が持たれる。

プユマ族では馬淵東一が「選系」と命名した特殊な出自名称がある。単系や双系出自の場合は、父系あるいは母系のどちらか、それとも両方の系譜を通じて出自を辿り、自己の所属を明確にし、財産の継承が行われるのが一般であるが、「選系」とは、両親の系譜に加えてその親の系譜の集団に帰属することが選択できる。祭祀組織であるカルマアンと関連して、父親、母親、それぞれの祖父母、時にはそれぞれの曽祖父母の属する集団に帰属することを選択できるシステムである（馬淵一九五四b、山路・笠原一九七七）。

カルマアンは、馘首や狩猟祭祀、粟の播種から収穫にいたる各祭祀などを掌握する祭儀集団で、なかに一人の司祭をもつ。カルマアン祭祀集団への帰属の仕方は、祈祷師による神託によって選択的に決めるという。ここでは親族集団への加入が、祭祀集団への加入方法と密接に関わっている点に注目したい。

祭祀の分轄と規模から、社会の複雑化についてみてみよう。パイワン族やルカイ族、プユマ族の祭祀でみたように、農耕儀礼・祭祀、それ以外の祭祀が台湾原住民社会において生活の重要なリズムを構成していた。またそれを契機として様々な組織立てと施設が確保される。頭目と祭司、巫女、村民が一体となって祭祀を挙行する。肌理細やかに決定された祭祀の内容と段取り、その間で祭司と巫女の役割の分掌、その間に遵守されるタブーなどは村落民が一体となって組織化する。首長は祭祀のスケジュールを管理し、貢租を受け取る代わりに、村民が集まる場所と飲食料を提供し、社会の頂点にいて全体を統括する。祭司や巫女はそれぞれに別の系統から選出され、また別の世襲方法によって継承されてゆく。非常に込み入った複雑な組織を生み出す原因となっている。

彼らは役割を分轄しながら全体として一つの祭祀を中心とした統合体を構成し、アイデンティティを共有しながら社会を形成するのである。各プレイヤーが役割をきちんと分轄して行動を制御しつつ、組織の上では頭目を頂点とした社会を動かしていくのである。

これは未開社会における組織のあり方と機能、個々の分轄、分掌とそれを統御する宗教的イデオロギーが、全体としてシステマチックに機能していることを示している。これらが部族社会ではなく、プユマ族、パイワン族、ルカイ族などのような首長制社会に特に顕著に見られるのは、台湾原住民社会では特記すべき内容であろう。

各民族を俯瞰してみると、多くの社会において、社会が親族組織や家族形態、居住形態、婚姻、祭祀集団など、様々な要素とからみあって複雑化する様相が看取される。どの民族においても、それらの密接な連関なくして、彼らの社会はありえないし、階層化過程もありえない。

二、台湾原住民社会にみる三段階の複雑化

台湾原住民社会に観察される社会の複雑化・階層化過程は、それを（ヤミ族の無位階・平等社会）↓（アタヤル族・ツオウ族・ブヌン族・アミ族の位階・単系的氏族社会）↓（パイワン族・ルカイ族・プユマ族の階層化・首長制社会）という、直系的な縦の関係に置き換え位置づけることは、それほど困難ではない。実際に、そのような社会進化上の違いは、小さな台湾島の民族の中において確認できるのである。しかし、各族が独自に辿ってきた歴史的な歩みを再構成することは難しい。具体的にそれらが直系的に進展してきたかどうかは、今後の検証に委ねられる。

氏族基盤の部族社会から、血縁、非血縁領民の首長制社会へ、どのように変遷したのであろうか。台湾島内で起こっ

た変化であるとすれば、出自、親族組織、家族形態、居住方式、村落形態、婚姻、祭祀などシステムを構成する様々な局面において同時に変革が起こったことを想定する必要がある。父系出自で氏族原理の血縁集団がどのように変革すれば非血縁的で地縁的な首長制に自律的に移行するのであろうか。それとも、首長制社会への移行には、部族社会から出発するのではない別のルートがあるのであろうか。この点については両方の可能性を考えておくべきであろう。

もし、前者の可能性をとるならば、部族原理から首長制への変革には血縁からの脱却と、地縁への重点の移行が前提になる。それと同時に単系出自から双系的出自への変革が焦点になろう。もし後者の可能性を考えるならば、かつてサーリンズがポリネシア社会の分析で示したラーメージシステム（ramage system）による社会と、ディセントラインシステム（descent line system）による社会が、はじめから台湾島に同居していた可能性を考慮する必要があるだろう（Sahalins1958）。

それらの可能性を念頭に置きながら、氏族制社会から首長制社会への移行が台湾島で行われたと想定してみよう。上述のごとく、親族組織や出自体系が変化する過程はどのようにして可能になるであろうか。それらの要素のうち、どれかに変化が生まれ、それに引きずられて連鎖的な反応を起こしたとも考えられる。もし異なる父系氏族集団間で熾烈な戦争が起こり、勝者が他の氏族集団を自らの版図に加えて、それを村内に内包して、彼らを被征服民として扱ったならば、どうなるであろうか。同じ村落内に異なる氏族が地縁的なまとまりとして結合を深めるような社会的契機になることもあり得たであろう。いずれにせよ、首長制社会への移行には、血縁結合から地縁的構造への重点のシフトが必要なのである。それにいたる過程の追及が今後必要であろう。

三、台湾原住民社会の複雑化・階層化過程はどこまで遡るか

原住民社会の複雑化の過程は、最近の一〇〇年間ほどのうちに起こった自律的な過程であろうか。それとも千年をもっ

て数えるべき長期の過程において考察すべき課題なのかは、大きな問題である。もし後者だとすれば、文字資料を欠く原住民社会の研究は一挙に先史時代に遡って考究されねばならない。戦前から戦後にかけて台湾原住民社会の研究に大きな足跡を残し、原住民の移動経路や発祥地について検討した馬淵東一の研究において、遡りえる時代はどこまでであろうか。口碑伝承を材料としているので、その伝えうる年代の範囲内ということになろう。馬淵自身が「この"移動"は二〇〇年程度までしか遡り得ず」と言うように、せいぜいその年代的範囲である。口碑から数千年のスパンで民族誌を復元することは不可能である。

考古学的にみると、稲作や穀類の栽培と狩猟の組み合わせは、三五〇〇年前に遡って確認されている。それ以前はおそらく狩猟採集・漁労活動が主たる生業活動であったろう。その段階に社会はどの程度複雑化を遂げたのか。狩猟採集民の社会といえども、高度に発達した社会を達成できることは冒頭に述べたとおりである。それから農耕を取り入れて、社会はどのような過程を踏んで複雑化の道筋を歩んだのか。課題は全く解明されていないのである。その課題解明に向けては、考古学的手法による先史社会の復元を前提にするであろう。

台湾における考古学的研究は、鳥居龍蔵の調査以来、近年にいたって大きく進歩している。台湾における地域性と年代的編成のほぼ大枠が完成している（国分一九七七、野林一九九八）。それらの考古学的データから、先史社会の複雑化・階層化過程が窺われるかどうかが今後の課題であろう。もし数千年前に連なって社会複雑化・階層化過程が辿れるとしたら、それは、長い年月を経て連綿と続く歴史的過程であると考えなければならない。その点で、近年発掘調査が進展した卑南遺跡がもたらす情報の意義は大きい。広大な面積に残された墓域に、多数の石棺墓が検出された。一つずつ石棺を検討してみる紙幅はないが、板石を用いて造った石棺の作りや副葬される玉の装飾品、墓の傍らに経つ立派な巨石柱、全体を大きく二通りに区分する頭位方向の差異は、いずれも二〇〇〇年前の社会が何らかの区分原理によって認識され、社会的に異なる対応が図られたことを示している。その区分の方式は、一般的な狩猟採集民段階を超えていることは明らかで、この時期に卑南・都蘭などでは石鎌や石包丁が検出されており（国分一九七七）、すでに穀物栽培の段階に入ったことを考えると、卑南遺跡の社会がある原則のもとに複雑化していたことは確実である。どの程度に階層化過程が進展したのか、それについては詳しく分析されない現在ではなんとも言えないが、おそらくは近現代の原住民社会に繋がる歴史的過程であった可能性はある。

四、オセアニアにおける社会階層化

人類史共通の社会進化という点で、その理論的基礎をつくったのは、E・サーヴィスとM・フリードである。一九六〇年代の新進化主義人類学が到達した理論で、今日の理論でもその基盤をなしている。E・サーヴィスは、社会の発展を組織体の発展から見て、バンド（Band）→部族社会（Tribe）→首長国社会（chiefdom）→国家（State）という模式で表した。それに対してM・フリードは、平等社会（egalitarian）→位階社会（rank）→階層社会（class）→国家（state）という変遷模式で表現した[4]。両モデルの平行的な部分を重ねていくと、（バンド＝平等社会）→（部族＝位階社会）→（首長国＝階層化社会）→（国家）という一系的なモデルが描かれる。基本的にこの模式は多くの研究者に支持され、学説の基礎になっている。

台湾原住民社会は、この模式にしたがうと、その多くが部族・位階社会ないしは首長制・階層化社会に該当するであろう。アミ族、ブヌンやツオウ族、アタヤル族などは単系出自の氏族制に基づいて、頭目をいただく部族社会を構築し、パイワン族、ルカイ族、プユマ族などは、首長制社会ないしは首長国そのものに達していると目安をつけてほぼ間違いない。

台湾原住民社会の社会複雑化の程度、社会階層化の程度を比較するために、オセアニアにおける首長国、ビッグマンシステムと比較してみよう。

オセアニアにはポリネシアのような首長制（国）が発達する地域と、メラネシアのようにビッグマン制のみられる地域がある。M・サーリンズは首長とビッグマンを比較して、両者を支える社会構造的な違いは大きく、首長とビッグマンとは相当に大きな格差があると述べている（マーシャル・サーリンズ一九七六）。パプア・ニューギニア高地に発達するビッグマンとは、一般の人たちより頭一つだけ図抜けた存在にすぎない。したがって大衆と大きな格差があるわけではなく、外部評価が高いという名声をよりどころにしている。支援者は血縁関係者や非血縁者からなり、評価が高いビッグマンを支援するので、ビッグマン間には名声を求めた競争関係が生じる。またより優れた男が名声を博せば、それに取って代わられる脆弱な基盤に載っている。

一般にビッグマンの経済基盤は、血縁者や婚姻を通じた姻戚関係の人たちを動員して、大量の食料や外からの貴重品などを集めることにある。時には回路を増やすために多くの妻をもつビッグマンもいる。それらを祭祀や儀礼の機会に気前よく吐き出し、非血縁的支持者からなる派閥（Factio）を養うことである。これは外部に広がり、外部から聞こえた自身の名声と評価により、自己の地位を確立させるのである。支持者の獲得がものをいい、成功すればより大きな派閥を形成できるし、交渉や交易の機会も増大する。レガリアなどの宝器や工芸品、魅力的な品物を展示することによって、追随者を増やすのである。多くの耳目を惹きつけるので、展示（display）の意味は大変大きい。トロブリアンド島のヤムハウスなどは、衆人の注意を惹きつける展示物である。

もちろん、血縁関係者や姻戚筋の人たちに、一方的な経済的負担をかけ続けることは、内部崩壊を招く最大の要因で、外部との取引を通じてビッグマンは、獲得した財を、血縁者、姻戚者に戻すのである。それによりビッグマンは内部関係者との軋轢を解消し、すぐれたビッグマンとしての地位を保つ。ビッグマンの腕の見せ所である。それに失敗すると、ビッグマンはその地位を追われ、新たな勢力に取って代わられる。ビッグマンの地位は一世代限りで経済的基盤が脆弱である。

ビッグマンが形成する血縁、非血縁の支持者からなる派閥（Brumfiel 1995）は台湾原住民社会に即していうならば「党」に匹敵する。パイワン族、ルカイ族にみる「党」とは、そのような領民からの支持を前提に成立するのであろう。しかし、台湾の首長は大土地所有者であり、それらを分轄して貸し与える役割を負っている。その点でビッグマンとは性格が異なる。ビッグマンは決して大土地所有者でもなければ、貢租を要求する首長でもない。台湾の首長制はビッグマンとは一線を画し、ポリネシアや北米北西海岸の首長制と同格であり、ビッグマンを擁する社会よりも社会の複雑化が進んでいる。そこでは、首長家は様々の特権を享受し、強い霊性をもち、強いカリスマ性と弁論能力、交渉力、統率力に秀でた人材として、集団を統率し、戦争や政治、祭祀・儀礼の指揮をとる。

ところで、ビッグマンが血縁者や姻戚者に生産の強化をもとめ、経済を強化するのは、もっぱら祭祀や儀礼などのためである。祭祀時に多くを振る舞い、高い評価を勝ち取らないとビッグマンとしての沽券や面子にかかわるからである。実際、その競争に負けると、ビッグマンはその地位を追われ、新たな人物に取って代わられるのである。ビッグマンは基本的に他の候補者との祭祝・儀礼的競争を前提にのし上がっていく。

このようにパイワン、ルカイの首長制社会は、パプア・ニューギニアのビッグマン社会以上の高みに達している。ここでは世襲制や土地が首長に帰属する大きな経済的基盤を評価して、ビッグマンを超えて首長制ないしは首長国の段階に比定したい。日本の弥生時代が対比できるのではないかと考えている。

ブヌン族やツオウ族の社会は単系出自に基づく氏族社会であり、統合的には部族社会である。これらはヤミ族のような平等的社会とは一線を画し、位階社会（後半）に位置づけられるだろう(4)。平等社会から首長制（国）に向けて進化する階梯のどこかに、部族・位階社会が位置づけられる。その社会発展は結構長い歴史の年月を必要とするかもしれない。従来はその過程についての評価と研究が十分になされていなかったために、両者の関係は不明な部分が多い。縄文社会はこの部分に相当するだろう。

バヌアツの位階階層制社会を研究した吉岡政徳氏によれば、ブタのボロロリ儀礼を行うごとに一つずつ位階を上昇させる位階階梯制がミクロネシアにある。一人の人間が人生のうちに位階を高進できる機会を多数持つことできわめて特殊な位階制度である。これをビッグマンと首長制社会の間に介在させることによって、階層化の連続性を辿る道もあるだろう。いずれにせよ、階層化過程にある社会（transegalitarian society）にあるといえる。

注

（1）明治二九年に小川琢治による日本最初の地誌『台湾諸島誌』では、擺安族（パイワン）、阿眉族（アミアス）、知本族（チプン）、平埔族（ペイポ）の四種族に分離した。森丑之助の『台湾蕃族志』では六種族分類、伊能嘉矩・粟野伝之丞の『台湾生蕃事情』では平埔族を入れて八種族に分類、三〇年後に刊行された台湾総督府警務局による『高砂族調査書』（一九三八年）では、六種類に分類している。大正年間に調査され、報告書として刊行された佐山融吉『台湾生蕃旧慣調査報告書』では、八種類に分類している。

（2）台北帝国大学の文政学部の中に一九三〇年「土俗人種学講座（研究室）」として発足した。ハーバード大学出身の人類学者移川子之蔵、松本延人を中心とするものであった。「土俗人種学講座」というのは、なんとも奇妙な命名である。当時、すでに「民族学」や「人類学」が定着していたが、植民地経営と密接に関係して位置づけられた当研究機関においては、行政的な判断が優先したという。坂野徹によれば、人類学とか民族学という学称が、植民地経営の背後を学術的に研究する機関としては微妙な響きを持ち、政治的に避けられたからだという（坂野二〇〇五）。

（3）往昔、本族の付近の山腹洞窟内にタアイと称する矮小人種があり、身長が三尺に満たないのに膂力が強く妖術ができたので、旅人はこれを恐れた。しかし、謡舞に優れたので、毎年の収穫祭では招かれて歌踊したものの、生来淫らなために本族の婦女を姦することがしばしばであった。敏捷で自在に逃げ回るので捉えることができない。祭が終わって、婦女の妊娠する者が多く出るのが常であった。ある年の祭祀のときに、本族の一人が妻を姦されるのを目撃し憤恨を抑えきれず一計を案じた。タアイが祭祀の往来で巨樹の上って休息をとるのを知り、巨樹の根元を密かに斧で切断しておいたところ、タアイが祭祀の帰路、樹上に立ち上った瞬間、巨樹が倒れてタアイは皆渓谷の水に溺れて死んだ。それを免れた二人は、ついに洞窟を放棄して去ったという。タアイ祭とはその霊を慰撫するための供養祭である。この祭典は本族最大の祭で、二年ごとに開催する。（台湾総督府警務局一九三八）。

（4） M・フリードは、代表的著書（Fried, M・1967）のなかで、位階社会（Rank）の中を発達の程度に応じて二分し、前半は位階があるものの、平等な関係を維持する状態とし、後半は位階の上下が身分の序列に結びつく不平等な状態に位置づけている。

引用参考文献

伊能嘉矩・粟野伝之丞　一九〇〇『台湾蕃人事情』台湾総督府民政部文書課

王崧興　一九六五「非単系社会の研究－台湾 Atayal 族と Yami 族を中心として－」『民族学研究』三〇巻　第三号

岡田謙　一九四二『未開社会に於ける家族』弘文堂書房

笠原政治　一九九三「私達の結婚はまるで喧嘩のようだ」『横浜国立大学人文紀要』第一類　哲学、社会科学　第三九輯

笠原政治　一九八八「台湾山地社会史の風景－ルカイ族首長家の系譜伝承をめぐって」『社会人類学の可能性Ⅰ歴史のなかの社会』

笠原政治　一九九八「研究史の流れ」『台湾原住民研究への招待』日本順益台湾原住民研究会編

笠原政治　一九九八「タイヤル（泰雅族）」『台湾原住民研究への招待』日本順益台湾原住民研究会編

笠原政治　一九九八「ルカイ（魯凱族）」『台湾原住民研究への招待』日本順益台湾原住民研究会編

笠原政治　二〇〇〇「解説　伊能嘉矩と『台湾蕃人事情』」『台湾蕃人事情』（復刻）草風館所収

笠原政治　二〇〇五「ルカイ（魯凱族）」『台湾原住民研究概覧』日本順益台湾原住民研究会編

鹿野忠雄　一九四四「紅島嶼ヤミ族と飛魚」『太平洋圏・民族と文化』太平洋協会編

紙村徹　一九九五「台湾パイワン族、ルカイ族における首長家のレガリア」『天理参考館報』第九号

小泉鉄　一九三三『台湾土俗誌』建設社
国分直一　一九七七「先史時代の南島及びその周辺地域」『日本民族と黒潮文化』黒潮の会編　角川書店
坂野徹　二〇〇五『帝国日本と人類学者　一八八四－一九五二』勁草社
清水昭俊　一九八九「ミクロネシアの首長制」『国立民族学博物館報告別冊六号　オセアニア基層社会の多様性と変容』牛島厳・中山和芳編
末成道夫　一九七三「台湾パイワン族の〈家族〉」『東洋文化研究所紀要』五九：一－八七頁
末成道夫　一九八三『台湾アミ族の社会組織と変化－ムコ入り婚かあヨメ入り婚へ』東京大学出版会
末成道夫　一九九八「サイシャット（賽夏族）」『台湾原住民研究への招待』日本順益台湾原住民研究会編
末成道夫　一九九八「パイワン（排湾族）」『台湾原住民研究への招待』日本順益台湾原住民研究会編
末成道男　二〇〇五「日本の文化人類学者による研究」『台湾原住民研究概覧』日本順益台湾原住民研究会編
清水純　一九九八「平埔族」『台湾原住民研究への招待』日本順益台湾原住民研究会編
須藤健一・山下晋司・吉岡政徳・笠原政治　一九九八「台湾原住民―その過去と現在」『台湾原住民研究への招待』日本順益台湾原住民研究会編
宋文薫　一九八〇「台湾蘭嶼発見の石製小像」『国分直一博士古希記念論集　日本民族文化とその周辺』考古編　新日本教育図書
台湾総督府警務局　一九三八『高砂族調査書』第五編　蕃社概況　迷信
台湾帝国大学土俗人種学研究室　一九三五『台湾高砂族余統所属の研究』
蛸島直　一九九八「プユマ（卑南族）」『台湾原住民研究への招待』日本順益台湾原住民研究会編
蛸島直　二〇〇五「プユマ（卑南族）」『台湾原住民研究概覧』日本順益台湾原住民研究会編
高橋龍三郎　二〇〇一「総論」『村落と社会の考古学』朝倉書店

高橋龍三郎　二〇〇二「縄文後・晩期社会の複合化と階層化過程をどう捉えるか」『早稲田大学大学院文学研究課紀要』第四七輯
高橋龍三郎　二〇〇四『縄文文化研究の最前線』トランスアート社
鳥居龍蔵　一九五三『ある老学徒の手記―考古学とともに六十年』朝日新聞社刊
長沢利明　一九九〇「台湾ブヌン族における今日の社会状況」『民族学研究』第五五巻　第一号
長沢利明　一九九八「ブヌン（布農族）」『台湾原住民研究への招待』日本順益台湾原住民研究会編
長沢利明　二〇〇五「ブヌン族（布農族）」『台湾原住民研究概覧』日本順益台湾原住民研究会編
中薗英助　二〇〇五年『鳥居龍蔵伝―アジアを走破した人類学者―』岩波現代文庫
野林厚志　一九九八「ヤミ（雅美族）「タオ（達悟族）」『台湾原住民研究への招待』日本順益台湾原住民研究会編
野林厚志　一九九八「考古学・歴史学の眼差し」『台湾原住民研究への招待』日本順益台湾原住民研究会編
原英子　二〇〇五「馬淵東一の研究」『台湾原住民研究概覧』日本順益台湾原住民研究会編
古野清人　一九四五『高砂族の祭儀生活』
松澤貞子　一九七六「東部パイワン族の家族と親族―ta-djaran（一つの路）の概念を中心として」『国立民族学博物館研究報告』一（三）五〇五―五三六頁
松澤貞子　一九七八「パイワン族の首長制再考」『民博通信』三
松沢貞子　一九七九「台湾パイワン族の首長の家」『社会科学（同志社大学）』二六　一―四〇頁
松澤貞子　二〇〇五「パイワン（排湾族）」『台湾原住民研究概覧』日本順益台湾原住民研究会編
松沢禎子・原英子・宮岡真央子　一九九八「各民族の人口・分布」『台湾原住民研究への招待』日本順益台湾原住民研究会編　風響社
馬淵東一　一九五四a「高砂族の分類―学史的回顧―」『民族学研究』第十八巻一・二号
馬淵東一　一九五四b「高砂族の移動および分布　第一部」『民族学研究』第十八巻一・二号

馬淵東一　一九五四c「高砂族の移動および分布　第二部」『民族学研究』第十八巻四号
馬淵東一　一九七四「中部台湾および東南アジアにおける呪術的・宗教的土地所有権」『馬淵東一著作集』第三巻
馬渕悟　一九九八「アミ（阿美族）」『台湾原住民研究への招待』日本順益台湾原住民研究会編
宮岡真央子　一九九八「ツォウ（鄒族）」『台湾原住民研究への招待』日本順益台湾原住民研究会編
宮岡真央子　二〇〇五「岡田謙の研究」『台湾原住民研究概覧』日本順益台湾原住民研究会編
森丑之助　一九一七『台湾蕃族誌』第一巻
山路勝彦　一九八五「タイヤル族のキョーダイ関係と出産の穢れ」『関西学院大学社会学部紀要』第五〇号
山路勝彦　一九八六「タイヤル族と性差、とりわけ出産をめぐって」『関西学院大学社会学部紀要』第五二号
山路勝彦　一九八六「タイヤル族の慣習法と贖罪、祭祀および共同体」『関西学院大学社会学部紀要』五三号
山路勝彦　一九九〇「台湾ルカイ族の家観念」竹田旦編『民俗学の進展と課題』
山路勝彦　一九九一「面子とハイラーキー―台湾ルカイ族の首長制」『関西学院大学社会学部紀要』第六三号
山路勝彦　二〇〇五「タイヤル族（泰雅族）」『台湾原住民研究概覧』日本順益台湾原住民研究会編
山路勝彦・笠原政治　一九七七「研究史・台湾高砂族と社会人類学」『日本民族と黒潮文化』黒潮文化の会編　角川書店
吉岡政徳　一九九三「ビッグマン制・階梯制・首長制」『オセアニア2　伝統に生きる』石川栄吉監修　東京大学出版会
吉岡政徳　一九九三『メラネシアの位階階梯制社会―北部ラガにおける親族・交換・リーダーシップ』風響社
山内清男　一九六九「縄文文化の社会―縄文時代研究の現段階」『世界と日本の歴史第一巻』学研
臨時台湾慣習調査会　一九一五『蕃族慣習調査報告書』一巻
臨時台湾旧慣調査会　一九一五『蕃族慣習調査報告書』第二巻
臨時台湾旧慣調査会　一九一七『蕃族慣習調査報告書』第三巻

臨時台湾旧慣調査会　一九一八『蕃族慣習調査報告書』第四巻

台湾総督府蕃族調査会　一九二〇『蕃族慣習調査報告書』第五巻ノ一

台湾総督府蕃族調査会　一九二二『蕃族慣習調査報告書』第五巻ノ三

台湾総督府蕃族調査会　一九二一『蕃族慣習調査報告書』第五巻ノ四

台湾総督府蕃族調査会　一九二〇『蕃族慣習調査報告書』第五巻ノ五

臨時台湾旧慣調査会　一九二一『蕃族調査報告書　排湾族・獅設族』

臨時台湾旧慣調査会　一九一三『蕃族調査報告書　阿眉族南勢蕃・馬蘭社、卑南族卑南社』

臨時台湾旧慣調査会　一九一五『蕃族調査報告書　曹族阿里山社・四社蕃・簡仔霧社蕃』

臨時台湾旧慣調査会　一九一七『蕃族調査報告書　紗績族霧社蕃他』

渡辺仁　一九八六『縄文式階層化社会』六興出版

マーシャル・サーリンズ　一九七六「プア・マン・リッチ・マン・ビッグ・マン・チーフ―メラネシアとポリネシアにおける政治組織の類型」『進化と文化』山田**隆治訳**　**新泉社**

Ames,K.M.　1995 Chiefly Power and Household Production on the Northwest Coast. In *Foudations of Social Inequality*. Price,T.D. and G.M.Feinman（eds.）Plenum Press

Bogucki,P.　1999 T*he Origin of Human society*. Blackwell

Brumfiel,E.M. and T.K.Earle　1987 Specialization, exchange,and complex societies: an introduction. In *Specialization,Exchange, and Complex Societies*. Brumfiel,E.M. and T.K.Earle（eds.）Cambridge University Press

Clark,J., and M.Blake.　1994 The Power of Prestige: Competitive Generosity and the Emergence of Rank Societies in Lowland Mesoamerica. In *Factional Competition and Political Development in the New World*, E.Brumfiel and J.Fox（eds.）Cambridge University

Press

Earle,T.K. 1977 A reappraisal of redistribution : complex Hawaiian chiefdoms.In *Exchange systems in prehistory.*T.K.Earle and J.E.Ericson.（eds..）Academic Press.

Earle,T.K. 1987 Specialization and the production of wealth:Hawaiian chiefdoms and the Inka empire.In *Specialization,Exchange,and Complex Societies.*Brumfiel,E.M.and T.K.Earle（eds.）Cambridge University Press

Earle,T.K. 1991The evolution of chiefdoms.In *Chiefdoms:Power,Economy, and Ideology.*T.K.Earle（ed.）Cambridge University Press

Feinman,G. and J.Neitzel 1984 Too Many Types:An Overview of Sedantary Prestate Societies in Americas.In Advances in *Archaeological Method and Theory,* Vol.7.Shieffer（ed.）

Fried, M. 1967 *The Evolution of Political Society: an Essay in Political Anthropology.* New York.Random House

Hayden,B. 1995 Pathway to Power; Principles for Creating Socioeconomic Inequalities.In *Foundation of Social Inequality.* Price,T.D. and G.M.Feinman（eds.）

Hayden,B. 1996 Feasting in Prehistoric and Traditional Societies. In *Food and the Status Quest,*（eds.）P.Weissner and W. Schiefenhovel . Berghan Book

Johnson,A.W. and T.Earle 1987 *The Evolution of Human Societies. From Foraging Group to Agrarian State.*Stanford University Press.

Sahlins,M. 1958 *Social Stratification in Polynesia,Ameican Ethnological Society Monogrph,* Seattle:University of Washington Press.

Service,E. 1962 *Primitive Social Organization.* New York.Random House.

Suttles,W. 1980 *Handbook of Northwest Coast of North America,* Smithonian Institute

メコン川沿国境地帯のカルチュラル・ランドスケープの動態と観光開発

―ラオス・カンボジアの国境地帯の事例から―

西村　正雄

はじめに

今日、東南アジアは、自然環境、社会的環境ともに激しく変動している。中でも、その変動の最渦中にあるのが、今回述べるラオス人民民主共和国（以後ラオスと呼ぶ）とカンボジアと言える。ここでは、メコン川沿いの自然、及び社会環境を大きく一つのシステムとしてとらえ、そこに関わる文化をサブシステムとして考える。その上で、そうしたサブシステムとしての文化が関わらざるを得ない周りの自然・社会システムの変動が、どのように一文化サブシステムの変動をもたらしているのかを概観することを目的とする。本論文において、この変動をカルチュラル・ランドスケープの動態という点から考察してゆく。特にここでは、最近の変動を起こさせている要因である観光開発に注目して論述する。

カルチュラル・ランドスケープの概念は、一九九〇年代以降、人類学の分野で注目されるようになってきた。一九八〇年代の人類学における文化の概念の再検討の中で様々な試みがなされてきたが、その一貫として従来の文化概念に、研究者の主観を包含しうる概念として、ランドスケープが研究の枠組みとして用いられるようになってきた。もともと画家の専門用語としてのランドスケープは、画家が絵を描く時の視点のプロセスを文化研究に導入しようとする試みであった。このなかで、描かれる対象と描くものとの間の相互作用を容認しつつも、そこに見えるものをできるだけ忠実に、総合的に描いてゆこうという試みである。今回、私が調査をしているラオス－カンボジアの国境地帯で起こっている現象：観光開発をはじめとする激しい開発と、今までの生き方をなんとか維持しつつも、新たに出現してきている環境にうまく適応しようとしている人々の生活を述べるにあたって、それぞれ個別の事象を一つ一つとりあげるのではなく、その間の関連性を述べつつ総体的に（ホリスティックに）地域の文化を述べてゆくことを目的としていることから、この概念的枠組みをまず提示しておくことが必要と考えた。

国境地帯を概観するにあたって、私が関わってきた研究のもう一つの焦点が関連してくる。一九九四年以来、ユネスコの世界遺産の仕事と関わってきた。主に文化人類学の立場からの世界遺産のマネージメントと、それに必要な知識の伝達作業であった。文化人類学のホリスティック・アプローチは、世界遺産というとてつもない大きな力（パワー）に直面しなければならない世界遺産を有する地元民にとって、どのような維持管理の仕方がよいのかといった問題を考えてゆく上で有効なアプローチである。そうしたアプローチが必要な理由は、過去多くの世界遺産登録において、また登録後、地元の人々の文化は踏みにじられてきたからである。その典型的なものが、地元民の強制的移住である。世界遺産を公園化するため、全く異なった環境をそこに作り出そうとしてきたのである。私は、所を変えてラオス南部のチャンパサックの世界遺産登録に伴って、地元の人々の生活パターンがどのように変化してきたか述べてきた。この変動が近年加速度を増しているように思われる。それは、世界遺産登録による観光ビジネスの興隆と関係しているように思われる。ユネスコによれば、世界遺産登録後、平均して観光客は三倍になるという。

多くの場合、世界遺産は、その最初の趣旨を守るためではなく、それを手段としてビジネスを展開する方向に変化してきているようである。それに対する住民からの抵抗も世界各地で報告されており、またそれを先導するエージェントとしての政府、外国機関の役割も報告されている。こうした傾向の中で、チャンパサックも例外ではないことが、私どもの調査でわかってきている。チャンパサックでは、他の県よりも強く観光を第一義的産業と位置づけ、県主導のもと、郡政府、村の単位にいたるまで、世界遺産を観光商品として大々的に売り出す傾向が見られる(1)。このための、県の観光戦略に、隣のカンボジアのアンコールを訪れた観光客、タイに来た観光客をチャンパサックに招き入れる戦略を立てだしている。このことは、まさにラオス、特にチャンパサックのカンボジア、タイとの国境政策と密接に連関した問題なのである。そこで、本論文においては、チャンパサック県の観光政策に焦点をあてつつ、ラオス、特にチャンパサック県の、そしてカンボジア、特にストゥン・トレン州の観光政策が、国境地帯の人々の生活にどのような影響を及ぼしているかについて述べてゆく。

I．国境地帯（ボーダー）の人類学

人類学が国境地帯に注目してきたのは、一九八〇年代からでそれほど長い歴史があるわけではない。国境地帯への注目は、国家、民族といったテーマが人類学の中で中心的となってきた、いわゆるポストコロニアルの人類学と関連している。そこでは、旧植民地の独立後の政治的、経済的状況の中で文化の問題を考えることから、国境を意識した人類学が生まれてきたといえる。現代の現象として、国境を越えて人々が移動すること（例、移民、難民、出稼ぎなど）は日常茶飯事であり、もはやひとつの国、民族、集団をもって文化を語ることが出来なくなっていることが指摘されて久しい。このことも、国家とは何か、国家を定義する最も端的な地理的バウンダリーとは何か、そして文化のバウンダリーとは何かといった問題が人類学者の研究対象となってきたのである。

しかし、一九八〇年代、一九九〇年代における国境地帯の人類学的状況は、まだ、国家や民族を考える人類学的研究の副産物的なものだったといえる。国家、民族の人類学的研究は、一九八〇年代から一九九〇年代にかけてピークを迎えた。その中で、次の五つの特徴があった。

1．いわゆる世界システムの拡大にともなう国家間の格差の問題を問うもの。
2．独立後のアフリカ等の諸国と旧植民地宗主国との関係を問うもの。
3．世界システムにおける経済的動向、とくに国家内における民族間の対立、差別の問題を問うもの。
4．国家のアイデンティティ、民族のアイデンティティについての問題を問うもの。
5．国家、民族を越えた人の移動（移民、難民）に関する問題を問うもの（西村二〇〇七ｂ）。

このうち、国家、民族の枠を超えて人々が移動する現象は、その後のグローバル化の研究の中に取り込まれつつ、より大きな設定の中で語られるようになる。一九九〇年代の有名なアパデュライの研究のように（Appadurai 1996）、研究の中心がグローバル化の影響、グローバル化そのものの存在定義に移る中で、現象としての人、モノ（金融）、アイディア、情報の流れを全体論的に見てゆく傾向に変わってゆく。

こうしたグローバリゼションと一言でくくられてきた現象は、実際には極めて多くの多様性を含み、一見するとまるでランダムな要素のランダムな動きの中で、それをそのまま放置すると国家存亡の問題に発展しかねないことを認識している国家行政機関（政府）は、当然のことながらその動きに規制をかけてくる。普段国家の中心にいる時、その規制は、はっきりと目に見える形で捉えにくい。しかし、それがはっきり見える地帯がある。それが、国家の周辺部であると考えられている（Asad 2004:Das and Poole 2004）。周辺部とは、国境地帯、また国家の中での紛争地帯、民族間のボーダーを含むところである（Das and Poole eds. 2004）。こうした地帯では、国家は、そのパワーを示す意味で、規制を文字通り杓子定規にあてはめ、国家の統制を示そうとしてくる。このため、国境では厳しい入国管理があり、紛争地帯では数々のチェックポイントが置かれ検問がなされてくる（Jeganathan 2004）。さらに民族のボーダーでは、言語教育など教育の面からの規制がかけられてくる。

一方、国家の規制とは異なった動きをするものにとって、国家の周辺部はまた活動の格好の空間を提供している。その空間を利用して、規制をすり抜けて、またむしろ規制を利用して、交易などの活動をしてきた。彼らは、厳しい国境政策と、予測のつかない不確実性に適応しながら生活してきたのである。

II．ラオス国境の現在：ラオス、チャンパサック県の国境政策

ラオスは北は中華人民共和国とミャンマー、西はタイ、東はベトナム、そして南はカンボジアと国境を接しており、まさに国全体が国境と直接関わる国である。このため、国境地帯における活動は、とりわけ重要であった。特に、海に面していないラオスにとって、国境をはさんだ経済活動（ボーダートレード）は、国境に接する社会の、さらには国全体の死活問題と言ってよいほど大切な役割を担ってきた（Leebouapao, et al. 2006：天川編二〇〇四：天川、山田編二〇〇五：石田編二〇〇五：カムペーン二〇〇三：西沢他二〇〇三）。さらに今日、この国境で注目されるのが観光開発である。多くの場所で、問題が多かったがゆえに、むしろ手つかずのまま残った自然環境、遺産が見られるのである。それらがすべて、価値の高い観光資源として見られ出しているのである。

A．ラオス人民民主共和国の観光政策

今日東南アジア全域で観光は重要な国の収入源となっている（例、LNTA 2008）。ASEANの一ヵ国となったラオスもその例外ではない。ラオスは、一九七五年に成立した社会主義政権下のもと、一九八六年以来のチンタナカーン・マ

イ政策を経て、国際コミュニティに加わるため、それまでの閉鎖的な社会主義経済システムを脱却し、開放型経済システムへの展開をはかってきた（例、天川　二〇〇四：天川編　二〇〇四）。特に二〇〇二年のASEAN加盟後、この動きはますます加速化してきた。ASEAN加盟によって、ラオスがはたさなければならない義務として、次のようなものがあげられる。

ラオスは、このチンタナカーン・マイ政策、そして一九九七年のASEANのメンバー国になることにより、東南アジアのコミュニティの一員としての役割をはたす義務を持ちながら、若干の振りもどしをしつつも着実に市場経済化へ向けて進んできた（天川編二〇〇四：天川、山田編二〇〇五）。この中で、最も重要なのが、こうした自由化政策以前から重要であった国境地帯でのいわゆる「ボーダー交易」と、新たに重要性を増してきた観光を含む、人の移動を活発にするという問題であった。チンタナカーン・マイ政策によって、ラオス政府は次の七つの政策変更を行ってきた①価格の自由化②国営企業改革③財政改革④貿易改革ー関税自由化を含む④交換レート改革⑤銀行・財政部門改革⑦外資の投資促進（Leebouapao, et al. 2006:83）、である。

この流れを受けて、伝統的にそこに存在していたボーダー交易も、大きく影響を受けてきた。特に二〇〇四年、ラオス政府はボーダーポイントでの物、人の流れをよりスムースにするため、①貿易関連サービスの円滑化②輸出入ライセンスの廃止の方針を打ち出してきた（Leebouapao, et al. 2006:83）。この効果はすぐ現れる。ラオス国内の物資の種類、量が格段に増してきたのである。さらに、ビザなしで入国できるチェックポイントを増やす事で、人の流れもよりよくなっている。カンボジアとの国境もこの流れに乗り、制度としての障壁は低くなりつつある。

この流れにのって、近年GDPの成長率が10％に近い伸びを示し、経済的に順調に成長していると、内外的に認められるようになった。ラオス政府は、これを「計画的に意図された成功」として大きく宣伝している。この政策の流れに乗って、自信を深めつつあるラオスは、それまで国づくりの過程にあるという理由から国を閉ざしがちであった方針から大きく転換し、積極的に外部の人間を入れようとしてきている。外部からの資金を招き入れることの利点を認識したラオスは、ビジネスでも、観光でも人々の受入を促進する政策を進めてきた。そして、外部から訪れる人々の数が毎年増え続けていることに、ますます自信を深めているのである。

確かに、ラオスを訪れる人々の数は増加し続けているが、しかし、政府発表の統計を細かく分析すると、必ずしもその数は、ラオスにとって利益につながっているとも限らないということが想定される。それは、訪れる人々の国別では、フィリピンからの訪問客の数がここ数年急に増加していることがわかる。しかし、この統計では、国別訪問者（ここでは観光客を想定しているものと思われる）のラオス経済への貢献度は、タイを一位として、アメリカ、日本などが続いており、フィリピンからの訪問者の貢献度は現れてこない。このことは、フィリピンからの訪問者はむしろ観光以外の目的で急速に数を伸ばししつつ、ラオスに入ってきていることを示唆している。この訪問者の増加が、ラオスの最近の開放政策と経済発展に比例していることを考えるとき、彼らが建設ブームになっているラオスに、建設工事に従事する作業員として入ってきていることが想定できるのである。

しかしながら、こうした人々まで、観光統計の中に組み込み、訪問者の数の増大を外に示すことこそ、今のラオスの観光政策の在り方をよく示しているといえる。すなわち、とにかく「ラオス外からの訪問者を増やすこと」、そして「その数の増大は利益の増大につながる」と考えていることである。しかし、リーブアパオ他（Leebouapao, L., P. Souksavat, P. Sone, S. Voladet, and S. Olaboun 2007）がルアン・パバンの事例研究で述べているように、観光客のタイプ、または質によって、その地域への経済の貢献度はかなり異なってくるのである。

B. チャンパサック県の観光政策

こうした、「数の増大」に焦点をあてた観光政策がはっきりと見えるのが、チャンパサック県であるように思われる。

チャンパサック県政府として観光に力を入れだしたのは、かなり前の一九八〇年代にさかのぼる。それは、県の南部、カンボジアと国境を接する場所にコーン・パペン、シーパンドンなどの風光明媚な自然環境があり、その地は古くフランスの植民地時代にリゾート地として開拓された歴史があるからである。このため、観光に関して他の県に先駆けてその重要性を認識してきたようである。しかし一九八〇年代は、一部の外国人、ラオス政府高官・高級官僚などはその地に別荘などを持ち、隠れたリゾートとして利用してきたが、一般のラオスの人々は観光などする余裕もなく、また外国ではほとんど知られてこなかった。よって、現在のようなマスツーリズムの形での観光開発は、一九九〇年代後半から二〇〇〇年代初めの、開放政策の進展に伴って行われてきたと言える。

開放政策により、国の政策として観光が中心的政策になると、それまで培ってきた観光のやり方（ノウハウ）を持っているチャンパサックは、この分野で他の県にもまして熱心に観光に取り組むようになる。その結果は、確実に数量的な形で表れてくる。政府発表の統計によると(Lao National Tourism Administration 2006)、二〇〇四年から二〇〇八年にかけて、観光はチャンパサック県での重要な主収入源となり、チャンパサックは観光を第一義的な産業と位置づけ、県の位置する立地－南にカンボジア、西にタイと国境を接し、そしてベトナムにも近い－を十分に生かした政策を取ろうとしている。この中で、チャンパサックは観光開発について独自の見解を持ってきた。

チャンパサック県の観光局長によると（二〇〇五年八月及び十二月のインタヴュー）、県政府として確固とした具体的な戦略のもと、それを実行しようとしているようである。それらは次のように集約される。

1. ラオス、カンボジア、タイの国境地帯を「エメラルドの国境地帯」と称し、カンボジアのアンコール遺跡や、タイの観光地を訪れる観光客をチャンパサックに誘致する。
2. タイからの陸路を整備し、タイの観光客が車でチャンパサックに来やすいよう、道路整備等を行なう。
3. カンボジア、タイとの国境の通過をより容易にする。そのため、入国手続きの簡素化をはかり、短期観光のための滞在者に対しては、ビザ無しで入国できる措置をとる。陸路のチェックポイントばかりでなく、パクセの空港を国際空港とし、そこでパスポート・コントロールができるようにする。

4．チャンパサックの文化的付加価値をつけるため、「少数民族村」や「文化村」を創設し、またワット・プー世界遺産地域内の一層の整備をはかる。そのために、メコン川沿いにプロムナードやサイクリングロードなどを造る。さらに文化村などで、チャンパサックの織物、踊りなどを見せる。メコン川でボートレースなどの行事を見せる。

5．カンボジアとの国境地帯を形作る急流、滝などの景観（図2、図3）、またそこに生息する淡水産イルカなどの生物の保護を合わせて、一帯の自然をユネスコ世界遺産として登録し、観光開発を行う。こうしてカンボジアのアンコールからワット・プーまで切れ目無く続く観光のベルト地帯をつくる。

この積極性は、統計数字で見る限り、実を結んできたといえる。チャンパサックのホテル、ゲストハウス、レストランの数は、ヴィエンチャンを中心とする首都圏、ルアン・パバンについで三位となっており、その数の年度の伸び率はそれら上位の地域以上であることからも見て取れる。

さらに、すでに開いている観光地点（スポット）数は、チャンパサックで圧倒的に多く、今後それはさらに増えてゆく傾向がある（二〇〇七年、二〇〇八年チャンパサック県観光局局長とのインタヴュー）。

要するに、チャンパサックは、県をあげて自ら持っている観光資源の見直し、発見、その利用に一丸となって進んでおり、この考えが実行に移されているのである。この中で注目しておかなければならないことは、彼らの政策の中に見られる一貫した姿勢である。それは第一に、観光客の数を増やすということ。特に国際観光客を増やすということ。第二に、観光客が訪れる観光スポット（観光地）の数を増やすこと。そして、第三に、観光客の利用する高級ホテル、レストラン、リゾートの数を増やすこと、である。すなわち、すべてにわたって、数の増大こそが収益の増大に結びつくという考え方で進んでいる点、注目しておく必要がある。

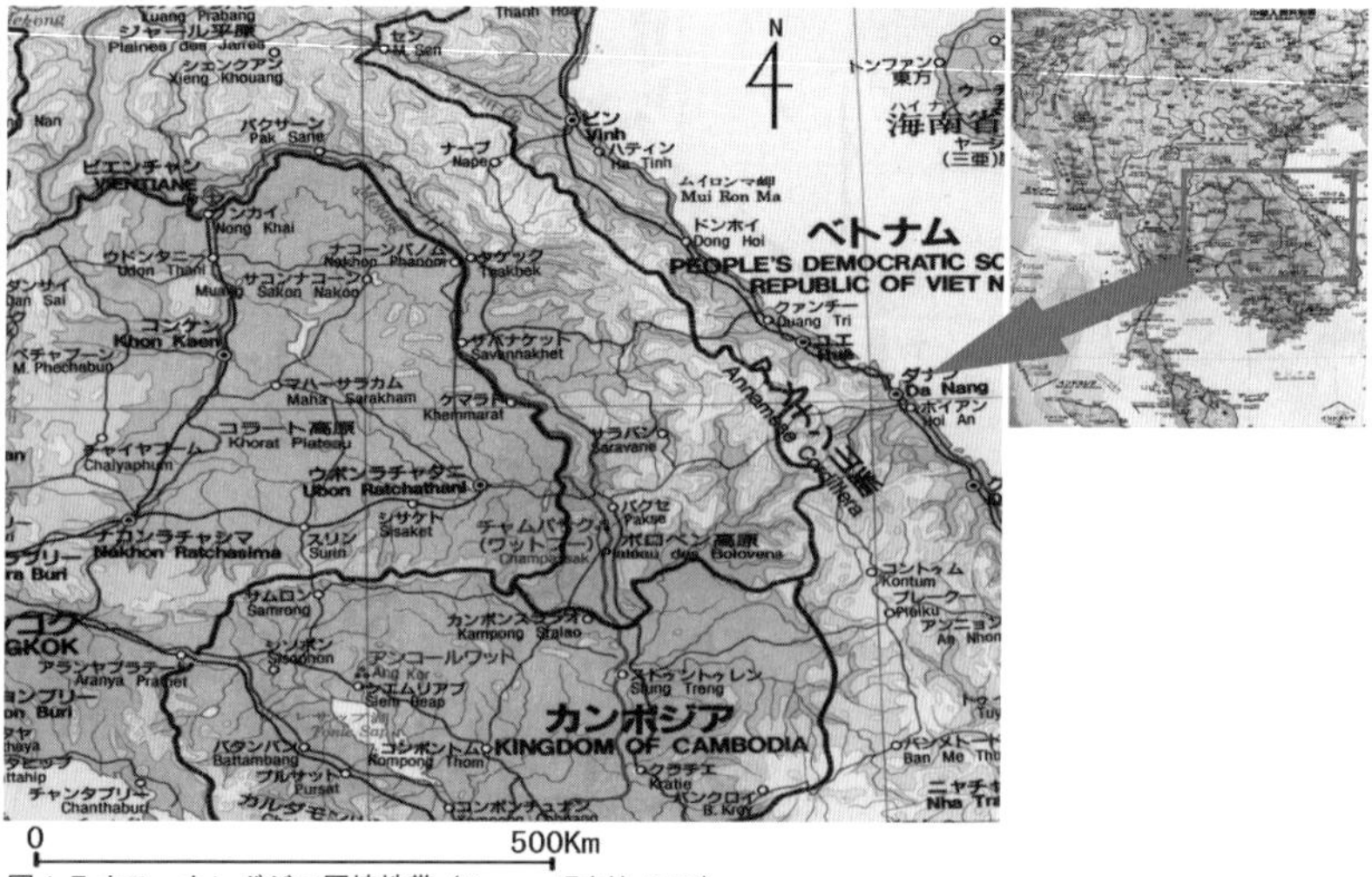

図1 ラオス・カンボジア国境地帯（Source: 昭文社 1998）

C. チャンパサックの地理的背景と観光資源としての文化遺産

チャンパサック県は、ラオス南部の四つの県（サラワン、セコン、チャンパサック、アッタプー）の一つである。西はタイと、南はカンボジアと国境を接している（図1）。ラオスでは、タイとの国境のほとんどは、メコン川によって形成されているが、チャンパサック県は、県内をメコン川が流れ、タイとの国境線は山塊によって作られている。その結果、チャンパサック県の内でも特にチャンパック郡は、その山塊とメコン川に囲まれた一種孤立した土地となっており、そこにアクセスするにあたって従来メコン川を渡るか、タイ側から山塊の裾野をめぐる道路をたどる必要があり、その意味で交通の便の点で「不便」な所であった。しかしながら、この不便さがこの地域の遺産をそれがつくられ、そして廃棄されて後もほとんど大きな撹乱もなく、きわめて良好な保存状態のまま保ち続けてきた要因ともなっているといえる。

メコン川に沿って南下するとカンボジアに入る。カンボジアとの国境は、メコン川が断層を流れるため、流れの急な滝となっており、今日コーン滝、また拡大したメコン川内に多くの岩礁、小島があり、フォー・サウザンド・アイランド（シーパンドン）と呼ばれ、風光明媚な観光地となっている（図2、3）。この地域は、チャンパサック県観光局が開発に最も力を入れている場所となっている。しかし、そ

図2 ラオス・カンボジア国境地帯
（西村正雄 撮影）

図3 ラオス・カンボジア国境地帯
（西村正雄 撮影）

れは同時にメコン川が交通の手段としては、直接カンボジアからラオスまで使うことができなかったことを意味しており、この地がかつてクメールの帝国（アンコール）の領土の一部となった時代、アンコール帝国中心部（今日のシェム・リアップ）とこの地との行き来が盛んに行われたが、その手段は陸路が重要であったことが推測される。

この一種孤立した土地は、タイとの国境を作る山塊の裾野が広がってメコン川にいたるまでの、海抜約一〇〇mからそれ以下の狭い沖積平野でできている。沖積平野には、山塊からメコン川に流れ込む小河川が東西に流れている。これらの小河川は、乾季（十二月から四月）には、ほとんど降雨がないため、干上がる。一方雨季（五月から十一月）には洪水を起こす。この規則的な洪水は、平野部に泥土の堆積をもたらし、比較的肥沃な土壌の分布を平野一帯にもたらしてきた。特に、山沿いでは良好な土壌と雨水により、雨水頼りの水稲耕作を可能にしてきた。ラオス全土が比較的土壌の質の点で恵まれない中、この地はその中では、比較的水稲耕作ができる土地として知られてきた。乾季にはほとんど雨が降らず、一方雨季に多大の降雨によって洪水をもたらす熱帯季節風の気候条件は、そのサイクルとそれをいかにコントロールするかが、そこに暮らす農耕民にとって最も重要であった（西村二〇〇六）。そして、それをうまくしのぐ技術と知識を身につけ、世代から世代へと受けついできた（小田島二〇〇四）。

最近の研究によれば、この地における洪水は、それを排水する高度な技術と知識が必要であり、この地に都市を築いた人々は、そうした技術と知識を持ち合わせていた様子がうかがえる（Cucarzi et al. 1992；Pichard 1997）。アンコールのあるシエム・リアップは歴代の王の仕事として、網の目のような灌漑水路が建設されたが、その大きな目的は、水の供給にあった（Groslier 1979）。一方、この場所でもまた、灌漑水路の建設の痕跡があるが、それは排水を目的としたものであったと思われる（Cucarzi et al. 1992）。この排水こそ、この地の人々の知識と技術が結集したものと考えられる。こうした人々の長年の営みの痕跡がそのまま残ってきた地域である。これらすべてが今、観光に利用されようとしている。

チャンパサック平野の西に存在する山塊のうち最も高い山が、標高一四一六mのカオ山（Phu Kao）である（図1）。カオ山は、チャンパサック平野のどの位置からも見ることができると同時に、メコン川からもよく見ることができる。この山は、独特の形をしていることで知られている。その山頂に岩が屹立しており、遠望では、まるで自然のリンガ（ヒンドゥ教でシバ神の化身と見られている男性を表す石棒）がそこにあるように見える。そのため、それを頂に持つ山全体が神の宿る山としてみられ、これがカオ山を聖地として信仰する理由となったと考えられている（Barth 1902）。実際、シェスタプラ古代都市で発見された碑文によれば、「男がリンガバルバタ（Linga Barbata）（カオ山のこと）に導かれて都市（シェスタプラ）を造った」と述べている（Jacques 1962, 1986; Cucarzi and Zolese 1997; Jacques 1962, 1986; Jacob 1974; Lintingre 1974）。カオ山の存在こそ、この地域に人々が集まり、都市を確立し、聖なる山に見守られて毎日の生活を確立し、聖なる山（カオ山）への信仰のため、寺院（ワット・プー）を建立したと考えられるのである（Barth 1902; Cucarzi and Zolese 1997; Dumarçay 1988; Finot 1902; Government of Lao PDR and UNESCO 2001; Jacob 1974; Jacques, 1962, 1986; Lintingre 1974; Nishimura 1998c）。村の人々は今でもカオ山を崇めている。しかし、このカオ山にさえ、今、トレッキングツアーを入れる計画が出ている。

D．チャンパサックにおける遺産の歴史的意義

このチャンパサック平野とその山塊は、先アンコール時代（ca. 3－9C AD）、アンコール時代（ca. 9－15C AD）、そして後アンコール時代（ca.15－19C AD）の遺産を集中的に含む場所として知られている。特に、先アンコール期からアンコール期につくられたワット・プー（Vat Phou）と呼ばれる石造寺院コンプレックス（Barth 1902; Dumarçay 1988; Finot 1902; Government of Lao PDR and UNESCO 2001; Jacob 1974; Jacques 1962, 1986; Lintingre 1974; Nishimura 1998c; Pichard 1997）、また、平野にほぼ作られた時代もまま埋蔵されている「古代都市」（シェスタプラ）と呼ばれる

都市遺跡が存在している（Cucarzi et al. 1992：Government of Lao PDR and UNESCO 2001）。これらの遺跡は、ごく小規模な調査を除いてほとんど調査されずにそのまま残存してきた。

現在まで調査をしてきたフランス隊、イタリア隊によると、ワット・プーの周辺に残る石造建造物の痕跡は、ワット・プーとは異なった様式を示しており、その作り手は未だ不明である（Lintingre 1974：Parmentier 1914）。ワット・プー寺院コンプレックスは、この一帯で一番大きな石造建造物である。この建造物は、今日砂岩とラテライトのブロックで構築されているが、フランス隊の調査によると、そうした石造の建物が造られる以前、レンガ造りの建物が存在し、さらにそれに先立って木製の建物の存在があったことを示唆している（Dagnes 1988：Dumarçay 1988：Government of Lao PDR and UNESCO 2001）。このことは、ワット・プー寺院コンプレックス自体も、その最初の造り手は、アンコールを構築したクメール人とは異なることを示唆している（Lintingre 1974）。この寺院コンプレックスから出土する最古の遺物が、五世紀から七世紀と示唆されており、明らかにカンボジアのアンコールの国家形成以前にこの建物が造られ始めたことを示唆している（Jacob 1974：Jacques 1962, 1986：Lintingre 1974：Nishimura 1997,1998a）。

さらに、古代都市遺跡は、その中の建物の多くがレンガで造られていたことが知られている。一部土台石に砂岩が使用されたが、ほとんどがレンガで造られていたと思われる。その最下層のレンガの年代測定から、都市の形成に開始は五世紀ごろからそれ以前と推定されている（Cucarzi, et al. 1992：Nishimura 1997, 1998a：Nishimura and Sikhanxay 1998）。このことから、この地に人々が集まり、都市を形成し、また宗教寺院を建立し始めるのが、五世紀からそれ以前と考えられているのである。このことは、この地が、社会－経済的な意味で、また宗教－観念的な意味で重要な場所であったことを示している（Cucaruzi and Zolese 1997：Cucaruci, et al. 1992：Nishimura and Sikhanxay 1998：大坪二〇〇四）。

こうした遺産が多く残るチャンパサックは、学術的に重要であるばかりでなく、観光開発にとってもきわめて魅力的な場所であることを意味している。こうした遺産すべてが今観光開発の対象になっている。

E. チャンパサック世界遺産登録後の動き－観光開発へ急速な動き－

このチャンパサックの遺産を観光開発の目玉にしようとするチャンパサック県の政策は、具体的な形で示されてくる。二〇〇一年十二月にチャンパサックは、ユネスコ総会で正式に世界遺産に登録された。この登録に先立って、日本政府は、ODA の新たな種類として、文化無償援助を設立していた。この援助先に、ラオスを考え始めていた。このためのヒヤリングと調査、ラオス中央政府関係者との折衝が始まっていた。

二〇〇二年、その前年に世界遺産になったチャンパサックは、無償援助の対象となった。同年、正式に日本政府は援助を決定し、援助の準備に入った。その内容は、ワット・プー境内内の排水路の整備、遺物貯蔵施設に建設、旧王朝時代の建物の撤去及び、ワット・プー入り口周辺の整備であった。実際の日本からの専門家の派遣を前に、地元ラオス政府のやるべき仕事として、そうした工事のための資材置き場と、これから造る貯蔵施設の建設用地の整備が課せられた。このプロジェクトは、日本政府とラオス政府との二国間援助の形態をとっているため、名目的なプロジェクトの契約相手は、ヴィエンチャンのラオス中央政府であった。しかし、プロジェクトの実際の推進者は、地元の県と郡レベルの政府関係者であった。このことが後に、チャンパサックのランドスケープの大きな変更をもたらす要因となった。

もともと、チャンパサックは、地域主義の強いところと認識され、ユネスコの世界遺産プロジェクトの推進においても県レベル、郡レベルの政府は、独自の主張をしてきた（Nishimura 2004a：Nishimura and Sikhanxay 1998）。ユネスコの世界遺産登録に関して、登録条件を提示されたが、それに対する基本的な合意はあったものの、自らの意見を取り下げたわけではなかった。その基本的なポイントは次のようなものであった。

（1）世界遺産登録と、その後の開発に関して県レベル、郡レベルの意見をできるだけ尊重する。

（2）保存、修復に関するプランに、県レベル、郡レベルも参加する。

（3）保存、修復に関する事業に、県レベル、郡レベルの人員を使う（Nishimura 2004a）。

この考え方はしばしばユネスコと中央政府の考え方と異なるものがあった。中央政府は、対外的な窓口になっていることから、ユネスコの考え方に対する理解を示し、その意向をラオスの人々へ翻訳し、伝達する役割を果たしてきた。しかし一方でこの考え方が、地方レベルの考え方と大きく異なることを認識してきた。このため、もうひとつの役割は、地方レベルの意見をユネスコの述べる規定の中に入れること、すなわちユネスコの規定が厳しくならないように調整することであった。この作業の中で、明らかになってきたことは、中央政府がきわめて地方レベルの政府に配慮を示そうとしてきたことであった。各省庁の連絡合同会議（NIMCCと呼ばれる）で、中央政府の代表によってしばしば述べられた言葉は、「チャンパサックは伝統的に地域意識の強い所」というものであった（Nishimura and Sikhanxay 1998）。この「強い地域主義」が、世界遺産登録後現れてきた。世界遺産登録の最もポイントとなる点は、地域内に遺産を守り、修復してゆくためのゾーニングが設定されたことである（西村二〇〇六b）。ゾーンの意味の独自の拡大解釈が、地方政府の人々によってなされたように思われる。

ゾーニングは、主に三つの分類でなされた。第一は、最重要地域で、研究調査すべきゾーンとして、最も厳しい規制が課せられた地域である。ワット・プーとその周辺地域、古代都市（シェスタプラ）地域、クメールの街道跡の一部がこのゾーンとして設定された。この地域では、許可なくしてあらゆる建物等の建築、道路建設等が基本的に禁止されることとなった（西村二〇〇六b）。

一方、第二のゾーンは、この地域の自然を保護する目的で設定された広大なゾーンである。このゾーンには、カオ山を中心とする山塊すべて、およびメコン川の一部が含まれる。特にカオ山を中心とする山塊すべてが含まれていることは非常に重要な意味がある。チャンパサックに遺産が造られた意味に関する指定となっている。この地域に遺産がつくられたのは、先に述べたようにカオ山頂にそそり立つ大きな岩をリンガとみなし、その結果、カオ山を神の宿る聖なる山と見なしたためと考えられる。このランドスケープ（景観）こそ、この地に人々が集まり、生活を営んできた源と考えられるのである。このため、チャンパサックに関しては、個々の遺跡の保存もさることながら、それらの存在する根源的な源である景観の保存が重要となってくるのである。このため、景観を作る重要な要素である山塊すべて、メコン川の一部がゾーン指定されて、保存されたのである。

第三のゾーンは、第一、第二のゾーンを含みつつ、より広範な地域にあてられている。この地域は、チャンパサックの人々のほとんどが暮らしている場所である。このため規制は最もゆるやかなものとなっている。このゾーンの基本的なコンセプトは、住民の大部分を占める農民の現生活を維持継続することを目的としている。このため、この部分の規制に関しては、事前の文化人類学的調査の結果が生かされている。例えば、村の人々の家や寺院の高さの調査から、七mの高さ以上の建物がないことから、基本的に七mの高さ制限がこのゾーンにかけられている（Government of Lao PDR and UNESCO 2001）などである。

こうしたゾーニングは、開発に関して独自の考えを持ってきた県、郡という地方レベルの政府機関にとって、その考えと対立するものであった。すなわち、県・郡レベルでは、遺産を経済開発（主に観光開発）の「資源」としてみなし、そこから最大限の利益を得ることを考えてきたように思われる。このため、地方レベルの行政担当者は、一応ユネスコと中央政府の考え方に大枠で同意を示しながらも、細部の点で自分たちの考え方を示そうとした。考えを考えとしてとどめるのではなく、実際の行動の中で示してきた。先に述べたように、文化無償援助の実際の執行は、地方レベルにまかされていたため、この細部の段階で地方レベルの考え方が大いに反映されることとなった（西村二〇〇六b）。

二〇〇二年五月、県政府と郡政府は、貯蔵庫建設用地を整備することと、排水路等を建設する機械置き場の整備に着手した。この中で、地方レベルの政府関係者は、必要最低限の場所という、日本政府側の意向を拡大解釈した（西村二〇〇六b）。彼らは、かねてから、ワット・プー遺跡周辺を、「遺跡公園」化したいと望んでいた（Nishimura and Sikhanxay 1998）。この機会をとらえて、その実行にかかった。用地整備を拡大解釈し、広大な土地をその目的に必要として接収した。その結果、ワット・プーに隣接する、ノンサ村の一〇〇戸以上の家が強制移住させられることになった。移住させられた人々は、近くの土地を与えられ、そこに新しい家を作り生活を始めた。多くの水田も接収された結果、その影響を受けた住民は、代わりの耕作用の土地を与えられたが、土壌の質の点で劣るものであった。ただし、ワット・プーへいたる幹線道路沿いに家を建てたものは、新たなビジネスに入った。小規模な食べもの屋、小さな雑貨店などである。その後のインタヴューでこうした店の人々は、収入が以前より増えたことから、世界遺産後の変化に肯定的な意見をもっている。

この結果、強制的に接収されたワット・プー周辺はゲートができると同時に、フェンスで囲まれ、整備された。しかし、かつて村人が、農作業などのために、自由に使用していたバライからの水の供給がなくなり、この結果、ノンサ村に属し、ワット・プーに隣接する多くの水田が耕作困難なものとなった（西村二〇〇六b）。

こうした強制移住させられた世帯に対しては、補償がなされた。しかし村人は補償額については、不満を抱くものも多い。また、多くの農民がかつて生活していた場が新たに設置されたフェンスで入れなくなったことに不満をいだいている。このため、しばしばフェンスが破られ、そこに元のように自由に出入りしたという意思表示が見られる。このささやかな抵抗が見られることについて、地方政府関係者は、法律の説明をし、それを食い止めようとしている。しかし、実際に行為者の逮捕などの強制的な手段は今のところとっていない。破られればすぐにフェンスの修理をするといった対策にとどまっている。厳格な社会主義体制の中で、表向き公けに反対の意思表示ができない中、農民達は、表面的には世界遺産登録後の動きに賛意を示している。県・郡政府関係者は、それをもって遺産はうまく運用されていると述べている（二〇〇六年、県政府関係者とのインタヴュー）。しかし、小田島が述べているように（小田島二〇〇八）、表向き賛意を示すこと自体、農民のしたたかな、強い生き方がみられるのである。

このランドスケープの変更は、まだ続いている。地方政府は、ワット・プーへのアクセスの便をさらによくするため、パクセからそこに続く新しい道路の建設を計画中である。また、メコン川沿岸の景色を整備するため、それに沿った村の移動を考えている。このように、地方レベルの政府の段階で、遺産の「公園化」が進んでいる。これは、ユネスコが考えてきた、ラオスの人々による遺産の保護が、異なって解釈されていることを示している。そこで、その点を踏まえ、なぜ、地方レベルの政府がかくも観光開発に熱心なのか、カンボジアの状況と比較検討してみたいと思う。

F．ラオスから見たカンボジア国境

ラオスにおいて、観光は今や第一義的な産業になり、これに対する期待は、中央、地方、そして一般の人々のレベルまで浸透しており、期待はますます増大している。この中で、特に南部のチャンパサックは、先に示してきたように中央政府の観光局以上に、極めて熱心に観光開発に取り組んできたのである。

こうした中で、住民は社会主義体制下で、自らの意見をもつというよりほとんどすべて政府関係者の意見に追随する形をとってきた。世界遺産地域内における三つの村：ノンサ村、チャンパサック・タウン、パピン村いずれにおいても、住民は世界遺産に対して肯定的な意見を述べ、それを利用した観光開発は①収入が増える、②チャンパサックを多くの人に知ってもらう機会が増える、の二点で常に積極的に賛意を述べてきた（二〇〇五年、二〇〇六年チャンパサック郡における住民へのインタヴュー）。

こうして、チャンパサックは一見すると一丸となって観光開発を益々盛んにする方向で進んでいるように思われる。すでに、チャンパサック県政府の幾つかのプランについては、ＡＤＢ（アジア開発銀行）などの資金援助を受け実行段階に移されている。二〇〇六年から二〇〇七年にかけて、チャンパサックには、メコン川の中洲であるドンデン島に、その砂浜を利用しつつフランス的テイストを持ったコテージ建設された。さらにメコン川対岸で世界遺産地域内にあり、ワット・プーと並んでもう一つの大きな遺跡であるトモ（Tomo）遺跡周辺をめぐるサイクリングロードの建設が行なわれている。

ラオスにおける観光開発は、タイにおける観光産業の興隆をモデルとしながら、タイ型の観光開発を目指していることははっきりしている（西村二〇〇八）。チャンパサック県政府観光局の人々は頻繁にタイに赴き、観光開発の視察を行なっており（二〇〇四年チャンパサック県観光局関係者とのインタヴュー）、いわゆる「アメージング・タイランド」方式の、「なにかエキゾチックな文化」を発見させて、それを全面的に売り出すやり方をとり始めている。このため、ここ数年、特に世界遺産登録後、チャンパサックでは、急にチャンパサック周辺のいわゆる「少数民族」を観光資源化する方向に動き出している。もともと周辺化されてきた人々に、今度は新たな「産業的」価値を見出し、経済的収益増大のため、こうした人々を利用し始めている。このため、毎年二月に行なわれるワット・プー・フェスティバルでは、少数民族の衣装をまとい、道具をもった人々のパレードが盛んに行なわれるようになってきた。

Ⅲ．カンボジア、ストゥン・トレン州の観光政策と開発問題

この「エメラルドの国境地帯」の観光政策と、それに対する住民の考え方を比較研究するため、ラオスと国境を接する、カンボジアのストゥン・トレン州においてフィールド調査を行なってきた。まだ予備調査の段階であるが、期間はそれぞれ二〇〇六年、二〇〇七年そして二〇〇八年にかけてそれぞれ約二週間づつ行なった。調査内容は、国境を接する町、州都のストゥン・トレン（Stung Treng）とオ・スヴァイ村（Ou Svay）にて、住民へのインタヴュー調査の形で行なってきた（西村二〇〇六b）。

調査では、二つの点を明らかにすることに集中した。一つは、住民の生活調査：もう一つが、最近における生活の変

図4 ベトナムからの観光客を乗せたバス
（西村正雄 撮影）

図5 ラオスへ続く道路
（西村正雄 撮影）

図6 中国の援助を示す碑
（西村正雄 撮影）

図7 ラオスとの国境の橋
（西村正雄 撮影）

図8 ラオスとの国境の橋。
完成しても誰も利用していない。
（西村正雄 撮影）

図9 ラオスとの国境の橋。
誰も通過できないよう、バリケードを組んでいる。（西村正雄 撮影）

化である。ストゥン・トレンの町でゲストハウスを営むA家族は、そこに代々住み着いており、以前はレストラン、雑貨商などを営んできたが、近年国境が開き、ラオスへの玄関口として重要性を増し、今後、益々観光客が増えることを予想し（例、図4）、その期待感からゲストハウス経営に乗り出し始めた。もともと家族は多く、家・敷地などの財産は妻方のもので続いてきたが、妻方の親族、夫方の親族を含めてその世帯内での人口は増えつつある。ストゥン・トレンはメコン川支流のセコン川に面しているが、プノンペンから続く道がさらにラオス側に延びてゆく計画があり、そのため二〇〇七年時点で川にかける橋が建設途上となっていた。しかし、工事は途中で止まっており、そのことについて、A家族の全員が、ラオスを非難していた（図5、6、7、8、9）。すなわち、「ラオスは、開発に全く関心がなく、それどころかカンボジアからの物資・人が流れ込むことを阻止するため、橋を造らせず、また道路も川の対岸から舗装もされず悪くなる」。と述べていた。この意見は、A家族に特有の考え方ではなく、少なくともストゥン・トレンの町の住民が一般的に持っている感情を表しているように思われる。川の船着場での船頭、車の運転手、船の乗客の意見も同じであった（西村二〇〇七b）。

カンボジアの人々にとって、ラオスは開発に関心のない、後ろ向きの発展性のない国として、映っているようである。しかし興味深いことに、この国境を越えて、実はラオスの人々とカンボジアの人々は頻繁に行き来している様子も見られるのである。実際のところ、対岸のチャンパサックは今経済開発の真只中にあり、県都のパクセは、「ブーミングタウン」の様相さえ示してきている。このため、ストゥン・トレンの住民、さらにその周辺の住民がラオスへ出稼ぎに出る現象が出てきている（図10）。しかしこのことは、カンボジアの住民のラオス観を変えるにはいたっていないようである。

筆者は、このラオス観が村のレベルでも見られるのかを調べるため、メコン川支流のセコン川を渡ったところに存在する村、オ・スヴァイ村において調査を行なった。オ・スヴァイ村では、本村から少しはなれた国境線上の分村に店を

図10 カンボジア人を乗せたチャンパサック、パクセ行きバス（西村正雄 撮影）

図11 オ・スヴァイ村に建立された村設立の記念碑（西村正雄 撮影）

図12 オ・スヴァイ村に建つ記念碑（西村正雄 撮影）

図13 オ・スヴァイ国境地点の分村（西村正雄 撮影）

持つ住民B家族と、オ・スヴァイ村本村に代々暮らすC家族において、インタヴュー調査を行った（図11、12、13）。B家族は、四〇代の夫と三〇代の妻、子ども三人の核家族で暮らしている。ここでは夫はカンボジア人、妻はラオ人であった。一般的に、カンボジア、ラオスとも結婚後は妻方居住となる場合が多いが、国境地帯ではその慣習どおりゆかない事情がある（西村二〇〇七b）。ラオス・カンボジアの国境は、ラオス内戦時は、ラオスからの難民がカンボジアに逃れる場所となり、そのためストゥン・トレン州内にはラオス人のコミュニティができている（例、Evans 1990, 1996；菊池二〇〇三；Stuart－Fox 1997）。こうしたコミュニティ通しの通婚も見られる（例、Leebouapao 2006）。

一方、カンボジアのポル・ポト時代、その圧制を逃れてカンボジア側から人々がラオス側に難民として逃れてきた（Chandler 1996；Ebihara, et al.eds. 1994）。さらに、ポル・ポト派の兵士がしばしばラオス側に侵入したと報告されている（2000年チャンパサック県政府関係者へのインタヴュー）。こうした状況で、慣習はそのまま貫かれていない（西村二〇〇七b）。

B家族は、国境線上の村で、雑貨屋、みやげ物屋を営み、カンボジアとラオス、両方からの訪問者を相手に商売を営んでいる。店頭にならぶ主な物資は、カンボジアとラオス両方からのものである。例えば、ラオスのもち米を入れるバスケット、また、ビール、カンボジアの織物などが並ぶ。さらに、タイのドリンク、またプラスチック製品なども売られている（図14、15、16、17、18、19）。親戚関係など個人的なコネクションを生かして信用取引をして物を仕入れる、昔から続いてきたボーダー貿易のやり方がここで見られる（例、Leebouapao, et al. 2006；天川編二〇〇四）。B家族の主人は、物資の仕入れは、自分の親族とその知り合い、また妻方の親族とその知り合いが関わると述べている（二〇〇六年オ・スヴァイ村でのインタヴュー）。しかし二〇〇八年のインタヴューで、家族は、この一年で、売上げが急激に変化してきていることを述べている。それは、ラオスで、物質が豊富になり、ラオスから買い出しに来るラオスの人々が減ったためだと述べていた。

オ・スヴァイ村本村におけるC家族は代々そこに暮らす古い家族である（図11、12）。家族は付近に田畑を持ち、農耕を行ってきた。しかし、それ以上に、ボーダーに住むことを生かし、家族で交易に関わってきた。家族をカンボジアのプノンペンへ、ラオスのパクセ、ヴィエンチャンへと派遣し、物ばかりでなく広く情報を収集してきた。この家族はラオスが今後国境政策を変更し、カンボジアとラオスの国境が次第に開放されてゆく事を知っていた。そのための準備もかねて、いままでもバックパッカーに部屋を貸して泊めてきたが、これからゲストハウス経営を広げてゆく事を述べていた（二〇〇六年オ・スヴァイ村におけるインタヴュー）。この家族は、家の大きさ（約六部屋）、持つ土地の大きさ（約4ha）からして豊かな家族といえる。この家族にとって、ラオスは「稼ぐ場としてよい場所」（二〇〇六年オ・スヴァイ村におけるインタヴュー）だという。家族のメンバーは常に、ラオス、カンボジアの両方の国で活動しているのである（西村二〇〇七b）。

図 14 オ・スヴァイ村の店（西村正雄 撮影）

図 15 オ・スヴァイ村の店（西村正雄 撮影）

図 16 オ・スヴァイ村の店（西村正雄 撮影）

図 17 オ・スヴァイ村の店（西村正雄 撮影）

図 18 オ・スヴァイ村の店（西村正雄 撮影）

図 19 ラオス・カンボジア国境の村〔ヴァンカム村〕（西村正雄 撮影）

この観光政策は、遺産の保護・維持・管理とも結びついてくる。そして、遺産の問題にもこの「数の増大」政策が現れてきている。

IV. 遺産と観光

こうした観光政策のもと、実に奇妙な現象が起きている。それは私たちが二〇〇六年以来調査してきたワット・プーとシエスタプラ（古代都市）を中心とする世界遺産地域内とその周辺で起きている。すでに述べたように、本来そうした遺跡はチャンパサックの不便さから、ひっそりと存在し、専門家によってのみ知られる場所であった。そこで暮らしてきたのはいわゆる低地部農民であり、おそらく彼らの生活形態は、そうした遺跡が作られた時代と大差ないものであると推定される。そして、今チャンパサックに来る観光客はそのそのまま残り、よく保存された遺産と、チャンパサックの静かな雰囲気を求めてきているようである（二〇〇六年ワット・プーにおけるヨーロッパからの観光客へのインタヴュー）。

しかし、この静けさと壮厳な雰囲気、そして、丹念な手作業による美しい水田、それらすべてが観光の対象となり、農民の生計活動そのものが、外に向って見せるためのものとなってきている。すなわち、農民の生活そのものが、観光戦略の一つとして商品化されてきているのである。静けさが重要な要素にもかかわらず、ヨーロッパ風のレストラン、みやげ物屋など次第に騒々しく出現してきているのである。

V. 結論：国境地帯で起こっていること

今回の調査を通して見えてくるものは、国境地帯は、従来考えられてきたような、社会の政治－経済的動きから取り残された周辺化されたところではなく、まさに社会－政治的な、また社会－経済的なあらゆる活動が集約し、具現化されているところで、むしろ中心的な様相を示しているというものであった。すでに、何人かの研究者によって述べられてきたように、国境地帯こそ、その国の政策が最も見えやすい場所であり、またその政策が駆け引きなしで実行されている所のように思われる（Asad 2004）。

一方、そこに暮らす住民たちも、それを最もよく理解し、あるときは賛成して従い、あるときは反発しつつ、それをかいくぐる方策を身につけている（西村二〇〇七ｂ）。そこでは、その国の他の部分、例えば都市部などでは、見過ごされるような事柄があからさまに取り上げられ、規制の対象となってきた。社会主義の体制のラオスでは、その状況は過酷である。近年国境を開放する政策をとっているラオス政府が、またいつ急にそれを変更するのか予想するのは困難である。こうした不測の事態への適応が、まさにボーダーで生きる人々の生活の仕方なのである（西村二〇〇七ｂ）。

述べてきたように、経済開発、特に観光開発促進のため、制度としてのバウンダリーが低くなり、一見するとボーダー地帯に住む人々にとってより良い環境ができつつあるように思われる。しかし、ラオス・カンボジアの国境地帯を見る限り、それに変わって文化的バウンダリーが高まりつつあるように思われる。高まりつつ文化的バウンダリーによって、今後上からのアイデンティティの選択に迫られる可能性もある。自己の所属する文化の問題が、遠からず起こってくるものと思われる。予想されるそうした事態への適応として、国境地帯の家族は、家族のメンバーを両方の国に送ることにより、どちらへも所属を変えることができるよう、準備しているのである（西村二〇〇七ｂ）。

今日、カンボジアはラオスに先行して、開発ブームとなっている。このため、ストゥン・トレン一帯でも土地の買い占めが行なわれ、従来、農業で生計をたててきた人々が、土地を追われ、やむなく、川沿いに来て、漁業や自然を見に来た観光客相手の生業に変わりつつある（図20、21）。そうした人々も、かつて、ラオスから来た、または、ラオスに親族が居る者も多い。しかし、それらの人々も、きっぱりと、自分達は、ラオス人ではなく、ラオスとは関係ないと言い放つ。このことが、今日、国境地帯のランドスケープの動態を象徴しているのである。

図20　国境地 セコン川（西村正雄 撮影）

図21 国境地帯にて（西村正雄 撮影）

注

（1）ラオス政府観光局発行の文書によると（Lao National Tourism Administration 2006:19）、宿泊設備の数の点で、チャンパサックは、ヴィエンチャン、ルアン・パバンについで第三位となっている。二〇〇六年現在、ホテル、ゲストハウス合わせて一九七九となっている。二〇〇〇年時に七五九であったことから、実に六年間に約三倍になっている。この急速な増加は、ヴィエンチャン、サヴァナケットを除いて、他に類を見ないものである。

参考文献

Appadurai, A. 1996 *Modernity at Large.* Minneapolis: University of Minnesota Press.

Asad, T. 2004 "Where are the Margins of the State?". In Das, V. and D. Poole eds., *Anthropology in the Margins of the State.* Santa Fe: School of American Research Press. Pp. 279-288.

Barth,M.A. 1902 "Stele de Vat Phou". *BEFEO,* Ⅱ,3. Pp.235-240

Berval, R. de ed. 1959 *Kingdom of Laos.* Saigon, Vietnam: France-Asie.

Bouapao, L. 2005 *Rural Development in Lao PDR.* Chiang Mai: Chiang Mai University.

Bruguier, B. 2005 Programme *d'Inventaire Cartographique.* EFEO Rapport (Novembre 2005). Paris: EFEO.

Cambodia Development Resource Institute(CDRI) 2007 *Pro-Poor Tourism-In the Greater Mekong Sub Region.*Phnom Penh: Combodia Development Resource Institute

Chandler, D. 1996 *Facing the Cambodian Past.* Chiang Mai: Silkworm Books.

Cucarzi, M, A. Rivolta, and P. Zolese 1992 Preliminary Report on Geoarchaeological Investigation in the Old City. PRAL 1992 Activity Report.(Unpublished.)

Cucarzi, M. A. and P. Zolese 1997 An Attempt to Inventory Khmer Monumental Remains through Geomagnetic Modelling: the

Ancient City of Wat Phu. *BEFEO.*

Cuéllar, J. P. de ed. 1996 *Our Creative Diversity.* Paris: UNESCO.

Dagens, B. 1988 Preservation of Wat Phu. UNDP/LAO/86/006 Assignment Report Submitted to UNDP and UNESCO. (Unpublished).

Das. V. and D. Poole eds. 2004 *Anthropology in the Margins of the State.* Santa Fe : School of American Research Press.

Das, V. And D. Poole. 2004 "State and Its Margins : Comparative Ethnograpghies." In Das,V. and D. Poole eds., *Anthropology in the Margins of the State.* Santa Fe : School of American Research Press. Pp.3-33.

Dumarçay, J. 1988 Projet Pour la Restauration du Temple de Vat Phu. Mission Report Submitted to UNDP and UNESCO. (Unpublished.)

Ebihara, M., C. A. Mortland and J. Ledgerwood eds. 1994 *Cambodian Cultures since 1975.* Ithaca: Cornell University Press.

EFEO 2005 *Carte Archéologique du Cambodge.* (drawn by Bruno Bruguier). Paris: EFEO.

Evans, G. 1990 *Lao Peasants under Socialism.* New Haven: Yale University Press.

1996 *The Politics of Ritual and Remembrance.* Chiang Mai (Thailand): Silkworm.

Evans, G. ed. 1999 *Laos: Culture and Society.* Chiang Mai (Thailand): Silkworm.

Finot, M. L. 1902 Vat Phou. *BEFEO,* II, 3. Pp. 241-245.

Government of Lao PDR and UNESCO 2001 *Champasak Heritage Management Plan.* Bangkok: UNESCO.

Groslier, B. P. 1979 La Cité Hydraulique Angkorienne: Exploitation ou Surexploitation du Sol ? *BEFEO,* LXVI.

Hirsch, E. and M. O. Hanlon eds. 1997 *Anthropology of Landscape.* Oxford: Clarendon Press.

Holland, D., et al. 1998 *Identity and Agency in Cultural Worlds.* Cambridge, Mass.: Harvard University Press.

Inda, J. X. and R. Rosaldo eds. 2002 *The Anthropology of Globalization.* Malden, Mass.: Blackwell.

Jacob, J. M. 1974 Pre-Angkor Cambodia: Evidence from the Inscription in Khmer concerning the Common People and their Environment. In Smith, R. B. and W. Watson eds., *Early South East Asia.* Oxford: Oxford University Press. Pp.406-426.

Jacques, C. 1962 " Notes sur l'Inscription de la Stèle de Vat Luong Kau." *Journal Asiatique,* ccl (2). Pp.249-256.

1986 Le Pays Khmer Avant Angkor. *Journal des Savants 1986.*

Jeganathan, P. 2004 "Checkpoint : Anthropology, Identity, and the State." In Das. V. and D. Pooles eds., *Anthropology in the Margins of the State.* Santa Fe : School of American Research Press. Pp.67-80.

Kottak, C. P. 1994 *Anthropology,* 6th ed. New York: McGraw-Hill, Inc.

Lao National Tourism Administration (Planning and Cooperation Department Statistics Unit) 2006 *Statistical Report on Tourism in Laos.* Vientiane: Lao Tourism Authority, Lao PDR

Leebouapao, L., 2006 *Lao PDR's Cross Border Economy: Case Study in Dansavanh, Savannakhet, and Houaysai/Tonpheung, Bokeo, Lao PDR.* Manila: Asian Development Bank.

Lefèvre, E. 1995 *Travels in Laos.* Bangkok: White Lotus.(Originally published as *Un Voyage au Laos,* ed. Plon, Nourrit et Cie, Paris in 1898)

Levy, P. 1959a "Two Accounts of Travels in Laos in the 17th Century". In Berval, R. de ed., *Kingdom of Laos.* Saigon,Vietnam: France-Asie. Pp.50-67.

1959b "The Sacrifice of the Buffalo and the Forest of the Weather in Vientiane". In Berval, R. de ed., *Kingdom of Laos.* Saigon, Vietnam: France-Asie. Pp.162-173.

Lewis, J. ed. 1992 *Minority Cultures of Laos.* Rancho Cordova, CA: Southeast Asia Community Resources Cent.

Lintingre, P. 1974 A La Recherche du Sanctuaire Prèangkorien de Vat Phou. *Revue Française d'Histoire d'Outre–mer,*no.225.

Low, S. M. and D. Lawrence-Zúñiga eds., 2003 *The Anthropology of Space and Place.* Oxford: Blackwell.

Kingdom of Cambodia　2005 *Statistical Yearbook 2005*. Phnom Pehn: National Institute of Statistics, Ministry of Planning.

Ministry of Information and Culture, Lao PDR　1996 Ministerial Decree on the Nomination of the National Inter-Ministerial Co-Ordinating Committee for WAT PHU. Ministry of Information and Culture Internal Document（N. 330/IC.）

Miura, K.（三浦　恵子）　2004 Contested Heritage: Angkor Case. Ph.D thesis（SOAS, University of London）.

National Institute of Statistics, Ministry of Planning, Cambodia　2002 *General Population Census of Cambodia 1998. Final Census Result*（2nd ed.）

Nishimura, M.（西村　正雄）1997 Mission Report I for Missions I, II, and III（August-December 1996）. UNESCO-Laotian International Project for the Safeguarding of Wat Phu（Lao-UNESCO Wat Phu Project）（536/LAO/70）.（Unpublished）.

1998a Mission Report I for Mission IV（January-April 1997）. UNESCO-Laotian International Project for the Safeguarding of Wat Phu（Lao-UNESCO Wat Phu Project）（536/LAO/70）.（Unpublished）.

1998b Conceptual Framework for a Strategy of Cultural Resource Management at Archaeological Sites: the Approach Developed at Vat Phu. Paper Presented at the IPPA Congress, Melaka., July 3, 1988.

1998c『東南アジアの考古学』（共著）。東京：同成社。

2004a　Representing"Vat Phou"－An Ethnographic Account of the Nomination Process of Vat Phou and Adjunct Archaeological Sites to the World Heritage List－.『早稲田大学大学院文学研究科紀要』第四九輯・第三分冊。Pp.29-63。

2004b「ラオス地域人類学研究所活動報告」。ＣＯＥ二〇〇四年度報告書。早稲田大学アジア地域文化エンハンシング研究センター。

2004c「ラオス、チャンパサックのランドスケープと記憶」。『文化人類学年報－特集：ラオス、ワット・プー地域の文化人類学－文化遺産・記憶・地域文化－』第1巻（早稲田大学文学部）。Pp.21-30。

2006a「チャンパサックの集合的記憶と分有」。『文化人類学年報－特集：ラオスとその周辺における遺産・モノ・生活』（早稲田大学文

学学術院）第2巻（2005）。Pp.15-24。

2006b「遺産をめぐる様々な意見－チャンパサック世界遺産登録のプロセスと地元住民の周辺化－中心－周辺の関係の再検討にむけて」。『アジア地域文化学の構築』。東京：雄山閣。Pp.283-318。

2006c「「遺産」概念の再検討」。『文化人類学研究』第7巻。Pp.1-22。

2007a（編著）『ラオス南部：文化的景観と記憶の探求』。東京：雄山閣。

2007b「国境地帯（ボーダー）の人類学－ラオス・カンボジアの国境地帯の現在－」。『ワセダアジアレビュー』（早稲田大学アジア研究機構）No.3（2007）。Pp. 22-27。

2007c「ラオス、チャンパサック地域の人々の資源獲得パターン－キャッチメント分析の試み－」。『早稲田大学大学院文学研究科紀要』第五三輯・第四分冊（2007）。Pp. 121-143。

2008「チャンパサック県の観光政策」。『文化人類学年報』第3巻（2008）。（印刷中）。

Nishimura, M. and P. Sikhanxay 1998 Capacity Building in Cultural Heritage Management within the Context of Assistance for the Preservation of Wat Phu (536/LAO/70). Terminal Report (FIT/536/LAO/70). Submitted to UNESCO.

Novellino, D. 2003 "From Seduction to Miscommunication: the Confession and Presentation of Local Knowledge in 'Participatory Development'", In Pottier, J., et al. eds., *Negotiating Local Knowledge*. London: Pluto Press. Pp.273-297.

Parmentier, H. 1914 Le Temple de Vat Phu. *BEFEO*, XIV, 2.

Pichard, P. 1997 The Conservation of Vat Phu Temple. Assignment Report Submitted to UNESCO(FIT/536/LAO/70). (Unpublished).

Pottier, J. A. 2003 "Negotiating Local Knowledge: An Introduction", In Pottier, J., et al. eds., *Negotiating Local Knowledge*. London: Pluto Press. Pp.1-29.

Pottier, J., A. Bicker and P. Sillitoe eds. 2003 *Negotiating Local Knowledge*. London: Pluto Press.

Preusser, F. D. 1997 Wat Phu, Lao PDR Mission Report, Feb. 2-17, 1997. Project # 536/LAO/70 and 534/LAO/70 Submitted to UNESCO.(Unpublished).

Ramos, M. J., A. Medeiros, P. Sena and G. Praça 2003 "Managing Natural Resources in Eastern Algarve, Portugal: An Assessment of the Policy Uses of Local Knowledge(s)". In Pottier, J., et al. eds., *Negotiating Local Knowledge*. London: Pluto Press. Pp.155-170.

Sikhanxay, P. 2004 Lao Government Policy toward Cultural Resource Management. 『文化人類学年報－特集：ラオス、ワット・プー地域の文化人類学－文化遺産・記憶・地域文化－』第1巻（早稲田大学文学部）。Pp.74-80。

Stewart, P. J. and A.Strathern 2003 "Introduction." In Stewart, P. J. and A.Strathern eds., *Landscape,Memory and History*. London: Pluto Press. Pp. 1-15.

Stewart, P. J. and A.Strathern eds. 2003 *Landscape, Memory and History*. London: Pluto Press.

Stuart－Fox, M. 1997 *A History of Laos*. Cambridge: Cambridge University Press.

1998 *Historical Dictionary of Laos*. 2nd Edition. Lanham(UK) : The Scarecrow Press.

Taillard, C. 1987 *Le Laos*. Montpellier: Groupement d'Intérêt Public RECLUS.

UNESCO 1972 *Convention of World Heritage*. Paris: UNESCO.

1987 Project Document: Preservation of Wat Phu, Champassak. (LAO/86/006/A/01/13). (Unpublished).

1995 Capacity Building in Cultural Heritage Management within the Context of Assistance for the Preservation of Wat Phu (Wat Phu ZEMP)(Revised Draft Project Document).

1996a Project Document: Capacity Building in Cultural Heritage Management Within the Context of Assistance for the Preservation of Wat Phu (Wat Phu ZEMP). (Unpublished).

1996b Mission Report to Laos PDR for project 536/LAO/70 (10 June to 19 June 1996). (Unpublished).

1996c Wat Phu ZEMP Project. Interim Report as of 18 November 1996. (Unpublished).

UNESCO/PROP 1996 UNESCO/PROAP Cultural Sector Priority Field Activities in Asia/Pacific 1996－1997. Document Distributed within UNESCO/PROAP. (Unpublished).

UNESCO/UNDP 1991 Preservation of Wat Phu, Champassak: Project Findings and Recommendations. UNDP/LAO/86/006 Terminal Report (Unpublished).

青柳　まちこ　編　二〇〇〇『開発の人類学』。東京：古今書院。

天川　直子　編　二〇〇四『ラオスの市場経済化ー現状と課題ー』。東京：アジア経済研究所。

天川　直子、山田　紀彦　編　二〇〇五『ラオス一党支配体制下の市場経済化』。東京：アジア経済研究所。

石田　正美　編　二〇〇五『メコン地域開発：残された東アジアのフロンティア』。東京：アジア経済研究所。

石田　正美　二〇〇五「メコン河とメコン地域」。石田　正美編『メコン地域開発：残された東アジアのフロンティア』。東京：アジア経済研究所、所収。Pp.11-40。

院多本　華夫　二〇〇三「村の暮らし」。ラオス文化研究所　編、『ラオス概説』。東京：めこん、所収。Pp.351-381。

大坪　聖子　二〇〇四「ワット・プー遺跡の現状と課題」。『文化人類学年報ー特集：ラオス、ワット・プー地域の文化人類学ー文化遺産・記憶・地域文化ー』第1巻（早稲田大学文学部）。Pp.68-73。

小笠原　高雪　二〇〇五「メコン地域における開発協力と国際関係」。石田　正美編『メコン地域開発：残された東アジアのフロンティア』。東京：アジア経済研究所、所収。Pp.41-62。

小田島　理絵　二〇〇四「稲作、自給自足、家族と親族ーラオ人農民の日常的実践と記憶に関する一考察：一九五〇年代から一九七五年を中心として」。『文化人類学年報ー特集：ラオス、ワット・プー地域の文化人類学ー文化遺産・記憶・地域文化ー』第1巻（早稲田大学文学部）。Pp.31-43。

二〇〇八「世界遺産を生活の場として暮らす人々の土地と暮らしの記憶」。『研究報告』第一七号。東京：旅の文化研究所。

神澤　隆　二〇〇三「観光資源と開発」。西澤　信善、古川　久継、木内　行雄　編、『ラオスの開発と国際協力』。東京：めこん、所収。Pp.256-270。

カムボーン・ティーラプット（竹原　茂　訳）　二〇〇三「南部ラオス」。ラオス文化研究所　編、『ラオス概説』。東京：めこん、所収。Pp.71-92。

カムペーン・ティップムンタリー（竹原　茂　訳）　二〇〇三「ラオス・中国国境」。ラオス文化研究所　編、『ラオス概説』。東京：めこん、所収。Pp.475-491。

川田　順造、福井　勝義　編　一九八八『民族とは何か』。東京：岩波書店。

菊池　陽子　二〇〇三「現代の歴史」。ラオス文化研究所　編、『ラオス概説』。東京：めこん、所収。Pp.149-170。

小山　昌久　二〇〇五「ラオスの社会・経済概況と人材開発問題」。石田　正美編『メコン地域開発：残された東アジアのフロンティア』。東京：アジア経済研究所、所収。Pp.115-137。

サイ・パカスム（竹原　茂　訳）二〇〇三「運輸・通信」。ラオス文化研究所　編、『ラオス概説』。東京：めこん、所収。Pp.397－424。

嶋尾　かの子　二〇〇四「ワット・プー地域における音楽文化とその現状」。『文化人類学年報－特集：ラオス、ワット・プー地域の文化人類学－文化遺産・記憶・地域文化－』第1巻（早稲田大学文学部）。Pp.54-67。

上東　輝夫　一九九〇『ラオスの歴史』。東京：同文舘。

昭文社　一九九八『世界・日本地図帳』。東京：昭文社。

瀬戸　裕之　二〇〇三「政治」。ラオス文化研究所　編、『ラオス概説』。東京：めこん、所収。Pp.93－124。

二〇〇四「ラオスの中央・地方関係における県党・行政権力の役割－ビエンチャン県における計画管理及び人事管理を事例に－」。天川　直子編、『ラオスの市場経済化－現状と課題－』。東京：アジア経済研究所、所収。Pp.55-97。

初鹿野　直美　二〇〇五「カンボジアの産業の現状－縫製業を中心として」。石田　正美編『メコン地域開発：残された東アジアのフロンティア』。東京：アジア経済研究所、所収。Pp.168-191。
廣畑　伸雄、竹内　潤子　二〇〇五「カンボジアの人的資源開発－現状と課題」。石田　正美編『メコン地域開発：残された東アジアのフロンティア』。東京：アジア経済研究所、所収。Pp.90-114。
ブアトーン・プーンサリット　（竹原　茂　訳）　二〇〇三「森林資源」。ラオス文化研究所　編、『ラオス概説』。東京：めこん、所収。Pp.383-396。
フンパン・ラタナヴォン　（竹原　茂　訳）　二〇〇三「まえがき」。ラオス文化研究所　編、『ラオス概説』。東京：めこん、所収。Pp.9-29。
西澤　信善、古川　久継、木内　行雄　編　二〇〇三『ラオスの開発と国際協力』。東京：めこん。
西澤　信善　二〇〇三「ラオスのプロフィール」。西澤　信善、古川　久継、木内　行雄　編、『ラオスの開発と国際協力』。東京：めこん、所収。Pp.13-32。
日本政策投資銀行メコン経済研究会　編著　二〇〇五『メコン流域国の経済発展戦略』。東京：日本評論社。
ラオス文化研究所　編　二〇〇三『ラオス概説』。東京：めこん。
山田　七絵　二〇〇五「ラオスの木材加工産業－持続的な発展の可能性」。石田　正美編『メコン地域開発：残された東アジアのフロンティア』。東京：アジア経済研究所、所収。Pp.192-217。
山田　紀彦　二〇〇四「チンタナカーン・マイ政策の展開と党・政府人事の変遷」。天川　直子編、『ラオスの市場経済化－現状と課題－』。東京：アジア経済研究所、所収。Pp.11-54。
吉田　恒昭、金　広文　二〇〇五「メコン地域の交通インフラ」。石田　正美編『メコン地域開発：残された東アジアのフロンティア』。東京：アジア経済研究所、所収。Pp.66-88。

考古学篇

一五世紀の沖縄先島の農耕をめぐって
―石垣島仲筋貝塚出土土器の植物珪酸体分析―

谷川　章雄

1. 沖縄先島の考古学編年

沖縄先島の発掘調査は、明治三七年（一九〇四）の鳥居龍蔵氏による石垣島川平貝塚の調査に始まる（鳥居一九〇五）。その後、先島の調査はしばらく停滞するが、昭和二九年（一九五四）に波照間島下田原貝塚の調査（金関・國分・多和田・永井一九六四）が行なわれた。また、昭和三四年（一九五九）には早稲田大学八重山学術調査団によって、最初の八重山の考古学編年であるいわゆる早稲田編年が提示された（滝口編一九六〇）。これは第一期を無土器、第二期を下田原式土器、第三期を外耳土器、第四期をパナリ焼により時期区分するものであった。

しかしながら、一九七〇年代から早稲田編年の第一期と第二期に対する疑問が出されるようになり、石垣島大田原遺跡・神田貝塚（沖縄県教育委員会一九八〇）や波照間島下田原貝塚・大泊浜貝塚（沖縄県教育委員会一九八六）の調査によって、第一期と第二期が逆転することが決定的になったのである。

一方、宮古諸島では、八重山の早稲田編年の第一期と第二期に並行する時期の遺跡は長い間発見されなかった。ところが、一九八〇年代になって宮古島長間底遺跡（沖縄県教育委員会一九八四）、浦底遺跡（城辺町教育委員会一九九〇）

の調査によって無土器の遺跡の存在が明らかになり、一九九一年には多良間島添道遺跡（多良間村教育委員会一九九三・一九九六）から下田原式土器が出土したことによって、先島全体で共通する考古学的編年が適用できる見通しが立ってきたのである。

なお、その後の八重山の考古学編年の進展については、『研究史―八重山考古学のあゆみ―』（金武・島袋二〇〇七）に詳しいのでここでは深入りしないが、現段階では、下田原式土器から無土器、さらに外耳土器の時期を新里村式土器・ビロースク式土器と中森式土器の二つの時期に細分し、パナリ焼が続くと考えられている。

今回分析対象とした石垣島仲筋貝塚は、後述するように一五世紀中葉から後半の所産である。この時期の遺跡からは、中国産の陶磁器や銭貨、外耳土器、鉄製品、勾玉などの玉類、骨製品や貝製品、石製品などが出土し、中国や日本などとの活発な交易が行なわれていたことがうかがわれる。また、当時の生業は稲作とともにウシの飼育があったとされている（大濵一九九九・二〇〇八）。

すなわち、この時期の社会を考える上では、対外的な交易の実態と内的な生業のあり方の両面にわたって、両者の関係を含めて考究する必要があるように思われる。したがって、ここでは生業のあり方をうかがい知るアプローチのひとつとして、仲筋貝塚から出土した一五世紀中葉から後半代とされる土器についての植物珪酸体分析を行ない、イネをはじめとするイネ科栽培植物の確認を試みることにした。

植物珪酸体は、植物の細胞内に珪酸（SiO_2）が蓄積したもので、植物が枯れた後もガラス質の微化石（プラント・オパール）となって土中に半永久的に残っている。植物珪酸体分析は、この微化石を遺跡土壌や土器などから検出して同定・定量する方法であり、イネをはじめとするイネ科栽培植物の同定および古植生・古環境の推定などに応用されている（杉山二〇〇〇）。

2. 石垣島仲筋貝塚の概要

仲筋貝塚は沖縄県石垣市字仲筋に所在し、石垣島北海岸の川平湾を望む標高四〇m前後の南から北へ傾斜する砂丘上に立地している（第1図 1）。現在の海岸線からの直線距離は約四〇〇mである。貝塚は主として海水産の貝で形成された主鹹貝塚であり、約一〇×五mの楕円形の貝層が点在している。こうした小貝層は五ヵ所が確認された。

発掘調査は、昭和五四年（一九七九）一二月二六日から昭和五五年（一九八〇）一月六日まで仲筋貝塚発掘調査団（代表・大濵永亘氏）が実施し、関口廣次氏、中澤富士夫氏、阿利直治氏らとともに筆者も調査に参加した（大濵・関口・谷川・牛沢一九八一）。

発掘調査は北貝層と南貝層と仮称した二ヵ所の貝層を対象とし、調査区は四mグリッドを用いて設定した。まず、E－5・G－5・I－5・K－5グリッドの西半分を発掘し、状況を見てこれらを適宜拡張することにした。その結果、J－5・K－5グリッドにあたる北貝塚はほとんど攪乱を受けていないことが判明し、そこを集中的に発掘することにした。

北貝層は、J－5・K－5グリッドにおいて南西から北東にのびる帯状の混砂貝層が確認され、K－5グリッドでは混砂貝層に接して混貝砂層が北西に広がっていた（第2図）。貝層の厚さは南にいくにしたがって厚くなるが、これは貝層が南から北へ傾斜する砂丘上に形成されていたからであろう。貝層は分層することが不可能な単一の層であり、厚さがあまり厚くないことから、形成期間は比較的短かったと考えられる。したがって、貝層中の遺物の時期差もあまりないと判断してよいと思われる。

出土遺物には、土器・陶磁器・鉄製品・石製品等があった。土器は外耳土器（中森式土器）すなわち煮沸用の鍋が主

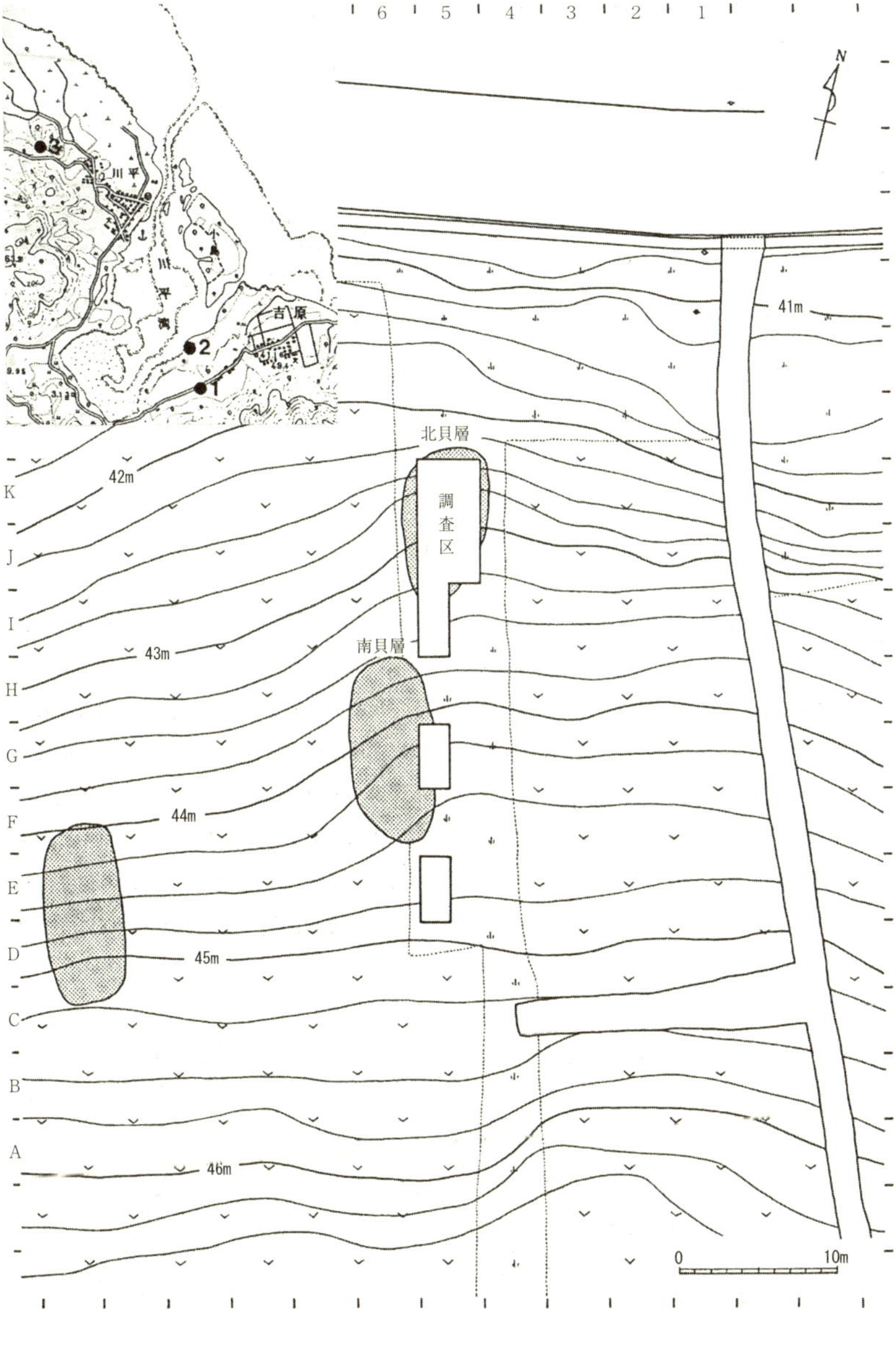

第１図　仲筋貝塚の位置と立地（大濱・関口・谷川・牛沢 1981，一部改変）
1：仲筋貝塚，２：仲筋キシパラ散布地，３：川平貝塚

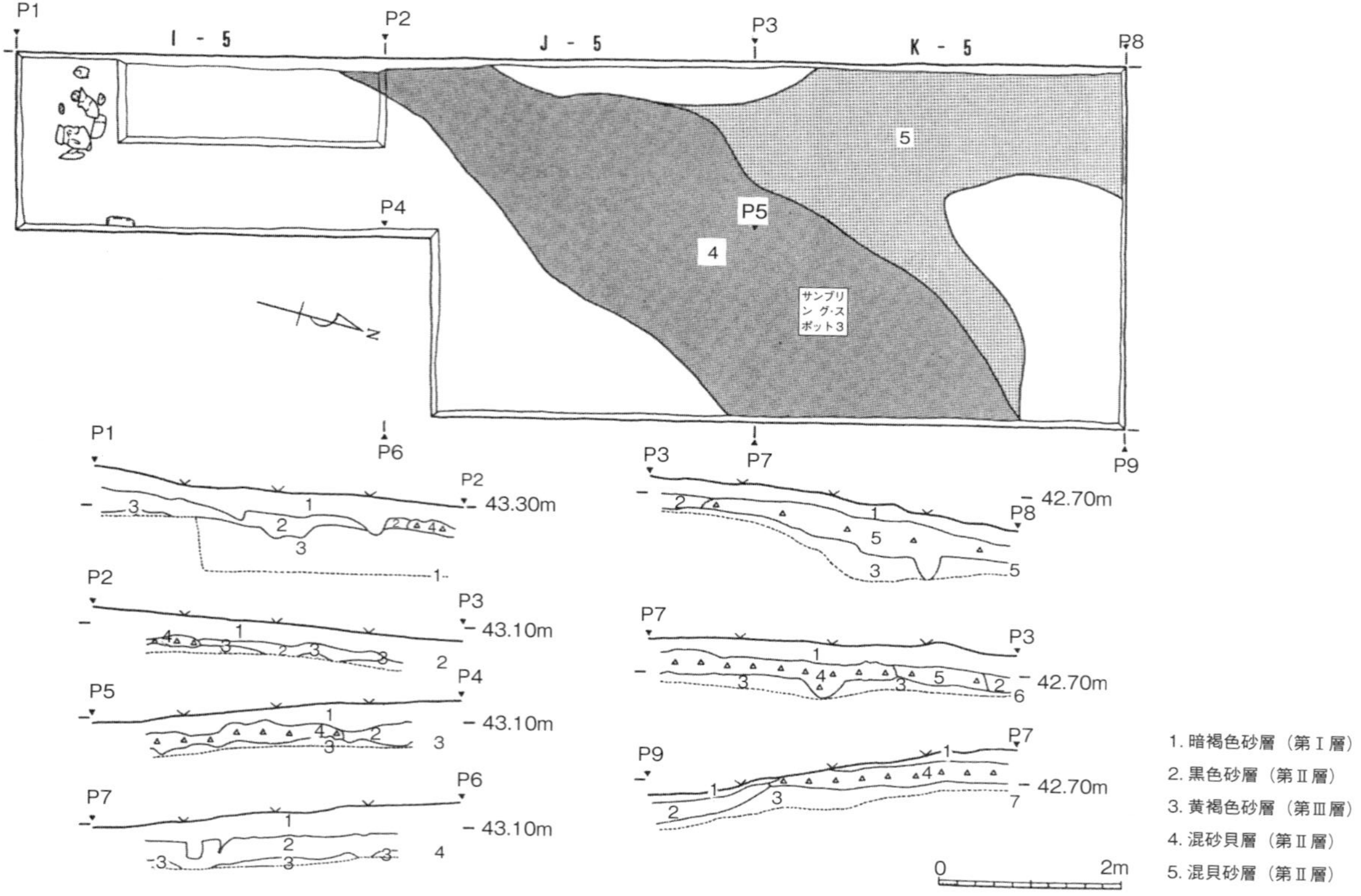

第２図　仲筋貝塚平面図及び土層断面図（大濱・関口・谷川・牛沢 1981，一部改変）

体であり、少量の壺や鉢も認められた。土器の胎土は次節で述べるようにⅠ～Ⅲ類に分類されるが、貝殻片・サンゴ粒子を多く含むⅡ類の出土量が多く、Ⅲ類は宮古式土器で搬入品とされている。Ⅲ類の器種はほとんどが壺である。

陶磁器は中国産の磁器碗・皿類と鉄釉壺・甕類が大部分であった。碗・皿類は青磁を主として若干の白磁類を含み、青磁碗類は雷文碗タイプと細線刻蓮弁文碗タイプが中心である。こうした青磁類の年代から、発掘された仲筋貝塚は一五世紀中葉から後半代にかけて形成されたと推定されている。また、鉄製品は鉄鍋片、刀子、鉄滓などが出土しており、石製品としては砥石などがある。

動物遺体は貝類・魚骨・獣骨が出土した。貝類は海水産の二枚貝、内湾性の小型のものが圧倒的に多い。出土した貝類の種類は川平湾一帯の現生貝類の種類とよく一致している。また、獣骨にはイノシシやウシがあった。

このように、発掘された仲筋貝塚は、一五世紀中葉から後半代という比較的短期間に形成されたことが判明した。この時期は、先島の歴史を画するオヤケアカハチの乱（一五〇〇年）の前夜にあたり、仲筋貝塚出土資料は当時の社会や生活の一端を物語るものであろう。

3. 仲筋貝塚出土土器（試料）について

今回分析対象とした土器は一一点であり、グリッド・出土層位・胎土の特徴に留意して分析試料を選定した。うち一〇点は在地産の外耳土器（中森式土器）、一点は搬入品とされる宮古式土器である。J－5グリッド出土土器は五点、K－5グリッド出土土器は六点を選んだ。土器の出土層位は、混砂貝層六点、混貝砂層三点、黒色砂層一点、混砂貝層下すなわち地山の黄褐色砂層（第Ⅲ層）直上一点で、いずれも遺跡の標準土層では第Ⅱ層に該当する。また、胎土は後述する分類にもとづき、Ⅰ類四点、Ⅱ類六点、Ⅲ類一点であった。
試料の考古学的な記載を行なうにあたって、色調の同定は『新版　標準土色帳』を使用し、外耳の横断面・縦断面の形態、胎土の記載は報告書（大濱・関口・谷川・牛沢一九八一）に準拠して次のような分類を用いた。

外耳の横断面の形態　A類　梯形
B類　半月形
C類　山形

外耳の縦断面の形態　a類　台形もしくは長方形状を呈するもの
b類　先端がとがり、三角形状を呈するもの
c類　三角形状を呈するが、ぼってりして、先端も丸味のあるもの

胎土　Ⅰ類　石英等の小石を含み、若干のサンゴ粒子もしくは貝殻片を含むもの
Ⅱ類　貝殻片・サンゴ粒子を多く含むもの
Ⅲ類　赤色の粒子を含み、サンゴ粒子をも含むもの

以下、分析資料の考古学的な記載を列記する（第3図）。
〔No.1〕　J－5グリッド混砂貝層（第Ⅱ層）出土。鍋・外耳土器。横四〇×縦三七×厚さ一〇㎜。外耳厚さ一七・五㎜。外耳：横断面不明・縦断面b類。口縁部・外耳ヨコナデ、内面横方向のナデ。色調：外面橙色（2.5YR6/6）、

〔No.2〕断面灰赤色（2.5YR4/2）、内面にぶい橙色（2.5YR6/4）。焼成：爪でわずかに傷がつく。胎土：Ⅰ類。

〔No.3〕J－5グリッド混砂貝層（第Ⅱ層）出土。鍋・外耳土器。横五九×縦五一×厚さ一五㎜。外耳厚さ二〇・五㎜。外耳：横断面B類・縦断面c類。内面一部横方向のナデ。色調：橙色（5YR1/6）。焼成：爪でわずかに傷がつく。胎土：Ⅱ類。

〔No.4〕J－5グリッド混砂貝層（第Ⅱ層）出土。鍋・外耳土器。横四四×縦三六×厚さ九・五㎜。外耳厚さ一七・五㎜。外耳：横断面B類・縦断面c類。外耳ヨコナデ、内面指頭による押え。色調：外面・断面橙色（2.5YR6/6）、内面にぶい赤褐色（2.5YR5/4）。焼成：爪でわずかに傷がつく。胎土：Ⅱ類。

〔No.5〕J－5グリッド混砂貝層（第Ⅱ層）出土。鍋・外耳土器。横四九×縦五〇×厚さ一一㎜。外耳厚さ二一㎜。外耳：横断面A類・縦断面c類。外耳ヨコナデ、内面一部横方向のナデ。色調：外面灰褐色（5YR5/2）～黒色（5YR1.7/1）、断面灰褐色（5YR5/2）・黒色（5YR1.7/1）、内面黒色（5YR1.7/1）。焼成：爪でわずかに傷がつく。胎土：Ⅰ類。

〔No.6〕J－5グリッド黒色砂層（第Ⅱ層）出土。鍋・外耳土器。横四七×縦二七×厚さ七㎜。外耳厚さ一八㎜。外耳：横断面C類・縦断面b類。外耳ヨコナデ。色調：黒色（5YR1.7/1）。焼成：爪でわずかに傷がつく。胎土：Ⅰ類。

〔No.7〕K－5グリッド混砂貝層（第Ⅱ層）出土。鍋・外耳土器。横四七×縦二八・五×厚さ八・五㎜。外耳厚さ一八㎜。外耳：横断面A類・縦断面b類。外耳上部指頭による押え、内面一部横方向のナデ。色調：外面・断面灰褐色（5YR4/2）、内面黒色（5YR1.7/1）。焼成：爪でわずかに傷がつく。胎土：Ⅱ類。

K－5グリッド混砂貝層（第Ⅱ層）出土。鍋・外耳土器。横四八・五×縦四四・五×厚さ九・五㎜。外耳厚さ一六㎜。外耳：横断面A類・縦断面b類。外耳ヨコナデ、内面横方向のナデ及び一部ヘラナデ。色調：外

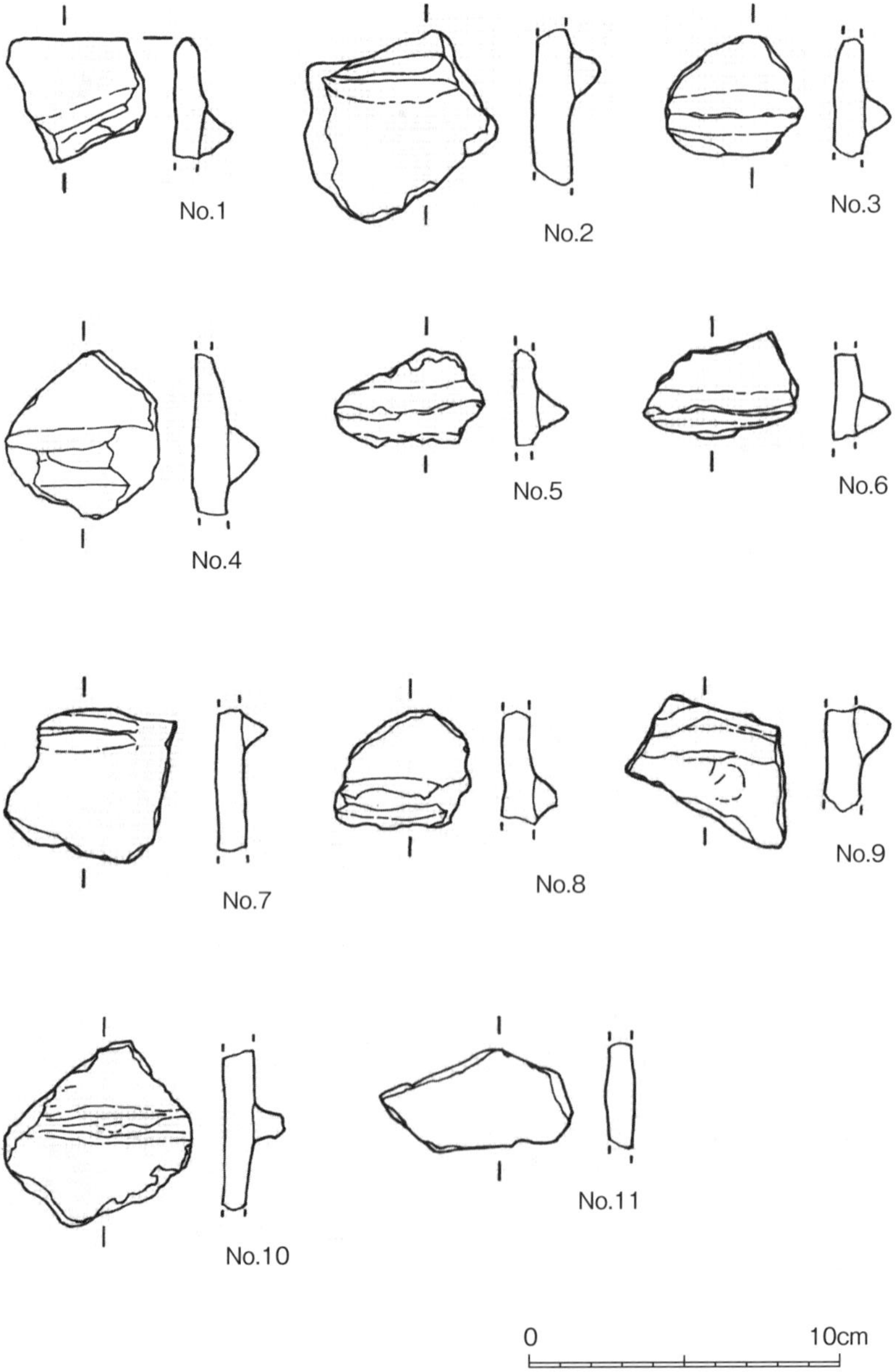

第３図　仲筋貝塚出土土器（試料）実測図

面・断面にぶい赤褐色（2.5YR4/4）、内面黒色（5YR1.7/1）。焼成：爪でわずかに傷がつく。胎土：Ⅱ類。

〔No.8〕K－5グリッド混砂貝層（第Ⅱ層）下出土。鍋・外耳土器。横四三×縦三四×厚さ一一㎜。外耳厚さ一八㎜。外耳：横断面A類・縦断面c類。外耳上・下部横方向のナデ、内面指頭による押え。色調：外面・断面にぶい橙色（2.5YR6/4）、内面にぶい赤褐色（2.5YR5/4）。焼成：爪でわずかに傷がつく。胎土：Ⅱ類。

〔No.9〕K－5グリッド混貝砂層（第Ⅱ層）出土。鍋・外耳土器。横四九×縦四〇×厚さ一一㎜。外耳厚さ二〇㎜。外耳：横断面B類・縦断面c類。外耳下部指頭による押え、内面一部縦方向のナデ。色調：にぶい赤褐色（5YR5/4）。焼成：爪でわずかに傷がつく。胎土：Ⅱ類。

〔No.10〕K－5グリッド混貝砂層（第Ⅱ層）出土。鍋・外耳土器。横六〇・五×縦五〇・五×厚さ一〇・五㎜。外耳厚さ一九㎜。外耳：横断面C類・縦断面a類。外耳ヨコナデ。色調：外面にぶい橙色（2.5YR6/4）、断面にぶい橙色（2.5YR6/4）・黒色（5YR1.7/1）、内面黒色（5YR1.7/1）。焼成：爪でわずかに傷がつく。胎土：Ⅰ類。

〔No.11〕K－5グリッド混貝砂層（第Ⅱ層）出土。壺・宮古式土器。横五八×縦三〇・五×厚さ九・五㎜。内面一部横方向のナデ。色調：外面淡赤橙色（2.5YR7/4）、断面淡赤橙色（2.5YR7/4）・淡黄橙色（7.5YR8/4）、内面淡黄橙色（7.5YR8/4）。焼成：爪でわずかに傷がつく。胎土：Ⅲ類。

なお、分析対象とした土器は半分に切断して試料に用い、残りの半分は追試用の試料として保管することにした。

4．土器の植物珪酸体分析

仲筋貝塚出土土器の植物珪酸体分析は、株式会社古環境研究所に委託した。以下、同研究所の報告を掲載する。

（1）分析法

植物珪酸体の抽出と定量は、ガラスビーズ法（藤原一九七六）および土器胎土分析法（藤原一九八二）を用いて、次の手順で行なった。

（一）土器のコア（中心部分）を抽出して超音波洗浄
（二）二四時間水浸の後にメノウ乳鉢を用いて細粒化
（三）試料を一〇五℃で二四時間乾燥（絶乾）
（四）試料約一 gに対し直径約四〇μ mのガラスビーズを約〇・〇二g添加（電子分析天秤により〇・一mgの精度で秤量）
（五）電気炉灰化法（五五〇℃・六時間）による脱有機物処理
（六）超音波水中照射（三〇〇W・四二KHz・一〇分間）による分散
（七）沈底法による二〇μ m以下の微粒子除去
（八）封入剤（オイキット）中に分散してプレパラート作成
（九）検鏡・計数

同定は、四〇〇倍の偏光顕微鏡下で、おもにイネ科植物の機動細胞に由来する植物珪酸体を対象として行なった。計数は、ガラスビーズ個数が四〇〇以上になるまで行なった。これはほぼプレパラート一枚分の精査に相当する。試料一gあたりのガラスビーズ個数に、計数された植物珪酸体とガラスビーズ個数の比率をかけて、試料一 g中の植物珪酸体個数を求めた。

(2) 分析結果

検出された植物珪酸体の分類群は以下のとおりである。これらの分類群について定量を行ない、その結果を第1表に示した。主要な分類群について顕微鏡写真を示す(第4図)。

〔イネ科〕
　イネ、ススキ属型(主にススキ属)
〔イネ科―タケ亜科〕
　メダケ属型(メダケ属メダケ節・リュウキュウチク節、ヤダケ属)
〔イネ科―その他〕
　表皮毛起源、棒状珪酸体(おもに結合組織細胞由来)、未分類等

(3) 考察

(a) イネ科栽培植物の検討

石垣市仲筋貝塚から出土した一五世紀中葉から後半代とされる土器片一一点について植物珪酸体分析を行なった。その結果、土器No.5とNo.9の二試料からイネが検出された。密度は六〇〇個/gおよび七〇〇個/gと低い値であり、稲作跡の検証や探査を行なう場合の判断基準としている五、〇〇〇個/gを下回っている。このことから、当時は遺跡周辺などで稲作が行なわれており、そこから何らかの形で土器胎土の素材となった粘土にイネの植物珪酸体が混入したと推定される。なお、イネの密度や検出率が低いことから、土器胎土の素材として水田や畑の土壌が選択的に利用された可能性は低いと考えられる。

植物珪酸体分析で同定される分類群のうち栽培植物が含まれるものには、イネ以外にもムギ類、ヒエ属型(ヒエが含

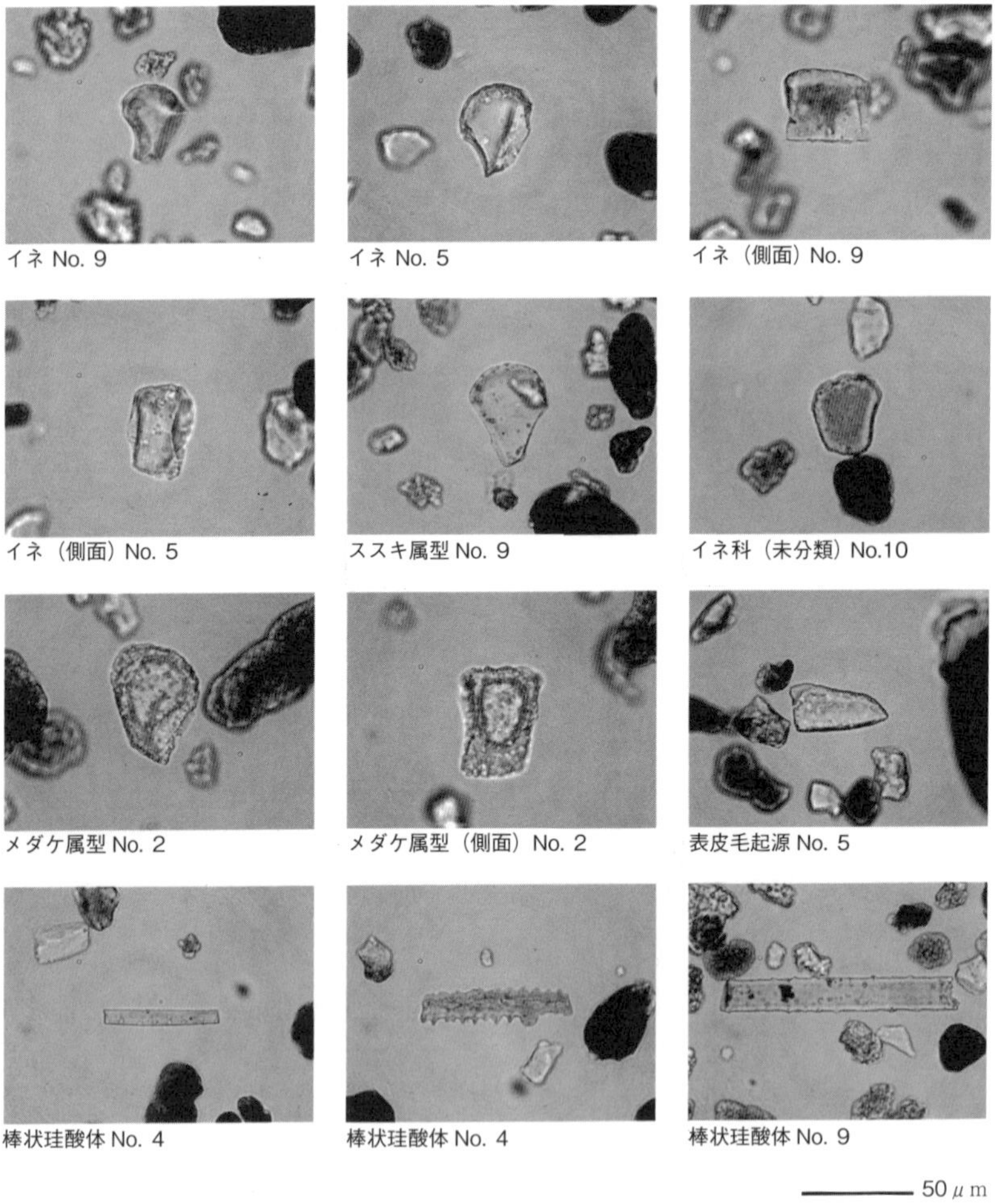

第４図　仲筋貝塚出土土器の植物珪酸体の顕微鏡写真

まれる）、エノコログサ属型（アワが含まれる）、キビ属型（キビが含まれる）、ジュズダマ属（ハトムギが含まれる）、オヒシバ属（シコクビエが含まれる）、モロコシ属型、トウモロコシ属型などがあるが、これらの分類群はいずれの試料からも検出されなかった。

石垣島におけるこれまでの分析では、グスク時代に並行する複数の遺跡の土器や土壌からイネが検出され、石垣島では一三～一五世紀には稲作が行なわれていたことが推定されている（宇田津二〇〇五）。今回の結果も、少なくとも一五世紀中葉から後半代には稲作が行なわれていたことを示すものであり、石垣島における稲作史を考えるうえで重要なデータである。

（b）土器胎土の給源について

上記以外の分類群では、土器No.９とNo.10からススキ属型、No.２からメダケ属型、No.５から海綿骨針などが検出されたが、いずれも微量である。また、土器No.３・No.４、No.６・No.８・No.11の五試料では、植物珪酸体が認められなかった。このように植物珪酸体がほとんど検出されず、照葉樹（カシ類、シイ類、クスノキ科など）に由来する植物珪酸体や珪藻化石も認められないことから、土器胎土の給源について言及するのは困難である。

植物珪酸体が検出されない原因としては、土器胎土の素材として植物珪酸体を含まない地層が利用されたことや、何らかの原因で植物珪酸体が風化・消失したことなどが想定されるが、ここでの原因は不明である。今後、遺跡周辺の土層などについて検討を行なうことで、土器胎土の給源について具体的な情報が得られるものと期待される。

5. 一五世紀の沖縄先島の農耕をめぐる問題

前節で明らかにされたように、仲筋貝塚から出土した土器について植物珪酸体分析を行なった結果、一部の試料からイネが検出され、少なくとも一五世紀中葉から後半代には稲作が行なわれていたことが確認された。すなわち、No.５とNo.９からイネの植物珪酸体が検出されたが、密度が低い値であることから、遺跡周辺などで稲作が行なわれており、何らかの形で土器胎土の素材となった粘土にイネの植物珪酸体が混入したと推定されている。なお、イネの植物珪酸体の密度や検出率が低いことから、土器胎土の素材として水田や畑の土壌が利用された可能性は低いと考えられる。

前述の胎土の分類にもとづいて、イネの植物珪酸体が検出された試料を見てみると、No.５はⅠ類、No.９はⅡ類にあたり、胎土による違いは考慮する必要はなさそうである。

石垣島におけるこれまでの植物珪酸体分析では、一三～一五世紀の複数の遺跡の土器や土壌からイネが検出され、稲作が行なわれていたことが推定されている。今回の結果もこれを追認することになった。そこで、過去の分析結果を改めて見てみると（宇田津二〇〇五）、以下の先島の遺跡で土器や土壌からイネの植物珪酸体が検出されている。

石垣島ビロースク遺跡（土器）
石垣島フルスト原遺跡（土器・土壌）
石垣島喜田盛遺跡（土器）
石垣島富野岩陰遺跡（土器）
宮古島根間西里遺跡（土器）

宮古島住屋遺跡（土器・土壌）
宮古島砂川元島（土壌）

また、遺跡の土壌から検出されたイネの植物珪酸体の形状解析を行なった結果、形状と判別得点から推定すると、畑稲作にも適したイネである熱帯ジャポニカの可能性も考えられるという。

一方、この時期の先島の農耕のあり方をうかがい知る文献資料として、一四七七年に与那国島に漂着した朝鮮の済州島民の見聞した記録を掲載した『李朝実録』の記事がある（伊波一九二七）。それによると、農作物に関して次のように記されている。

与那国島　稲（食物にもっぱら用いる）・粟（あることはあるが、余り好まない）
西表島（祖納）　稲・粟（稲の三分の一）
波照間島　黍・粟・牟麦《おおむぎ》、水田稲米がない。
新城島　黍・粟・牟麦《おおむぎ》、稲がない。
黒島　黍・粟・麦、稲がない。
多良間島　黍・粟・麰麦《おおむぎ》、稲がない。
伊良部島　黍・粟・麰麦《おおむぎ》・稲（麰麦《おおむぎ》の十分の一）
宮古島　稲・黍・粟・牟麦《おおむぎ》

この記事は、先述の土器胎土や土壌からイネの植物珪酸体が検出された、先島の遺跡の事例と基本的に矛盾するものではないだろう。ただし、波照間島・新城島・黒島・多良間島には稲がないとあることから、稲作が先島全域に広がっていたかどうかは今後の検討の余地がある。地域ごとに農耕のあり方が異なっていた可能性が考えられるのである。また、『李朝実録』には、与那国島では水田が営まれているという記述もあり、植物珪酸体分析が示唆する畑稲作のみを想定するのは難しいかもしれない。
とくに植物珪酸体分析に関して言えば、今後は地域差を考慮する必要があるとともに、イネ以外のムギ類、アワが含まれるエノコログサ属型、キビが含まれるキビ属型などにも留意するべきであろう。あわせてこの時期の土器の生産と流通のあり方も追究していくことも考えなければならないのである。

本稿を草するにあたって、大濵永亘氏、関口廣次氏から仲筋貝塚出土土器を分析試料に供することについてご快諾をいただいた。また、分析については、株式会社古環境研究所杉山真二氏にご高配を賜った。改めて厚く感謝申し上げる次第である。

引用・参考文献

伊波普猷　一九二七「朝鮮人の漂流記に現れた十五世紀末の南島」（『をなり神の島』一　東洋文庫　平凡社）
宇田津徹朗　二〇〇五「石垣島における稲作の起源を追って－プラント・オパール分析法を用いた検討－」『石垣市史のひろば』二八　石垣市総務部市史編纂課
沖縄県教育委員会　一九八〇『石垣島県道改良工事に伴う発掘調査報告－大田原遺跡・神田貝塚・ヤマバレー遺跡附篇平地原遺跡表面採集遺物－』
沖縄県教育委員会　一九八四『宮古城辺町長間底遺跡発掘調査報告』
沖縄県教育委員会　一九八六『下田原貝塚・大泊浜貝塚－第一・二・三次発掘調査報告－』
大濵永亘　一九九九『八重山の考古学』先島文化研究所
大濵永亘　二〇〇八「八重山諸島の交易」『日流交易の黎明』森話社

大濵永亘・関口廣次・谷川章雄・牛沢百合子 一九八一 『仲筋貝塚発掘調査報告』 仲筋貝塚発掘調査団
金関丈夫・國分直一・多和田真淳・永井昌文 一九六四 「琉球波照間島下田原貝塚の発掘調査」『水産大学校研究報告』 人文科学篇九
金武正紀・島袋綾乃 二〇〇七 『研究史―八重山考古学のあゆみ―』 石垣市史考古ビジュアル版一 石垣市
城辺町教育委員会 一九九〇 『THE URASOKO SITE（浦底遺跡発掘調査写真集）』
杉山真二 一九八七 「タケ亜科植物の機動細胞珪酸体」『富士竹類植物園報告』 三一
杉山真二 一九九九 「植物珪酸体分析からみた九州南部の照葉樹林発達史」『第四紀研究』 三八（二）
杉山真二 二〇〇〇 「植物珪酸体（プラント・オパール）」『考古学と植物学』 同成社
滝口宏編 一九六〇 『沖縄八重山』 校倉書房
多良間村教育委員会 一九九三 『多良間村の遺跡―詳細分布調査報告―』
多良間村教育委員会 一九九六 『多良間添道遺跡―発掘調査報告―』
鳥居龍蔵 一九〇五 「八重山の石器時代の住民に就て」『太陽』 一一―五
藤原宏志 一九七六 「プラント・オパール分析法の基礎的研究（一）―数種イネ科栽培植物の珪酸体標本と定量分析法―」『考古学と自然科学』 九
藤原宏志 一九八二 「プラント・オパール分析法の基礎的研究（四）―熊本地方における縄文土器胎土に含まれるプラント・オパールの検出―」『考古学と自然科学』 一四
藤原宏志・杉山真二 一九八四 「プラント・オパール分析法の基礎的研究（五）―プラント・オパール分析による水田址の探査―」『考古学と自然科学』 一七

第1表　仲筋貝塚出土土器の植物珪酸体分析結果

検出密度（単位：× 100 個 /g）

	地点・試料	外耳土器										宮古式土器
分類群	学名	1	2	3	4	5	6	7	8	9	10	11
イネ科	Gramineae											
イネ	*Oryza sativa*					6				7		
ススキ属型	*Miscanthus* type									7	8	
タケ亜科	Bambusoideae											
メダケ属型	*Pleioblastus* type		7									
その他のイネ科	Others											
表皮毛起源	Husk hair origin					6						
棒状珪酸体	Rod-shaped	15	7			6				7		
未分類等	Others		7					7		15	8	
（海綿骨針）	Sponge					6						
植物珪酸体総数	Total	15	21	0	0	18	0	7	0	36	16	0

台湾における新石器時代の玉器

後藤　健

はじめに

台湾の先史考古学研究は一〇〇〇年におよぶ歴史があり、現在では大まかな編年の枠組みが構築されるにいたっている。紀元前四五〇〇年頃に始まったとされる新石器時代では、時期・地域ごとに様々な考古学文化が確認されているが、その中で特徴的な遺物の一つとして玉器があげられる。本論では、台湾の新石器時代について概観し、特に玉器の製作動向について初歩的な検討を試みる。

一、研究略史

台湾の先史考古学研究は日本統治時代を端緒としている。一八九七年に台北盆地を貫流する淡水河と基隆河の合流する沿岸台地で圓山貝塚が発見され調査が行われている。鳥居龍蔵はこの時点で台湾の先史文化と大陸の華南との関連を指摘している。一九三〇年には台湾南部恒春半島の墾丁遺跡で石棺墓が発見され、移川子之蔵、宮原敦一、宮本延人等が発掘調査を行っている（宮本一九六三）。一九三八年には、宮本延人、浅井惠倫、金関丈夫により埔里盆地の牛欄大馬璘遺跡での調査が行われた。出土した石棺は、東海岸からの導入が想定されており、早い段階から地域間の交流の存在が予想されていた。その後、金関丈夫、国分直一、馬渕東などにより分布調査や試掘が行われている。

一九四八年には中央研究院歴史語言研究所が大陸から移動し、大学等でも考古学の講座が開設される。一九四九年以降には台湾全島にわたり遺跡の調査が行われている。北部では台北盆地の圓山、狗蹄山、淡水河河口の十三行、桃園台地の尖山、新竹の紅毛港、苗栗の新港、台中では大肚渓北岸の営埔、鉄砧山、埔里盆地の大馬璘と洞角、台南の六甲頂、三分子、高雄の半屏山、屏東の墾丁、台東の卑南、花蓮港の平林と花崗山等に及んでいる（臧振華一九九五）。これらの調査では、台北の圓山遺跡と台中の水尾渓畔遺跡で文化層が確認され、台湾先史文化の編年研究の基礎資料となった。

一九六四年から一九六五年にかけて張光直が台湾各地の重要な遺跡の発掘調査を実施している。この調査は関連分野の学者の協力による学際的な調査形式によるもので、放射性炭素年代の分析、花粉分析、土器の胎土分析などが行われている。

また台湾西海岸中部では、張光直、行政院国家科学委員会が主体となり、一九七二〜一九七三年に「台湾省濁水渓與大肚渓流域自然史輿文化史科際研究計画」が実施されている。考古、民族、地質、動物、植物などの多分野にわたる研究者が参加し、濁水渓、大肚渓流域から中央山脈の山麓地域で試掘を行い、先史文化の動態を把握しようとした（張光直一九七七）。

台湾において最も詳細に調査が行われているのは、台東県卑南遺跡である。この遺跡の調査は鳥居龍蔵に始まり、鹿野忠雄、金関丈夫、国分直一などが調査を行っている。金関と国分は試掘を行い土器と住居址を発見している。一九八〇年の台東駅の工事の際に遺構、遺物が大量に発見され、遺跡の破壊が深刻となって緊急発掘が行われた。現在までに計一三回の調査が行われている(連二〇〇〇)。卑南遺跡の調査では大量の玉器が出土している。玉器自体は鹿野忠雄がすでに製作技術などの考察を行い、一九七〇年代には玦についての研究が行われている(劉二〇〇三)。しかし卑南遺跡での出土とその後の出土遺跡の増加により、現在では一〇〇箇所を超える遺跡で玉器に関連する資料が確認されている(劉二〇〇三、洪二〇〇六)。それにしたがって、玉器の分布や製作に関する研究も本格的に行われるようになってきている。しかしいまだ具体的な報告例が少なく、卑南遺跡をのぞいてはまだ十分な検証は行われていないのが現状であろう。また現在では山地とその縁辺地区などの一部地域を除けば、地域的な文化の相互編年の関係が台湾全土にわたって構築され、それぞれの地域文化の特徴も次第に明らかになってきている。しかし個々の遺跡の細かな分析や、地域間関係などの詳細な実態などについては、まだ十分に行われているとは言えない。そこで本稿では台湾の新石器時代を概観し、玉器についての整理を行い、今後の研究のための予察を行いたい。

二、台湾の地形と遺跡の分布

台湾の地形を大きく見ると、高山島である台湾本島は平均高度約六六〇メートル、平均傾斜度は一四度で、一キロ平方メートルごとの相対高度は三一二メートルである。五〇〇メートル以上の山の斜面はおよそ三〇%、一〇〇メートル以上の丘陵四〇%、そして一〇〇メートル以下の平原がおよそ三〇%を占める。

台湾の地形は高山、丘陵・台地、平原と周囲の島嶼に区分できる。高山区は高度一五〇〇メートル以上の山地で本島内陸が主であり、中央に中央山脈が南北にはしり、雪山山脈、玉山山脈と阿里山山脈などが含まれる。また高度のやや低い台東海岸山脈と大屯山岳地帯がある。丘陵と台地は高山の周囲、おもに西部に分布し、これらの丘陵は河川によっ

1．圓山
2．芝山岩
3．龜子山
4．萬里加投
5．十三行
6．大坌坑
7．狗蹄山
8．土地公山
9．鵠尾山
10．大園尖山
11．紅毛港
12．山佳
13．苑裡
14．番仔園
15．牛罵頭
16．頂街
17．営埔
18．新六村
19．牛埔
20．維新荘
21．芬園・大埔
22．草鞋崁
23．頂崁子
24．草屯・平林Ⅳ
25．大馬璘
26．曲冰
27．内轆
28．鵝田
29．田寮園
30．大坪頂
31．水車頂
32．後溝坑
33．大邱園
34．洞角
35．東埔一鄰
36．崁頂
37．大埔
38．兩奶山
39．鳥山頭
40．蔦松
41．八甲
42．牛稠子
43．聖功女中
44．吉貝－E
45．後寮
46．赤崁頭
47．赤崁－B
48．岐頭－B
49．草嶼
50．蒔板頭山－A
51．中屯－B
52．沙港
53．北寮
54．菓葉
55．良文港
56．鎖港
57．内垵－A
58．内垵－B
59．内垵－C
60．東垵－D
61．望安・鯉魚山
62．南港
63．大湖Ⅰ
64．大湖Ⅱ
65．湖内
66．後圧
67．鳳鼻頭
68．覆鼎金
69．北葉
70．伊拉
71．亀山
72．墾丁
73．鵝鑾鼻Ⅱ
74．龍坑
75．南仁山
76．Jimasik
77．Jiranweina
78．工作地
79．卑南
80．加路蘭
81．漁場南
82．富山
83.漁港
84．油子湖
85．五線Ⅰ
86．都蘭
87．東河Ⅰ
88．麻竹嶺
89．泰源
90．麒麟
91．白守蓮
92．胆腹
93．八桑安
94．忠勇
95．八仙洞
96．富南
97．公埔
98．掃叭
99．奇美
100．宮下
101．新社
102．太巴塱
103．水璉
104．萬榮・平林
105．月眉Ⅰ
106．富世
107．崇徳
108．普洛湾
109．大竹圍

図1　台湾の主要遺跡分布（国分 1999：図2を一部改変）

て分断されている。台地は平坦で低い。

平原地域は海岸と河川の両側に分布し、少数の海岸の平原以外は大部分が河川の沖積で形成されている。台東縦谷平原は断層で形成され、蘭陽平原、屏東平原も断層の沈下する地帯に位置する。

海岸は砂岸が多く、岩が多い海岸は少なく、サンゴ礁が一部に存在する。周囲の島嶼の大多数は火山によって形成し、澎湖群島が最も多い。

現在確認されている主要な遺跡の分布をみると（図1）、現在の台北の淡水河流域、東南海岸部、中西部の濁水渓流域、西南部の平原地帯に遺跡が集中している。多くは平野に位置するが、山地の内部でも少数ながら遺跡の分布がみられる。特に中西部の濁水渓流域では河川に沿って平原から山地にまで遺跡が分布しているようであり、東南部の海岸沿いの分布とは様相が少し異なっている。

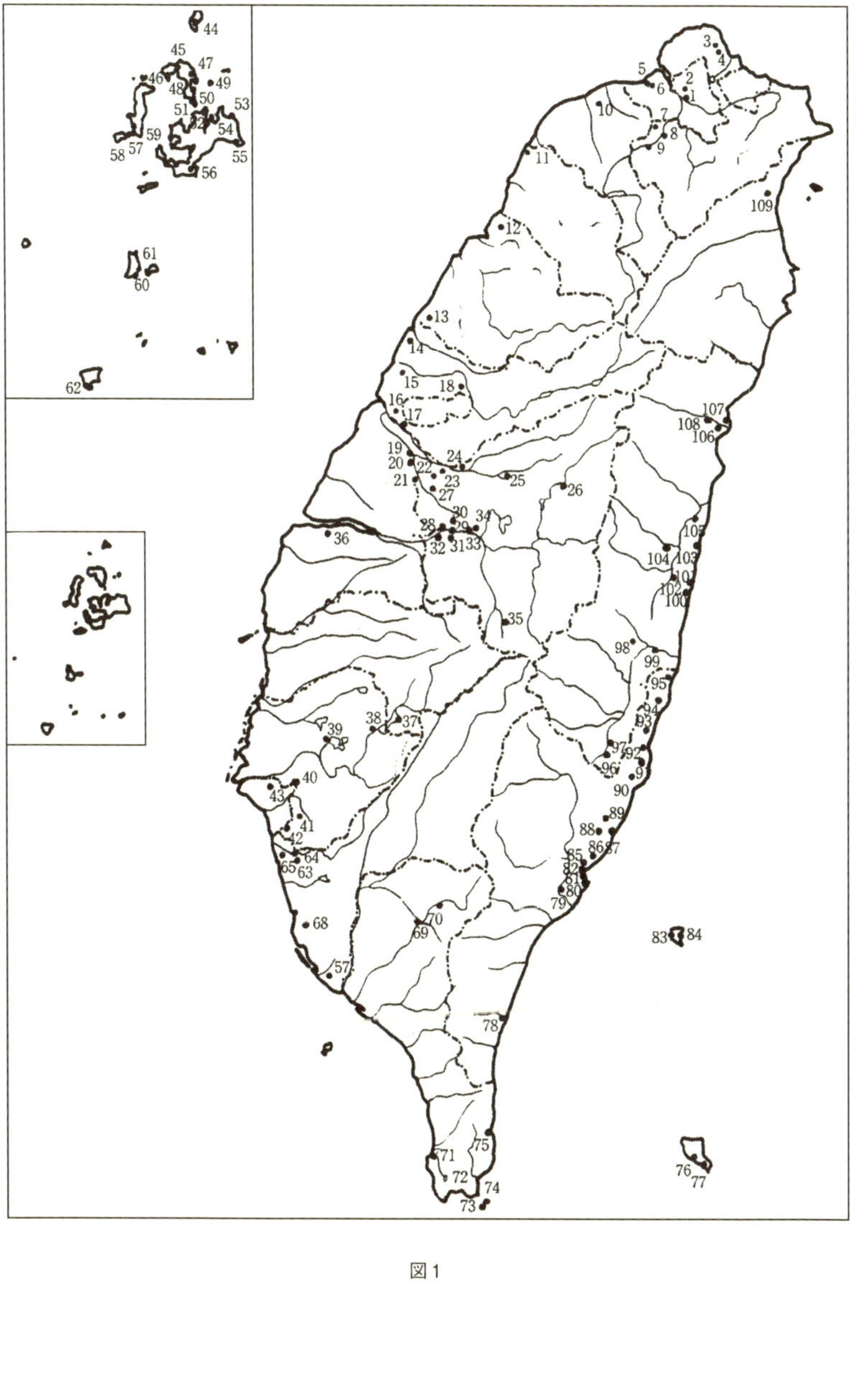
44
45
47
46
49
48
50
53
51
52
54
59
58
57
55
56
61
60
62
3
4
5
2
6
1
10
7
8
9
11
109
12
13
14
15
18
16
17
107
108
106
19
24
20
22
21
23
25
26
27
30
34
28
29
105
32
31
33
36
104
103
101
102
100
35
98
99
95
94
93
38
37
39
97
92
96
91
40
90
43
89
41
88
42
86
87
64
85
65
63
82
81
80
79
68
70
69
83
84
57
78
75
71
72
74
76
77
73

図1

三、先史時代の編年と地域文化

台湾全体の先史時代の編年と各考古学文化については、まず臧振華が台湾全域の先史編年をまとめている（臧一九九五）。年代については、紀元前四五〇〇年頃に旧石器時代から新石器時代へ、紀元前後に新石器時代から鉄器時代へ移行するとしている。また、台湾全域を五地域に分け、各地域の考古学文化を設定している。劉益昌は五段階の時期区分を設定し、それぞれに該当する文化を次のように配している（劉二〇〇二、図２）。

一　旧石器時代晩期　長浜文化・網形文化
二　新石器時代前期　大坌坑文化
三　新石器時代中期　圓山文化老崩山系統文化・牛罵頭文化・牛稠子文化
四　新石器時代後期　芝山巖文化・円山文化晩期・植物園文化・土地公山系統文化・営埔文化・大湖文化・鳳鼻頭文化・卑南文化・大坑文化・麒麟文化
五　金属器時代　十三行文化（旧社系統）・蕃仔園文化・大邱園文化・蔦松文化・北葉文化・亀山文化・静浦文化

連照美は先史文化編年について、大坌坑文化に続いて卑南文化の

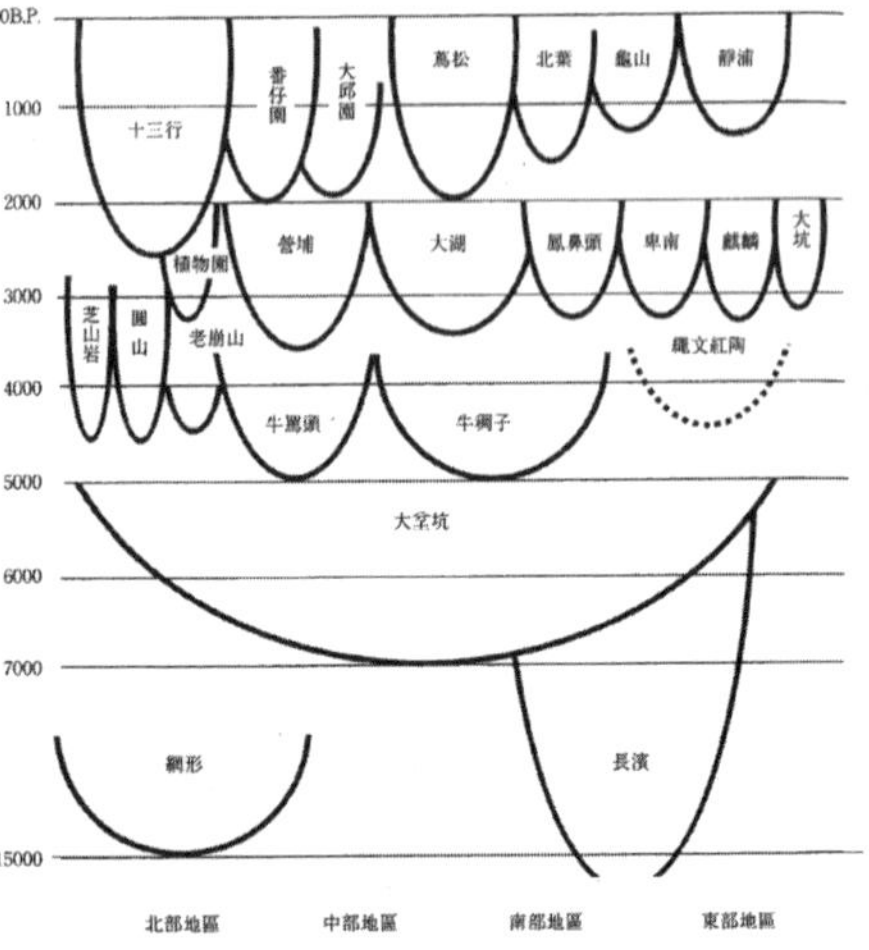

図２　先史時代の編年案（劉 2002）

形成があり、卑南文化に併行して麒麟文化の形成があり、その後静浦文化の展開があるとしている（連二〇〇七、図三）。細かな点では違いがあるものの全体的な流れとしてはほぼ共通しており、大枠では共通認識ができあがっていると考えてよいであろう。また各地域の文化をより細分していく傾向があるようである。遺跡も本島の全域および周囲の島嶼にいたるまで、図一の主要遺跡以外にも相当数の遺跡が確認されている。ただ、詳細な内容を知ることのできる報告があまり多くないのが現状である。

本稿では劉益昌の編年案を考察の基礎として論を進める。以下、特に玉器の製作が開始し盛行する新石器時代について、その内容を概観しておく。

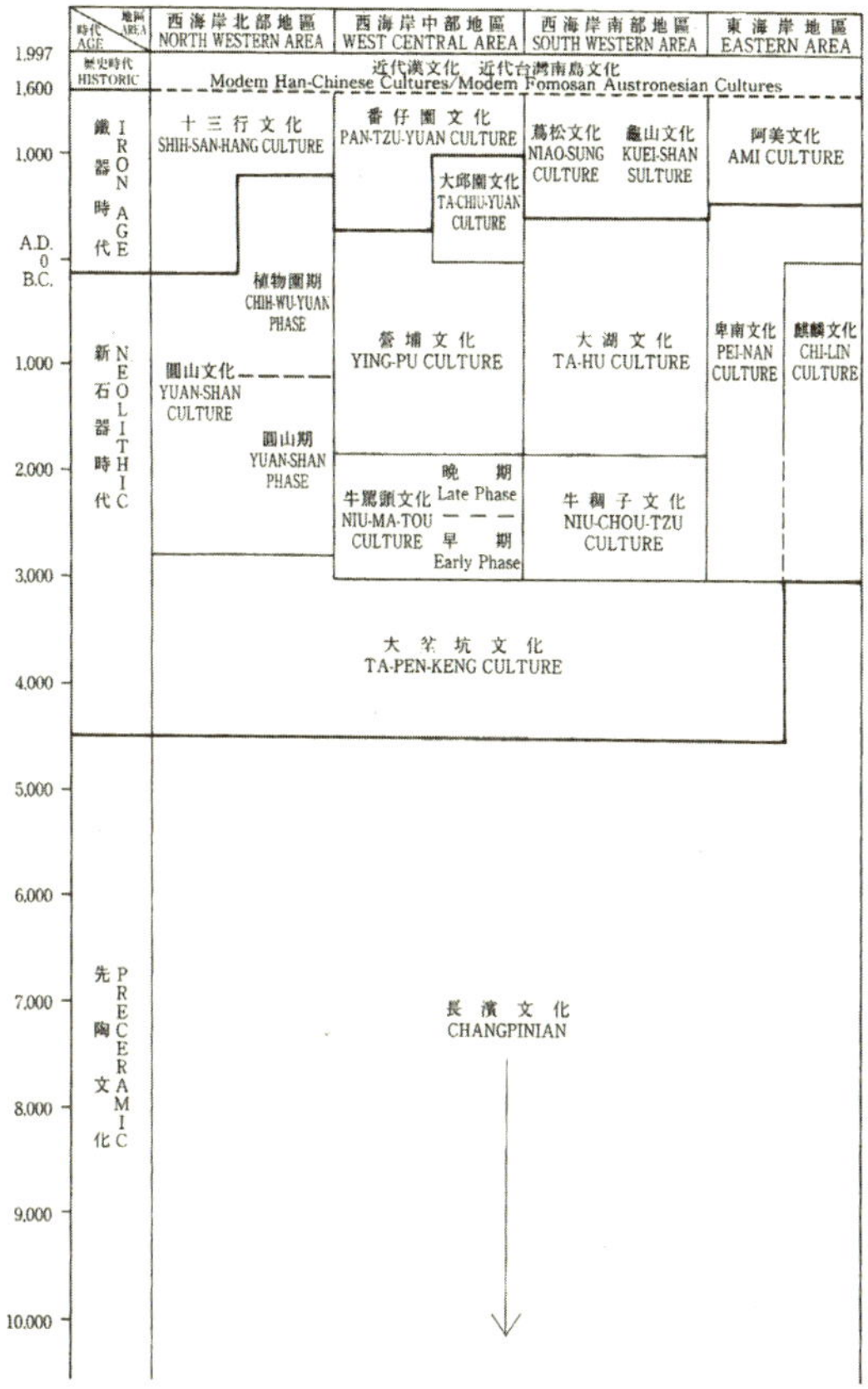

図３　先史時代の編年案（連 2007）

・新石器時代前期（図4）

前期の年代は六五〇〇～四六〇〇年前と推定されている。大坌坑文化が主体であり、遺跡は主に河辺あるいは海岸、湖岸に分布する。中西部では、遺跡がほとんど確認されていない。

大坌坑文化は台北県八里郷大坌坑遺跡と高雄県林園郷鳳鼻頭遺跡の発掘で設定された文化である。圓山文化下層、台湾南部の鳳鼻頭遺跡、東海岸の卑南遺跡、膨湖島の菓葉遺跡などで確認されており、台湾各地に分布が見られる。

大坌坑文化の土器は縄蓆文を施す土器が一般的で、彩文も見られる。焼成温度は低く、暗赤色、褐色を呈している。器型は鉢、罐の二種類だけであり、口縁は厚く、外側に一本の突帯が見られる。大部分の土器は口縁下方の頸部以下に縄蓆文を施し、縄紋は比較的粗い。口縁上方あるいは肩部の上に二、三本の平行する篦描文を施す場合もある。石器の数量、種類は少なく、打製、磨製の石斧、石錘、石鏃などの工具がある。

大坌坑口文化前段階と旧石器時代後期の文化との差は比較的大きく、両者に直接的な継承関係は薄いと考えられている。近年では大坌坑文化は中国の福建、広東省沿海部の初期新石器時代文化と関連があり、特に福建省南部沿海の金門復国墩、平潭南場と侯渓頭下層などの遺跡に代表される復国墩文化、広東省東沿海の潮安陳橋、海豊西沙坑を代表とする文化は大坌坑文化と類似性が高く、同一文化の異なる類型かあるいは密接に関連し影響しあったとの認識が一般的である（劉二〇〇二）。

この段階ですでに農耕を行っていた可能性があり、根茎作物の栽培も推定されている。耕作形態は焼畑耕作である。主体となる生業は、狩猟、漁撈、採集と推定されている。澎湖地区の貝塚の分析からもそれを裏付ける結果がでており（臧一九八八九）、農耕は補助的なものであったと考えられる。

生産技術は成熟していないので、多数の人口の維持するほどの生産力はなかったと推定される。集落数は少なく、一定のバランスを保っていたと考えられる。資料不足により、この段階の社会組織等についての検証は十分ではない。

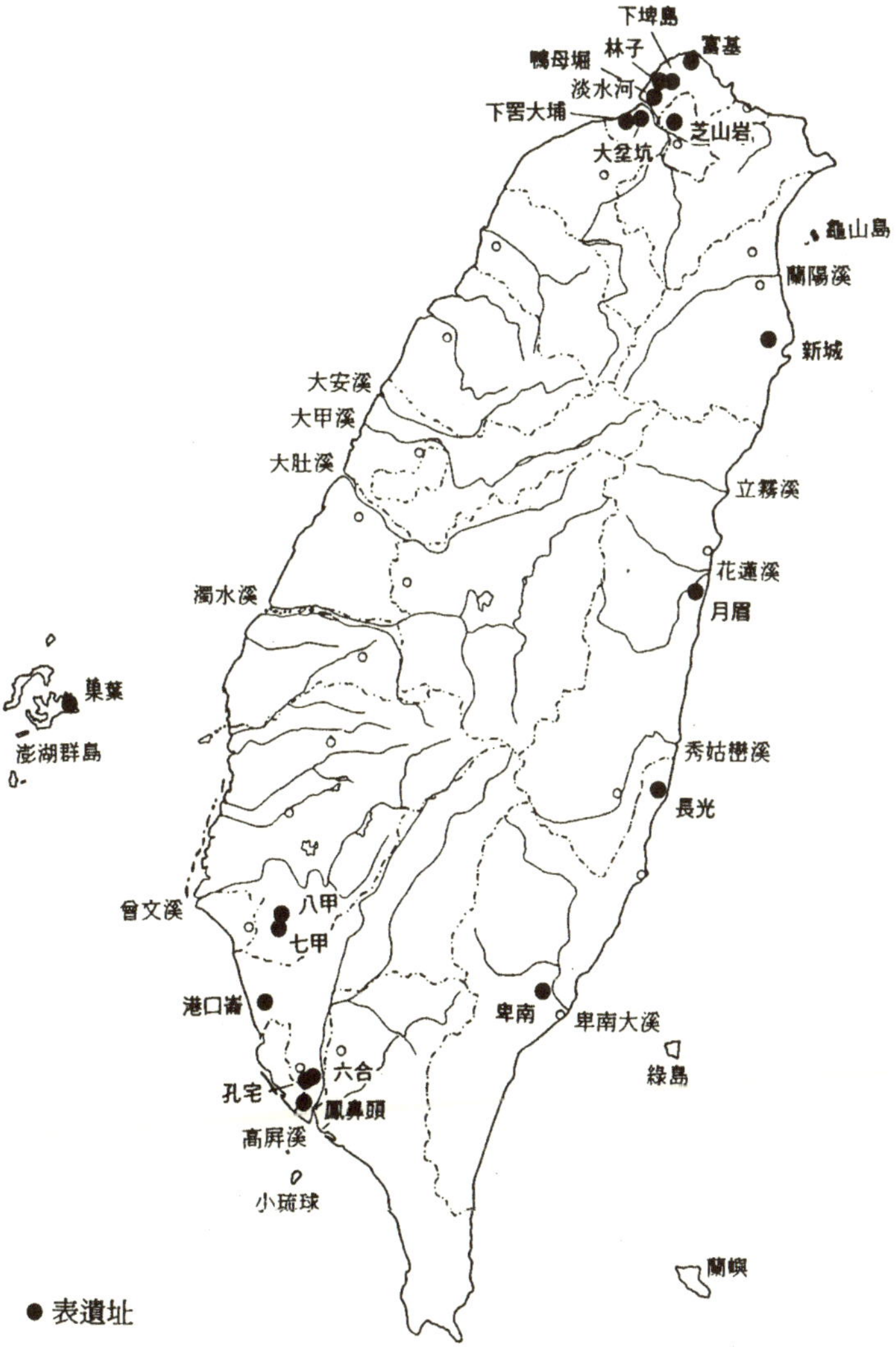

図4　新石器時代前期の主要遺跡分布（劉 2002）

・新石器時代中期（図5）

年代は四六〇〇～三五〇〇年前で、一部の文化は五〇〇〇年前にはすでに出現していたと推定されている。台湾各地で地域文化が出現し始め、大坌坑文化が長期間各地において適応して発展したと考えられる。この段階の文化は訊塘埔文化、牛罵頭文化、牛稠子文化と東部地域の大坑遺跡など縄文紅陶を特徴とする文化があり、中国東南沿海地区新石器時代晩期の比較的早い段階に相当する。

北部の訊塘埔文化、中南部の縄紋紅陶を主とする牛罵頭文化、牛稠子文化、東部地域の縄紋紅陶文化は、いずれも縄蓆文を施した土器をもつ。後期大坌坑文化から系統的に発展したと考えられている。鳳鼻頭遺跡の縄紋紅陶文化は福建省の曇石山文化と共通性が高く、相互の影響があったと推定されている。膨湖諸島でも粗縄文陶と細縄文陶とを伴出する遺跡が、本島でも属島でも確認されている。

牛稠子遺跡の縄蓆文陶に伴出する石器は、膨湖諸島の基盤を形成する橄欖石玄武岩を素材とした石器であることが、両地区の交流関係を明示するものとして注目される（国分一九四三）。

この段階の諸文化の遺物の様相は、土器はおもに褐色の縄蓆文土器で、器種は大坌坑文化より多様になり、罐、鉢、豆、三足器、多連杯器蓋などがある。石器も大坌坑文化より多様で、斧、鋤、刀、錘、鏃などの各種の農具、漁撈具、狩猟具を含んでいる。

各地域の文化はそれぞれ新石器時代後期文化へと発展する。遺跡の規模は新石器前期よりも大きく、文化層の堆積は連続して厚い。したがって集落の規模は大型化し、その継続時間が長く、比較的長期間にわたる定住集落が形成されるようになったと推測される。

農耕も前期に比して発達し、工具では農具の占める割合が高くなる。農耕は生業において比重が高まり、墾丁遺跡、鎖港遺跡などの牛稠子文化遺跡ではイネ、アワの痕跡が発見されている。穀物類が重要な栽培対象になるとともに、根

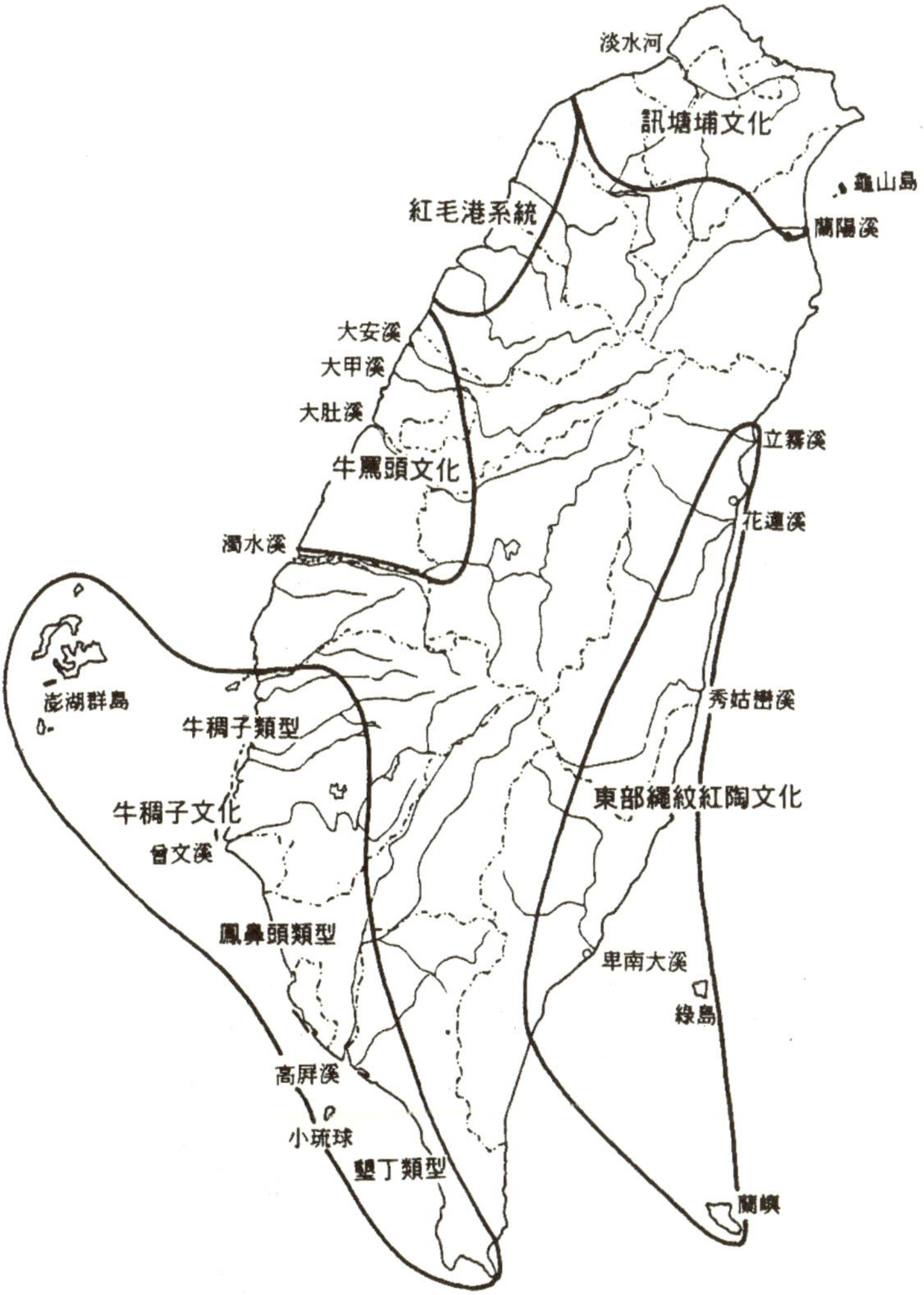

図５　新石器時代中期の文化分布（劉 2002）

茎作物も依然として主要な作物であったと推定される。

牛稠子文化では貝、猪、鹿の遺存体、牛稠子文化墾丁類型でも各種の貝類、魚類、猪、鹿などの遺存体が確認されており、狩猟、漁撈も依然として生業にしめる割合は高かったことは明らかである。家畜は犬以外未確認である。

牛稠子文化では伸展葬による埋葬が確認されており、牛稠子文化墾丁類型では、長方形石板棺を葬具とし、玉器、貝輪などの装飾品と貝匙、土器などの日用品を副葬品としていた。

・**新石器時代後期**（図6）

年代はおよそ三五〇〇～二〇〇〇年前で、一八〇〇年前まで継続する可能性がある。新石器文化の最も繁栄する時期で、芝山巖文化、圓山文化、丸山文化、植物園文化、営埔文化、大馬璘文化、大湖文化、鳳鼻頭文化、卑南文化、麒麟文化、花岡山文化などが各地で展開する。一部の地域ではよくわかっていない。

後期はおよそ二段階に分けられる（劉二〇〇三）。三五〇〇～二五〇〇年前の段階と二五〇〇～一八〇〇年前の段階であり、中国東南部沿海新石器時代晩期および青銅器時代に相当する。少数の青銅器が北部台湾の圓山文化後期と圓山文化土地公山類型で確認されている。この段階の文化類型は複雑で、各種の異なった生態に適応し、遺跡の分布が山岳地帯へも拡大するようになる。

牛稠子文化にひき続き、南部の平野地区に黒陶をともなう大湖文化の形成が見られる。関連する文化は高雄市寿山北方の桃仔園遺跡、鳳山丘陵の海よりの鳳鼻頭遺跡でも見られる。南部地区では大湖文化の後に鉄器時代の蔦松文化の形成が見られる。

中部地区では牛罵頭文化にひき続いて、営埔文化の形成が見られる。営埔文化は牛罵頭文化後期より発展したと推定されている。鳳鼻頭文化は鳳鼻頭遺跡の縄紋紅陶期（牛稠子文化鳳鼻頭類型）が曇石山文化の影響を受けて発展したと考えられている。その後に鉄器時代の番仔園文化、大邱園文化の形成が見られる。

南部、中部地区に比べると北部地区の様相は相違がある。大坌坑文化の後に台北盆地には圓山文化と芝山巌文化が展開する。圓山文化の遺跡は台北盆地の北側を中心に分布し、その年代は三二〇〇～二三〇〇年前である。土器は淡褐色の無文土器が主体となり、赤褐色の顔料を塗彩あるいは点文や線を描く場合がある。特徴的な器種として双把罐と多口瓶がある。台湾では数少ない有肩石斧が出土しており、同時期の他の文化との差が大きい。外来要素の大量流入が考えられており、広東東部沿海海豊から香港にかけての地域から伝わった可能性が推定されている。圓山文化は継続して発展し、一部地域では丘陵地区に土地公山類型が形成される。圓山文化に属する圓山遺跡では大型の砥石が出土し、集落内の公共財と推定され、社会組織がすでにある程度発達していた可能性が指摘されている。また冠頭石斧は実用品ではなく、農耕に関連した祭祀儀礼での用途が示唆されている。圓山では伸展葬と甕棺葬が見られ、玦が副葬される例が見られる。

後期の土器は次第に縄蓆文を施さなくなり、精巧な彩陶、黒陶が出現する。器種にも大きな変化が見られ、三足器などが出現する。

圓山文化期にひき続いて、台北盆地では印文軟陶を伴出する植物園文化が形成される。その後鉄器時代には淡水河口の南方、台湾海峡に面して十三行文化が登場する。

芝山巌遺跡では大量の栽培稲が出土しており、南部の牛稠子文化の墾丁遺跡、鎮港遺跡でも籾殻痕が発見されている。このため、新石器時代後期には、稲作農耕の本格的な導入が推定されている。劉益昌は工具において農具の占める割合が相当大きいため、稲、アワ等の栽培を行っていた可能性が高いと指摘している（劉益昌一九九二）。芝山巌文化は、浙江南部、福建北部から伝播したと考えられている。植物園文化も福建南部の印文軟陶の影響があると推定され、この時期の大陸東南沿海部との関連が深いようである。

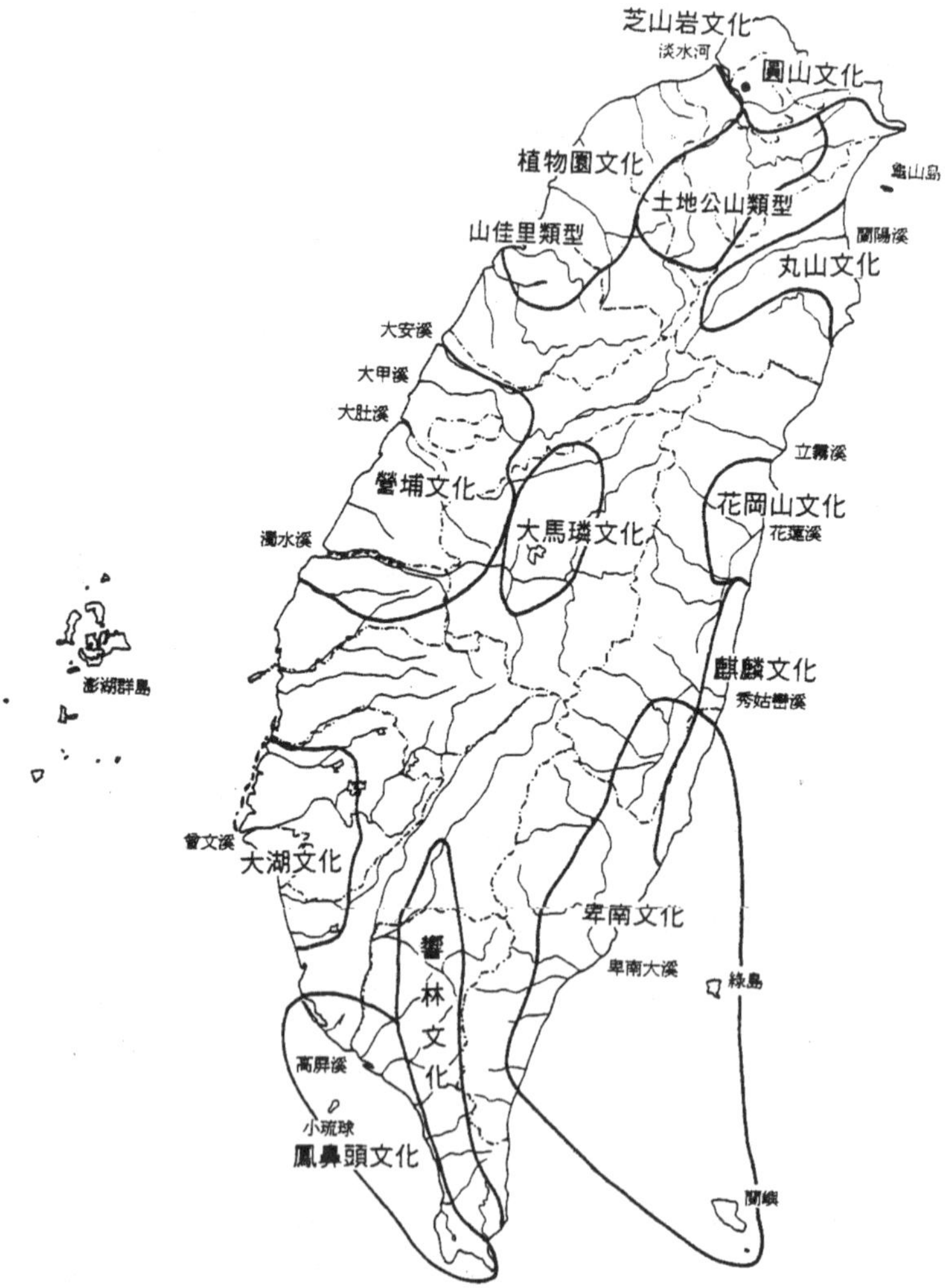

図6　新石器時代後期の文化分布（劉 2002）

東部沿海の卑南文化、麒麟文化と花岡山文化については、卑南遺跡の卑南文化層の下層から縄蓆文土器が少数出土し、縄文紅陶文化から直接発展した可能性が考えられている。平原地区は中期の生業形態を維持し、狩猟や漁撈も重要であった。

後期には遺跡数が増大し、遺跡の規模も広くなる。文化層は厚く、出土遺物も豊富で、集落の規模などから、かなりの人口増加が推定されている。平原地域以外では、遺跡は中央山脈の山腹に増加する傾向があり、人口増加などによる土地資源の争奪などの可能性が考えられている。

社会構造としてはやや複雑化した社会組織と葬送儀礼の存在が推定されている。東部地域の麒麟文化では巨石崇拝が行われていたようで、儀礼、信仰などの面での成熟した状況が見てとれる。卑南遺跡の墓地では、墓の大きさ、形態と精巧な玉器・土器の副葬、数量の多寡や製作の精緻の差などから、社会的な階層差が出現していたと考えられる。また卑南遺跡で頭部のない人骨埋葬が確認されており、集落間の小規模な戦闘あるいは資源争奪の存在も推測されている。

四、玉器の製作と流通

前節で台湾の新石器時代とその文化について概観した。単純に言えば中期までと後期では、地域的な特徴や社会構造などに比較的大きな差が生まれ始めている傾向があると言えよう。時期的にはやや差があるものの、変化の流れとしては大陸の新石器時代の変化の様相とやや類似しているように見受けられる。

中期から後期にかけての変化の一つとして玉器の分布の増加があげられる。台湾の玉器については、その鉱山が非常に限られているため、その流通を考える上で都合がよいという点がある。その製作と流通に関して基本的な考察をしておきたい。

台湾で玉器が確認されている遺跡は前述の通り一〇〇遺跡を超える（洪二〇〇六）。しかし、本格的な調査が行われ、その報告がなされている遺跡は少ない。ここでは基本的な考察にとどめ、今後の課題としておきたい。

台湾では硬玉の鉱山は存在せず、硬玉製品の出土例も新石器時代にはない。いわゆる軟玉や蛇紋岩が玉材として使用され、鉱山については現状確認されているのは一地域のみで、台湾の中央山脈東麓の花蓮豊田、西林一帯であり、その他の地域においては確認されていない。卑南遺跡の玉器の分析では、分析例はすべて豊田産と推定されており（譚・連・余一九九七）、台湾全域で豊田の軟玉が玉材に使用されている可能性が高い。

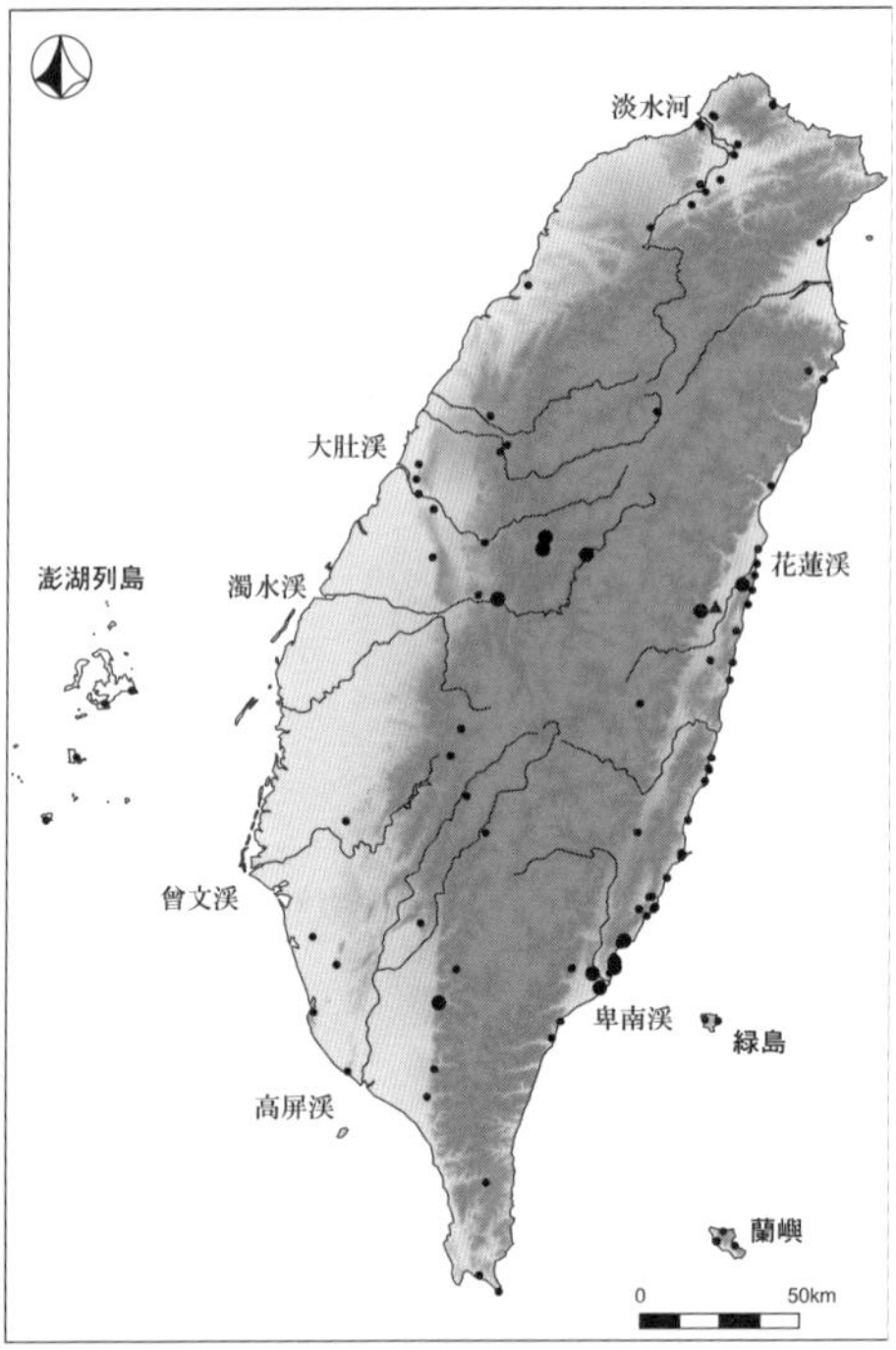

図７　玉器出土地点（▲＝玉鉱山　●＝製作関連遺跡）

玉器の出土が確認されている遺跡は図7のとおりである。その分布には粗密があり、東部沿海地域では南北にわたってかなりの数の遺跡で玉器が出土している。その他台北の淡水河流域、中西部、南西部でも比較的遺跡が多い。また、緑島、蘭嶼、澎湖列島などの島嶼部でも出土遺跡が確認されている。そのうち製作に関する遺物、遺構が確認されている遺跡は相当少ない。特に集中しているのは東南部の卑南渓河口で、鉱山のある豊田周辺と中央山脈内にもいくつか見られる。発掘数が限定されているので断定は難しいが、玉器の製作地点はいくつかの地域に限られ、その他の遺跡へともたらされた可能性が現状では高いと考えられる。

時期的にみると、前期ではほとんどなく、中期に中西部と東南部に若干遺跡が見られる。ほとんどの遺跡は、後期に属し、後期になって玉器の使用が増大することが明らかである。製作関連の遺構、遺物が確認されている遺跡は詳細が不明な遺跡が多いものの何箇所か確認されており、比較的密集して存在する。

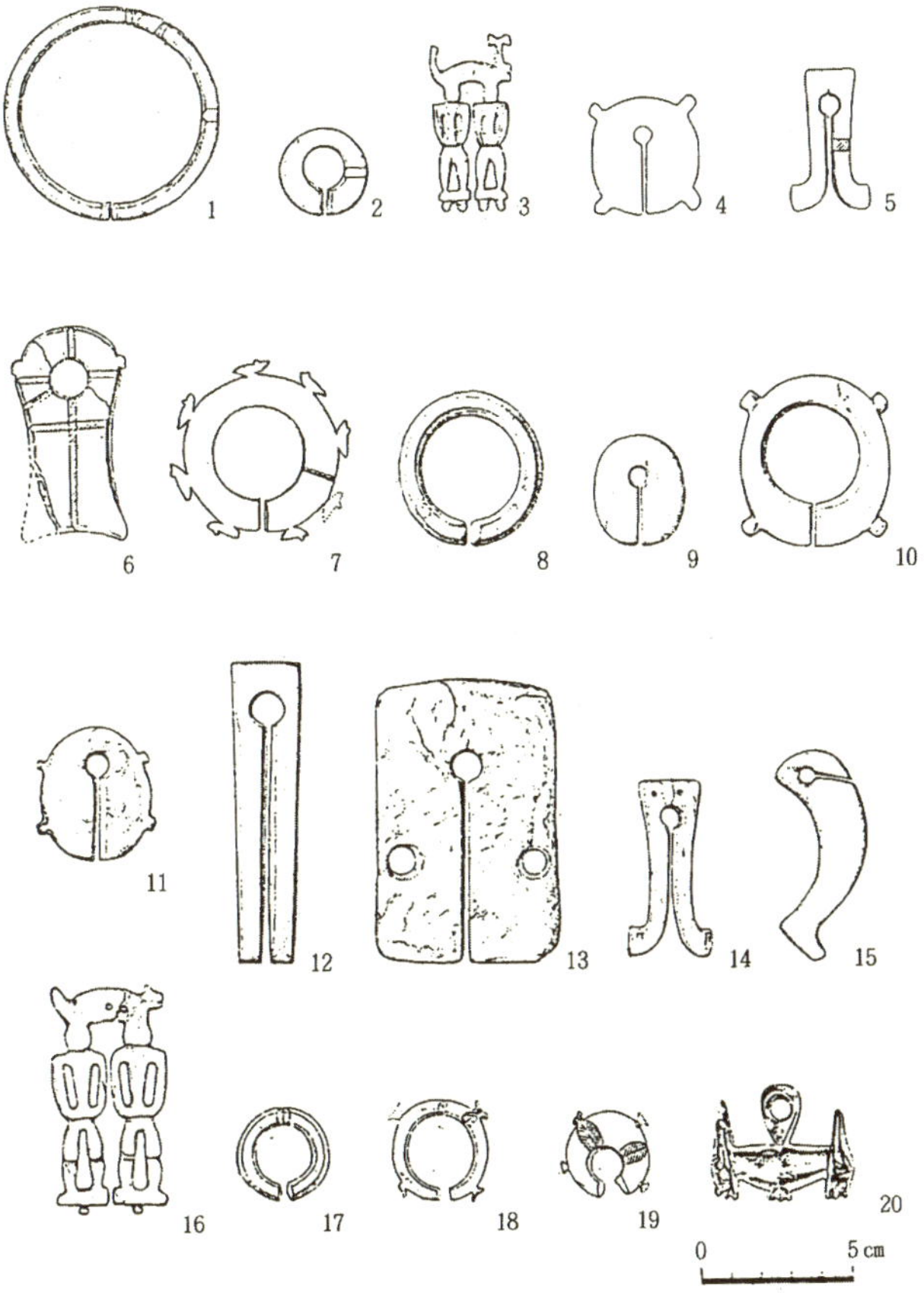

図8　台湾出土の各種玦（宋 1987：図7）

器種としては、工具、武器、装身具がある。軟玉以外にも蛇紋岩などで同様の器種が製作されることがある。装身具は種類が多く、耳飾り、胸飾り、頭飾りなどがある。装飾品の中でも際立つのが玦で、環形が多いが、長方形、魚形、両翼形、人獣合一形、九孔連環多獣形などがある（図8）。

卑南遺跡では特に大量の玦が墓から出土しているが、特異なのは人獣合一形玦と呼ばれる形態の玦である。これは、隣あう二人の人物の頭上に横を向く獣が乗るというモチーフで（図8－3、16）、現在では四か所の遺跡で発見されている（図9）。頭上の獣がやや異なり、大きさに違いがあるなど、遺跡によって多少の差はあるが、基

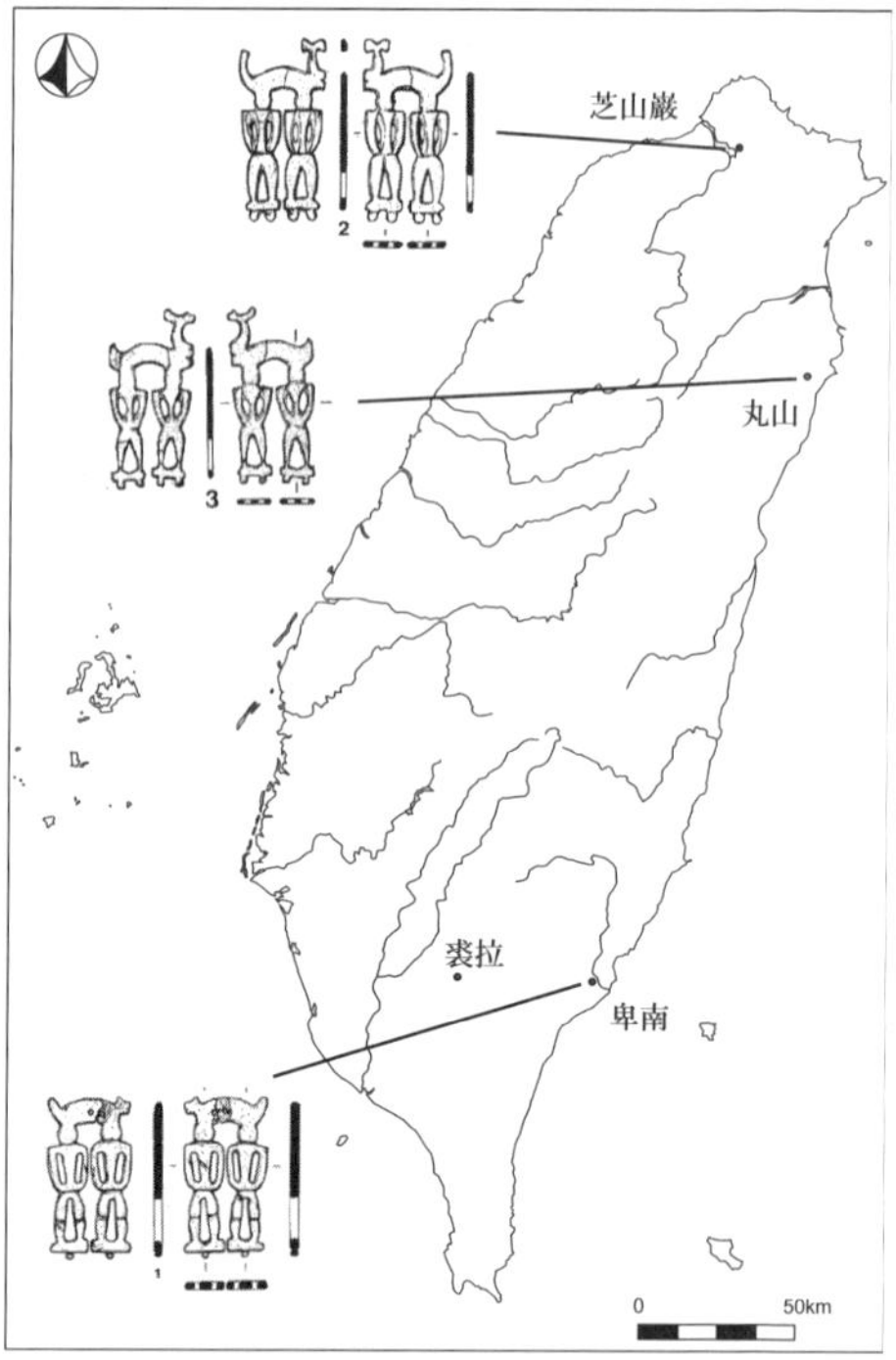

図９　人獣形玉玦の出土遺跡

本的な構成は完全に同じである。製作技術的にも差はない。その類似性から、それぞれの遺跡で独自に製作されたとは考えにくく、このような玉器が交換によって運ばれた可能性は高いと言える。出土している台北の芝山巌と卑南遺跡の存在する台東ではかなりの距離があり、地形的にも移動は単純にはいかないであろうが、玉材のことを考えても、この時期に比較的広い範囲での交換網のようなものが存在していた可能性は高いであろう。この玦は出土状況が分かるのは卑南遺跡のみで、墓から出土しており、耳飾りの類だと考えられている。しかし、千点近く出土している玦の中でも、このタイプの出土はほとんどなく、通常の玦は一般的な装飾品と推定されているが（連二〇〇〇）、人獣合一形の玦はやや特殊な意義を持っていた可能性がある。

大量の玉器を出土した卑南遺跡について概観しておこう。卑南遺跡は台湾台東県の卑南山東南端の山麓に位置し、台湾東部の新石器時代の卑南文化の代表的な遺跡である。年代はおよそ五三〇〇〜二三〇〇年前が最も繁栄した時期である。面積は三〇万平方メートル以上で、現在台湾で最大の先史集落である。卑南遺跡では多数の石板棺が整然とならぶ墓地が確認され、棺内には精巧な副葬品がおさめられている。卑南文化に属する遺跡は主に台湾東部海岸や山脈、花東の谷南端の河岸段丘、海岸あるいは山岳地帯の緩やかな斜面に分布する。卑南遺跡以外に掃叭、富山、漁場、漁場南、東河Ⅰ、東河Ⅲなどが主要な遺跡である。

これらの遺跡ですべて大量の石鎌、石刀などの農具が出土し、また大型化の傾向があり、農耕がかなり発展していたことがうかがわれる。海岸地区の遺跡は豊富な石錘などの漁具が出土しており、海洋資源の利用も盛んであったのだろう。

卑南遺跡は巨大なだけではなく、住居址の構造と分布は規則的で、そこに比較的組織化した社会構造がうかがえる。住居址の長い軸は南北向きで背後の都蘭山を望む。平面は方形で石板や大型の石を基礎とし、壁は木組みで、壁と屋根は竹で組み草を葺いていたようである。石板で方形の前庭を組み、住居後方には楕円形の石圏があり貯蔵施設として使用されていた。高床式倉庫も若干確認されている。

墓地は石棺墓が多数確認されており、帯状に分布して住居址の長軸と方向が共通する。墓自体はかなり密集し、長軸方向は基本的に一致しており、頭位も一致していよう。墓は板石を組み合わせた石板棺墓で、その構造も基本的には一致している。しかし、その規模にはやや差があり、大型の墓は被葬者を一人埋葬してもかなり余裕のある規模である。現在の遺跡公園内では、住居からやや離れた丘陵上に三基の墓がそのまま残されているが、これらの墓は成人を埋葬するにはかなり窮屈なくらい狭い。階層差が推定されているように、大型の墓は副葬品の数も豊富で、ある程度の差はすでに存在していたと考えてよいであろう。棺内には通常精巧な土器や玉器が副葬され、葬送の観念がかなり発達していたことが分かる。

卑南遺跡では、石板棺墓数百基より、数千点を数える玉器が出土している。出土状態から見ると、被葬者に装着した状態で出土しており、多くは装身具で、日常的に使用していた可能性が高い。後期には全体的に玉器の種類が増加している。

胸飾りには玉管、玉棒、管珠などがあり、それらを組み合わせて飾りとしたものである。頭飾りには玉鈴と柳葉形飾りがあり、いずれも非常に小さい。鈴形を組み合わせた飾りは数百点にも達し、その数がかなり突出したものと言える。

腕環には環形と喇叭形がある。非常に器壁は薄く、基本的に一点を腕につけたようである。

武器には石矛、戚、工具は斧、鑿などで、形態はさまざまである。穿孔を施したものもある。武器や工具にはかなり鋭利な刃部を磨きだしているが、実用品とは考えられていない。これらは往々にしてセットで出土する。

遺跡では工房が確認され、工房からは玉器を切りだした廃材が出土している。玉器自体や廃材を観察すると、かなり整然とした工程と高い技術によって製作していることがうかがわれる。新石器時代後期の段階では金属器はやはり少なく、金属製の工具を使用して製作していたことは想定しがたい。同様に軟玉製の玉器を大量に製作する長江下流域の良渚文化でも、これまでいくつか技術の復元案が提示されているが、工房自体や工具そのものの出土例が不明であり、確実な復元はまだ困難であろう。

小型の装飾品の穿孔などはかなり精緻であり、表面の磨きなども丁寧になされていることが多い。廃材を見るとかなり長い芯を両側から正確に原材からくりぬいており、技術的には相当高い水準にあることがうかがえる。技術や製作数を見ても、やはり専門工人の存在が推定され、玉材の入手から製作まで、かなりシステマティックに行われていたのではないだろうか。

五、玉器の流通経路

台湾新石器時代の玉器は、その鉱山が基本的に一地域に限られ、それ以外の台湾全域におよんで出土していることから、ある程度の広範囲な流通網が形成されていた可能性がある。玉材は鉱山周辺でも加工して分配されていた可能性もあるが、東南部では玉の廃材が確認されているので、鉱石を未加工のまま持ち込んで製作を他の場所で行うことも当然あったと考えられる。その流通について、GISの分析を利用して検証してみたい。GISの分析手法のうち、加重コストによる最短経路分析を利用する。最短経路分析でよく利用されるのはハイキング関数を利用して地形から歩行速度を割り出し（金田・津村・新納二〇〇一）、それをコスト面として最も時間のかからないルートを推察し、往時の交通路を推定する手法である。今回は、一本のルートを割り出すのではなく、コスト回廊分析を行うことで、時間的にコストのかかりにくい地点を推定する方法を利用した。

まず玉鉱山のある豊田地区から、北部で多数の軟玉製品が確認されている芝山巌遺跡、東南部の卑南遺跡、本島最南部の墾丁遺跡までのコスト回廊を分析し、同様の人獣形玉器を出土している芝山巌遺跡と卑南遺跡の間のコスト回廊についても分析を行った。その結果は図10の通りである。色が薄いほど地点ほど移動時間が短く、濃いほど時間がかかる。まず鉱山より卑南遺跡までは東南沿海の平原を行くのが地形的にも障壁がなく、もっとも時間的なコストをかけないで行くことができる。墾丁遺跡についても同様であり、東南沿海の海岸沿いが最も確実なルートだと考えることができる。一方北上して芝山巌遺跡へ行く場合もやはり海岸沿いが最もコストはかからない。ただし、ほぼ真西へ中央山脈を越えて西部へ出る場合も海岸部沿いよりは時間的にかかるものの、比較的コストがかからない地域となる。この地域に沿って玉器製作遺跡の可能性が高い遺跡が集中していることも見逃すことができない。また、卑南から芝山巌に北上する場合もやはり海岸に沿って北上するのが最も効率的であるが、途中で中央山脈を北西へと抜けていくルートの存在が示唆される。さらに北上し淡水河に沿っていくと芝山巌に到達し、そのルートに沿って玉器出土遺跡の分布が見られる。台北では現状玉器製作に関する遺跡がほとんど確認されていないため、製品自体も他地域から流入された可能性は高いと考えられる。すべての玉器が卑南からもたらされたというわけでは当然ないだろうが、卑南遺跡が一つの玉器の製作、流通の核である可能性は高く、そこから北上するには海岸沿いのルートとともに、山超えのルートもあった可能性が高い。人獣合一形玉玦の価値についてはにわかには判断しがたいものの、製作の精緻さ、モチーフの共通性と出土

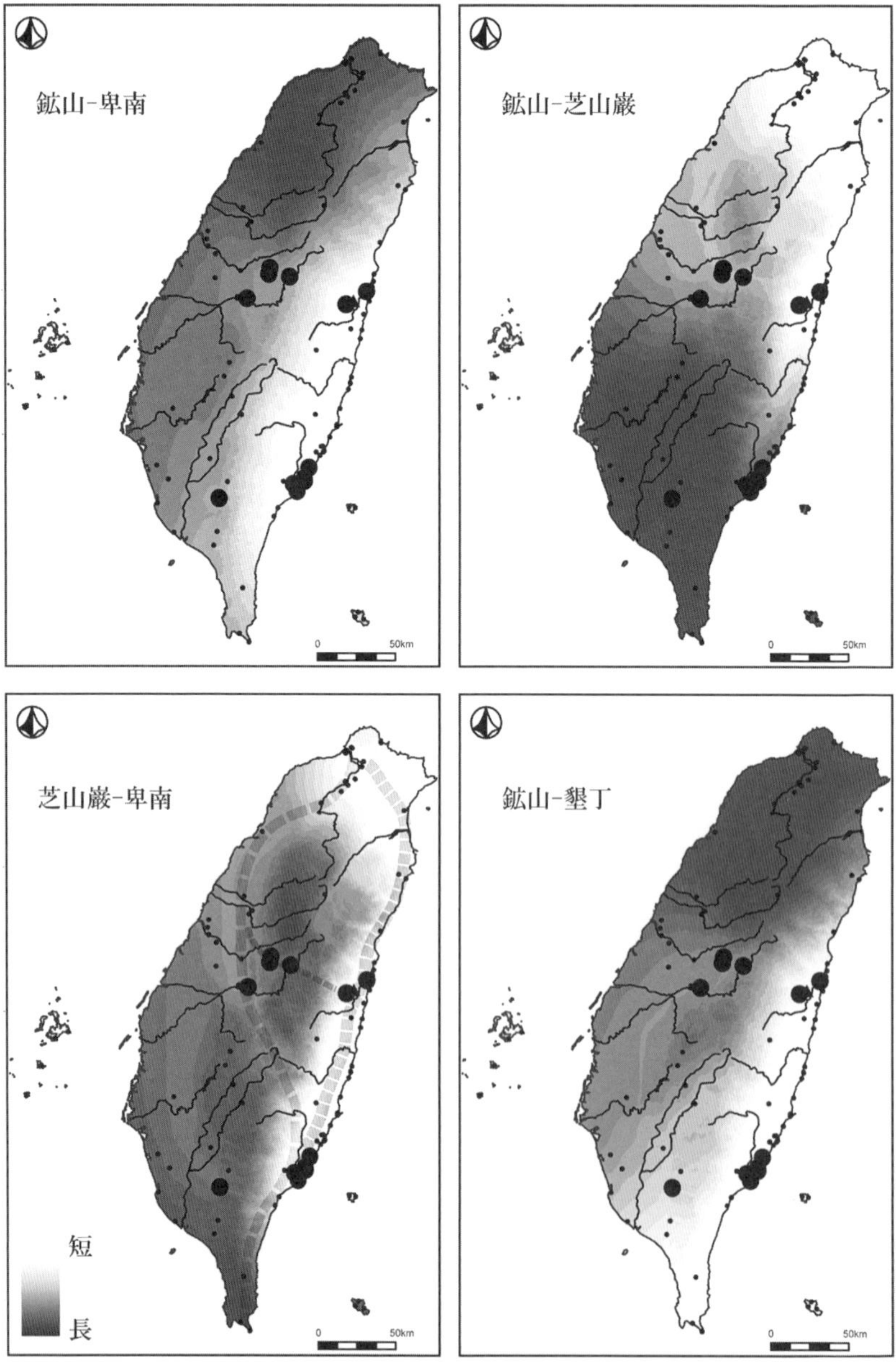

図１０　コスト回廊分析（●＝玉器製作関連遺跡・＝玉器出土遺跡）

地点の限定度から判断して、ある程度付加価値のある装飾品であると考えられる。芝山巌や丸山については不明な点が多いものの、卑南については東南地域でも拠点的な性格の集落であった可能性は高い。この南北の遺跡間の交流のルート沿いに沿って玉器の製作および分配がなされた可能性が極めて大きいと言えよう。

おわりに

以上、台湾の新石器時代の玉器について初歩的ながら整理と検討を行った。同様の玉器が広範囲にわたって存在するという現象は大陸の良渚文化のケースにも似ており、技術的なことを考えても、社会的な背景などは比較対象としてよい例であろう。時期的にはやや開きがあるため、当然直接的な影響は想定しにくいが、大陸の新石器時代後期に想定されている社会状況のように、社会の複雑化が進行するなかで玉器も増加する点は傾向的な類似性を認めることができる。その要因など、また具体的な地域間の年代差などは、さらに詳細な例の増加と編年の細密化がなされれば、より細かく検討ができよう。現状では、非常に大まかな考察となってしまうが、特に社会的な変化をとらえるという点では、台湾東部地域の資料は有益であるといえる。台湾の先史考古学の研究は、古くから行われ、また地理的な位置から、日本の先史文化との関わりについても、非常に関心をもたれるところである。地形的にはかなり変化にとんだ島嶼であるという環境から、日本との対比を行うことも意味があるといえよう。本稿では、現状の整理とごく一部の考察までしかすすめることができなかったが、今後の調査研究の進展を課題として、さらに検討をすすめていきたい。

参考文献

金田明大・津村宏臣・新納泉　二〇〇一『考古学のためのＧＩＳ入門』古今書院
黄士強　一九七七「濁水溪中游北岸考古調査」張光直編『台湾省濁水溪與大肚溪流域考古調査報告』中央研究院歴史語言研究所専刊之七十
黄士強　一九八四『台北芝山巌遺址発掘報告』台北市文獻委員会
黄士強・陳有貝　一九八九『東部海岸陸域資源調査及分析－人文史跡資源調査分析（研究計画報告）』台湾省住都局市郷規格所
国分直一　一九四三『台湾考古民族志』慶友社
国分直一　一九九九「台湾先史考古学の一世紀」『先史学・考古学論究』三、龍田考古会
洪曉純　二〇〇六「台湾史前玉器在東南亜的分布及其意義」『華南及東南亜地区史前考古』文物出版社
臧振華　一九八七「南投縣集集鎮田寮園史前遺址試掘」『中央研究院歴史語言研究所集刊』第四十九本第四分
臧振華　一九八九「台湾史前史上的三個重要問題」『台湾大学考古人類学刊』四五
臧振華　一九九五『台湾考古』行政院文化建設委員会策劃出版
宋文薫　一九八七「台湾出土の玦状耳飾り」『東南アジア考古学会会報』七号
宋文薫・連照美　一九八三「台東県卑南遺址発掘報告（一）」『国立台湾大学考古人類学刊』四三
宋文薫・連照美　一九八七『卑南遺址第九－十次発掘工作報告』国立台湾大学人類学系
宋文薫・連照美　一九八四「台湾史前時代人獣形玉玦耳飾」『国立台湾大学考古人類学刊』四四
譚立平、連照美、余炳盛　一九九七「台湾卑南遺址出土玉器材料来源之初歩研究」『国立台湾大学考古人類学刊』五二
張光直編著　一九七七『台湾省濁水溪與大肚溪流域考古調査報告』、中央研究院歴史語言研究所専刊之七十
陳仲玉　一九九四『曲冰』中央研究院歴史語言研究所田野工作報告之二
陳有　二〇〇二「花連県芳寮遺址調査與試掘」『国立台湾大学考古人類学刊』五九

宮本延人　一九六三「台湾の南端、墾丁寮石棺群遺跡」『東海大学紀要 文学部』四
李光周等　一九八五『墾丁国家公園考古調査報告』内政部墾丁国家公園管理所
劉益昌　一九九〇「屏東県瑪家郷北葉遺址試掘報告」『中央研究院歴史語言研究所集刊』六一
劉益昌　一九九二『台湾的考古遺址』台北県立文化中心
劉益昌　二〇〇二『台湾原住民史　史前編』国史館台湾文獻館
劉益昌　二〇〇三「台湾玉器流行年代及其相関問題」『史前與古典文明』中央研究院歴史語言研究所
連照美　二〇〇〇「考古学的理論與実践－卑南研究二十年」『国立台湾大学考古人類学刊』五五
連照美　二〇〇〇「台湾卑南玉器研究」『故宮博物院院刊』二〇〇〇年第一期総第八七期
連照美　二〇〇三「台湾新石器時代陪葬玉器「鈴形玉珠」的研究」『国立台湾大学考古人類学刊』六〇
連照美　二〇〇六「新石器時代台湾南端的玉器－墾丁寮一九三一年発掘陪葬玉器之研究」『国立台湾大学考古人類学刊』六四
連照美　二〇〇七『台湾新石器時代墾丁寮遺跡墓葬研究報告』台湾国立大学

東南アジアにおける人間集団の拡散仮説とサーフィン文化

山形　眞理子

一　はじめに

東南アジアにおける先史時代の人の移動を考えるにあたって、言語学は重要な存在となっている。今日の東南アジアには様々な言語がモザイク状の分布を示しているが、その分布は、それぞれの言語が属する語族の歴史的展開を示している。たとえば東南アジア大陸部とインド東部に分布するオーストロアジア語族については、その分断された在り方が、この語族の話者が東南アジアに最も古く拡散してきたことを示す。オーストロアジア語族、シナ・チベット語族、タイ・カダイ語族などが複雑な分布を示す大陸部とは対照的に、東南アジア島嶼部の言語は大部分がオーストロネシア語族に属している。

このオーストロネシア語族の先史全体を再構築しようと試みた言語学者ブラストによる仮説は、東南アジア考古学に大きく影響を与えている（Blust 1984 - 85, 1995, 1996）。ブラストによれば、オーストロネシア語族の拡大は台湾を起点とした。まず、台湾に存在したオーストロネシア祖語が台湾先住民諸言語とそれ以外のオーストロネシア諸語（マラヨ＝ポリネシア語）に分岐した。つづいてマラヨ＝ポリネシアの拡散が起こり、それはフィリピン、ボルネオ、スラウェシに及び、最終的に二つに枝分かれした。その一つ（西部マラヨ＝ポリネシア諸語）がフィリピン、ジャワ、スマトラ、マレー半島、東南アジア大陸部、マダガスカルなどに及び、もう一つ（中部・東部マラヨ＝ポリネシア諸語）がインドネシア東部からオセアニアに及んだ。オーストラリア国立大学のベルウッドは、ブラストの仮説を考古学の面から検証する努力を続けている（植木・服部訳一九八九、Bellwood 1997, 2004, Bellwood and Dizon 2005、長田・佐藤監訳二〇〇八：一九九－二二五）（Figure 2）。ベルウッドによれば、オーストロネシア語族の究極の故地は南中国の新石器文化にあり、今から六〇〇〇年前頃、その祖先となる言語を話す人々が稲作と縄蓆紋土器を携えて台湾に渡った。そして前四千年紀の台湾でオーストロネシア祖語が形成され、前二五〇〇年頃から一部の人々が台湾を出てフィリピンへと南下し、その後、東南アジア島嶼部と太平洋地域へと拡散していった。後藤明は彼らが唱えるオーストロネシア語族の拡散仮説を、ブラスト＝ベルウッド仮説と呼んでいる（後藤二〇〇三：七〇－九五）。

本稿は、このオーストロネシア語族の拡散仮説の中で、拡散の一つの波が行き着いた先とされるベトナム中部に焦点をあてる。ベルウッドによれば、オーストロネシア語話者の東南アジア大陸部への到達という出来事は、前一五〇〇年から前五〇〇年頃までの間に起きた。現在でもベトナムにはオーストロネシア語の飛び地的な分布が見られる。チャム語とそれに近い少数民族の言語である。チャム人は、チャンパという国の主要民族として栄えた。しかしチャンパは、中世以来続いたベトナムの南下によって衰亡に追い込まれた。

オーストロネシア語話者が南シナ海を渡って、ベトナム中部すなわち東南アジア大陸部に到達したのはいつだったのか。彼らの到達は、考古学的に痕跡を残しているであろうか。本稿はこれらの疑問を念頭に、ベトナム中部の考古学的証拠について検討する。ここで特に問題となるのは、ベトナム中部で設定されている鉄器時代の考古文化、サーフィンSa Huynh文化である。(1)

二　オーストロネシア語族の拡散に関する仮説とサーフィン文化

二－一　ベルウッドによる仮説

オーストロネシア語の話者は、西はマダガスカル島から東はイースター島まで、世界の約半周に及ぶという広範な地域に分布している。この言語グループの拡散は、六〇〇〇年前から八〇〇〇年前までの間に徐々に進行した。東南アジア大陸部で唯一オーストロネシア語族に属する言語を話すのは、チャム族と、彼らと近縁の山岳少数民族（ザライ、エデ、ラグライ、チュルーの四民族）だけである。

ベルウッドは次のように書いている。

サーフィン文化は、東南アジア島嶼部に起源をもつオーストロネシア語（チャム語）の話者に属した文化である。彼らはマレー半島やボルネオ方面から来て定着したものである。彼らがベトナムに定着したのがいつかはっきりしないが、しかしその出来事がサーフィン文化自体のなかに記録されている可能性がある。サーフィン文化は前六〇〇〇年頃に、すでに成熟した形で出現した。サーフィン文化の祖先となりそうな文化が紀元前二千年紀の終わりに出現したと、ベトナム人考古学者によって報告されている。サーフィン文化あるいはその直接の祖先に先立つ時期、ベトナム南部はおそらくはオーストロアジア語の話者によって居住されていた。紀元後一千年紀を通して、インド化された文明チャンパを発達させたチャム族は、のちにベトナム人の圧力に屈し、今では少数民族となって生き延びている（Bellwood 1997：271‐272）。

サーフィン文化の出現年代を前六〇〇年頃とするのは早すぎるであろう。ここでベルウッドは、チャム語話者の祖先はマレー半島あるいはボルネオ方面に起源をもつと主張する。言語学者がチャム語をマレー語とアチェ語に親縁と位置づけているためである（Bellwood 1997 : 120）。ベトナム人考古学者もまた、サーフィン文化を残した人々がオーストロネシア語話者であったことを認めている（Ha Van Tan 1983）。なぜならばサーフィンは、ベトナム中部でチャンパに先行する時期の文化であるからだ。彼らはチャンパが、土着のサーフィン文化からローカルに出現したものと強調する（Ha Van Tan ed. 1999 : 341）。

サーフィン文化の最も重要な特徴はその葬制にある。甕と蓋を組み合わせた甕棺墓、それに土器、鉄器、青銅器、さらには瑪瑙・カーネリアン・軟玉・ガラス製のビーズと耳飾りが副葬される。サーフィン文化独特の耳飾りと考えられている双獣頭形耳飾りと有角玦状耳飾り（通称リンリンオー）（Figure 7－1・No.11 の耳飾り）は、ベトナムのみならず、フィリピン、台湾蘭嶼、タイの西部と南部からも出土し、サーフィン文化が海を越えた地域と接触していた証拠となっている。サーフィン文化の埋葬遺跡は、しばしば海岸砂丘、あるいは平野の川沿いに発達した砂丘の上から発見される。この文化はおそらく後一世紀後半には衰退した。一方で、その出現の時期がはっきりしない（山形 二〇〇七）。

ベトナム考古学にとってサーフィン文化の起源は重要な課題であり、次のように説明されたことがある。ベトナム国内で新石器時代から初期金属器時代にあてられる諸文化、たとえばバウチョー Bau Tro、ソムコン Xom Con、ドンナイ Dong Nai、ホアロック Hoa Loc 等、さらにはタイ西部のバンカオ Ban Kao まで含み、それらが相互に影響し合い、ついにはベトナム中部の地でひとつの文化伝統となった。ロンタイン Long Thanh 遺跡はその代表例である。このロンタイン段階の基礎の上に、タイグエン Tay Nguyen すなわちベトナム中部高原地域の甕棺墓伝統が東進した影響も加わって、サーフィン文化が形成された。つまり「サーフィン文化はローカルな起源をもつ」（Ha Van Tan ed. 1999 : 326－327）。

この説明では、ベトナム国内の考古文化の多くがサーフィン文化の基礎を形成するために何らかの役割を果たしたことになる。しかし、ベトナム考古学がサーフィン文化の担い手をオーストロネシア語話者と認め、同時に在地起源を強調していることは、上記のベルウッドの仮説からみれば矛盾をはらむことになる。オーストロネシア語話者はベトナム中部以外の地から移住してきたと考えられるからである。

ベルウッドが説くように、前一五〇〇年から前五〇〇年のある時期、彼らが実際にベトナム中部に到達したのならば、ベトナム考古学のなかに彼らの移住を示す何らかのエポックが見いだされてもおかしくはない。想定される絶対年代から考えれば、「先サーフィン」といわれるロンタイン遺跡に注目しなければならないであろう。ロンタイン段階とは、その後のサーフィン文化の発展のもととなった段階とされる（Chu Van Tan・Dao Lin Con 1978, Chu Van Tan 1997）。ロンタインに彼らの到達の証拠が見いだされるのであろうか。

ベルウッドはオーストロネシア語話者の台湾からの南下を証明するために、フィリピン国立博物館のディゾンらとともに、台湾とフィリピンの間に横たわるバタン諸島の考古学調査を実施している（Bellwood and Dizon 2005）。オーストロネシア語話者の拡散を論じるに際し、彼らが重視している考古学的証拠の一つに赤色スリップの土器群がある。フィリピン、ボルネオ北部、インドネシア東部における新石器時代最古の土器は、無紋ないし赤色スリップの土器で、ときに刻紋か印紋あるいは透かしのある圏足をもつ単純な器形が特徴であるという。

この赤色スリップ土器群を台湾とフィリピンの間で比較しているのが洪曉純である。彼女によれば台湾東部の潮来橋Chaolaiqiao遺跡で赤色スリップ土器が最も普遍的であった年代が前二二九〇～前二〇二〇年頃であり、それら台湾東部の遺跡から出土した赤色スリップの土器を、ルソン島北部カガヤン河谷のナグサバランNagsabaran遺跡出土のそれと比較すると、非常によく似ている。そこでルソン島北部への新石器文化の到達は、台湾の新石器時代中期後半の文化と結びつけられるという（Hung 2005）。なお、ルソン島北部カガヤン川流域の先史時代の土器編年は小川英文らの調査によって組み立てられている。赤色スリップ土器を主体とする後期新石器時代から、黒色土器が卓越する鉄器時代への変化は突然の大きな変化で、そこに新たな人間集団の移入を想定している。赤色スリップ土器が主体を占めるマガピットMagapit貝塚の新石器時代については、2800±140BP（N－5396）、2760±125BP（N－5397）という二つのC14年代測定値（未補正）が得られている（Ogawa 2005, 田中二〇〇五）[2]。

オーストロネシア語話者が携えた文化要素は、言語学や文化人類学の研究成果から復元されている（Blust 1995, 大林一九九九）。本稿が論じるサーフィン文化については、何がオーストロネシア的要素と考えられるのか。ベルウッドはサーフィン文化と、南シナ海を超えた地域との類似について、以下のように語っている。

サーフィン文化の甕棺とその副葬土器は、帯状紋様の中を刻線紋と貝殻腹縁圧痕紋で充填する装飾が、フィリピン、北部ボルネオ、北部インドネシアのスラウェシ海地域で見られる初期金属器時代の甕棺とその出土遺物と非常によく似ている（Bellwood 1997：273）。

今までに知られているサーフィン文化の遺物は、ほとんどが甕棺墓遺跡から出土している。この葬制は、ニアー洞窟やタボン洞窟の甕棺葬が、前二千年紀あるいは前一千年紀の初めに位置づけられるという、その年代観が正しいとするならば、東南アジア島嶼部からやってきたチャム語の話者たちによってもたらされたのかもしれない。（Bellwood 1997：272）。

ベトナム中部における甕棺葬の出現が、オーストロネシア語話者が最初に南シナ海を渡って大陸に到達した、そのマーカーとなるのであろうか。ベトナム考古学の脈絡からすると、この問題は、サーフィン文化の甕棺葬の起源の問題と言い換えられる（山形二〇〇七）。

ベルウッドが提唱する仮説に長らく反対を唱え続けているのがソルハイムである。そしてソルハイムの議論も、本稿が問題とするサーフィン文化と深く関わっている（Solheim 1984 - 85, 1992, 2002, 2006）。

二 - 二　ソルハイムによる仮説

ソルハイムは一九五〇年代からサーフィン文化の土器に関心を寄せていた。彼は一九五〇年代前半にフィリピン中部ビサヤ諸島マスバテ Masbate 島カラナイ Kalanay 洞窟で発掘調査を実施しているが、その出土土器群が南シナ海の対岸、ベトナムのサーフィン文化の土器と比較された（Solheim 1959）。そしてソルハイムは鉄器時代のフィリピンに、「カラナイ土器コンプレックス」という分類概念を打ち立てたのである。

ソルハイムによれば土器コンプレックス pottery complex とは、相互に関連を示す二つ以上のタイプまたはバラエティのグループからなり、広い地域のなかの複数の遺跡でかなり一貫して見られるものである。その地域あるいは隣接地域の他の土器コンプレックスと区別される。同じ遺物セットが一つのコンプレックスと多くの遺跡で共伴した場合、土器コンプレックスとその遺物は考古文化を規定する。カラナイ土器コンプレックスはビサヤ諸島とフィリピン外部で、一貫して共伴する遺物とともに見いだされる。地方色はあるが、全体としては同一の、空間的に広い範囲に分布する文化の土器である（Solheim 1959, 2002）。

ソルハイムがのちに別の概念レベルを導入したのが「サーフィン - カラナイ土器伝統」であった（Solheim 1964）。ソルハイムによる説明をまとめると、土器伝統 pottery tradition とは、二つ以上の土器コンプレックスが長い期間タイプやバラエティを共有するものである。しかし、ある一つの遺跡または密接に関連する遺跡から出土した土器の分析に使うべきタイポロジーではない。土器コンプレックスはタイプやバラエティからなり、東南アジアの多くの遺跡で土器を記述するために使われる。土器伝統とは、文化的関連性の様式上の指標 a stylistic indicator of cultural relations である。広大な地域内でのコミュニケーションは、ボート交易民の複雑な関係性からもたらされた。彼らはあらゆるアイデア、小さいものたとえばビーズ、玉製イヤリングなど運び、同じく土器や布、入れ墨などを通して同じスタイルの美術モチーフを表現した。このコンセプトを使う目的は東南アジアおよびそれを超えた範囲の比較に資するためである。また、広範囲のコンタクトと関連性を見いだすために役立てる。土器伝統は土器のタイポロジーではない。一つの遺跡あるいは密接に関連した幾つかの遺跡から出た土器を分析するためには何の役にも立たない（Solheim 2002: 173 - 174）。

そして、サーフィン - カラナイ土器伝統の発達について以下のような仮説を立てている。この土器伝統は一つの遺跡あるいは文化から起源したものでなく、広い地域でほぼ同時に発生してきたものである。前二〇〇〇年頃から発展し始めたものだが、それ以前の前三千年紀に、ベトナム海岸、香港、台湾、カガヤン川流域、スールー島、ボルネオ島ニァー洞穴やスラウェシ、ティモールなどで紋様手法とモチーフ、器形を共有していた。こういった要素の共有は、ヌーサンタオボート交易民の頻繁なコンタクトによって促進された。

ソルハイムの「ヌーサンタオ Nusantao 仮説」は、オーストロネシア語話者の起源と拡散に関する、ベルウッドとは全く異なったアイデアを提示するものである。彼がヌーサンタオと呼んでいるオーストロネシア語話者による、海洋交易とコミュニケーションのネットワークに関する仮説である。ソルハイムは近刊においてその全体像を論じている（Solheim 2006）。ベルウッドはソルハイム説を「非言語学的理論」と表現した（Bellwood 1997 : 211）。日本では後藤が、ヌーサンタオ仮説とその評価について説明している（後藤二〇〇三）。後藤はオーストロネシア語族の源境を台湾と限定せずに、台湾・ベトナム・フィリピンを結ぶ三角地帯と考え、オーストロネシア語は交易言語であったと考えている。

ソルハイムのサーフィン - カラナイ土器伝統という概念に関しては、筆者と共同研究者によるベトナム中部の遺跡の発掘調査が、新たな知見をもたらした。それについては後述する。ここで確認したいのは、サーフィン文化が、ベルウッドらの仮説とは一線を画す立場の言説の中でも、重要な位置づけを与えられていることである。

三　ベトナム中部トゥーボン川流域における典型的なサーフィン文化

ここで、サーフィン文化とその甕棺葬を筆者がどう把握しているのか確認しておきたい。

一般にベトナム考古学では、ロンタインと、それに続くビンチャウ Binh Chau という段階（Ngo Si Hong 1980）が先サーフィン段階に位置づけられる。それに対し、典型的なサーフィン文化は古典サーフィンあるいは鉄器サーフィンと呼ばれることがある。

筆者の考えでは、サーフィン文化とは考古学的に以下のように規定されるべきである。長胴もしくは卵形の甕と、それと組み合わされた帽子形の蓋を棺体とする甕棺墓が、副葬品を伴って縦置きで埋置されるという葬制が認められる時期と地域に限って、サーフィン文化という用語を使う。

この定義に従って筆者は、球形の甕棺を主体とするホーチミン市のゾンカーヴォ Giong Ca Vo・ゾンフェット Giong Phet 遺跡（Dang Van Thang et al. 1998）（Figure 6）、さらには後述するように、筆者自身も発掘調査しているカインホア省ホアジェム Hoa Diem 遺跡の甕棺葬伝統を、サーフィン文化には含めない。サーフィン文化の分布域は、北はトアティエンフエ省のフエ市周辺から、南はカインホア省のニャチャン市周辺まで、と考えている。

その中でもクァンナム Quang Nam 省のトゥーボン川流域は、サーフィン文化の遺跡が濃密に分布する地域である。ここではハノイ国家大学とドイツ人考古学者ライネカーのチーム、さらには筆者とベトナム南部社会科学院のチームが、複数の遺跡を発掘調査している。前者が調査した遺跡としてゴーズア Go Dua（Lam My Dung et al. 2001）、ゴーマーヴォイ Go Ma Voi（Reinecke et al. 2002）、ライギ Lai Nghi（Lam My Dung 2006）などを挙げることができる。筆者を含むチームは内陸山間部を中心に調査を展開し、ビンイェン Binh Yen（Bui Chi Hoang・Yamagata 2004）、タックビック Thach Bich、ティエンライン Tien Lanh 遺跡を発掘してきた（Yamagata 2006）。さらに、トゥーボン川河口に近い町ホイアン Hoi An では、市街地周囲の砂丘に多くのサーフィン文化遺跡が存在している。一九九〇年代に日本からの研究助成を受けて調査された遺跡として、ハウサー Hau Xa I、ハウサーII、アンバン An Bang などがある（Lam My Dung 1998, Trung Tam Quang Ly Bao Ton Di Tich・Uy Ban Nhan Dan Thi Xa Hoi An 2004）。

このトゥーボン川流域において、筆者はサーフィン文化に二つの段階を認定している。古い方をI段階、新しい方をII段階とし、それぞれ代表的な遺跡を挙げてみると、

I 段階　ゴーマーヴォイ・ビンイェンH1・タックビック

II 段階　ゴーズア・ビンイェンH2

このうちII段階は、ゴーズア遺跡とビンイェン遺跡H2（第二発掘坑）を代表としているが、この両遺跡ともに甕棺の中から前漢鏡を出土している。ひとつはいわゆる日光鏡で、ビンイェン遺跡七号甕棺（M7）から検出された。中国での製作年代が前七〇〜前五〇年頃とされる鏡である。ゴーズア遺跡五号甕棺から発見された獣帯鏡はビンイェンの日光鏡より少し遅れ、前漢末の鏡である。よって、ビンイェンH2とゴーズアの甕棺墓群について、前一世紀半ばから後一世紀の年代を与えることができると考えた（Yamagata et al. 2001）。

筆者を含む越・英・日合同調査チームは、同じくトゥーボン川流域に位置し、チャンパの王都と目されるチャーキュウ Tra Kieu 遺跡で発掘調査を実施してきた。その結果によれば、チャーキュウ遺跡の初期の居住は後二世紀に遡る（山形・桃木二〇〇一、Yamagata 2007）。チャーキュウ遺跡の最下層と並行する遺跡として、チャーキュウの南東四㎞に位置するゴーカム遺跡がある（Nguyen Kim Dung 2005, Nguyen Kim Dung et al. 2006）。すなわち、サーフィン文化のII

段階とチャーキュウあるいはゴーカム遺跡の出現は、時間的に非常に近いことがわかる（Yamagata 2007）。

II段階に属する甕棺の多くは、長胴形すなわち円筒形（ベトナム考古学でいう柱形）の胴部をもち、口縁部が外反する。一mを超える高さのものもある。胴部下半には叩きによる縄蓆紋が残るが、胴部上半ではそれがすり消されている。それらは帽子形の蓋を伴う場合が多い（Figure 3）。このII段階すなわちサーフィン文化最終段階の副葬土器は紋様が乏しく、ほとんどが縄蓆紋のみ、あるいは無紋となる（Figure 7－1）。

I段階つまりゴーマーヴォイ・ビンイェンH1・タックビック段階は、IIに先行する。ビンイェン遺跡でH1（第一発掘坑）出土土器（Figure 7－2）とH2（第二発掘坑）出土土器（Figure7－1）を比較すると、その違いは明らかである。H1には脚がつく土器と刻線紋様があるが、これらの特徴はH2では失われている。ゴーマーヴォイの副葬土器は器形と紋様のバラエティに富み、II段階の土器に比べて装飾が豊かである。I段階の甕棺は卵形、あるいは円筒形であるが肩が屈曲する形が通有である。これに帽子形などの蓋が伴う（Figure 5）。タックビックにも卵形の甕があり、帽子形の蓋が組み合わされる（Figure 4）。

I段階とII段階は他にも違いがある。たとえば青銅器について、ゴーマーヴォイは副葬品として多くの青銅工具と武具を出土している。この遺跡はサーフィン文化の遺跡としては珍しく、鉄器よりも青銅器を多く出土した。タックビックにも青銅斧がある。一方、II段階には青銅器は少なく、工具や武器は全く発見されていない。が、ゴーズア、ティエンライン、ライギの各遺跡から、青銅容器が出土している。ビーズについてみると、II段階のほうが圧倒的に多い。ゴーマーヴォイでは一九九八年から二〇〇〇年の発掘調査で総計七九個のビーズ（貴石、ガラス、金、土製）を出しただけであったが、II段階の遺跡では、たとえばビンイェンH2の甕棺墓ひとつひとつが何十個というビーズを持っている。前漢鏡を伴うM7の中から出土したビーズ総数は八〇個であった。

以上のように筆者は、トゥーボン川流域のサーフィン文化をI段階とII段階という二つの段階に分けた。どちらも古典あるいは鉄器サーフィン文化と呼ばれてきた、いわば典型的なサーフィン文化の段階である。II段階をもって、後一〇〇年頃までにはサーフィン文化は終焉を迎えたと考えている。

四　サーフィン文化以前の甕棺葬

それでは、以上のようなサーフィン文化より古い時期の遺跡と甕棺葬について見てみよう。東南アジアの新石器時代には伸展葬が卓越しているが、幼児を埋葬する甕棺葬が見られる。成人用の甕棺墓が群集するような葬制が出現するのは、サーフィン文化やゾンカーヴォ・ゾンフェット遺跡などに代表される、鉄器時代である。成人を甕棺に埋葬する習慣は、いつ、どこで始まったのであろうか。この葬送習慣はオーストロネシア語話者によってベトナムにもたらされたと言えるのであろうか。現時点で明瞭な答えを得ることは困難であるが、議論の根拠となりそうな考古学的証拠についてまとめ、考え方の道筋を示しておくことはできるであろう。

四－一　南シナ海に面するロンタイン遺跡

現時点で、ベトナムで最も古い甕棺葬を出土している遺跡である。

ロンタインはベトナム中部クァンガイ Quang Ngai 省の南端に近い砂洲上に位置する。同じ砂洲の上にはサーフィン文化の標式遺跡となったサーフィン遺跡もある。砂洲を上りつめると眼前に南シナ海が開け、足下には土器片が散在している。遺跡と海水面との比高差は約九ｍと報告される。砂洲をはさんで海とは反対側には、潟湖が横たわっている。

一九七六年から七八年にかけて三次にわたって発掘調査が行われた（Chu Van Tan・Dao Lin Con 1978, Chu Van

Tan 1997)。一九七七年には二カ所の発掘坑（H1・H2）の総面積一八六㎡が発掘された。H1では二m、H2では一・三mの厚さの文化層が確認された。H2では居住層とされた上層の下から一五基の甕棺墓と一基の土坑墓が発見され、いずれも副葬遺物を伴う。そのうち七号墓（M7）は、球形の胴部を持つ甕と蓋（蓋の形態は不明）からなる合わせ口の甕棺墓で、直立していた。甕の高さは六六cm、故意に打ち欠かれているが口縁部の径三〇cm、胴部最大径七〇cmをはかる。石製装身具が二二点出土し、一対の玦状耳飾り、一対の有角の環（腕輪とされる）、竹のような形状の管玉一〇点を含む。土器は五点が副葬されていた。ベトナム考古学院が収蔵しているロンタイン出土の大型の甕と蓋は、甕に縄蓆紋、蓋に沈線と刺突紋による入り組み紋が施されている（Figure 8）。なお、居住址とされた上層の文化層からは、石斧、砥石、磨石、叩き石、石錐、土錘、土製紡錘車、骨器や動物骨が出土している。

鉄器を伴うサーフィン文化よりも古い様相を示すことが注目され、ロンタインは先サーフィンの一段階として位置づけられた。青銅器が出土したことはないものの、青銅器時代の早期とされている。C14年代（未補正）は1420±40BC（Bln－1972）、925±60BC（Bln－2096）である。

注目されてこなかったが、H2発掘坑では無遺物層をはさんで上下二層が確認され、下層と上層の遺物内容の違いが報告されている。下層の遺物は縄蓆紋の土器片が主体であるといい、甕棺墓に副葬される土器のような、紋様装飾が施された土器が出土していない。

このように、ロンタインの砂洲上には、まず縄蓆紋の土器を使用した後期新石器時代の人々が居住し、その後、甕棺を埋設した人々が居住したらしい。

四－二　リーソン島ソムオック遺跡

先サーフィンと考えられる甕棺墓を出土した遺跡として、クァンガイ省リーソン島のソムオック Xom Oc 遺跡があるる。リーソン島はクァンガイ省北部を流れるチャークック川の河口から、北東方向へ約三〇㎞の距離に浮かぶ小島である。ここでは一九九六年の試掘を経て、一九九七年にベトナム考古学院とクァンガイ省博物館による発掘調査が実施された（Pham Thi Ninh・Doan Ngoc Khoi 1996, Pham Thi Ninh 2000）。

一九九七年の発掘は発掘坑面積六〇㎡、表土下に一三〇～一五〇㎝の厚さで大量の貝を含む文化層があり、ここから七基の墓葬が発見された。そのうちM５とM７という二つの墓の残存状況がよかった。M５は三～四歳児の骨を容れた甕棺で、穿孔のあるタカラガイビーズと一緒に、骨が注意深く配置されていたことから、再葬と考えられている。他の甕棺墓としては、大きく張り出した球形の胴部と丸底をもつ縄蓆紋の甕と、台付鉢をさかさまにして蓋として利用したものとを組み合わせている（Figure 9）。台付鉢には帯状の刺突紋様が施されている。なおM７墓は方形土坑墓で、成人二人の「双葬」とされる。この墓に副葬された土器は、赤や黒の彩色と刺突紋を多用し、ビンチャウ遺跡の土器と類似する。ビンチャウでも出土したような青銅製鏃も出土している。

ビンチャウ遺跡は、リーソン島と海をはさんで向かい合う岬に近い砂丘に位置しているので、両遺跡は密接な関係にあったと考えられる。ソムオック遺跡では、典型的なサーフィン文化の甕棺葬、すなわち長胴もしくは卵形の甕に帽子型の蓋という組合せが見られない。サーフィン文化の甕棺から数多く出土する、貴石製やガラス製のビーズも見られない。よって報告者はいわゆる古典サーフィンより古く、ビンチャウ段階の遺跡であると考えている。

四－三　中部高原ルンレン遺跡

近年、中部高原地帯で考古学調査が進んだことが、サーフィン文化研究に影響を及ぼしている。ベトナム中部の海岸部から西へ、チュォンソン山脈を横切って到達する中部高原（タイグエン）地方は、多くの山岳少数民族が暮らす地域である。カンボジアとの国境に近く、この高原を流れる川の多くは西流してカンボジアに入り、メコン川に注ぐ。つまりメコン水系の地域である。

クァンガイ省西隣のコントゥムKon Tum省では一九九九、二〇〇一年に、ダム建設に先立つ緊急調査としてルンレンLung Leng遺跡が全面発掘された(Nguyen Khac Su 2005, Bui Van Liem 2005)。遺跡の標高は五〇五m前後で、クロンポコ川の北岸に接するように立地している。発掘総面積は一五〇〇〇㎡に及ぶ。後期新石器時代から鉄器時代早期までの居住ならびに埋葬遺跡であると報告され、検出された二二九基以上の墓のうち、二〇五基が土器を棺としている。それら甕棺墓は、遺跡の中でもクラスターをなして分布している。

甕棺墓の形態は球形、卵形、半卵形の三つに分けられ、多くは蓋を伴っていない。甕のサイズは口径が三〇-六〇㎝、高さが三〇-五〇㎝で、高さ一mに達するものもある。副葬遺物としては、小型の土器、石斧、砥石、磨石、石製・ガラス製ビーズがある。一点の鉄製ナイフ、九八点の鉄鉱石、二点の鉄滓も、甕棺墓の中から発見されている(Figure 10)。報告者はC14年代によって、これらの墓葬が前二一〇〇年頃から後一〇〇年頃まで続いたと考えている。よって、先サーフィンとされるロンタイン段階、ビンチャウ段階と並行する段階の墓を含んでいる(Nguyen Khac Su 2005: 13)。

この中部高原地域の甕棺墓をもつ文化が、東へ降りていって中部海岸地域に出て、そこでベトナム各地の海岸地域に展開していた後期新石器文化、たとえばバウチョー文化などの要素を吸収する。その結果、早期青銅器時代のロンタイン段階という、特徴ある文化を形成することになる。ロンタイン段階の基礎の上に発展したサーフィン文化伝統は、したがって、在地起源のものと言える。これが現在のベトナム考古学の考え方である(Ha Van Tan ed. 1999 : 326 - 328)。

サーフィン文化の甕棺葬の起源に関連して、西の内陸高原から東の海岸へという流れを想定していることは注目に値する。これはベルウッドのオーストロネシア語族の拡散仮説が想定する、東の海から西の大陸への到達という方向とは逆である。

四－四　タイとフィリピンの新石器時代甕棺葬

以上のように現在のベトナム考古学は、メコン水系のルンレン遺跡の甕棺葬を重視している。メコン川流域に視点を移すならば、ここでも後期新石器時代から鉄器時代の甕棺葬が確認されている。

東北タイのムン川下流域には、数百という甕棺墓を出土しているバーンカーンルアン Ban Karn Luang 遺跡があり、甕は球形の胴部と丸底をもち、丸底の鉢や壺を蓋として、直立で埋置される（新田一九九八）。副葬遺物として土器、鉄器、青銅器、ビーズがある。ムン川の中流では、ノンヤン Non Yang 遺跡とバンドンプロン Ban Dong Phlong 遺跡を調査した新田栄治が、前三世紀頃、一次葬の伸展葬から、頭骨を重視する二次葬の甕棺葬へ変化したことを明らかにしている（Nitta 1991）。

注目すべきは、東北タイでも後期新石器時代の成人用甕棺墓が発見されたことである。二〇〇二年にムン川流域のナコンラーチャシーマー県で調査されたバーンノンワット Ban Non Wat 遺跡の甕棺墓は、径八〇cmという大型の蓋を取り上げると、座葬の成人男性の骨がよく残存していた（Figure 12）。蓋には刻線紋様が描かれ、その背景は磨かれているという[3]。この墓葬に伴った炭化物の AMS 年代は前二一〇〇年頃と前一六〇〇年頃を示したといい、調査者は前二千年紀前半という年代を考えている（Higham 2004, Higham and Thosarat 2006）。

フィリピンのパラワン島タボン洞穴遺跡群においてサーフィン文化と類似する甕棺葬が見られることは、早くから注目されてきた（Fox 1970）。後期新石器時代の甕棺墓として有名なのは、蓋の頂部に死者の船を表現するもので、マヌングル Manunggul 洞穴A室から発見された。マヌングル・ジャーとも呼ばれる（Figure 11）。蓋をした状態の高さが六六・五cm、胴部最大径五一・五cmをはかる。蓋と、甕の胴部上半に、刻線で縁取られた波形紋が配され、赤く彩色されて強調され、紋様の外側は刺突紋で埋め尽くされる。

タボン洞穴遺跡群では初期金属器時代のドゥヨン Duyong 洞穴、ウヤウ Uyaw 洞穴、グリ Guri 洞穴、発展期金属器時代とされるタジャウ Tadyaw 洞穴などから再葬甕棺墓が発見されている。双獣頭形耳飾りと有角玦状耳飾りが出土しており、サーフィン文化の帽子形蓋と同じ形態の蓋もある。

蓋の形態と紋様についてみると、サーフィン文化の遺跡よりもタボン洞穴遺跡群のほうが多様である。しかも帽子形という形の出現過程を追うことが可能であるという（田中二〇〇二）。

以上のように、インドシナ半島の内陸部（バーンノンワット、ルンレン）と海岸部（ロンタイン）、さらに南シナ海をはさんでフィリピン（マヌングル）でも、後期新石器時代に成人用甕棺墓が出現している。リーソン島ソムオック遺跡の甕棺墓は青銅器時代のものであろう。これらの地域が相互に関連を有しながら、成人を甕棺に納める風習が出現し、鉄器時代に至って、甕棺墓が群集する特徴をもつ遺跡が現れるようになった。それが顕著に現れているのがサーフィン文化の埋葬遺跡である。現時点では、そのように解釈するのが妥当であると考える。

五　もうひとつの甕棺葬伝統：ホアジェム遺跡と人間集団の移動の問題

筆者と共同研究者が二〇〇七年一月に発掘調査を実施したホアジェム遺跡は、ベトナム中部におけるもう一つの甕棺葬伝統を明らかにした（Figure 13）（山形他二〇〇七、山形編二〇〇八、Yamagata and Bui Chi Hoang 2008）。しかも南シナ海の向こう、フィリピン中部のマスバテ島カラナイ洞穴と酷似する副葬土器を出土したことによって関心を集めた[(4)]。先述した通り、一九五〇年代にソルハイムが調査した遺跡である。ソルハイムによれば、カラナイに酷似する土器はタイ南部のサムイ島からも出土している（Solheim 1964, 1991）（Figure 14）[(5)]。

ホアジェム遺跡は、ソルハイムが提起した「サーフィン－カラナイ土器伝統」概念を再び学界に想起させた。この概念がオーストロネシア語族に関する仮説と結びついていることは、上記の通りである。

ホアジェム遺跡はベトナム中部カインホア Khanh Hoa 省カムラン Cam Ranh 市にある（北緯11°53′15″・東経109°06′34″）。良港として知られるカムラン湾の西側には狭い平野が形成されているが、遺跡はその平野中の微高地上に位置し、海岸までは約五〇〇ｍの距離である。カムラン湾地域には後期新石器時代のソムコン遺跡があり、貝塚を伴うマウンド遺跡で、調査者によって前三五〇〇から前三〇〇〇年頃という年代が与えられている（Nguyen Cong Bang et al. 1993）。ホアジェムはこのソムコン遺跡から五km南西に位置している。なお、海浜リゾートとして有名なカインホア省の省都ニャチャン Nha Trang は、カムラン市から北へ直線距離で約四〇kmの位置にある。このニャチャン市の西方には、典型的なサーフィン文化の長胴甕を出土したジェンカイン Dien Khanh 遺跡があり、その甕はカインホア省博物館に展示されている。現在までに知られる、最南端のサーフィン文化の甕である。つまり、ホアジェムはサーフィン文化の分布圏の南端に接するような位置にある。

この遺跡は一九九八年、ベトナム考古学院の踏査によって確認された。二〇〇二年にベトナム考古学院とカインホア省博物館によって本調査が行われ、発掘坑面積は一〇四㎡、そこから二六基の墓が検出され、うち一六基が甕棺墓であった（Bui Van Liem et al. 2005, Nguyen Cong Bang 2005）。

筆者とブイ・チー・ホアンは、この発掘調査によって出土した土器をカインホア省博物館において初めて実見した時、それがサーフィン文化の甕棺墓から出土する土器と全く異なる種類であることに気づいた。その後、ホアジェムの副葬土器がフィリピンのカラナイと酷似することに気づき、愕然としたのである。ホアジェム遺跡の重要性を認識し、ここを発掘調査することに決めた。二〇〇七年一月、筆者とベトナム南部社会科学院、カインホア省博物館による共同発掘調査が行われた[6]。その結果、四八㎡の発掘坑から一四基の甕棺墓と二基の伸展葬が発見された。

棺体としての甕の器形は、一四基の墓（M1〜M14）のうち一〇基が球形である。球形甕棺に、口径の大きい丸底鉢を逆位にしたような蓋が伴うことが確認された墓がある。刻線と刺突からなる複雑なモチーフ紋様をもつ甕と、大型のノブがつき、彩色による紋様がある蓋の組み合わせ（Ｍ１）、貝殻腹縁紋をもつ甕と同紋様をもつ台付鉢の蓋という組み合わせ（Ｍ13、Ｍ14）は、ベトナムでは全く新しい発見であった。いずれにせよ甕と蓋の型式は、サーフィン文化のそれと全く異なる。よって、筆者とブイ・チー・ホアンは、ホアジェム遺跡をサーフィン文化には含めない。

甕棺の中からは残存状態は良いとはいえないものの、人骨が出土している。形質人類学的所見によれば、この遺跡の埋葬は基本的に一次葬である。Ｍ８に三個の頭蓋骨が残存していたことに示されるように、複数遺体をひとつの甕棺におさめる例（Ｍ６、Ｍ７、Ｍ８、Ｍ11）がある。それらに合葬された複数遺体のうち、少なくとも成人一体は一次葬であるとみられる。

甕棺（Ｍ６）の中に漢の五銖銭二枚が埋納されていたことなどから、この遺跡の甕棺墓が早くても後一世紀、おそらくは後二世紀の年代を持つことが推定された。後一世紀だとするとサーフィン文化と並行し、後二世紀だとするとサーフィン文化終焉後の墓葬となる。

副葬土器はフィリピンのカラナイ洞穴出土土器と酷似しており、すぐ北に分布するサーフィン文化の土器とは似ていない。この遺跡の特異性は甕棺や副葬土器に限られるものではない。サーフィン文化の甕棺墓からしばしば発見される耳飾りが、ホアジェムから全く発見されていない。これを説明するためには、ホアジェムの年代がサーフィンとは関わらない、すなわち後二世紀以降と解釈する必要があるように思われる。

以上、ホアジェム遺跡の発掘調査成果の一端を述べた。強調したいことは、ホアジェムはサーフィン文化の遺跡とは言えない。そしてフィリピンのカラナイ土器に結びつけられるべきはサーフィン文化の土器よりはむしろ、ホアジェムの土器であるということである。

それでは、ホアジェムの墓葬はオーストロネシア語の話者に関わるのであろうか。ホアジェムの年代は、ベルウッドらが想定するオーストロネシア語話者のベトナム中部への到達年代よりは、かなり新しい。

ホアジェムはカラナイとサムイ島を結ぶ、古代の東南アジアを東西に貫く人間集団の移動の痕跡を明らかにした。これらの遺跡は、同じ文化を有する集団によって残されたと考えるべきであろう。ソルハイムによれば、フィリピンにはカラナイ土器を出土する遺跡が空間的な広がりをもって存在している（Solheim 2002）。一方ベトナムでは、カラナイ土器を出土する遺跡は現在までのところホアジェムのみである。そこで筆者は、現時点では、フィリピン方面からホアジェムへと貫入的に人々がやって来て居住したという場面を想像している。人々は南シナ海を越えて往来した。そしてフィリピンから来た彼らがオーストロネシア語を話した可能性は、高いと考えている。

六　結語

オーストロネシア語話者の移動とサーフィン文化を結びつける考え方を、考古学的に証明していくことは今後も容易ではないであろう。考古学の証拠は今もなお断片的である一方、調査が進むにつれて複雑さを増している。ロンタイン遺跡の甕棺墓は南シナ海に対峙するように埋置され、被葬者が海とつながっていたことを示唆している。一方で、近年のベトナム考古学が明らかにしたように、内陸の高原地帯でも新石器時代に甕棺葬が行われていた。東北タイでも新石器時代にさかのぼる成人甕棺墓が確認された。これらの詳細な調査報告がもたらされれば、東南アジア大陸部における甕棺葬について、従来とは異なる像が描かれることになるかもしれない。実際に、筆者らが調査したホアジェム遺跡は、サーフィン文化の分布圏と接する位置にありながら、サーフィンとは全く異なる甕棺葬伝統を明らかにした。そこにはフィリピン中部のカラナイ土器を用いる人々の墓が存在していたのである。

近年、東南アジア大陸部においてオーストロアジア語の伝播と稲作農耕民セトルメントの南下を重ね合わせて解釈する仮説が提起されている。これは長江中下流域にて出現した稲作農耕が、オーストロアジア語話者の移動にともなって、南中国から東南アジア大陸部へと、内陸河川ルート沿いに伝播したと説くものである（Higham and Thosarat 1998, Higham 2002など）。この仮説は、ベトナム北部の紅河流域に展開した後期新石器文化であるフングエンPhung Nguyen文化まで取り込んでいる。ただし、さらに南下して、ベトナム中部を視野に入れることはない。ベトナム中部の先史遺跡がオーストロネシアに関する仮説の中に包摂されてきたためである。

人類学的には、日本列島と同じように、東南アジア大陸部の先史時代においても人間集団の二重構造が強調されるようになった(Matsumura and Hudson 2004)。ホアビンHoa Binh文化やダブットDa But文化の人骨に示されるような古層の人々（オーストラロ＝メラネシアン集団）と、おそらくは新石器時代に南下してきた新来の人々（いわゆるモンゴロイド集団）、この両者の存在が同一遺跡で確かめられたのがベトナム北部のマンバックMan Bac遺跡である（Matsumura et al. 2008)。マンバックはフングエン文化に並行する、新石器時代末の遺跡である。

二重構造仮説はベトナム中部にも適用されるかもしれない。ホアビン文化に後続するとされる、土器を持たない遺跡であるクァンナム省バウズBau Du遺跡の人骨は、オーストラロ＝メラネシアン集団の特徴を有するという（So Van Hoa Thong Tin Quang Nam Da Nang 1985：21－36)。サーフィン文化の遺跡には人骨が残っていない例が多いため、形質人類学的な分析が進んでいない。ホアジェム遺跡の人骨は、松村やグエン・ラン・クォンの分析によればモンゴロイドに属する(山形他二〇〇七)。すなわち新来の集団である。彼らがどこからやって来たのか。この問いに答えるための人類学調査は、ベトナム中部では緒についたばかりである。

東南アジア先史時代における甕棺葬伝統の分布のあり方は、オーストロネシア語話者とサーフィン文化を単純に結びつける解釈にとどまるべきではないことを暗示している。オーストロネシア語話者の最初の到達を検証しようとするよりは、むしろ、双方向あるいは多方向に行われた交流に着目したほうが、考古学的には有意義な議論となるであろう（山形二〇〇七）。一方で、ソルハイムのヌーサンタオ仮説を支持するものとして、カラナイ土器コンプレックスとサーフィン文化土器のつながりを強調する説については、ホアジェムの成果をもとに再考の必要がある。この点については別稿を期したい。

フィリピンとの強い関連を示したホアジェム遺跡は、オーストロネシア語話者のベトナム中部への到達の証拠を示している可能性がある。ただしホアジェムの墓葬の年代は、ベルウッドが想定するその最初の到達年代よりは、かなり新しい。よって現時点では、南シナ海をはさんだ地域間で繰り返された人々の移動と往来の、一つの顕著な痕跡と位置づけておくのが妥当であると考える。

注

（1）本稿で言及する遺跡の位置については（Figure 1）の地図参照。

（2）赤色スリップ土器を特徴とする新石器文化が海峡をはさんで台湾からルソン島へと、単方向的に南下したと考えるのか、あるいは全体として同じタイプの土器が同じ時期に拡がった、いわば同じ土器型式分布圏に属しているとみるべきなのか。筆者には後者のほうが妥当にも思われる。

（3）筆者は二〇〇八年九月にオランダのライデンで開催された The 12th International Conference of the European Association of Southeast Asian Archaeology で、ハイアムがスライドで映し出した甕棺の実測図を見ることができた。かなり特異な彩文が施されているという印象を受けた。

（4）ホアジェム遺跡の二〇〇七年発掘調査については二つの学会で口頭発表しているが、ベトナムにおける正式報告が未完成であるため、本稿で遺構や遺物の図を使用することは控えている（山形他二〇〇七、山形編二〇〇八、Yamagata and Bui Chi Hoang 2008）。

（5）ソルハイムはサムイ島出土土器をバンコックの国立博物館で実見しているが、二〇〇八年四月、筆者が博物館を訪問した際に問い合わせたところ、それらの土器は収蔵されていないという答えであった。

（6）日本側発掘調査参加メンバーは山形の他、田中和彦（上智大学）・松村博文（札幌医科大学）・俵寛司（東京外国語大学）・渡辺慎也（早稲田大学大学院）、三浦由紀子・小松寛子・鈴木朋美（早稲田大学学生）である。以上の参加者に加え、整理作業の参加者は、高橋龍三郎（早稲田大学）、石井彩子・太田千香子・石井瑤子・加藤由希子・服部智至・原田康弘（早稲田大学学生）である。ベトナム側の主要メンバーは、ブイ・チー・ホアン（ベトナム南部社会科学院・調査団長）、グエン・キム・ズン（ベトナム考古学院）、グエン・タム（カインホア省博物館副館長）である。

追記

本研究は筆者が、二〇〇五年度早稲田大学特定課題研究助成費（課題番号二〇〇五A－八一一「ベトナム中部・サーフィン文化の起源に関する研究－基礎資料の収集と再検討－」）、平成一八～一九年度科学研究費補助金（基盤研究C）（課題番号一八五二〇五九三「環南シナ海先史時代の交流に関する基礎的研究」）、ならびに平成二〇年度科学研究補助金（基盤研究C）（課題番号二〇五二〇六六六「南シナ海を渡った人々：土器の比較研究からみた鉄器時代のベトナムとフィリピンの交流」）を受けて実施した研究成果の一部である。

また、本稿は二〇〇八年一月にハノイ国家大学において開催されたフォーラム“Archaeology of the Transitional Period from Prehistory to Early History in Central and South－Central Vietnam”に送った英文ペイパー“Sa Huynh Culture and the human migration hypothesis.”を日本語になおし、それに加筆修正を加えたものである。

謝辞

本稿に関係する海外調査において、次の方々と機関からご教示とご協力をいただいた。ここに記して感謝申し上げたい（敬称略、順不同）。

田中和彦、俵寛司、松村博文、高橋龍三郎、渡辺慎也、Bui Chi Hoang, Nguyen Kim Dung, Nguyen Tam, Pham Thi Ninh, Lam My Dung, Wilfredo Ronquillo, Willhelm G. Solheim II, Eusebio Dizon, Vien Khoa Hoc Xa Hoi Nam Bo（ベトナム南部社会科学院）、Vien Khao Co Hoc（ベトナム考古学院）、Bao Tang Khanh Hoa（カインホア省博物館）、Bao Tang Quang Nam（クァンナム省博物館）、Bao Tang Quang Ngai（クァンガイ省博物館）、National Museum of the Philippines

引用文献

〈日本語〉

植木武・服部研二訳、ピーター・ベルウッド著　一九八九『太平洋』法政大学出版局

大林太良　一九九九「オーストロネシアの文化複合」中尾佐助・秋道智彌編『オーストロネシアの民族生物学』平凡社：三七－五四

長田俊樹・佐藤洋一郎監訳、ピーター・ベルウッド著　二〇〇八『農耕起源の人類史』京都大学学術出版会

後藤明　二〇〇三『海を渡ったモンゴロイド』講談社選書メチエ

田中和彦　二〇〇二「フィリピンの甕棺葬」東南アジア考古学会国際シンポジウム「アジアの甕棺墓－初期歴史時代の交流－」発表資料集：四八－五七

田中和彦　二〇〇五「「赤の時代」から「黒の時代」へ－ルソン島北部、カガヤン川下流域、ラロ貝塚群における後期新石器時代から鉄器時代の土器編年－」上智アジア学二三：三一三－四〇一

新田栄治　一九九八「金属器の出現」坂井隆・西村正雄・新田栄治著『東南アジアの考古学』同成社：七三－一一三

山形眞理子　二〇〇七「ベトナムの甕棺葬－その起源に関する予察－」早稲田大学大学院文学研究科紀要第五二輯：九七－一一五

山形眞理子・桃木至朗　二〇〇一「林邑と環王」『岩波講座東南アジア史』一　岩波書店：二二七－二五四

山形眞理子・Bui Chi Hoang・松村博文・Nguyen Lan Cuong・田中和彦・俵寛司　二〇〇七「南シナ海を越えた先史時代の人々：ベトナ

ム中部・ホアジェム遺跡の事例から」第六一回日本人類学会大会発表、二〇〇七年一〇月六日～八日、於日本歯科大学新潟生命歯学部

山形眞理子編　二〇〇八『環南シナ海先史時代の交流に関する基礎的研究』平成一八～一九年度科学研究費補助金（基盤研究C）研究成果報告書

〈欧語〉

Bellwood,P. 1997 *Prehistory of the Indo—Malaysian Archipelago*（Revised edition）. University of Hawaii Press, Honolulu.

Bellwood,P. 2004 The origins and dispersals of agricultural communities in Southeast Asia. Glover,I. and Bellwood,P（eds.）*Southeast Asia from prehistory to history.* Routledge Curzon, Oxfordshire and New York：21 - 40.

Bellwood,P. and Dizon,E. 2005 The Batanes archaeological project and the “Out of Taiwan” hypothesis for Austronesian dispersal. *Journal of Austronesian Studies* 1 - 1：1 - 33.

Blust,R. 1984 - 85 The Austronesian Homeland：A linguistic perspective. *Asian Perspectives* 26（1）：45 - 67.

Blust,R. 1995 The prehistory of the Austronesian - speaking peoples：a view from language. *Journal of World Prehistory* 9 - 4：453 - 510.

Blust,R. 1996 Beyond the Austronesian homeland：the Austric hypothesis and its implications for archaeology. Goodenough,W.（ed.）*Prehistoric Settlement of thePacific.* American Philosophical Society, Philadelphia：117 - 140.

Fox,R.B. 1970 *The Tabon Caves.* Monograph of the National Museum Number 1, Manila.

Higham,C. 2002 Languages and farming dispersals：Austroasiatic languages and rice cultivation. In Bellwood,P. and Renfrew,C.（eds.）*Examining the farming/language dispersal hypothesis.* McDonald Institute Monographs, Cambridge：223 - 232.

Higham,C. 2004 Ban Non Wat; Lessons from the Field. Paz,V.（ed）*Southeast Asian Archaeology.* The University of the Philippines Press, Diliman, Quezon City：491 - 503.

Higham,C. and Thosarat,R. 1998 *Prehistoric Thailand.* River Books, Bangkok.

Higham,C. and Thosarat,R. 2006 Ban Non Wat：the first three seasons. Bacus,E., Glover,I. and Piggot,V. (eds) *Uncovering Southeast Asia's Past* NUS Press, Singapore：98 - 104.

Hung Hsiao - chun 洪曉純 2005 Neolithic Interaction between Taiwan and Northern Luzon：The Pottery and Jade Evidences from the Cagayan Valley. *Journal of Austronesian Studies* 1 - 1：109 - 133.

Lam My Dung 1998 The Sa Huynh Culture in Hoi An. *Southeast Asian Archaeology 1996.* Proceedings of the 6th International Conference of the European Association of Southeast Asian Archaeologists, Hull：Centre for South - East Asian Studies：13 - 25.

Lam My Dung 2006 Regional and inter - regional interactions in the context of Sa Huynh Culture：with regards to the Thu Bon Valley. Paper presented at the 18th Indo - Pacific Prehistory Association Congress, 20 - 26 March 2006, at the University of the Philippines, Diliman.

Matsumura,H. and Hudson,M. 2004 Dental perspectives on the Population History of Southeast Asia. *American Journal of Physical Anthropology* 125：182 - 209.

Matsumura,H., Oxenham,M.F., Dodo Y., Domett,K., Cuong N.L.,Thuy N.K., Dung N K., Huffer,D., and Yamagata,M. 2008 Morphometric affinity of the late Neolithic human remains from Man Bac, Ninh Binh Province, Vietnam：Key skeletons with which to debate the 'Two layer' hypothesis. *Anthropological Science* 116 (2)：135 - 148.

Nguyen Kim Dung, Glover,I. and Yamagata,M. 2006 Excavations of Tra Kieu and Go Cam. Quang Nam Province,Central Vietnam. Bacus,E., Glover,I. and Piggot,V. (eds) *Uncovering Southeast Asia's Past.* NUS Press, Singapore：216 - 231.

Nitta,E. 1991 Archaeological study on the ancient iron - smelting and salt - making industries in the northeastern Thailand. 東南アジア考古学 11：1 - 42.

Ogawa,H. 2005 Typological study of pottery assemblages from the Lal - lo shell - middens in northern Luzon, Philippines. 東南アジア考古学 25 : 1 - 30.

Pham Thi Ninh 2000 Recent discovery and excavation of a Sa Huynh culture sites on Ly Son Island (Central Vietnam) . *Bulletin of the Indo - Pacific Prehistory Association* 19 : 61 - 64.

Reinecke,A., Nguyen Chieu, Lam Thi My Dung 2002 *Neue Entdeckungen zur Sa—Huynh—Kulter* (*Nhung phat hien moi ve van hoa Sa Huynh.*) Linden Soft, Koln.

Solheim,W. 1959 Further notes on the Kalanay Pottery Complex in the Philippines. *Asian Perspectives* 3 (1 - 2) : 157 - 165.

Solheim,W. 1964 Further relationships of the Sa - Huynh - Kalanay Pottery Tradition. *Asian Perspectives* 8 (1) : 196 - 211.

Solheim,W. 1984 - 85 The Nusantao Hypothesis : The Origins and Spread of Austronesian Speakers. *Asian Perspectives* 26 (1) : 77 - 88.

Solheim,W. 1992 Nusantao traders beyond Southeast Asia. Glover,I., Pornchai Suchitta and Villiers,J. (eds) *Early metallurgy, trade and urban centers in Thailand and Southeast Asia.* White Lotus, Bangkok : 199 - 225.

Solheim,W. 2002 *Archaeology of Central Philippines* (revised edition). University of the Philippines, Diliman. (First edition was published in 1964)

Solheim,W. 2006 *Archaeology and Culture in Southeast Asia : Unraveling the Nusantao.* The University or the Philippines Press, Diliman, Quezon City.

Yamagata,M. 2006 Inland Sa Huynh Culture along the Thu Bon River Valley in Central Vietnam. Bacus,E., Glover,I. and Piggot,V. (eds) *Uncovering Southeast Asia's Past.* NUS Press, Singapore : 168 - 183.

Yamagata,M. 2007 The early history of Lin - i viewed from archaeology. *Acta Asiatica* 92 : 1 - 30.

Yamagata,M., Phan Duc Manh and Bui Chi Hoang 2001 Western Han bronze mirrors recently found in central and southern Vietnam.

Bulletin of the Indo－Pacific Prehistory Association 21：99－106.

Yamagata,M. and Bui Chi Hoang　2008 Revising Sa Huynh－Kalanay Pottery Tradition：Comparative study between Hoa Dien in central Vietnam and Kalanay in central Philippines. Paper presented at the 12th International Conference of the European Association of Southeast Asian Archaeology, Leiden University, 1st －5th September 2008.

〈ベトナム語〉※ベトナム語独特の声調記号等は省いている

Bui Chi Hoang and Yamagata,M.　2004 Khu di tich Binh Yen va van hoa Sa Huynh o Quang Nam（「ビンイェン遺跡とクァンナムのサーフィン文化」）. *Mot so van de khao co hoc o mien nam Viet Nam.* Nha Xuat Ban Khoa Hoc Xa Hoi,Ha Noi: 83－119.

Bui Van Liem　2005 Mo tang Lung Leng（「ルンレン遺跡の埋葬」）. *Khao Co Hoc* 2005（5）：15－26.

Bui Van Liem, Nguyen Dang Cuong, Nguyen Cong Bang, Nguyen Tam　2005 *Bao cao khai quat di tich Hoa Diem*（『ホアジェム遺跡発掘報告』）.（ベトナム考古学院図書館に保管されている未公刊の発掘調査報告書）

Chu Van Tan, Dao Lin Con　1978 Khai quat di tich Long Thanh（「ロンタイン遺跡の発掘」）. *Nhung phat hien khao co hoc o mien nam* Vien khoa hoc xa hoi tai Thanh Pho Ho Chi Minh：196－224.

Chu Van Tan　1997　20 nam sau phat hien moi o Long Thanh（「ロンタイン発見後の二十年」）. *Khao Co Hoc* 1997（1）：11－37.

Dang Van Thang, Vu Quoc Hien, Nguyen Thi Hau, Ngo The Phong, Nguyen Kim Dung, Nguyen Lan Cuong　1998 *Khao co hoc tien su va so su Thang Pho Ho Chi Minh*（『ホーチミン市の先史・原史考古学』）. Nha Xuat Ban Tre, Thanh Pho Ho Chi Minh.

Ha Van Tan　1983 Suy nghi ve Sa Huynh va tu Sa Huynh（「サーフィンからサーフィンについて考える」）. *Vien Bao Tang Lich Su Viet Nam Thong Bao Khoa Hoc* 1983－1：45－50.

Ha Van Tan（ed.）　1999 *Khao Co Hoc Viet Nam Tap II Thoi Dai Kim Khi Viet Nam*（『ベトナム考古学Ⅱ　ベトナムの金属器時代』）. Nha Xuat Ban Khao Hoc Xa Hoi, Ha Noi.

Lam My Dung, Nguyen Chieu, Hoang Anh Tuan 2001 Khai quat Go Dua nam 1999（「一九九九年ゴーズア遺跡の発掘」）. *Khao Co Hoc* 2001（1）：68 – 80.

Ngo Si Hong 1980 Binh Chau（Nghia Binh）– dang di tich moi biet ve thoi dai dong ven bien mien Trung（「ギアビン省ビンチャウ－ベトナム中部海岸で初めて知られた青銅器時代の遺跡」）. *Khao Co Hoc* 1980（1）：68 – 74.

Nguyen Cong Bang, Trinh Can, Quang Van Cay, Vu Quoc Hien, Pham Van Hoan, Ngo The Phong 1993 *Van Hoa Xom Con voi tien su va so su Khanh Hoa*（『ソムコン文化とカインホアの先史・原史』）. Vien bao tang lich su Viet Nam – So van hoa thong tin Khanh Hoa, Nha Trang.

Nguyen Cong Bang 2005 Di tich Hoa Diem – Khanh Hoa, ninh tu Van hoa Dong Nai（「ドンナイ文化からみたカインホア省ホアジェム遺跡」）. *Khao Co Hoc* 2005（4）：48 – 54.

Nguyen Khac Su 2005 Di chi Lung Leng nhan thuc buoc dau（「ルンレン遺跡に関する初歩的認識」）. *Khao Co Hoc* 2005（5）：3 – 14.

Nguyen Kim Dung 2005 Di chi Go Cam va con duong tiep bien van hoa sau Sa Huynh khu vuc Tra Kieu（「ゴーカム遺跡とチャーキュウ遺跡周辺地域におけるサーフィン後の文化変容の道筋」）. *Khao Co Hoc* 2005（6）：35 – 65.

Pham Thi Ninh, Doan Ngoc Khoi 1999 Xom Oc, di tich van hoa Sa Huynh tren Dao Ly Son（Quang Ngai）（「リーソン島のサーフィン文化遺跡ソムオック」）. *Khao Co Hoc* 1999（2）：14 – 39.

So Van Hoa Thong Tin Quang Nam Da Nang 1985 *Nhung di tich thoi tien su va so su o Quang Nam—Da Nang*（『クァンナムダナンの先史・原史時代遺跡』）. Da Nang.

Trung Tam Quang Ly Bao Ton Di Tich, Uy Ban Nhan Dan Thi Xa Hoi An 2004 *Van Hoa Sa Huynh o Hoi An*（『ホイアンのサーフィン文化』）. Hoi An.

Figure 1 関連遺跡地図 1.Kalanay 2.Tabon 3.Lai Nghi, Hau Xa I, Hau Xa II, An Bang 4.Go Ma Voi, Go Cam, Tra Kieu 5.Go Dua, Binh Yen, Thach Bich 6.Xom Oc 7.Binh Chau 8.Long Thanh 9.Sa Huynh 10.Lung Leng 11.Hoa Diem 12.Giong Ca Vo, Giong Phet 13.Ban Kam Luang 14.Non Yang 15.Ban Dong Phlong 16.Ban Non Wat 17.Samui Island

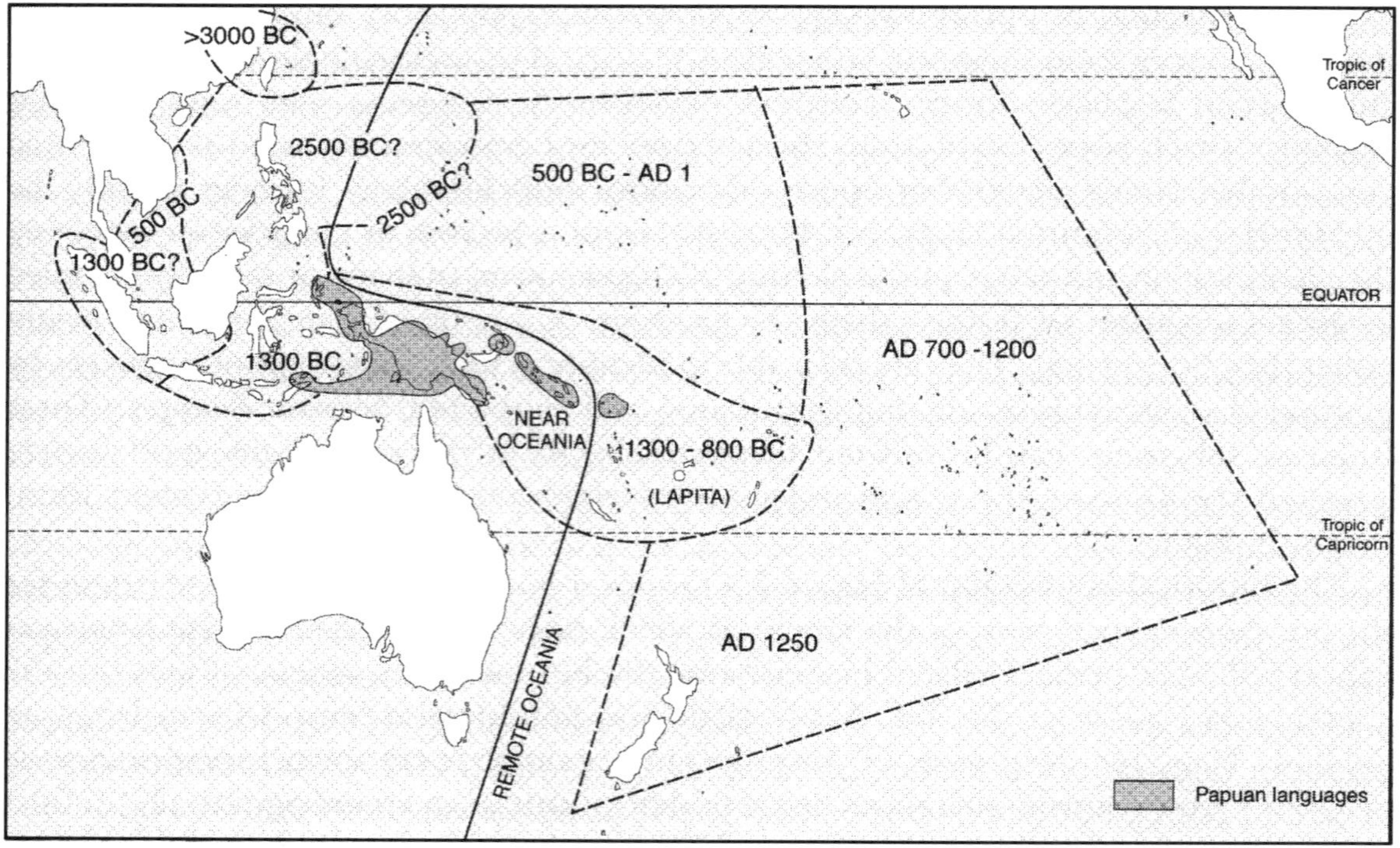

Figure 2 考古学・言語学からみたオーストロネシア語話者の拡散の年代
(Bellwood 2004 p27 Firure 2.3)

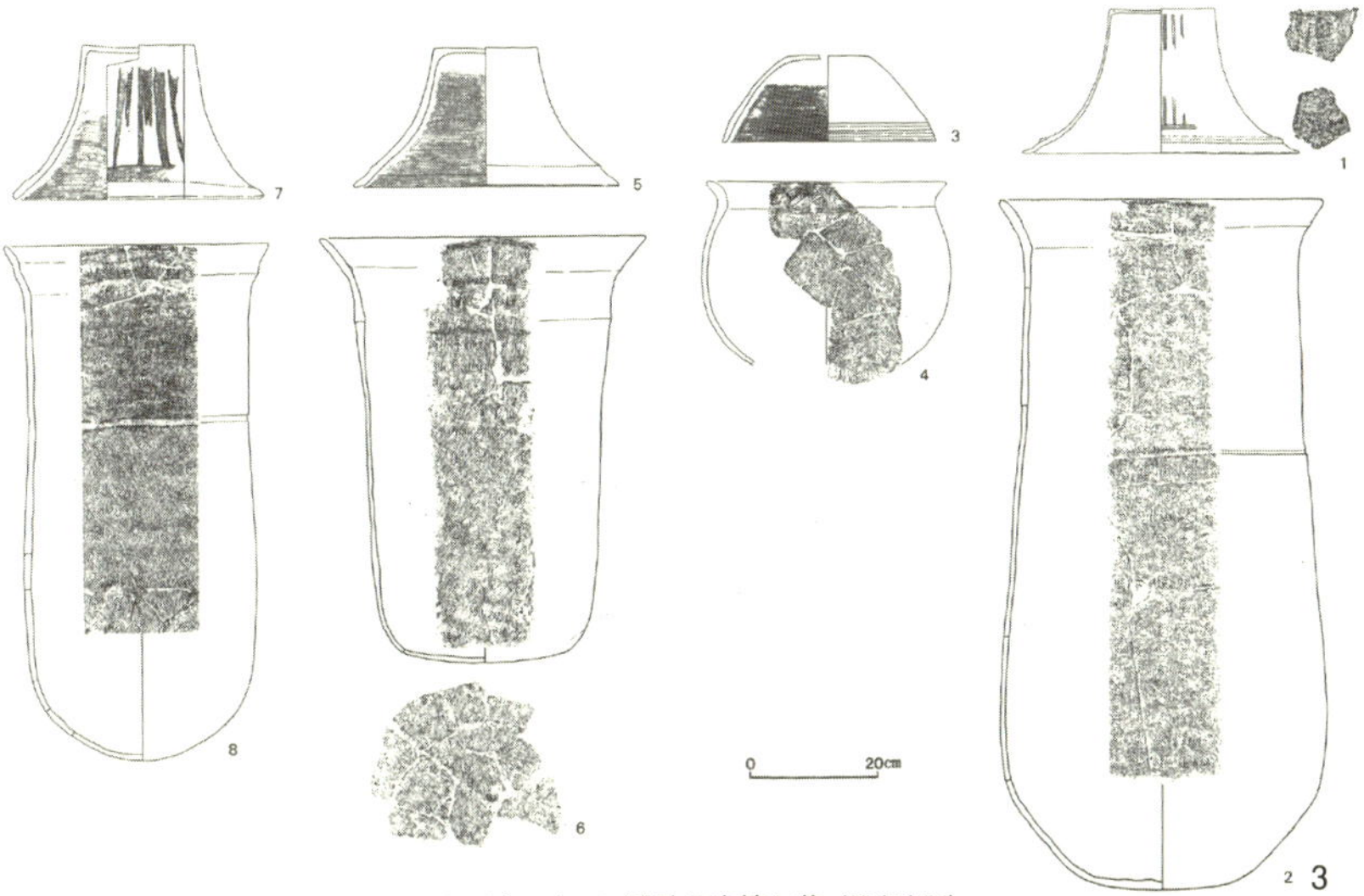

3

Figure 3　ビンイェン遺跡の甕棺と蓋（筆者実測）

4

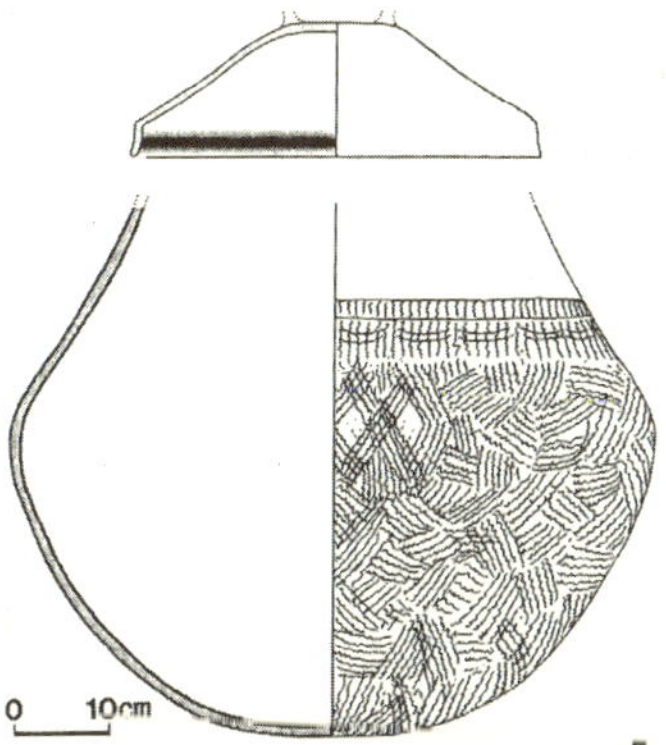

5

6

Figure 4　タックビック遺跡の甕棺と蓋
蓋の高さ　70cm（筆者撮影）

Figure 5　ゴーマーヴォイ遺跡の甕棺と蓋
（Reinecke et al. 2002）

Figure 6　ゾンカーヴォ遺跡の甕棺と蓋
（Dang Van Thang et al. 1998）

Figure 7-1
ビンイェン遺跡　H2
6 号墓（M6）出土遺物

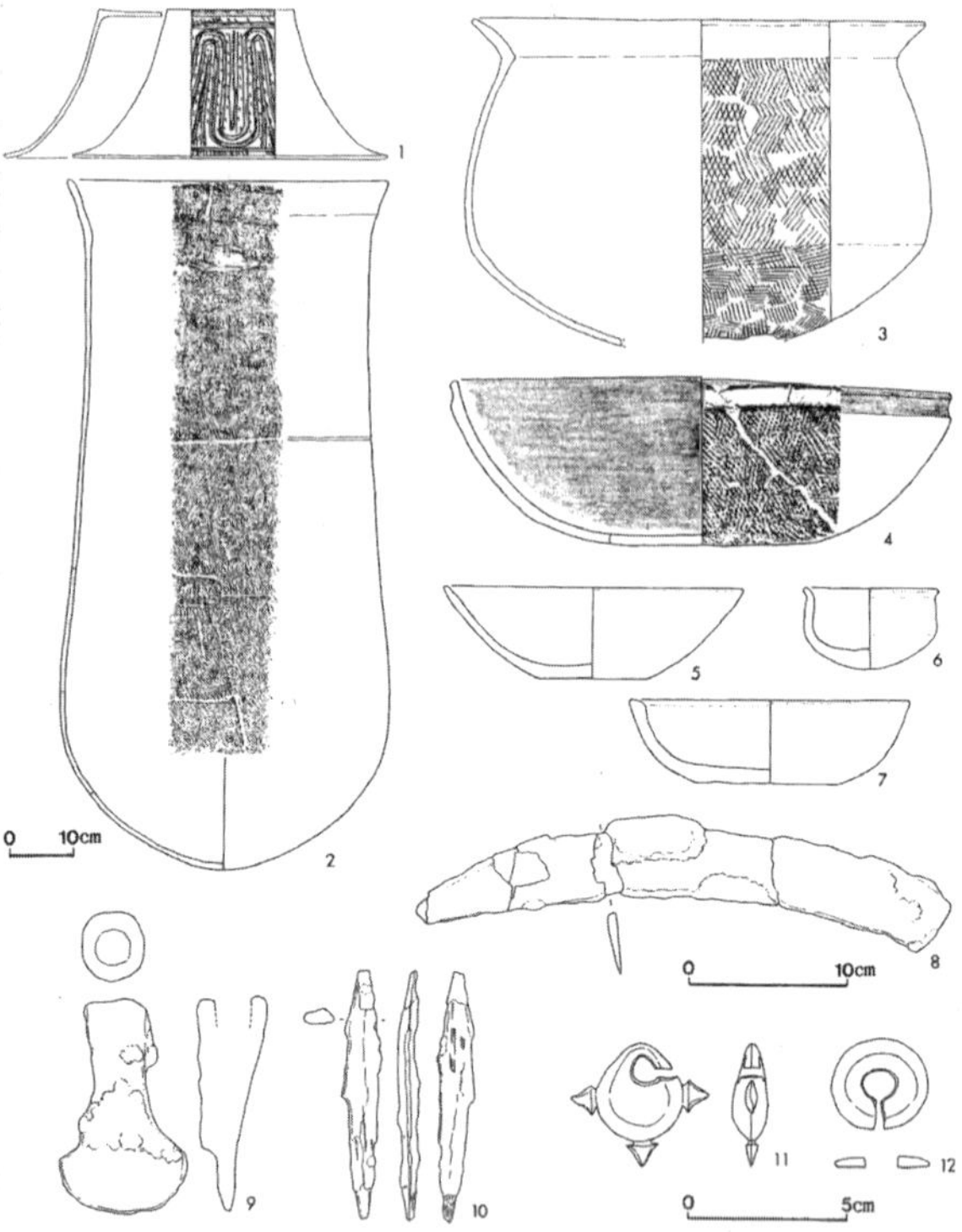

Figure 7-2
ビンイェン遺跡
H1 出土遺物

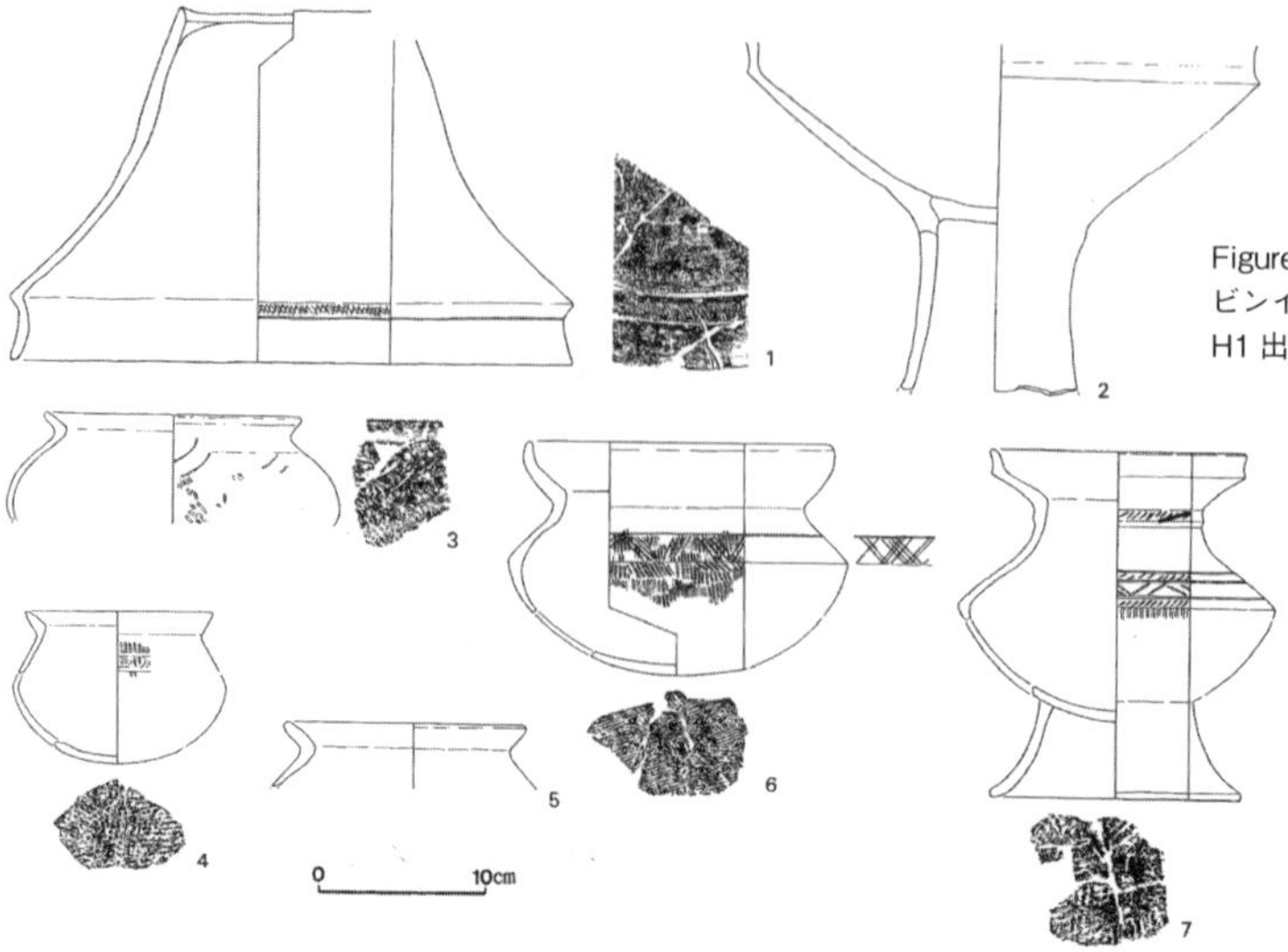

8

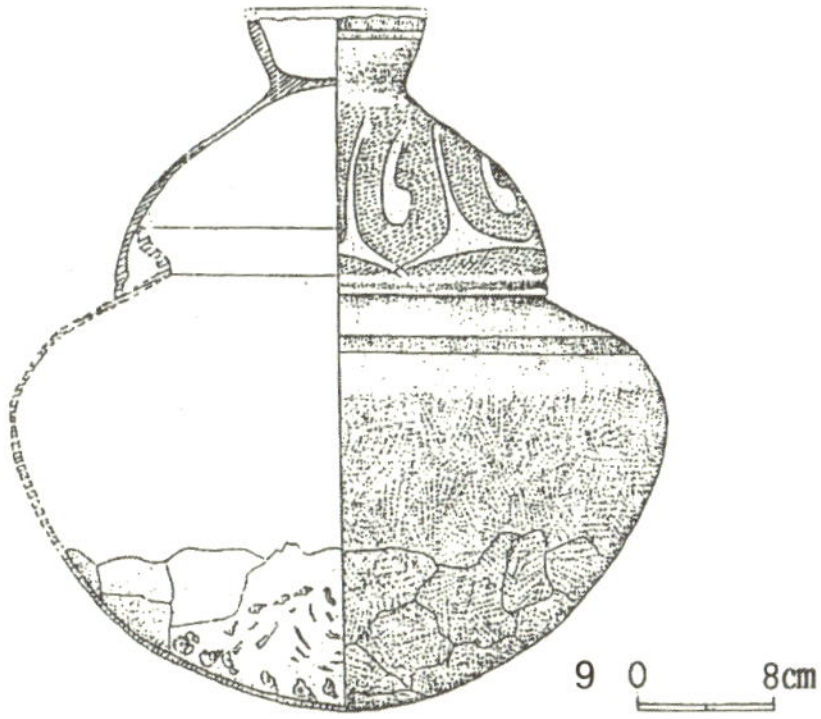

9

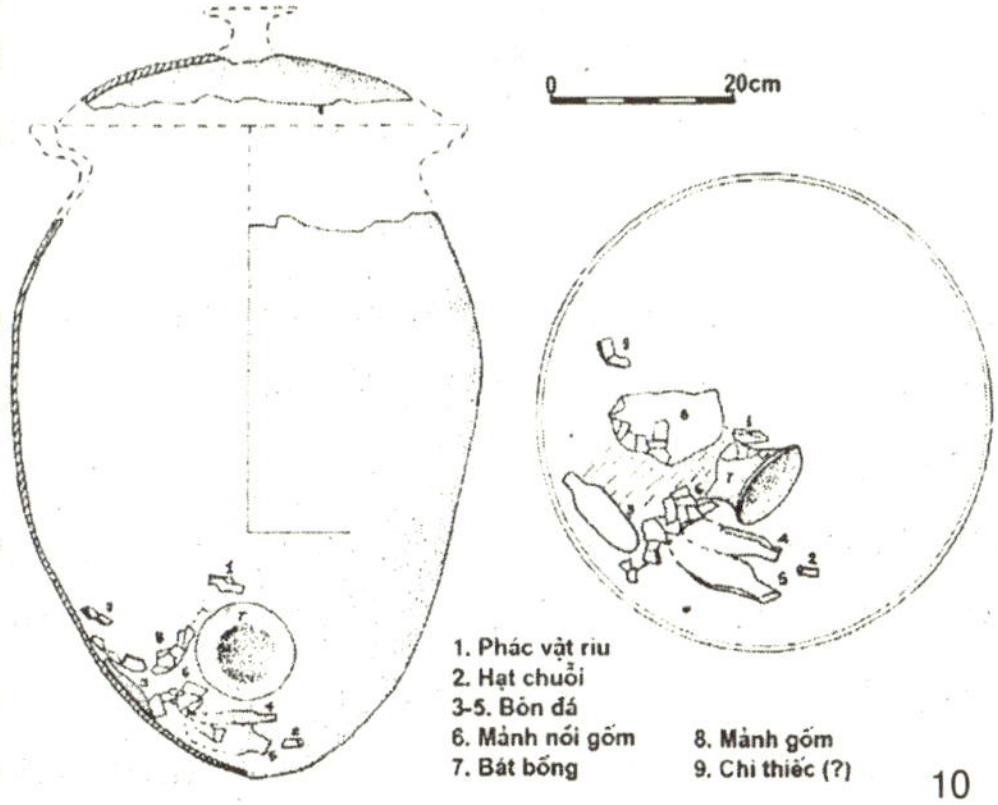

10

11

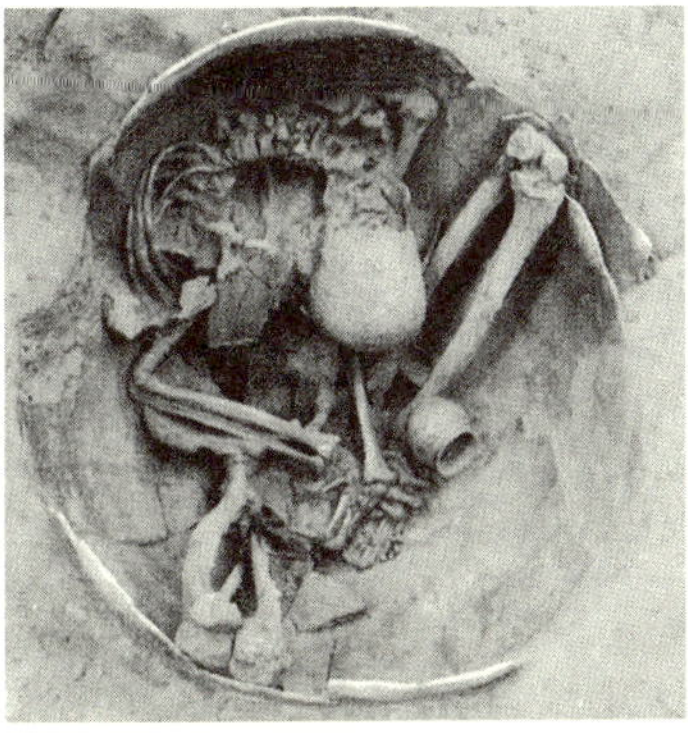

12

Figure 8　ロンタイン遺跡の甕と蓋
（ベトナム考古学院にて筆者撮影）

Figure 9　ソムオック遺跡の甕と蓋
（Pham Thi Ninh 2000）

Figure 10　ルンレン遺跡の甕棺墓
（Nguyen Khac Su 2005）

Figure 11 マヌングル A 洞穴の甕と蓋
（Fox 1970）

Figure 12 バーンノンワット遺跡の甕棺墓
（Higham 2002）

Figure 13　ホアジェム遺跡の発掘調査（2007 年 1 月　筆者撮影）

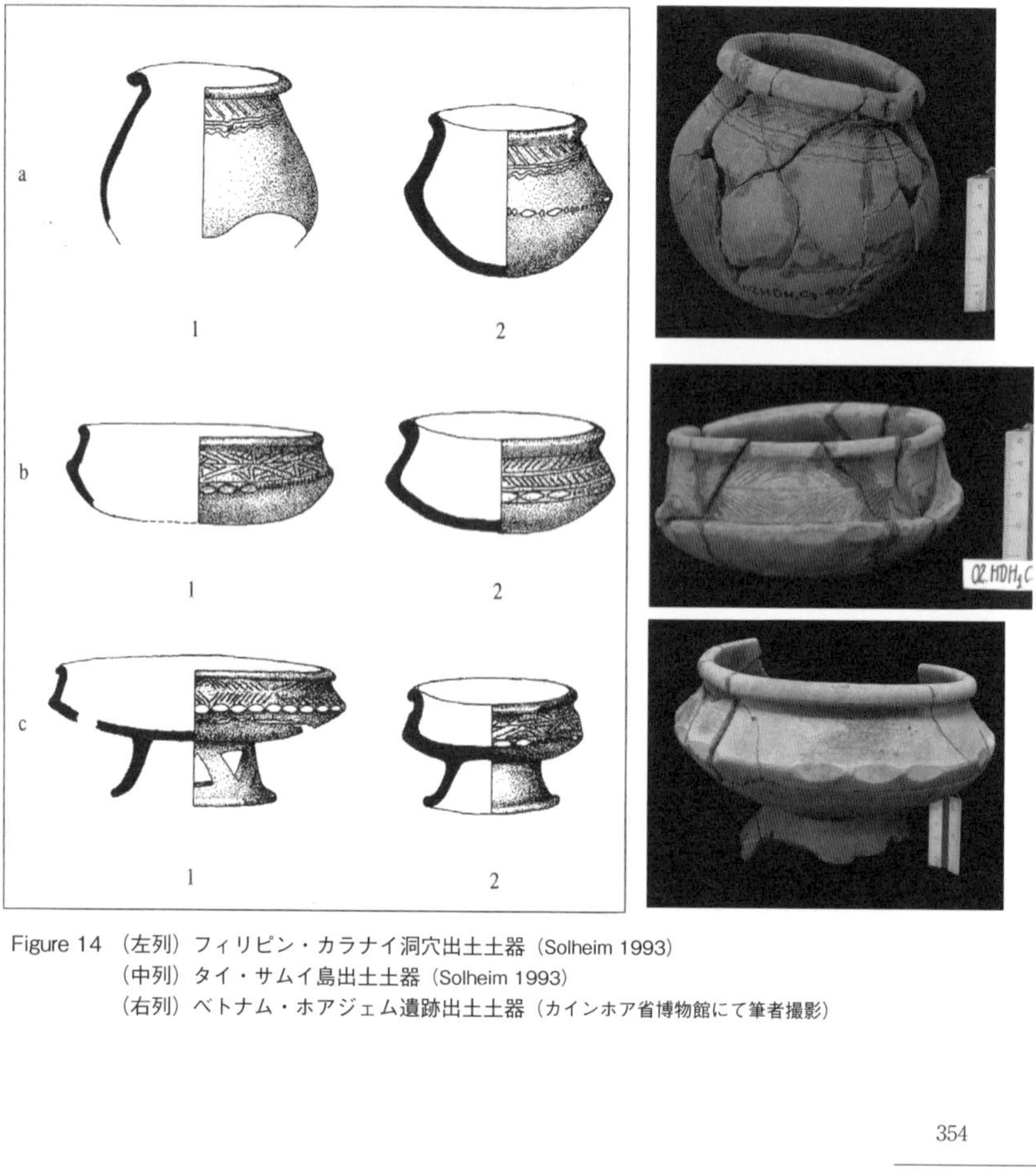

Figure 14　（左列）フィリピン・カラナイ洞穴出土土器（Solheim 1993）
（中列）タイ・サムイ島出土土器（Solheim 1993）
（右列）ベトナム・ホアジェム遺跡出土土器（カインホア省博物館にて筆者撮影）

あとがき

新川　登亀男

このたび、早稲田大学アジア研究機構叢書人文学篇第2巻『東アジアの歴史・民族・考古』を上梓する運びとなった。その書名が象徴するように、「歴史」「民族」「考古」の諸分野から東アジアに向き合った調査研究の成果報告集である。また、職業としての学問制度から言えば、歴史学、美術史学、考古学、人類学などの研究者が集って成った論集でもある。しかし、率直に言って、本書には「歴史」「民族」「考古」という馴染みの用語では言い表せないものがあり、また、職業制度としての学問にも閉じ込められないものがある。そのような思いが本書には含まれていることを、皆さんにご理解いただければ幸いである。

東アジア世界の理解には、様々な方法がある。そのなかにあって、中心としての中国文明と、その周縁文化とのかかわり方を問題視する構図が多くみられる。もちろん、このような方程式には意味があり、それは必要でもある。しかし、十分ではない。本書は、必要にして十分ではないこのような方法論を相対化し、あるいは、そのような方程式では理解できない東アジア世界の扉を押し開こうと試みたものである。

本書の場合、その扉は、台湾、カンボジア、ベトナム、琉球諸島、日本列島、そして中国大陸のなかの四川省綿陽地区にある。いずれも、いわば中国の外に位置するか、その中国のうちにあっても（なっても）、中国文明としての中心と周縁、ないし支配と従属というような方程式では捉え切れないところである。しかし、これをもって、これらの地域文化が東アジア世界の「その他」であるとみるべきではない。むしろ逆に、東アジア世界の歴史的成り立ちについて熟慮するなら、このような「その他」とみられがちの地域文化のほうが多くを占めていると考えられる。ただ、現在のところ、それを認知する方法と、評価する認識に乏しいものがあるだけである。

しかし、その方法や認識の乏しさが、たとえ難解さゆえに弁護されるとしても、事実であること自体を重く受け止めなければならない。なぜなら、それを認め、自覚することがなければ、その方法や認識の乏しさと難解さから抜け出すことはできないからである。本書は、その苦渋をかみしめながら、また、稀少な先学に導かれながら、何とか前途を切り拓こうとしている最中の産物である。

したがって、本書の各論文では、今日に至る研究史の薄さや、注目度の低さ、あるいは視座の不確実さが、度々指摘されている。しかし、そのことを嘆くことが目的なのではない。「そこに暮らす（暮らした）人々の営み」に向けられる自然な関心と尊重の念がフィールドワークや文字資料調査を促し、逆にまた、そのような各種調査を通して、件のような関心と尊重の念がはぐくまれ、ついには今現在の東アジア世界の様々な営為へと環元されずにはいないという至極当然の回路を、あらためて取り戻し、そこから未知の考察へと分け入り、そして、あらたに説得力をもつ構想を準備していくことを共通の目標に掲げているのである。

その過程で、本書は、奇しくも「複雑化」「二重構造」「多様なバリエーション」「境界」「国境地帯」、あるいは過去と現在の切り結び、例外と常態の逆説的関係、などを共有のキーワードとする東アジア世界の扉ならぬ「正門」に手を押し当てることになった。あるいは、その「正門」がどのあたりにあるのかを共通して察知しはじめるとともに、その

「正門」がやはり容易には押し開けられない造り方になっていることをも見通していよう。しかし、この「正門」は、これまで私たちが想定したことのない、東アジア世界の存外な諸関係を凝縮させる形で東アジア世界の本体をむしろ啓示している扉であり、これまでは開かずの扉であった。それを、何とか探りあて、わずかでも開けようとしているのである。

このように考えるのは、私一人の思い込みであろうか。とにかくは、多くの皆さんに本書をひもといていただき、そして、様々なご叱正を乞うことができれば、執筆者一同、これにまさる幸せはない。

最後に、本書の意図に賛同され、それぞれの調査研究成果をお寄せいただいた執筆者各位にまずもって感謝したい。そして、本書を世に問うにあたり、助援を惜しまれなかった早稲田大学アジア研究機構と雄山閣の関係各位にあらためて謝意を表する次第である。

執筆者紹介

高橋龍三郎（たかはし・りゅうざぶろう）

一九五三年生

早稲田大学文学学術院・教授

『マルカタ南Ⅱ―ルクソール周辺の旧石器遺跡―』（編著、早稲田大学出版部、一九八六年）

『現代の考古学6　村落と社会の考古学』（編著、朝倉書店、二〇〇一年）

『縄文文化研究の最前線』（早稲田大学・トランスアート社、二〇〇四年）

新川登亀男（しんかわ・ときお）

一九四七年生

早稲田大学文学学術院・教授

『上宮聖徳太子伝補闕記の研究』（吉川弘文館、一九八〇年）

『日本古代の儀礼と表現』（吉川弘文館、一九九九年）

『日本古代の対外交渉と仏教』（吉川弘文館、一九九九年）

紙屋敦之（かみや・のぶゆき）
一九四六年生
早稲田大学文学学術院・教授
『幕藩制国家の琉球支配』（校倉書房、一九九〇年）
『大君外交と東アジア』（吉川弘文館、一九九七年）
『琉球と日本・中国』（山川出版社、二〇〇三年）

肥田路美（ひだ・ろみ）
一九五五年生
早稲田大学文学学術院・教授
『日本の古寺美術18　浄瑠璃寺と南山城の寺』（保育社、一九八七年）
『講座仏教の受容と変容4　中国編』（共著、佼成出版社、一九九一年）
『仏教美術からみた四川地域』（編著、雄山閣、二〇〇七年）

齋藤正憲（さいとう・まさのり）
一九七一年生
早稲田大学本庄高等学院・教諭
『世界の土器づくり』（共編著、同成社、二〇〇五年）
「エジプト・ナカダ期の土器製作技術─土器粘土の分析ならびに生産形態の変容に関する一考察─」（『オリエン

ト』49巻1号、日本オリエント学会、二〇〇六年）
「台湾原住民の土器づくりⅠ、Ⅱ、Ⅲ」（共著、『教育と研究』25、26、27号、早稲田大学本庄高等学院、二〇〇七、〇八、〇九年）

西村正雄（にしむら・まさお）

一九五〇年生

早稲田大学文学学術院・教授

『世界の考古学8　東南アジアの考古学』（共著、同成社、一九九八年）
「遺産をめぐる様々な意見」（『アジア地域文化学の構築』、雄山閣、二〇〇六年）
「チャンパサックの文化的景観と記憶」（『ラオス南部：文化的景観と記憶の探求』、雄山閣、二〇〇七年）

谷川章雄（たにがわ・あきお）

一九五三年生

早稲田大学人間科学学術院・教授

「江戸の生活史と考古学」（『民衆史研究』57巻、民衆史研究会、一九九九年）
「近世墓標の普及の様相」（『ヒューマンサイエンス』14巻1号、早稲田大学人間総合研究センター二〇〇一年）
「江戸の墓の埋葬施設と副葬品」（『墓と葬送の江戸時代』吉川弘文館、二〇〇四年）

後藤　健（ごとう・けん）
一九七二年生
早稲田大学文学研究科・助教
『図説中国文明史1　文明への胎動』（創元社、二〇〇六年）
『社会考古学の試み』（共著、同成社、二〇〇五年）
「新疆ウイグル地区における地域文化の形成」（『中国シルクロードの変遷』、雄山閣、二〇〇七年）

山形眞理子（やまがた・まりこ）
一九六〇年生
早稲田大学文学学術院・客員准教授（専任扱い）
「林邑と環王」（共著、『岩波講座東南アジア史』1、二〇〇一年）
「林邑の都城」（『東南アジア考古学会研究報告』3、二〇〇五年）
「ベトナム出土の漢・六朝系瓦」（『中国シルクロードの変遷』、雄山閣、二〇〇七年）

平成 21 年 3 月 31 日 初版発行　《検印省略》

アジア研究機構叢書人文学篇 第2巻

『東《ヒガシ》アジアの歴史《レキシ》・民族《ミンゾク》・考古《コウコ》』

編　者　新川登亀男・高橋龍三郎

発行者　宮田哲男

発行所　株式会社　雄山閣

〒 102-0071　東京都千代田区富士見2－6－9

TEL 03-3262-3231　FAX 03-3262-6938

振 替 00130-5-1685

http://www.yuzankaku.co.jp

印刷所　研究社印刷

製本所　協栄製本

ISBN978-4-639-02083-7　C3020